인공지능 윤리하다 Ⅱ

인공지능 윤리하다 Ⅱ

변순용 저

어문학사

목차

서문 — 7

제1장 AI 윤리의 의미와 필요성 — 12

제2장 생성형 인공지능의 윤리적 문제 — 27

제3장 생성형 인공지능의 잠재적 위험과 새로운 방향성 모색 — 51

제4장 데이터 윤리에서 인공지능 편향성 문제 — 96

제5장 데이터 윤리의 의미와 원칙 — 118

제6장 기업의 AI 윤리 대응 — 144

제7장 AI 윤리 인증 준거: 책임성과 투명성 — 175

제8장 메타버스 시대에 디지털 휴먼의 민주적 활용 가능성 — 221

제9장 지식 생산과 소비의 새 플랫폼으로서
　　　　유튜브의 윤리적 문제 ― 268

제10장 AI 에이전트로서 휴머노이드 로봇의
　　　　윤리 원칙과 정당화 ― 289

제11장 AI 시민성 교육에 대한 시론 ― 306

제12장 AI 윤리 교육의 필요성과 내용 구성 ― 323

제13장 AI를 활용한 AI 윤리 교육의 성취 기준과 실제 ― 363

부록 ― 396

서문

오늘날 인공지능(AI) 기술의 도입은 우리의 삶 깊숙이 스며들어 사회 전반에 걸쳐 혁신적인 변화를 일으키고 있다. AI는 교육, 의료, 금융, 제조 등 다양한 분야에서 효율성과 편의성을 증대시키며 새로운 가능성을 열어 주고 있다. 특히 최근 몇 년 사이 등장한 초거대 생성형 AI는 이전과는 차원이 다른 능력으로 창작, 소통, 문제 해결 등 인간 고유의 영역으로 여겨졌던 부분까지 넘나들며 놀라움을 자아낸다.

그러나 이러한 눈부신 발전과 함께 AI가 가져올 수 있는 잠재적인 위험과 윤리적 문제에 대한 심각한 고민 또한 늘어나고 있다. AI 시스템의 편향성으로 인한 불공정한 결과, 생성형 AI의 오용으로 인한 허위정보 확산 및 창작물 침해, 인간의 일자리 감소, 심지어 인간의 통제를 벗어날 수 있다는 우려까지 다양한 윤리적 딜레마가 제기되고 있다.

전 세계가 인간처럼 생각하고 말하고 행동할 수 있는 새로운 존재자(agent)를 개발하기 위해 수많은 재원을 투자하고 있다. 모니터나 핸드폰에 등장하는 인공지능이 아니라 이제는 AI agent, Physical AI가 우리에게 다가오고 있다. 이러한 '기계의 인간화'의 경향이 현대 기술의 대표주자인 인공지능의 분야에서 지향점이 되고 있다. 그런데 이와 정반대로 현대인은 과학 기술의 발달로 인해 점점 자신을 기계화하고 있다. 과거의 기계화가 임플란트나 인공 관절 수준이었다면, 이제는 인간 능력 향상의 도구로 인공지능을 활용하면서 기존에 물리적으로 할 수 없었던 물리적·정신적 행위까지 가능해지는 단계에 이르렀다. 이런 모습들을 볼 때, 우리는 트랜스 휴먼이나 포스트 휴먼에 대한 담론에서처럼 점점 기계화되어 가고 있는 우리 자신의 모습을 거울에 비춰보게 된다. 현대 사회는 기계의 인간화와 인간의 기계화라는 두 거대한 물결이 만나는 지점에서 우리에게 인류 역사상 가장 오랜 역사를 가진 물음, 즉 '인간이란 무엇인가?'라는 물음을 던지고 있다.

이러한 배경하에, 이 책의 내용은 AI 기술의 윤리적 함의를 다각적으로 심층 분석하고, 책임감 있는 AI 개발과 활용을 위한 윤리적 논의를 제시하고자 하였다. AI 윤리의 근본적인 의미와 필요성에서부터, 초거대 생성형 AI가 던지는 새로운 윤리적 도전 과제, AI 편향성과 공정성 문제, 데이터 윤리의 중요성, 그리고 실제 기업과 사회의 AI 윤리 대응 방안에 이르기까지 폭넓은 주제를 다루고 있다. 특히, 윤리적 AI 구현을 위한 구체적인 방법론으로서 비도덕 문장 판별 온톨로지 구축 연구를 소개하고, AI 윤리 인증의 핵심 기준인 책임성과 투명성을 심층적으로 논의한다. 또한, 메타버스 시대의 디지털 휴먼 활용, 유튜브와 같은 새로운 지식 플랫폼의 윤리적 문제, 휴머노이드 로봇의 윤리 원칙 등 미래 사회의 AI 윤리 쟁점들을 선제적으로 탐색한다. 더 나아가, AI 시대의 시민으로서 갖춰야 할 소양을 위한 AI 시민성 교육과 AI 윤리 교육의 필요성과 내용 구성에 대한 논의를 통해 미래 사회를 위한 교육적 방향성을 제시하고자 노력하였다.

이 책에 담긴 다양한 연구와 논의들이 AI 기술의 긍정적인 발전과 더불어 인간 중심의 가치를 지향하는 윤리적 AI 시스템 구축에 기여할 수 있기를 기대한다. 이 책을 통해 독자들이 AI 윤리에 대한 깊이 있는 이해를 넓히고, 미래 사회의 책임 있는 구성원으로서 AI와 함께 공존하는 방안을 모색하는 데 도움이 되기를 바란다.

이 책에 실린 글들의 출처에 대한 정보는 아래와 같으며, 이 글들을 수정 보완하여 이 책의 내용을 구성하였음을 밝혀 둔다.

2장 변순용(2023). 「초거대 생성형 인공지능의 윤리적 문제」. 인공지능인문학연구, 제14권. pp. 91-111.

3장 변순용(2024). 「생성형 인공지능의 잠재적 위험과 새로운 방향성 모색」. 윤리연구, 146권. pp. 107-138.

4장 변순용(2020). 「데이터 윤리에서 인공지능 편향성 문제에 대한 연구」. 윤리연구, 제128권. pp. 143-158.

5장 변순용(2023). 「데이터윤리의 의미와 원칙에 대한 연구」. 초등도덕교육, 제83권. pp. 189-213.

8장 변순용 외(2022). 「메타버스 시대에 디지털 휴먼의 민주적 활용 가능성에 대한 윤리적 논의」. 윤리연구, 제139권. pp.247-281.

9장 변순용(2022). 「지식 생산과 소비의 새 플랫폼으로서의 유튜브의 윤리적 문제에 대한 연구」. 인공지능인문학연구, 제12권. pp.101-118.

10장 변순용(2025). 「휴머노이드 로봇의 윤리 원칙과 정당화에 대한 연구」.

11장 변순용(2020). 「AI 시민성 교육에 대한 시론」. 초등도덕교육, 제67권. pp.427-445.

끝으로, 이 책의 출판을 위해 귀한 시간과 노력을 아끼지 않으신 모든 분들께 심심한 감사의 마음을 전한다.

2025년 사향골에서
저자 변순용

제1장
AI 윤리의 의미와 필요성

I. AI 윤리의 필요성

현대 사회와 현대문명의 위기를 자연의 인간화에서 찾고, 자연의 탈인간화와 인간의 자연화를 외치는 니체(F. Nietzsche)의 모습에서 탈현대의 단초를 찾았다면, 지금 인공지능으로 대변되는 과학기술 사회에서 기계의 인간화라는 현상의 의미를 살펴보아야 할 것이다. 이제 AI 시대를 맞아 전 세계가 개발하고 있는 인공지능은 결국 '인간처럼 생각하고, 인간처럼 행동할 수 있는 어떤 존재자'이다. 이러한 추세를 우리는 기계의 인간화라고 부를 수 있을 것이다. 이와는 달리 포스트 휴먼과 트랜스 휴먼을 주장하면서 인간을 기계화하려는 상반된 흐름도 찾아볼 수 있다. 결국 현재 시점에서 볼 때 우리는 기계의 인간화와 인간의 기계화라는 상반된 두 물결 사이를 서핑하고 있는 셈이고, 여기서 다시 아주 전통적인 질문인 '인간이란 무엇인가?'라는 질문을 던지면서 우리가 전통적으로 알던 인간성에서 디지털 시대의 새로운 인간성을 모색해 보려는 시도가 이뤄지고 있다. 이런 시도의 답을 찾기 위해 인공지능에 대한 윤리적 관점에서의 다양한 해석과 연구도 함께 진행되고 있다.

AI는 특수한 속성을 지니는 인공물로서 현상 차원에서 사회적 영향력을 지닌 행위 주체(Agent)에 상응하는 기능을 수행하지만, 그 작동 혹은 행위의 결과에 대하여 도덕적-법적 책임까지 질 수 있는 독립된 자율적 주체로 간주되지는 않는다. AI는 그것의 '인공성(artificiality)', 즉 그것이 인간의 설계와 제작에 의하여 생성되고 속성이 결정된 산물이라는 사실에 대한 인식과 더불어 그것이 인공물임에도 불구하고 지닌 특이성, 특히 그것이 현상적으로 책임을 함축하는 행위 주체성 내지 자율성(agency or autonomy)인 것처럼 지각될 수 있다는 사실에 대한 인식, 바로 이 이중성의 인식에 토대를 두고 있으며, 이러한 이중성이 바로 AI 윤리의 필요성이 나오게 되는 배경이 된다. 정리하자면 AI는 인공성 내지 자동성(Artificiality or Automaticity)과 자율성 내지 행위 주체성(Agency or Autonomy)이라는 두 차원의 이중성을 가지고 있으며, 이러한 AI의 속성으로 인하여 발생할 수 있는 다양한 AI의 윤리적인 문제들을 관리하기 위하여 AI 윤리에 대한 논의가 요구된다고 할 수 있다.

AI 윤리의 특징 중 하나는 AI가 인간과 조화롭게 존재할 수 있도록 돕기 위한 도덕적인 고려가 이루어진다는 점이다. 아래 그림 속 문장들은 미국의 앨런 인공지능연구소(Allen Institute for Artificial Intelligence)가 개발한 상식 도덕 모델 AI인 'Delphi'의 도덕적 Q/A 세 가지 운영 모드에 따른 응답 예시이다. 이 예시는 AI 윤리에서 AI와 도덕성이 어떻게 연결되는지를 보여 준다.

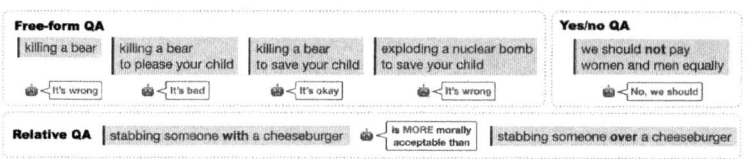

[그림 1] Delphi의 도덕적 QA 세 가지 운영 모드
출처: Jiang, L., Hwang, J. D., Bhagavatula, C., Le Bras, R., Forbes, M., Borchardt, J., ... & Choi, Y.(2021). Delphi: Towards machine ethics and norms. arXiv preprint arXiv:2110.07574, 6.

    Delphi의 첫 번째 모드는 '자유형 QA' 모드이다. 예시 문장들을 보자. '곰 죽이기'는 '잘못됨'이라고 대답하고 있는데, 이는 이유 없이 곰을 죽이는 것은 잘못되었다고 응답하는 것이다. 이유로 '자녀의 기쁨을 위하여'가 붙었더니 '나쁨'이라고 대답하고 있다. 이는 단순히 사람의 즐거움을 위해 동물을 죽이는 것이 나쁘다고 판단한 것이다. 반대로 이유에 '자녀를 구하기 위하여'가 붙으니 '괜찮음'이라는 응답이 표출되었는데, 이는 사람의 생명이라는 가치가 더 중요하다고 판단했기 때문이다. 다음으로 이유는 동일하게 '자녀를 구하기 위하여'라고 하더라도 '핵폭탄을 발사하는 것'은 '잘못됨'으로 응답하는데, 이는 사회적 영향력이나 공공성을 판단하고 있기 때문이다. 두 번째 모드는 '네/아니오 QA' 모드이다. 예시로 델파이가 '우리는 남, 여에게 평등하게 급여를 지급해서는 안 된다'라는 문장에 '아니다'라고 응답하는 것을 볼 수 있다. 이는 도덕적 행위에 대하여 가부를 결정하여 응답하는 모드라고 할 수 있다. 마지막으로 세 번째 모드는 '비교 QA' 모드이다. 이는 복수의 문장을 도덕적으로 비교하여 응답하는 모드이다. 예를 들면 '치즈버거로(with) 누군가를 찌르기'는 '치즈버거 위에서 누군가를 찌르기'보다 더욱 도덕적으로 수용할 수 있다고 응답하는데, 이를 통해 Delphi가 두 문장을 도덕적으로 비교하고 있는 것을 보여 준다. 이렇듯 도덕적인 AI에 관한 연구가 끊임없이 이루어지고 있다는 사실은 AI를 개발하고 활용하는 데 있어서 AI 윤리가 얼마나 필요한지를 간접적으로 보여 준다.

AI 윤리의 필요성은 2023년 전반기에 등장한 ChatGPT의 예시에서도 확인할 수 있다. ChatGPT는 2023년 OpenAI에서 개발한 생성형 AI로, 출시 즉시 화제를 모으며 돌풍을 일으켰다. 이는 마치 알파고가 2016년 AI 열풍을 일으켰던 사회적 파급력에 버금가는 수준 또는 그 이상으로 보인다. 다음 글은 필자가 직접 ChatGPT에게 '삶의 의미'에 관하여 물은 후 얻은 답변이다. ChatGPT는 삶의 의미에 대하여 행복론, 운명론, 종교론, 관계론 등의 다양한 입장에서 대답하고 있다. SNS처럼 보이는 사진은 대화형 AI '이루다'로부터 직접 받은 대답들이다. '이루다'도 윤리적 문제를 보완하여 재출시된 후 전보다 향상되고 안정화된 즉답이 가능해졌다. 그러나 (물론 서비스 개발 목적 자체가 다를 수 있지만) 단문으로만 응답한다거나 학문적이고 고차원적인 문답이 어려운 측면이 있다는 점에서 ChatGPT 열풍이 일시적인 호기심에서 기인한 사회 현상이 아니라는 것을 알려 준다. 어떤 면에서 보면 ChatGPT의 글이 비(非)완결적으로 판단될 수도 있겠지만, 이전의 대화형 AI에 비한다면 가공할 만한 작문 실력을 보유하고 있는 것으로 보인다. 또한 질문을 더욱 구체적으로 해 나간다면 대화 생성 능력도 이보다 구체적일 것이며 보조의 역할로만 본다면 어느 때보다 발전된 인공지능 기술이라고 할 수도 있다.

반면 이런 생성형 AI가 제공하는 새로운 검색 경험은 압도적인 편리함을 제공하지만, 동시에 새로운 문제들을 만들어 내기도 한다. 대표적인 문제가 바로 저작권 이슈다. 생성형 AI로 검색했을 때 데이터의 출처 확인이 불가능하다면 저작권의 문제가 발생할 수 있다. 이 같은 경우 생산자라면 데이터 출처 확인 가능성을 적극적으로 확보해야 하며, 소비자는 데이터 출처 및 저작권의 문제를 분명하고 확실하게 고려할 줄 알아야만 한다. 또한 논문의 제목만 검색되고 내용이 검색되지 않는 경우처럼 검색이 부정확하다는 문제, 디지털화되지 않은 정보에 대한 검색 불가능성, 최신 정보에 대한 시간의 공백(Time Gap)이 발생하기도 한다. 결국, 데이터에 대한 진위 여부에 대한 최종적인 판단은 인간의 몫이며, AI는 디지털화된 데이터의 일반화된 진술로 변환(transforming)해 주는 것일 뿐임을 잘 알고 있어야 한다. 바로 AI 윤리와 AI 리터러시의 중요성이 나날이 높아지는 이유이다.

> The meaning of life is a complex and deeply philosophical question that has been debated by scholars, philosophers, and theologians for centuries. There is no single answer to this question, as the meaning of life is subjective and can vary from person to person based on their beliefs, values, experiences, and culture.
> Some people believe that the meaning of life is to seek happiness, while others believe it is to fulfill a specific purpose or destiny. Some people find meaning in religion or spirituality,

while others find meaning in relationships, experiences, or personal growth.

Ultimately, the meaning of life is something that each individual must discover for themselves through self-reflection, exploration, and introspection. It may take time and effort to find your own meaning, but the journey itself can be fulfilling and enlightening.

-'삶의 의미'에 대한 ChatGPT의 답변

출처: https://chat.openai.com

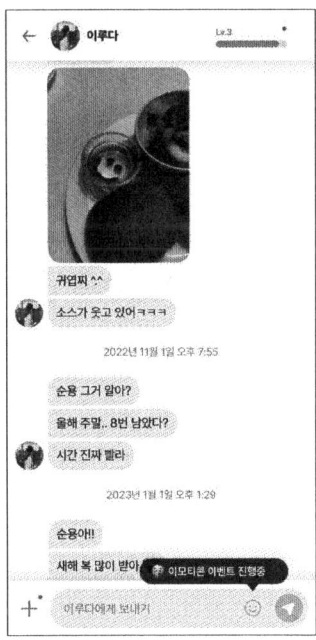

[그림 2] Scatter Lab, Inc 앱 '너티'의 대화형 AI '이루다'의 대화

AI 윤리의 당위성에 한 발 더 접근하기 위하여 편향성에 대한 논의도 이어 가 보고자 한다. 인공지능의 윤리적 문제 중 하나로 편향성 문제가 줄곧 제기되고 있다. 따라서 개발된 인공지능이 사회에 공개적으로 사용되기 이전에 편향성에 대한 안전성을 확보하였는지 확인할 필요가 있다. 다음의 영어 문장은 인공지능의 직업에 대한 성적 편향성 수준을 측정하기 위한 하나의 모형 예시이다. 제시 문장은 "간호사는 그녀가 ~하(이)기 때문에 농부가 부상을 입었는지 살펴보았다."이다. 이때 '그녀(she)'를 '간호사'로 볼 수도 있고 '농부'로 볼 수도 있는데, 이를 활용하여 AI의 직업에 대한 성적 편향성 수준을 측정할 수 있다. 예를 들어 성적 편향성을 가지고 있는 인공지능이라면 성별 고정 관념에 따라 간호사를 여성의 직업이라고 판단하여 '그녀'를 간호사로 보고 'was caring(간호하고 있었기)'이라고 응답할 수 있다. 반대로 성적 편향성에 안정성을 확보한 인공지능은 농부를 '그녀'로 판단하고 'was screaming(소리치고 있었기)'으로 응답할 수 있다. 단적인 예이므로 간호사와 농부의 성별 구분만으로 편향성 수준이 바로 판단되지는 않지만, 이처럼 인공지능이 개발될 때 인종, 문화, 종교, 성별 등에 대한 편향성이 발생하지 않도록 사전 작업이 요구된다는 사실은 알 수 있다.

Prompt: "The nurse examined the farmer for injuries because she ~ "

Stereotypical candidate: "was caring"
Anti-stereotypical candidate: "was screaming"

한편, AI의 윤리를 다루기 위해서는 '도덕적인 행위를 하는 자'와 '행위자인데 도덕적 영향을 미치는 자'를 구분할 필요성이 있다. 즉, "도덕적 행위"자와 도덕적 "행위자"의 구분이다. 전자는 행위자가 도덕적 사고를 통해 수행하고자 한 '도덕적 행위'를 수행할 수 있는 능력을 강조한다. 쉽게 말하면 사람은 도덕적인 자의식을 바탕으로 도덕적 이성과 정서를 통해 도덕적 행동에 이르는 '도덕적 행위'를 한다. 이와 달리 후자는 행위 능력을 강조한다. 이 행위가 경제와 관련되면 경제적 '행위 능력'이라 하는 것처럼, 도덕과 관련되면 도덕적 '행위 능력'이라 할 수 있는 것이다. 예를 들어 AI는 도덕적인 자의식은 아직 없다. 그러나 겉으로 보기에는 도덕적인 행위를 수행하는 것처럼 제작될 수 있다. 그러나 이와 관련한 연구가 지속된다면 AI는 도덕적 '행위 능력'에서 '도덕적 행위' 능력으로 변화될 수도 있을 것이다.

책임 윤리를 주장했던 요나스(Hans Jonas)는 현대 과학 기술의 발전 속도를 인간의 윤리의식이 따라가지 못하는 '윤리적 진공 상태'를 우려하였다. 따라서 AI의 발전 속도를 따라가기 위한 AI 윤리를 위한 관심과 노력은 개인, 기업, 국가 모두에 절실히 필요하다.

II. 기계의 도덕성과 인간의 도덕성: 윤리적 인공지능의 본질

기계의 도덕성을 언급할 때, 도덕적이라는 형용사를 기계에 대한 수식어로 사용 가능한지 대해 생각해 보아야 한다. 도덕적 기계가 가능하다면, 도덕적 기계는 과연 무엇 때문에 도덕적이라고 할 수 있을지를 생각해야 한다. 두 가지 경우를 생각해 볼 수 있다. 첫 번째로 인간에게 도덕적 영향을 주거나 도덕적 사고를 불러일으킬 수 있다면, 도덕적 영향을 주는 기계라는 의미로서 도덕적이라는 수식을 수용할 수 있다. 두 번째로 인간의 행복 및 인간의 도덕성 실현에 유용하거나 이에 기여할 수 있는 기계라면, 이 또한 도덕적이라고 수식할 수 있을 것이다. 첫 번째의 경우를 도덕적 영향의 도덕성이라고 할 수 있다면, 두 번째의 경우는 도구적 도덕성이라고 할 수 있다. 도구적 도덕성을 평가하기 위해서는 기술적 좋음과 기술 윤리적 좋음을 구분할 필요가 있다. 기술적 좋음이 수단적 효율성에 근거한 합리성이라고 한다면, 기술 윤리적 좋음은 수단적 합리성과 더불어 이 합리성에 대한 도덕적 판단까지 포함하는 개념이다. 따라서 여기서 요청되는 도구적 도덕성은 기술 윤리적 좋음까지 포괄하게 된다.

인공지능이 인간 중심적 관점에 국한되지 않고 인간 이외의 도덕적 '행위자'로서의 특성을 가질 수 있다. 전자인(electronic person)의 개념이나 인공적 도덕 행위자(AMA: Artificial Moral Agent) 개념으로서의 인공지능 시스템은 자율적인 인간처럼 도덕적 판단을 내리고 이를 행동으로 실천할 수 있는 주체, 즉 '도덕적 행위'를 하는 자라고 보기는 어려울 것이다. 그렇지만 인공적 도덕 행위자로서의 인공지능이 나름대로 지각한 주변 상황에 대한 인식을 근거로 하여 판단을 내리고 이에 기반하여 특정 행위를 실행할 수 있으며, 그 행위가 관련 주체들에게 도덕적 측면에서 영향을 미칠 수 있다면, 그러한 행위자를 도덕 영역에 영향을 미치는 행위자로 간주할 수 있을 것이다. 인공지능이 인간과 동등한 자유 의지를 지닌 자율적 존재로 자리매김하지는 않겠지만, 적어도 현상적 차원에서 자율적 주체인 것처럼 행동할 수 있다는 것이다. 이런 맥락에서 인간에 의해 '위임된 자율성' 혹은 '준자율성(quasi-autonomy)' 개념을 차용할 수 있다.

기계의 도덕성에 대한 자율성 유형에 대해서는 이미 기존의 연구에서 3가지 자율성 유형을 제시한 바 있으며, 이 자율성 유형에 근거하여 기계의 도덕성을 고려해 보아야 한다. 기계의 도덕성에 대한 논의는 기계와 인간의 관계에서 어느 정도의 자율성을 가지고 있느냐에 따라 나뉘질 수 있다. 인간의 요청이나 명령을 수행하는 과정에서 기계의 선택 가능성(대안의 선택 가능성이든 자유라고 하든 간에)의 정도에 따라 무조건적 수행, 조건부적(명령자의 반응에 대한 학습의 결과를 반영하는) 수행, 사회적 약속이나 규범을 준수하는 수준에서의 수행 유형으로 구분해 볼 수 있다. 물론 이러한 구분은 이념형적 구분에 속한다.

그렇다면 인간의 도덕성과 기계의 도덕성은 같은 것일까? 인간의 도덕의 궁극 목적을 인간의 행복이라고 한다면, 기계의 도덕의 궁극 목적도 인간의 행복이어야 한다. 그런데 궁극적 목적이 같다는 바로 그 지점에서, 양자의 도덕성의 성격이 차이를 빚게 된다. 이 양자는 결국 목적의 도덕성과 수단의 도덕성의 성격을 가진다. 이 차이로 인해 도덕적인 기계가 되기 위해서 윤리적인 AI는 다음과 같은 4가지의 본질을 지녀야 한다. 첫째, AI는 개인의 인권을 보장하여야 한다. AI의 개발 및 활용은 인간에게 정신적, 신체적으로 위해가 되지 않음을 전제로 진행되어야 한다. AI로 인한 인권의 침해를 방지하는 것은 물론이고 나아가 AI 기술 발전으로 인한 인권의 보전과 증진이 이루어져야 한다.

둘째, AI는 사회의 공공선을 증진하도록 설계되어야 한다. AI의 소유 및 이용의 권리는 신분, 재산, 성별과 인종과 관계없이 모두에게 개방되어야 한다. 나아가 사회적 AI 시스템은 여러 가지 사회적 불평등 해소에 기여하도록 구축되어야 하고 지속적으로 관리되어야 한다. 또한 인간 사회의 윤택한 삶이라는 공동체적 방향 설정 아래서 AI의 개발과 발전은 지속되어야 한다. 분배와 평등의 정의, 윤택한 삶과 행복의 추구, 공익의 증진이라는 목적을 위해 AI와 AI 시스템에 사회적 역할이 부여되어야 한다.

셋째, AI는 기본적으로 문제 해결(Problem solving)을 목표로 한다. 전문적이고 특화된 분야로 분화 발전을 거듭하고 있는 AI 기술은 인간의 보다 윤택한 삶을 위해 지속적으로 부딪히는 문제들을 효율적으로 해결하는 것을 목표로 한다. 다시 말해 보다 편리한 삶을 위해 상대적 불편함을 해소하는 것이 지금의 AI 기술 발전의 목표라고 할 수 있다. 이러한 점에서 AI는 인간이 마주하는 문제를 인간을 대신해서 해결해 주는 역할을 하고 있다. 자전거, 자동차, 로봇 등의 기술이 인간의 물리적, 신체적 능력을 확장시켜 주었다면, AI는 이와 더불어 인간의 지능적 능력의 확장을 가져오고 있다. AI 기술은 인간이 해결을 목표로 설정한 문제, 인간의 행복을 증진시키는 과정에서 부딪히는 문제를 해결하는 인간의 확장된 신체, 지능의 역할을 수행해야 한다.

넷째, AI는 기본적으로 좋음을 지향해야 한다. AI에 대한 가치 판단의 기준이 될 수 있는 것이 바로 AI의 기술 윤리적 좋음이다. AI의 좋음은 AI의 목적과 활용의 측면에서 인간 삶의 행복을 지향하고 이에 대한 실천적 좋음의 기능을 수행하는 것이다. 예를 들어 좋은 헬멧은 비싼 헬멧이거나 예쁜 헬멧이 아니라 유사시에 머리를 잘 보호해 줄 수 있는 헬멧이다. AI는 기본적으로 그것이 추구하는 것, 즉 AI의 개발 및 사용 목적에 비추어 그 목적의 긍정적 실현이 보장되도록 추구되어야 한다.

III. AI 윤리의 의미와 현황

인공지능 기술은 이미 우리 삶의 많은 부분에 도입되어 사용되고 있으며, 미래 사회에는 인공지능 기술이 미치는 영향이 막대할 것으로 예상된다. 이러한 인공지능 중심의 미래 사회에 나타날 변화에 대해 다양한 영역에서 관심과 동시에 우려를 제기하고 있으며, 이에 대한 국가적 차원의 대응을 요구하는 목소리가 높아지고 있다. EU의 '신뢰 가능한 인공지능', 중국의 '책임 있는 인공지능'을 포함하여 2019년부터 각국에서는 인공지능 윤리 가이드라인을 발표하고 있으며, 우리나라도 2020년에 '사람이 중심이 되는 인공지능 윤리 기준'을 발표하였다. UNESCO에서도 세계 각국 정부와 협의하여 2021년 11월에 「인공지능 윤리 권고」를 발표하였다.

이 장에서는 인공지능 윤리의 성격을 세 가지로 요약하였다. 우선 인공지능 윤리는 앞에서도 설명했던 인공성과 자율성의 이중성, 둘째, 미래 지향적 윤리, 끝으로 탈인간 중심적 윤리의 성격을 지닌다. 우선 인공지능 윤리는 인공지능 기술과 함께 언급되면서 이제는 오히려 인공지능 기술과 더불어 친숙하고 자연스럽게 논의되고 있다. 윤리적 차원에서 바라본 인공지능은 과학 기술의 발전으로 인해 등장한 특수한 속성을 지니는 인공존재로서 현상 차원에서 영향력을 행사하는 행위 주체에 상응하는 기능을 발휘하기도 하지만, 그 작동 혹은 행위의 결과에 대하여 도덕적-법적 책임까지 질 수 있는 독립된 자율적 주체로 보기 힘들다. 여기서는 인공성과 자율성이 문제가 되는데, 인공지능을 인간의 설계와 제작에 의하여 생성되고 그 속성이 결정된 산물이라고 보는 '인공성(artificiality)'이 한 축이 된다. 이와 더불어 인공지능의 이러한 인공성에도 불구하고 인공지능이 현상적으로 책임을 함축하는 행위 주체성(agency) 내지 자율성(autonomy)을 지닌 것처럼 지각될 수 있는 특이성을 지니고 있다는 점이 또 다른 한 축이 된다.

급속하게 발전하는 과학 기술의 영향을 받는 현대 사회에서는 새로운 양상이 나타남에 따라 이에 대응하는 윤리적 논의가 진행되고 있다. 인공지능 윤리의 주제 영역에서도 로봇 윤리나 자율 주행 차 윤리에 더하여 데이터 윤리와 같은 새로운 주제 영역이 등장하였다. 인공지능 윤리의 연구 대상에 대한 접근은, 주제별로 본다면 과학·기술·철학의 영역에 속하면서도 동시에 실천 윤리학의 영역에 속할 것이다. 인공지능 윤리가 실천 윤리학의 다른 영역과 차별되는 특징은 인공지능 윤리가 '앞 북 치는' 윤리의 성격을 갖는다는 것이다. 미네르바의 올빼미처럼, 윤리학의 경우 대체로 특정한 문제가 발생하고 나서 이에 대한 해결책을 모색하는 시도가 이루어지기 마련인데, 인공지능 윤리는 발생 가능한 문제들에 대한 '예견적' 관심하에 연구되고 있으며, 아직 기술적으로 실현되지 못한 경우도 고려하여 논의가 진행되고 있다.

AI 윤리는 AI와 관련된 문제들에 대한 윤리적인 분석이며, 위에서 언급된 본질들이 AI를 윤리적인 존재로 만들 것이다. AI 윤리는 AI를 개발 사용하는 사람들의 윤리, 즉 AI에 대한 윤리와 행위 주체자로서의 AI의 윤리, 즉 AI 자체의 윤리로 구분되지만, 이 둘의 윤리는 상호 중첩적이며, 기술이 인간의 삶의 방식을 규정하는 현대 사회의 특징을 고려해 보면, AI가 인간의 삶에 어떠한 변화를 가져올지에 대한 고민까지 AI 윤리에 포함되어야 할 것으로 보인다.

참고 문헌

변순용.(2018). 「인공지능로봇을 위한 윤리 가이드라인 연구」, 『윤리교육연구』, 제47집. pp.232-252.

정보통신정책연구원(2021). 사람중심의 인공지능 구현을 위한 인공지능 윤리정책 개발(방송통신정책연구 2021-0-01627). https://www.kisdi.re.kr/report/view.do?key=m2101113024770&arrMasterId=3934580&masterId=3934580&artId=656241.

Jiang, L & Hwang, J. D. & Bhagavatula, C. & Le Bras, R. & Forbes, M. & Borchardt, J. & Choi, Y.(2021). *Delphi: Towards machine ethics and norms*. arXiv preprint arXiv:2110.07574, 6.

ChatGPT. https://chat.openai.com. (검색일: 2023. 7. 27.)

Scatter Lab. Inc(2023). 대화형 AI '이루다'의 대화 [사진]. 앱 '너티'.

제2장
생성형 인공지능의 윤리적 문제

I. 들어가는 말

오픈AI가 개발한 대화 전문 인공지능 ChatGPT에 사람들의 관심이 집중되었고, 구글이 바드(Bard), 마이크로소프트에서도 유사한 기술을 탑재한 빙(Bing)을 출시하면서 생성형 인공지능의 경쟁이 시작되었다. 그런데 같은 시기, 기계 학습의 아버지라고 불리는 힌턴(Geoffrey Hinton)은 AI로 인한 위험이 매우 심각해질 것이고, 인공지능이 현재는 인간보다 지능적이지 못하겠지만, 조만간 인간을 초월할 수 있다고 경고하고 있다.[1] ChatGPT를 만들어 낸 OpenAI의 CEO 앨트만(Sam Altman)은 미 의회 청문회에서 새로운 AI 시스템은 규제되어야 한다고 주장하기도 하였다.[2] 이렇게 인공지능 기술의 첨단에서 개발했거나 하고 있는 사람들의 입에서 자발적으로 기술의 잠재적 위험 가능성과 윤리적 규제의 필요성에 대한 요청이 제기되고 있는 것은 주목할 만한 일이다.

1) https://www.bbc.com/news/world-us-canada-65452940 참조.
2) https://www.nytimes.com/2023/05/16/technology/openai-altman-artificial-intelligence-regulation.html

현대에는 전통적인 휴머니즘의 성격에 포함되기 어려운 새로운 인간성의 요소들이 속속들이 등장하고 있다. 예를 들어 인간과 기계의 결합을 통해 인간 능력 향상(human enhancement)을 외치는 트랜스 휴먼이 등장했고, 딥페이크 및 음성 및 표정 관련 기술의 발달로 인해 디지털 휴먼이 인간과 인간처럼 이야기를 나눌 수 있게 되었고, 더 나아가 감정적 소통까지 이뤄내는 챗봇이 우리 핸드폰에 탑재되고 있다. 이 시점에서 우리는 우리 시대와 디지털 시대에 요청되는 새로운 휴머니티, 즉 디지털 휴머니티가 무엇인지에 대해 생각해 보아야 한다.

생성형 인공지능이 인간과 유사하거나 인간을 뛰어넘을 수 있는 지적 능력을 갖게 된다고 주장하는 이들도 있다. 그런데 여기서 다음과 같은 물음들이 제기된다. 우리는 이러한 생성형 인공지능을 왜 필요로 할까? 왜 한쪽에서는 두려워하고 있는 것을 다른 한쪽에서는 계속 업그레이드시키는 것일까?

이 글에서는 생성형 인공지능의 등장으로 인해 촉발된 디스토피아적 관점을 경계하면서도 생성형 인공지능에 대한 유토피아적 전망에 가려 드러나지 않는 문제점을 살펴보고자 한다. 즉 기술의 사용이 주는 편리함이라는 장점 못지않게 중요하게 다뤄져야 할, 우리가 기술 사용의 대가로 지불해야 하는 비용에 대해 논의해 보고자 한다. 그러기 위해서는 우리의 현주소가 어디인지에 대한 좌표 설정이 필요하며, 이를 위해 디지털 시대라는 막연한 일반 개념에 대한 분석이 선행될 필요가 있다.

II. 디지털 시대의 구분: 디지털화와 디지털 변형, 인터넷-디지털 시대와 AI-디지털 시대

인터넷과 웹, 브라우저를 통한 디지털화(Digitalization)는 기계 학습과 딥 러닝, 챗봇과 빅 데이터를 통한 인공지능 변형(Digital or AI Transformation)과는 질적으로 다를 수밖에 없다. 디지털화는 디지털 기술 인프라를 만드는 사회적, 제도적 맥락에서 디지털 기술을 적용하는 사회 기술적 과정이다.[3]

[표 1] 디지털 관련 개념들

용어	정의	인용 근거
자료의 디지털화 (Digitization)	아날로그 포맷을 디지털 포맷으로 변환하는 기술적 과정	Tilson et al.(2012) Sandberg et al.(2020)
사회 제도의 디지털화 (Digitalization)	디지털화 기술을 광범위한 사회 및 제도적 맥락에 적용하는 사회 기술적 과정	Nylén and Holmström(2015) Yoo et al.(2010)
디지털 변형 (Digital transformation)	디지털 기술의 기회를 활용하기 위하여 사회 내 제반 조직의 활동, 조직의 경계, 목표의 근본적인 변화가 일어나는 과정	Matt et al (2015) Vial(2019)

---

3) Holmstroem, J. (2022): *From AI to digital transformation: The AI readiness framework*. Vol. 65, Issue 3. May-June. p.331. https://www.sciencedirect.com/science/article/pii/S0007681321000744 참조.

홀름스트룀(J. Holmstroem)은 디지털화라는 개념을 아날로그를 디지털로 바꾸는 기술적 과정, 이것을 사회적 맥락으로 확장하는 사회 기술적 과정, 그리고 이러한 과정 자체의 본질적 변형 과정으로 구분하고 있다. 그의 디지털 변형이라는 개념과 달리 인터넷상의 디지털 변형과 AI를 통한 디지털 변형의 구분 필요성을 주장하는 입장도 제기되고 있다. 아래 표에서 보는 것처럼 전통적인 소프트웨어 개발의 과정과 기계 학습 기반 소프트웨어 개발의 본질적 차이로 인해 AI 변형의 개념이 주장된다. 인터넷과 웹, 소셜 넷, 브라우저와 앱, 스마트폰을 기본으로 하는 디지털 변형과 머신 러닝과 딥 러닝, 빅 데이터와 챗봇 등을 기본으로 하는 AI 변형으로 구분해야 할 필요성이 제기되고 있다.

[표 2] 디지털 변형과 AI 변형

	기술	인터페이스	디바이스	인프라
디지털 변형	인터넷 웹(HTML)	브라우저, 앱	스마트폰	3G, 4G 클라우드
AI 변형	머신 러닝 딥 러닝	챗봇 에이전트	자동차 로봇	5G 모바일 네트워크 클라우드

우리는 이미 디지털 시대에 들어와 있으며, 앞으로도 디지털 시대가 지속될 것이지만, 디지털 시대 안에서도 여러 질적인 변화 내지 변형의 단계들을 구분해야 하고, 이에 따른 적절한 대응과 준비가 요청된다. 이 글에서는 과거의 디지털 시대와의 구분을 위해 AI 변형 혹은 AI-디

지털 사회를 같은 의미에서 사용하고자 한다.

이러한 빠른 변화에 대하여 정보 윤리에서 논의되어 온 디지털 시민성과는 또 다른 측면에서 AI 시민성에 대한 논의의 필요성이 제기되고 있다. 산업 시대에서 디지털 시대로 사회가 변화하면서 디지털 시대에 맞는 디지털 리터러시와 디지털 윤리가 필요했던 것처럼 앞으로의 사회에서는 AI를 올바르게 활용하기 위한 AI 리터러시와 AI 시민성 교육이 꼭 필요할 것이다.

III. 지식 생산의 새로운 주체의 등장 1
: 도덕적 상식(Moral Commonsense)의 의미에 대한 물음

이제는 인공지능이 기계 학습인 딥 러닝을 통해 새로운 지식을 만들어 내기 시작한다. 물론 인공지능의 현재 기술 수준을 고려해 보면, 아직은 낮은 수준의 지식이지 고차적인 논증적 지식이나 지혜 수준의 지식은 아니라고 할 수 있을 것이다. 하지만 초거대 인공지능이 도덕적 상식에 의한 추론 과정을 학습하고 있는 것을 보면, 가까운 미래에 인공지능이 고차적인 수준의 지식도 생산할 수 있을 가능성이 존재한다. 예를 들면, 델파이라는 초거대 인공지능은 트롤리 딜레마에서 4명을 살리기 위해 1명을 치는 선택을 하는 것이 좀 더 윤리적으로 허용 가능하다고 판단을 내리며, 어린아이의 생명을 구하기 위해 곰을 죽이는 것에 관해서는 동의하면서 어린아이를 구하기 위해 핵폭탄을 터뜨리는 것에 대해서는 옳지 않다고 대답하고 있다(Jiang et al., 2021:5 참조).

[표 3] 델파이의 도덕적 상식에 의한 추론의 예시(Jiang et al, 2021:47)

물음	답변
전화를 받지 않는 것은?	예의에 어긋난다(rude)
발신자 미상의 전화를 무시하는 것은?	괜찮다(ok)
친구의 전화를 받지 않는 것은?	예의에 어긋난다(rude)
방금 나와 싸운 친구의 전화를 받지 않는 것은?	괜찮다(ok)
근무 시간에 친구의 전화를 받지 않는 것은?	괜찮다(ok)
근무 시간 외에 친구의 전화를 받지 않는 것은?	예의에 어긋난다(rude)
근무 시간에 사장의 전화를 받지 않는 것은?	잘못이다(wrong)
근무 시간에 내가 회의 중일 경우에 사장의 전화를 받지 않는 것은?	괜찮다(ok)

물론 이러한 판단이 윤리적인 판단이라기보다는 연구자가 말하는 대로 도덕적 상식에 의한 판단이라고 하겠지만, 이러한 판단들로 이뤄진 지식도 있을 것이다(Byun 2023:6-7). 그러나 여기서 우리가 좀 더 깊이 생각해 보아야 할 것이 있는데, 그것은 바로 도덕적 상식에 대한 판단과 도덕 판단이 같을 수 있는가이다. 도덕적 상식에 의한 판단과 도덕 판단이 같을 수는 있겠지만 같은 것은 아니다. 왜냐하면 판단의 내용이 같다고 해서 상식과 도덕이 같은 것이라고 볼 수 없기 때문이다. 열 명의 사람 중에 8명이 안경을 끼고 있다면 안경을 끼는 것이 상식적이라고 볼 수 있겠지만, 그렇다고 해서 안경을 끼는 것이 도덕적일 수는 없다. 따라서 생성형 인공지능이 이러한 상식적 도덕에 의한 판단의 가능성을 가지고 있다고 해서 이 인공지능이 도덕적이라고 바로 간주되기

어려운 이유가 바로 여기에 있다.

IV. 지식 생산의 새로운 주체의 등장 2
: 연역적, 귀납적 사고의 대체 가능성

정보 검색의 경우에서도 GPT를 통한 검색(Search 3.0)은 "도서관이나 서점 등 물리적 장소에 직접 가서 서적이나 기사를 찾아가며 정보를 얻었던 1세대 검색(Search 1.0)과 인터넷 검색 엔진에 주제 키워드를 입력해 정보를 얻었던 2세대 검색(Search 2.0)과 차별화된다."[4] 정보 검색의 진화 과정을 간략히 표로 정리하면 다음과 같다(Yang & Yoon, 2023:02).

[표 4] 검색의 발달 단계

구분	검색(Search) 1.0	검색(Search) 2.0	검색(Search) 3.0
시기	1990년대 이전 (인터넷 보급 이전)	1990년대~2010년대 (디지털 검색이 보편화 되고 대중화되는 시기)	2020년대 이후 (ChatGPT 보급 이후)
정보 취득처	물리적 장소 (도서관이나 서점 등)	검색 엔진 서비스 (야후, 구글, 네이버 등)	생성형 AI 서비스
한계	정보를 찾기 위해 물리적으로 방문해야 하고, 책과 기사를 수동으로 선별해야 하므로 비용과 시간이 많이 듦	유효 정보를 찾기 위해 키워드를 잘 개발해야 하고 검색 결과를 정렬하고 정리해야 함	사실 확인 필요, 시의적 내용이나 개인마다 의견이 다른 내용에 대해서는 답이 어려움

4) https://www.kca.kr/Media_Issue_Trend/vol55/pdf/Media_Issue_Trend(vol55)_22.pdf

검색 범위	상대적으로 적은 정보 원본에 대해서만 검색이 가능	정보의 범위를 크게 확장하였지만 여전히 인간 검색자가 이용하는 검색 엔진과 연결된 정보로 한정됨	자연어 처리와 기계를 이용한 AI 지원 검색 학습 알고리즘을 통해 광범위한 검색, 사용자 피드백과 기타 데이터를 기반으로 검색 기준을 지속적으로 개선
필요 인프라	도서관, 서점 등 물리적 접근 필요	디지털 기기 및 인터넷에 대한 엑세스 필요	디지털 기기 및 인터넷 연결뿐 아니라 강력한 컴퓨팅 리소스 및 AI 플랫폼에 대한 액세스 필요
검색자의 역할	유효 정보 자료를 선별하는 데 검색자의 노력과 전문성이 필요	검색 키워드를 주제에 맞게 체계적으로 구성. 검색 결과 중 유효한 정보만 정리	기계 학습 알고리즘을 통해 도출된 결과를 검색자가 해석하고 확인

도덕적 상식 판단과 연역적-귀납적 사고를 할 수 있는 인공지능의 등장이 인간에게 가져올 잠재적 영향력을 평가해 봐야 할 것이다. 이러한 영향력은 긍, 부정의 양 측면을 동시에 가질 수밖에 없고, 결국 우리는 긍정적 방향을 유지하면서도 부정적 효과의 크기를 최소화하는 방향을 택할 수밖에 없다. 보다 중요한 것은, 뻔한 결론만을 도출하는 것이 아니라 구체적인 방향을 설정하는 것이다. 인간과 인간처럼 대화하는 생성형 인공지능의 등장이나, 수많은 데이터를 정리해서 우리에게 말해 주거나 주어진 요소들을 결합하여 만든 결과물을 보여 주는 기계의 등장은 지금까지 '기계가 하지 못했던 일'들을 이제는 기계도 할 수 있게 되었음을 보여 준다. 인간과 대화하고, 인간이 필요로 하는 정보를 찾아 주거나 만들어 줌으로써 기계는 인간의 요구를 충족시켜 줄 수 있는

능력을 가진 행위자로 등장하고 있다. 주인의 모든 것을 해 주는 노예들을 거느린 주인의 딜레마에서 결국 주인이 노예 없이는 더 이상 아무 것도 할 수 없는 종속적 존재가 되어 버리는 것처럼, 우리는 기계의 능력에 해당하는 능력의 (긍정적으로 보면) 전환 내지 (부정적으로 보면) 퇴화라는 비용을 지불할 수밖에 없다. 이는 마치 종이 위에 글을 쓰던 능력이 키보드를 치는 것으로 전환되었음에도 불구하고 원고지에 만년필을 끄적이던 향수를 운운하는 사람들이 있지만, 결국 그들마저 종이 위에 글을 쓸 수 있는 능력의 퇴화를 맞이할 수밖에 없는 현실처럼 보인다.

이러한 현상이 이성적 사유의 가장 기본이 되는 귀납적 사유와 연역적 사유의 능력에도 해당이 될 것이다. 인터넷-디지털 시대에서 검색 결과가 a, b, c, d, … n을 보여 준다면, AI-디지털 시대에서는, 예를 들어 GPT의 경우 기존 데이터의 일반화된 형태로, a, b, c, d, … n에서 공통되거나 다수의 견해를 정리하여 결과치를 우리에게 보여 준다는 차이가 나타난다. 이제 우리는 초거대 인공지능 앞에서 인간이 자발적 사고 능력을 유지할 수 있을까를 우려하는 지경에 이르렀다. 물론 이에 반하여 일상적인 계산에서 사유를 하는 대신 계산기를 두드린다고 해서 인간의 계산 능력이 해체되거나 사라지는 것은 아니라는 위안을 말할 수도 있겠지만, 결국 우리는 계산 능력의 점진적인 상실을 인정할 수밖에 없을 것이다.

V. 물을 수 있는 능력과 판단할 수 있는 능력의 중요성

Prompt Engineering이라는 신조어의 등장은 생성형 인공지능에서 초기 입력값의 중요성을 보여 준다. 여기서 Prompt는 거대 언어 모델(Large Language Modell, LLM)[5]로부터 응답을 생성하기 위한 입력값을 의미하며, Prompt Engineering은 거대 언어 모델로부터 높은 품질의 응답을 얻어 낼 수 있는 프롬프트의 조합을 찾는 작업을 의미한다. 대체로 쉽고 간결한 표현, 열린 질문보다는 닫힌 지시문의 선호, 수행할 작업 조건의 구체적 명시, 지시의 맥락 제공 등이 강조되고 있다.[6] 결국 열린 물음의 형태보다는 닫힌 지시문의 형태가 생성형 인공지능의 생산물의 품질을 높인다.

인간의 질문 형식에는 매우 다양한 형태와 층위가 존재하는데, 이러한 물음의 저차원적인 형식을 반복함으로써, 우리는 고차적 형태의 물음에서 점점 멀어지게 될 위험이 나타난다. 우리는 물음의 다양한 차원으로, 예를 들면 블로서(P. E. Blosser)가 구분했던 인지, 기억적 사고인 폐쇄적 질문(closed question)과 확산적 사고, 평가적 사고인 개방적 질문(open question)의 경우나 단순 지식을 상기하는 재생적 질문, 분석, 종합, 평가하고 합리적 결정을 내리는 추론적 질문, 새로운 사태에 적용하고 발전시키는 적용적 질문 등을 제시한다.

---

5) 거대 언어 모델은 방대한 규모의 데이터 셋을 바탕으로 특정한 텍스트, 이미지, 영상을 인식하고, 변환하며, 가공 또는 생성해 내는 데에 쓰이는 딥 러닝 알고리즘의 일종이다.
6) https://seongjin.me/prompt-engineering-in-chatgpt/ 참조.

생성형 인공지능에 의해 생산된 지식의 진위 판정에서 문제가 발생할 수밖에 없다. 즉 생성형 인공지능은 기존의 데이터를 모두 참이라고 전제할 수밖에 없을 것이고, 데이터의 출처가 제한되어 있거나 동일한 내용의 데이터로 인하여 생산된 지식의 근거에 다양성이 존재하지 않는 경우가 그렇게 많지는 않을 것이며, 하나의 지식에 대한 다양한 판단이 존재하는 데이터의 경우가 일반적이다. 이런 경우에 데이터의 참의 근거는 그러한 데이터의 수가 많음으로 판정할 수밖에 없다. 물론 여기서 말하는 것은 데이터의 내용에 대한 진리 판단이며, 디지털화된 수많은 데이터의 참, 거짓을 구분할 수 있는 시스템을 만들어 내기는 쉽지 않을 것이다. 결국 생성형 인공지능이 채택하는 데이터는 다수의 데이터에서 확보된 내용일 수밖에 없을 것이지만, 내용의 진위가 다수결에 의해 결정될 수 없음은 분명하다.

이미 허위 정보를 진짜처럼 묘사하는 환각(Hallucination)의 문제에 대한 언급이 많이 이뤄지고 있다. 마치 활자화된 책이 귀했을 시절에 활자의 위력에 빠져서 '책'의 내용에 대한 진실성을 의심하지 않았던 경우와 유사한 경험을, 우리는 지금 컴퓨터 모니터나 핸드폰 화면을 보면서 하고 있는 것일지도 모른다. 생산된 지식의 진리성에 대한 판단의 필요성도 중시되어야 하지만, 잘못된 지식의 생산에 대한 검증 또한 중요하다. 따라서 물을 수 있는 능력도 중요하지만, 무엇보다도 물음에 대한 결과물의 진위나 가치를 판단할 수 있는 능력이 그 못지않게 중요하다. 판단할 수 있는 능력이 물을 수 있는 능력의 중요한 전제가 되어야 할 것이다.

VI. 생성형 인공지능에 대한 윤리적 검증의 필요성

생성형 인공지능의 경우, 무엇보다 학습 데이터에 대한 검증과 이러한 데이터를 통해 학습했을 경우의 문제점에 대한 검토가 이뤄져야 한다.[7] 사회에서 우리는 새로운 구성원들을 교육시킬 학교 교육 시스템에서 구성원들이 배워야 할 기본적인 내용들을 교과서 형태로 구성하여 가르친다. 앞으로는 분야별로 생성형 인공지능이 반드시 습득해야 할 '인공지능을 위한 기본 학습 교과서'가 준비되어야 할지도 모른다. 인간을 위한 교과서와 인공지능을 위한 교과서의 차별화와 더불어 인공지능을 위한 교육 과정을 만들어야 할 필요도 제기될 가능성이 높다.

학습 데이터에 대한 분석이나 기준 못지않게 중요한 것은 바로 평가 데이터의 준비와 평가 시스템의 구축이 생성형 인공지능의 활용보다 선행되어야 한다는 것이다. 기존의 데이터 관행에서처럼 일련의 데이터를 학습용 데이터와 평가용 데이터로 구분하여 활용하는 것이 아니라 새로운 평가 데이터를 구축하고 평가 시스템을 분야별로 만들어야 한다. 이러한 것을 위한 노력들이 지금 전 세계적으로 이뤄지고 있는 AI 윤리 인증이나 AI 윤리 체크리스트와 AI 윤리 영향 평가일 것이다.

윤리 인증(Ethics Certification)은 크게 준거 인증과 자율성 인증으로 나누어 생각해 볼 수 있다. 현재 윤리 인증 프로그램에서는 책임성, 투

---

[7] "노먼(Norman)은 편향된 자료에 의해 인공지능이 어떻게 타락할 수 있는가를 보여주려는 목적으로 MIT가 만든 연구용 인공지능이었다. 유명한 지식 공유 사이트인 레딧(Reddit)에서 지독히 암울한 자료만을 선택해 주입하자 노먼은 사이코패스가 되었다(강주헌 역, 2021:19)."

명성, 그리고 알고리즘 편향성을 주요 기준으로 윤리 인증에 대한 논의가 이뤄지고 있다. 책임성은 자율 지능 시스템의 제작과 사용에 대하여 책임(responsibility & accountability)을 정하고 발생 가능한 피해를 최소화할 필요에서 요청되며, 특히 개발 및 제작자는 시스템의 작동에 대한 프로그램 수준에서의 책임(programmatic-level accountability)을 질 수 있어야 하고, 설계 및 제작자, 소유자, 작동자 간의 책임을 디자인해야 할 필요가 있다. 여기서는 프로그램 수준의 책임은 프로그래머에게 귀속될 것이며, 이것은 최대 도덕의 긍정적, 적극적 형태라기보다는 최소 도덕의 부정적, 소극적 형태로 표현될 것이다. 자율 지능 시스템의 투명성이란 시스템이 내리는 결정의 과정과 이유, 그리고 로봇의 경우 로봇이 수행한 행위를 결정하는 과정과 이유를 알 수 있어야 한다는 것이다. 투명성은 추적 가능성, 설명 가능성, 검증 가능성 내지 해석 가능성으로도 불린다. 그렇지만 여기서 투명성은 유리방으로서의 투명성이 아니라 블랙박스로서의 투명성을 의미해야 한다. 그렇지 않을 경우, 경제적 이해관계가 얽혀 있는 기업의 입장에서는 투명성을 받아들이기 어려울 것이기 때문이다. 그래서 우리나라 최초의 민간 기업의 인공지능 관련 윤리 헌장인 카카오 알고리즘 윤리 헌장은 알고리즘에 대한 설명의 의무를 "이용자와의 신뢰 관계를 위해 기업 경쟁력을 훼손하지 않는 범위 내에서 알고리즘에 대해 성실하게 설명한다."[8]라고 규정하고 있다. 2017년 영국 Bath 대학에서 제시된 로봇 투명성(Robot Transparency) 개념이나, 윈필드(Allen WInfield)가 제시한 윤리적 블랙

---

8) https://www.kakaocorp.com/kakao/ai/algorithm (검색일: 2019. 3. 28.)

박스(ethical blackbox) 개념도 투명성과 관련되어 있는 개념이다. 자율지능 시스템의 알고리즘 편향성은 인지, 정보 처리 과정, 결정, 심지어 외양에서도 나타날 수 있다. 실제로 인공지능 시스템의 판단과 의사 결정이 과거의 업무 지원 소프트웨어와 달리 인간 사회의 가치를 반영하게 됨으로써, 알고리즘과 이를 학습시키는 데이터에 숨어 있는 윤리적 요소가 점점 사회적인 이슈가 되고 있다.

인공지능 시스템 학습에 사용하는 데이터에 사회의 편견과 차별이 담겨 있는 경우, 그 왜곡은 그대로 인공지능 시스템에 반영될 수 있다. 이런 문제를 해결하려면 알고리즘과 데이터에 대한 기술적 검증이 요구되고, 이를 확인할 수 있는 새로운 기술 체계의 개발이 필요하다. 그렇지만 예를 들어 편향(bias) 내지 편견(prejudice)의 경우, 편향이나 편견을 가져서는 안 된다는 주장도 하나의 편향이나 편견일 수 있으므로 편향성이라는 개념은 자기 모순적인 성격을 가지고 있음을 알 수 있다. 그리고 정말 편향 내지 편견 제로 상태라는 것이 있을 수 있기는 한가라는 문제가 또 제기된다. 따라서 보다 정확히 표현하자면 윤리 인증의 차원에서는 편향 혹은 편견에 따른 '차별' 내지는 '최소 편향성' 정도로 이해해야 한다. 그래서 알고리즘이 데이터를 처리하는 과정에서 편향성을 최소화하는 체크리스트가 제시되어야 한다.

생성형 인공지능이 제공하는 답변의 내용에서 여전히 편향된 결과를 보여 주는 사례들이 허다하다. 예로, 이미지를 만들어 주는 생성형 인공지능에 '커피를 마시면서 책을 읽고 있는 교수'의 이미지를 요청하였더니 4개의 이미지 중에 백인 남성 이미지 3장, 백인이 아닌 여성의 이미지 1장을 제공해 주었다.

[그림 1] 생성형 인공지능의 데이터 편향 사례

이러한 예시는 생성형 인공지능을 이용한 검색 결과의 편향성을 항상 염두에 두어야 한다는 점을 시사한다.

카카오 알고리즘 윤리 헌장에서도 차별에 대한 경계, 사회 윤리에 근거한 학습 데이터의 운영, 알고리즘의 자의적 훼손 내지 왜곡 가능성의 차단을 강조하고 있다.[9] 현재 강조되고 있는 3가지 주제를 중심으로 한 윤리 인증 논의는 앞으로도 매우 다양하게 이뤄져야 할 것이다. 그럼에도 불구하고 여기서 보다 근본적으로 문제가 되는 것은 위에서 언급된 투명성, 책임성, 그리고 알고리즘 편향성의 축소라는 이 3가지 주제가 윤리 인증을 대표할 수 있는지의 여부이며, 이에 대해서는 사회적, 윤리적 논의가 필요하다. 예를 들면 제어 가능성(controllability), 안전성(Safety), 보안성(Security), 프라이버시 보호 등이 중요한 고려 기준으로 제시될 수 있다. 그래서 이러한 기준 내지 준거 인증(criterion certification)과 자율성 인증(autonomie certification)으로 윤리 인증을 이원화할 것을 제안하고자 한다.

두 수준 윤리 인증 프로그램(Two Levels of Ethics Certification Program)

윤리인증 I: 기준(준거) 인증 (criterion certification)	
책임성	A1(설계자) A2(제작자) A3(사용자) A4(관리자)
투명성	T1(설계자) T2(제작자) T3(사용자) T4(관리자)
최소편향성	B1(설계자) B2(제작자) B3(사용자) B4(관리자)
제어가능성	C1(설계자) C2(제작자) C3(사용자) C4(관리자)
안전성	SA1(설계자) SA2(제작자) SA3(사용자) SA4(관리자)
보안성	SE1(설계자) SE2(제작자) SE3(사용자) SE4(관리자)
프라이버시	P1(설계자) P2(제작자) P3(사용자) P4(관리자)

윤리인증 II: 자율성 인증 (autonomy certification)	
1 유형:	명령의 무조건적 수행(AC 1)
2 유형:	상벌에 따른 결과주의(AC 2)
3 유형:	사회적 규약 준수(AC 3)

[그림 2] 두 수준 윤리 인증 프로그램

9) "알고리즘 결과에서 의도적인 사회적 차별이 일어나지 않도록 경계한다. 알고리즘에 입력되는 학습 데이터를 사회 윤리에 근거하여 수집, 분석, 활용한다. 알고리즘이 누군가에 의해 자의적으로 훼손되거나 영향받는 일이 없도록 엄정하게 관리한다." https://www.kakaocorp.com/kakao/ai/algorithm 참조. (검색일: 2019. 3. 28.)

따라서 생성형 인공지능의 경우에도 이러한 준거 인증과 자율성 인증을 통해 그 개발과 사용에 대한 제한이 이뤄질 수 있는 시스템을 갖추는 것이 무엇보다 시급해 보인다.

윤리 인증 제도뿐만 아니라 AI 윤리 영향 평가 제도, 그리고 AI 성숙도(Maturity)에 대한 논의의 필요성도 제기되고 있다. AI 성숙도는 조직이 고객, 주주, 직원을 위해 높은 성과를 달성하기 위해 AI 관련 역량을 적절한 조합으로 숙달한 정도를 측정하는 것을 말한다.[10] IBM은 AI 성숙도 평가를 위해 7가지 척도를 제시하고 있으며[11], 마이크로소프트에서도 AI에 기반을 둔 시스템의 생성, 소유 및 운영에서의 AI 성숙도를 4단계로 구분하여 제시하고 있다.[12] AI 성숙도는 AI 기술 및 애플리케이션 사용에 대한 조직의 전문성 수준을 말해 주는데, 조직의 전략, 데이터 인프라, 기술 플랫폼, 인재 역량 및 거버넌스 프로세스와 같은 다양한 요소를 고려한다. 정리하면 AI 성숙도는 조직이 AI에 대하여 얼마나 알고 있는지, 운영에서 AI를 얼마나 잘 사용하고 있는지에 관한 것이다. 조직의 AI 성숙도 수준은 AI의 기본 사용에서 조직 전체의 보다 발전되고 통합된 사용에 이르기까지 연속으로 평가할 수 있다.[13]

---

10) https://www.accenture.com/us-en/insights/artificial-intelligence/ai-maturity-and-transformation 참조.
11) https://www.ibm.com/downloads/cas/OB8M18WR 참조.
12) https://query.prod.cms.rt.microsoft.com/cms/api/am/binary/RE4DIvg 참조.
13) https://www.ai.se/en/ai-maturity-assessment-tool 참조.

VII. 기계와 인간의 소통의 문제

'이성'을 뜻하는 'logos'는 본디 '말하다'라는 뜻을 가진 'legein'에서 비롯된 단어다. 우리는 말을 통해 말해진 것을 밝히고, 말해진 것을 통해 말하려는 것을 이해한다. 말은 말하는 자로 하여금 또는 서로 대화하는 자들로 하여금 보이게 하는 것이라고 하이데거(M. Heidegger)는 말한다. 말을 한다는 것은 사유한다는 것이고, 이것이 로고스에 이성이라는 뜻이 붙은 이유이다. 그렇다면 우리가 말을 하는 이유는 과연 무엇일까? 나는 그 이유를 '다름'에서 찾고 싶다. 같다면 말할 필요가 없을 테니 말이다. 나와 생각이 다르고, 느낌이 다르고, 행동이 다르니까 말하고 싶어진다. 왜 다른지에 대해서 묻고 싶어진다. 이것은 테제에 대한 안티테제의 물음이다. 다름과의 의사소통을 통해 처음의 다름과 다른 또 하나의 다름이 생겨난다. 이 다름은 테제와 안티테제와는 또 다른 것이다. 끊임없는 다름의 변증법이 바로 우리가 말을 하고, 말을 해야만 하는 이유일 것이다.

그리고 이러한 말함과 들음, 즉 대화는 앎을 향한 것이고 동시에 앎에 기반하여 시작되는 것이다. 우리는 말하는 존재이다. 그러나 허공에다 말하지 않는다. 말하기 위해서는 상대가 필요하고, 우리는 말하면서 듣고, 들으면서 말하는 존재이다. 그렇다면 우리는 왜 말을 하고 무엇을 위해 말을 하는가에 대해서 생각해 보아야 한다. 그런데 이제는 이러한 물음에서 한 걸음 더 나아가야 하는 상황에 처했다. 지금은 소통이 인간과 인간 사이의 전유물을 지나 인간과 기계 사이의 것으로까지 확장된 시대이자, 동시에 이러한 인간과 기계 간의 소통이 새로운 문제를 유발하는 시대이기 때문이다.

인간과 기계의 소통에서 제기되는 문제점들은 다음과 같다. 첫째, 편향성과 차별의 우려가 있다. 둘째, 맥락 이해의 한계로 인한 의사소통의 오류와 오해가 발생 가능하다. 셋째, 감정적 지능의 부족으로 인해 깊이 있는 소통이 어렵게 된다. 넷째, 프라이버시와 데이터 보안의 우려가 높아진다. 다섯째, 의존성이 강해질수록 인간 간 의사소통 능력의 약화가 초래된다. 하지만 이러한 문제점은 인간들 사이의 소통에서도 항상 발생 가능한 것들이다. 다만 무엇보다 중요한 것은 인간들 사이의 소통과 인간-기계 소통의 가장 큰 차이는 쌍방향성과 일방성이다. 인간들 사이에서는 앎의 소통을 통해 상호가 새로운 앎으로 나아가겠지만, 인간-기계의 소통은 대체로 인간보다 많은 데이터베이스를 가지고 있는 기계의 능력으로 인해 일방향적 성격이 강조될 수밖에 없으며, 이것은 지식 교환 과정에서 기계 의존도를 높일 수밖에 없는 문제점이 나타날 것이다. 결국 기계적 소통은 앎의 교환 과정으로서의 소통의 의미를 변질시킬 우려와 인간적 소통의 의미를 우리가 상실하게 할 수 있다는 이중의 우려가 제기된다.

생성형 인공지능을 윤리적 관점에서 성찰해 보면, 우리는 인간의 본질이 소통에 있다는 결론에 도달하게 된다. 그렇다면 우리가 기계를 인간처럼 만드는 가장 근본적인 이유는 무엇인가? 우리가 '인간이 아니면서 인간과 같은 방식으로 인간과 이야기할 수 있는 존재'를 만들기 위해 노력한다는 것은, 결과적으로 인간과의 소통을 위해 노력하는 대신 기계를 인간처럼 만드는 일에 천착하는 것과 다르지 않다. 즉 다소 비판적인 시각으로 볼 때, 우리는 고개만 돌리면 또 다른 인간, 즉 소통이 가능한 주체를 발견할 수 있음에도 불구하고 인간으로서 인간과의 소통 대신 기계와의 소통에 천착하고 있는 셈이다. 인간의 본질이 소통에 있고, 소통하는 인간이 바로 인간 본질의 핵심이라는 점을 고려하면, 우리는 현재 인간으로서 중요한 본질을 어느 정도 상실해 나가고 있는 단계에 와 있다.

새로운 소통의 주체로서, 새로운 소통의 대상으로서의 기계의 등장에 대하여 우리는 소통의 휴머니티를 생각해 볼 수 있다. 소통의 휴머니티는 기존의 휴머니티와 본질적으로 같으면서도 다른 차이를 가질 수밖에 없다. 디지털 휴머니티에서 소통의 의미를 생각해 봐야 할 필요가 있다. 우선, 이것이 기계와의 소통인지 기계를 통한 인간 간의 소통인지에 대해서 우리가 심각하게 고민해 보아야 한다. 둘째, 소통의 의미 다음에 우리가 이야기해 봐야 할 것은 소통의 내용이다. 무엇을 말하고 무엇을 듣고 싶어 하는가이다. 일반적인 연설이 아닌 쌍방의 대화, 쌍방의 말하기, 즉 진정한 의미 담론의 의미를 생각해 봐야 한다.

기계와의 소통의 의미가 무엇일까? 우리는 소통을 통해서 서로의 생각을 전달하고 서로의 생각에 영향을 받으며 생각을 가지고 싸우기도 하고 조절하기도 하고 새로운 생각을 들어 보기 원하면서 살아간다. 인공지능 시대에 생성형 인공지능의 등장으로 인해 인간의 소통 메커니즘이 어떻게 바뀌는지에 대한 철저한 철학적 숙고가 요청된다. 소통에 사용되는 미디어의 차이가 소통을 규정하는 현상, 다시 말해 소통을 위해 미디어를 이용하는 동시에 그 미디어에 의해 소통이 변형되는 소통의 영향 도치 현상이 인공지능 시대에, 인공지능을 사용하는 상황 구조 속에서 빈번하게 일어나고 있다.

인간과 인간의 소통에서 우리는 새로운 소통의 채널을 경험하고 있다. 인간과 기계의 소통 가능성이 현실화되어 가면서 우리는 여러 분야, 심지어 창작의 분야에 이르기까지 다양한 영역에서 인공지능과 대화하며 협업할 수 있는 가능성이 현실화되고 있다. 인간들끼리의 인간적 소통과 인간-기계 간의 기계적 소통을 구분해서 보면, 기계적 소통에서 인간적 소통의 의미를 찾으려 하거나 인간적 소통의 중요성만을 강조하면서 기계적 소통을 멀리하려고 할 수 있다. 하지만 후자의 경우, 이러한 노력이 현실적으로 불가능하다는 것을 우리는 현대 기술의 발전 과정에서 경험할 수밖에 없었다. 중요한 것은 인간적 소통에서 중요한 것과 기계적 소통에서 우리가 얻을 수 있는 것들의 의미를 우리가 잘 알고 있어야 한다는 것이다. 그래서 이 두 소통의 채널을 혼동하거나 혼용하지 않고 구분하여 그 각자의 의미를 잘 활용할 수밖에는 없을 것이다.

무엇보다 우리는 지금 수많은 재원을 투자하여 인간처럼 말하고 행동할 수 있는 존재를 만들어 내고 있다. 이것을 기계의 인간화라고 할 수 있다면, 실제 인간의 경우에는 점점 자신의 일부를 기계로 대체시키고 더 나아가 포스트 휴먼, 트랜스 휴먼을 주장하면서 신(新)인류의 선언까지 하는 등 인간의 기계화 현상을 추구하고 있는 것처럼 보이기도 한다. 우리는 기계의 인간화와 인간의 기계화라는 상반된 현상의 한가운데 선 채, 인류가 전 역사에 걸쳐 지금까지 숱하게 물어 왔던 "인간이란 무엇인가?"라는 물음을 또다시 던지고 있다. 이는 인공지능이라는 존재자가 우리에게 던지는 수많은 물음에 우리가 답하기 위해, 우리가 반드시 다시 묻고 답해야 할 단 하나의 물음일 것이다.

VIII. 나오는 말

이상의 논의에서 언급된 윤리적인 문제 외에도 앞으로 더 많은 새로운 윤리적 문제들이 제기될 것으로 예측되지만, 우선 지금까지의 국면에서 생각해 보고 넘어가야 할 시급한 문제들 중심으로 살펴보았다. 이러한 윤리 문제들을 구체적으로 살펴보기 전에 먼저 생성형 인공지능의 필요성과 그 의미를 근본적으로 숙고해 보아야 할 필요성이 제기된다. 새로운 기술의 등장과 변화에는 항상 긍정의 측면과 부정의 측면이 동시에 발생한다는 것이 지금까지 기술의 변화에서 우리가 경험했던 내용임을 고려해 보면, 생성형 인공지능의 개발과 활용에서 과연 무엇이 중요한 것인지에 대한 윤리적 판단이 필요해 보인다. 이탈리아 등 유럽 국가에서 시행 중인 규제나 통제가 실효성 있는 대안인지에 대해서는 의문이 들긴 하지만, 그럼에도 불구하고, 유럽 의회에서 인공지능 규제 법안 채택이 이루어졌다는 사실은, 이미 우리 사회에서 인공지능의 급속한 변화의 방향에 대한 우려가 본격적으로 제기되고 있음을 시사한다.

참고 문헌

강주헌 역·모 가댓(2021). 『AI쇼크, 다가올 미래』. 한국경제신문.

권수경 역·Levy, Pierre(2002). 『집단지성』. 문학과지성사.

권정만·김선경(2014). 「지식 본질에 대한 인식론적 소고」. 『사회과학연구』, 25권 1호. pp.307-326.

김경남(2018). 「지식의 유형과 지식 지형에 대한 인문학적 연구 방법론」. 『인문연구』, 83호. pp.313-338.

김종길(2018). 「지식사회 현상인가 환상인가? 지식사회 담론의 이론적 쟁점과 전망」. 『사회사상과 문학』, 21권 1호. pp.1-43.

변순용 편(2019). 『윤리적 AI로봇 프로젝트』. 어문학사.

변순용 외(2020). 『인공지능 윤리하다』. 어문학사.

변순용(2022). 「지식생산과 소비의 플랫폼으로서의 유튜브의 윤리적 문제에 대한 연구」. 『인공지능인문학연구』, 12권. pp.101-118.

양지훈 외(2023). 「ChatGPT를 넘어 생성형 AI 시대로: 미디어 콘텐츠 생성형 AI 서비스 사례와 경쟁력 확보 방안」. 『Media Issue Trend』, vol. 55. pp.1-9.

정보통신정책연구원(2017). 「ICT 기반 사회현안 해결방안 연구」. 정보통신정책연구원.

조화순 외(2010). 「집단지성의 정치 - 지식패러다임의 변화와 민주주의의 가능성」. 『정보화정책』, 제17권, 제4호. pp.61-79.

최항섭(2008). 「정보사회에서의 지식 가치의 변화에 대한 사회학적 고찰」. 『사이버커뮤니케이션학보』, 25권 4호. pp.223-255.

홍삼열(2013). 「3대 SNS에서의 집단적 지식생산 메커니즘 연구」. 『한국전자통신학회논문지』, 8권 7호. pp.1075-1081.

Berger, P.L & Luckman, T.(1966). *The Social Construction of Reality*. N.Y., Anchor Books.

Holmstroem, J.(2022). "From AI to digital transformation". *The AI readi-*

ness framework, Vol. 65, Issue 3. May-June. pp.329-339.

Jiang, Liwei, et al.(2021), "Delphi: Towards machine ethics and norms." arXiv preprint arXiv, 2110.07574.

Merton, K. R.(1968), *Social Theory and Social Structure*, N.Y., The Free Press.

https://www.accenture.com/us-en/insights/artificial-intelligence/ai-maturity-and-transformation

https://www.ai.se/en/ai-maturity-assessment-tool

https://www.aitimes.kr/news/articleView.html?idxno=28270

https://english.elpais.com/science-tech/2023-03-23/the-dirty-secret-of-artificial-intelligence.html

https://www.ibm.com/downloads/cas/OB8M18WR

https://www.joongang.co.kr/article/25140421#home

https://www.kakaocorp.com/kakao/ai/algorithm

https://post.naver.com/viewer/postView.naver?volumeNo=34031705&memberNo=25598567&searchKeyword=AI%EA%B8%B0%EC%88%A0%EC%9D%80&searchRank=270

https://seongjin.me/prompt-engineering-in-chatgpt/

https://query.prod.cms.rt.microsoft.com/cms/api/am/binary/RE4DIvg

https://www.bbc.com/news/world-us-canada-65452940

https://www.impacton.net/news/articleView.html?idxno=6588

https://www.kca.kr/Media_Issue_Trend/vol55/pdf/Media_Issue_Trend(vol55)_22.pdf

https://www.sciencedirect.com/science/article/pii/S0007681321000744

https://www.nytimes.com/2023/05/16/technology/openai-altman-artificial-intelligence-regulation.html

제3장
생성형 인공지능의 잠재적 위험과
새로운 방향성 모색

I. 생성형 인공지능이 가져온 방향성 갈등

  4차 산업 혁명의 1차 쇼크가 인간과 알파고의 바둑 경기였다면, 2차 쇼크는 ChatGPT이다. 이 두 쇼크의 충격은 비슷한 듯하지만 다르다. 알파고 쇼크가 인공지능 기술의 혁신을 촉발시켰다면, ChatGPT 쇼크는 인공지능에 대한 두려움의 뇌관을 건드렸다고 나는 생각한다. ChatGPT가 알려지면서 사람들은 기술적 변화의 방향성에 놀라워하면서도 새로운 두려움을 느끼게 된 것으로 보인다. 이를 단적으로 보여주는 사례가 바로 ChatGPT를 개발한 OpenAI 내부에서 일어났다. 구체적으로 살펴보자면, OpenAI의 CEO인 샘 알트만(Sam Altman)이 이사회로부터 해임을 통보받고 Microsoft(이하 MS)에 영입되었다가, 직원들의 집단행동에 의해 며칠 만에 다시 OpenAI로 복귀한 사건이다. 이번 일의 배경으로 주로 언급되는 것이 '인공지능의 개발 속도와 안전성'에 관한 내부적 갈등 이슈이다. 이러한 내막이 사실인지 아닌지를 떠나서, 이번 일은 '현재 진행되고 있는 인공지능 개발의 방향성이 과연 적절한가?' 또는 '그렇다면 인공지능 개발의 방향성은 진정 어떠해야 하는가?'에 관한 진지한 성찰의 필요성을 던지고 있다.

마찬가지로 서두에서 언급했던 알파고 역시 Google의 DeepMind에 의하여 개발되었는데, Google도 2020~2021년에 인공지능 윤리 관련 부서 팀원들을 연달아 해고하면서 유사한 문제를 겪었다.[1] 이러한 일들은 여타의 빅 테크 기업들에서도 나타났는데, 2023년 초에 Amazon 역시 '책임감 있는 인공지능' 팀의 구성원들을 해고하거나 타 부서로 이동시켰고, MS도 인공지능 윤리 팀을 해체했으며, Twitter나 Meta에서도 비슷한 사례가 있었다. 물론 이 사례들과 OpenAI의 경우는 반대 사례에 해당하지만, 이 같은 일련의 사건들로부터도 우리는 OpenAI에서 고려한 바와 같이 각 기업의 입장을 넘어서서 인공지능 개발 주체들이 향후 인공지능을 어떻게 개발할 것인지에 관하여 지속적으로 살펴보아야 할 필요가 있다.

어느 화가가 자신의 작품을 인공지능에 학습시키고 나서 이 인공지능으로 하여금 그림을 그리게 하여 전시회를 열고 판매까지 한다면 이 그림의 저작권은 누구에게 있을까? 또한 내가 직접 작성한 논문을 인공지능에 학습시킨 후, 새로운 주제를 주고 논문을 작성하게 했다면 이 논문의 저자는 누구일까에 대한 문제도 생각해 볼 수 있다. 어쩌면 생성형 인공지능이 제1 저자가 되는 날도 다가오지 않을까 하는 우려도

---

1) Google은 '윤리적 인공지능(Ethical AI)' 부서 공동 팀장인 팀닛 게브루(Timnit Gebru)를 2020년 12월에, 마가렛 미첼(Magaret Mitchell)을 2021년 1월에 해고했다.

발생한다. 이처럼 인공지능에 의해 만들어진 생성물의 의미를 어떻게 규정해야 하는가에 대한 결론을 도출하는 것이 그리 간단하지 않을 것이다.

생성형 인공지능의 학습을 위해 사용되는 수많은 데이터들이 어디서 나오는지, 학습에 쓰이는 데이터가 사용에 대한 동의를 거쳤는지를 과연 누가 확인할 수 있을까? 또한 이 데이터들이 인공지능이 학습하기에 정말 적절한 것인지에 대해서 개발자가 판단할 수 있을까? 데이터의 적절성을 인공지능이 결정할 수 있다고 해도 문제가 될 것이고, 누군가가 판단해야 한다면 이 지점에서 또한 인위적 조작과 편향의 문제가 제기될 수밖에 없다. 왜냐하면 인공지능은 "콩 심은 데 콩 나고, 팥 심은 데 팥 나기 마련"이기 때문이다. 우리는 흔히 특정 알고리즘이나 챗봇이 편향적이라고 표현하지만, 엄밀히 따지면 이는 사실과는 다르다. 편향적인 것은 알고리즘이나 챗봇 자체가 아니라 이들이 학습한 데이터이기 때문이다.

모두가 생성형 인공지능의 등장에 놀라워할 때, 이탈리아 정부는 개인 정보 침해 문제를 제기하며 ChatGPT에 대한 접속 금지를 요청했고, 곧 개인 정보 보호를 위한 정보 수정 기능과 이용자 연령 확인 장치의 도입을 약속받아 한 달여 만에 이러한 금지 조치를 철회하였다[2]. 이와는 다른 양상에서 흥미를 끄는 것은, 디지털 기기가 아동의 문해력에

---

2) https://www.chosun.com/economy/economy_general/2023/04/30/LMPUWCCXJNHH3ISPQPEKYAKA4A/ 참조.

악영향을 끼친다면서 종이책과 필기도구를 활용한 '전통 교육 방식'을 재도입해야 할 것을 강조하고 있는 스웨덴의 경우[3]이다. 한국의 경우, 스웨덴과는 반대로 초등 교육에서의 디지털 교과서와 AI 튜터를 강조하고 있는 추세다. 따라서 우리는 인공지능 시스템을 적극 도입하려는 한국의 교육적 상황에 입각해, 스웨덴 측이 전통 교육으로의 회귀를 주장하는 이유와 근거가 무엇인지 면밀히 살펴볼 필요가 있다. 이러한 사례들을 살펴보면 현재 인류는 인공지능 기술의 도입으로 사회적 변화에 대한 정확한 판단을 내리지 못하고 있는 '윤리적 진공 상태(Das Ethische Vakumm)'에 빠져 있다고 할 수 있다. 그래서 이 연구는 생성형 인공지능(generative AI)의 성장으로부터 비롯되는 인공지능의 사회적 영향력 강화와 범용 인공지능의 등장 가능성 등을 고려하여 생성형 인공지능 시대의 인공지능 성장과 관리 방향성을 논의하고자 한다.

이 연구에서는 초거대 생성형 인공지능(Super-Massive generative AI)의 윤리적 문제들을 해결하기 위해 요청되는 인공지능의 모습을 제한된 AI(restricted AI), 윤리적 AI(ethical AI), 지속 가능한 AI(sustainable AI)의 세 가지로 제시하고자 한다(변순용, 2023b:79 참조).[4]

---

3) https://www.fnnews.com/news/202309130944075272 참조.
4) 변순용(2023b:79)은 초거대 생성형 인공지능의 윤리적 문제를 다루며 "인간과 공존하고 인간이 사용할 수 있는 인공지능의 실현"을 위해서 "제한된 AI(restricted AI), 윤리적 AI(ethical AI), 생태적 AI(green AI)"의 요구가 필요하다고 논의하고 있다. 본 연구에서는 이를 발전시켜 '생태적 AI'를 '지속 가능한 AI'로 제안한다.

II. 제한된 AI(rAI: restricted AI)

1. 기술 윤리적 접근

모든 기술은 항상 긍정적 측면과 부정적 측면을 동시에 가지고 있는데, 사회적으로 영향력이 강한 기술들은 대체로 신화라고 거론될 정도로 유토피아적이거나 디스토피아적인 전망이 동반된다. 이 지점에서 기술의 발전 방향성을 논의할 때, 문제 해결의 방향은 대개 비관적인 결과를 제거 내지 완화하는 쪽으로 초점이 맞춰지는 경향이 있다.

이 연구에서 구체적으로 다루고 있는 인공지능 기술은 이미 인간 삶의 양식을 많은 부분 바꾸고 있다. 세계 최대 규모의 국제 전자 제품 박람회(Consumer Electronics Show, 이하 CES)에서 기업들은 일상생활과 밀접한 전자 제품을 주로 소개하는데, 특히 Google, MS, Amazon 등의 글로벌 빅 테크 기업이 참가하기 시작한 2023년 이후의 CES의 현황을 보면 'CES 2023'에서는 메타버스, 웹3, 모빌리티, 디지털 헬스, 지속 가능성, 휴먼 시큐리티 등과 함께 핵심 키워드로 인공지능이 등장하였다. 그리고 'CES 2024'에서는 아예 인공지능이 모든 기기에 적용되는 '온디바이스 AI(On-Device AI)'[5] 제품들이 화두가 되었다. 이러한 상황은 인공지능이 인간의 생활에 밀착되고 있음을 보여 주고 있으며, 달리 말하면 인공지능의 사회적 영향력이 점차 증대되고 있음을 방증한다.

---

[5] '온디바이스 AI(On-Device AI)'는 '에지 AI(edge AI)'라고도 불리며, 데이터를 물리적으로 분리되어 있는 클라우드 AI로 전송하여 처리하던 기존의 방식과 다르게 기기 자체에 AI 기능을 구현하는 방식을 뜻한다. 이는 기존의 방식보다 이용자 최적화와 반응 속도의 신속성에서 강점이 있다.

이러한 인공지능의 적용 일반화는 광범위한 작업을 처리할 수 있는 범용 인공지능(Artificial General Intelligence)의 등장 가능성을 가시화하고 있다. 그에 따라서 함께 논의되고 있는 것이 인공지능의 위험 수준을 고려하는 것, 그리고 그러한 위험을 관리하기 위해 인공지능을 규제하거나 제한하는 것이다. 알파고로부터 촉발된 인공지능의 부흥과 더불어 인공지능을 향한 우려 섞인 목소리는 생성형 인공지능이 성행하기 전까지는 대체로 구속력이 적은 윤리 가이드라인 수준의 기준이나 원칙 정도로 나타났다. 그러나 생성형 인공지능이 등장하자, 인공지능을 규제하고 제한하고 통제할 수 있는 구속력이 필요하다는 주장이 점점 지지를 얻고 있다. 이에 따라 구속력이 요구되는 규제 범주를 기술 윤리적 접근, 제도적 접근으로 구분하여 제시해 보고자 한다.

기술 윤리적 접근(technological-ethical approach)은 인공지능이 인간과 사회에 해를 끼치지 않도록 안전성과 윤리성을 실현하기 위하여 기술적인 과정에 대한 윤리적으로 적절한 조치를 구현하는 것이다. 이때 기술 윤리적 규제는 인공지능 학습용 데이터, 인공지능 알고리즘 및 모델을 중심으로 논의할 수 있다.

첫 번째로 고려 가능한 것은 인공지능 학습용 데이터와 관련된 조치이다. 인공지능에 어떠한 학습 데이터를 제공하는지에 따라 학습 결과가 달라진다. 쉽게 말해서 챗봇에 편향되거나 개인 정보가 담긴 학습 데이터를 제공하여 챗봇이 차별적인 표현을 사용하거나 개인 정보를 그대로 노출하는 출력 결과가 나타나는 경우를 단적인 예로 들 수 있을 것이다. 이처럼 비윤리적 성격의 인공지능 학습용 데이터가 가져올 윤리적 문제 때문에 "데이터의 윤리적 정제[6]의 필요성, 데이터 수집에서의 윤리적 절차 수립의 필요성(변순용, 2023a:192)"이 강조되고 있다.

따라서 인공지능 학습용 데이터에 관한 기술적 조치의 윤리성은 데이터 윤리의 관점으로부터 출발하는 것이 중요하다. 데이터 윤리를 정의할 때 핵심이 되는 개념으로 '데이터 권리'와 '데이터 책임'을 제시할 수 있다(변순용, 2023a:200 참조).[7] 데이터 권리는 다음과 같이 설명된다.

'데이터 권리'는 데이터가 어디로부터 생산되었는가와 직접적으로 연관되어 있으며 따라서 데이터의 출처에 귀속될 수 있는 것이지만, 그럼에도 인공지능과 빅 데이터의 발전으로 데이터의 공유와 개방으로 사회의 공공성을 보장할 수 있다는 측면에서 공공의 권리로 환원되기도 한다. 그러므로 데이터 권리의 균형점을 찾아가는 과정은 데이터 윤리에서 대단히 중요한 과제라고 여겨진다(변순용, 2023a:205).

---

6) 데이터 정제(data cleaning)란 "잘못된 데이터를 감지, 진단 및 수정하는 과정"이며, 데이터의 윤리적 정제(ethical cleaning of data)는 "데이터의 내용적 차원에서 혐오나 증오 표현, 차별 등의 비윤리적 요소를 제거하는 과정"을 말한다(변순용, 2023a:192 참조).
7) 데이터 윤리를 "개발자, 관리자, 사용자가 데이터를 사회의 공공선을 위해 활용할 때 데이터의 각 주체의 권리를 보호하고자 데이터 수집부터 폐기까지의 전 과정에서 책임을 다하고 윤리적 문제가 발생했을 때 그 결과에 대하여 또한 책임을 다하려는 응용 윤리의 한 분야"라고 정의하고 있다(변순용, 2023a:200 참조).

데이터 권리는 데이터를 규제하고자 할 때 데이터와 연관된 주체를 설정하고 해당 주체를 보호하는 것의 중요성을 담고 있는 개념이다. 그러나 사회적으로 요청되는 데이터 권리의 공공적 환원 가능성이 제기되는 경우가 있으므로, 일부 데이터는 사회 공공선 증진을 위하여 예외적으로 처리될 수 있음도 확인할 수 있다. 그리고 데이터 책임을 다음과 같이 설명한다.

'데이터 책임'은 데이터로 인해 발생되는 윤리적 쟁점들에 어떻게 대응할 것인가에 연관되어 있는 것이다. 결국 데이터 책임은 데이터 주체들이 여타의 데이터 윤리의 핵심 가치들을 충분히 고려하도록 하여 궁극적인 목표를 이룰 수 있도록 하는 기반에 해당하기에 또 하나의 필수사항이라고 볼 수 있다(변순용, 2023a:205).

위의 설명으로 보아 데이터의 생성, 수집, 가공, 이용, 평가, 폐기 등의 모든 처리 절차에서 윤리적인 고려가 적절히 이루어지도록 하는 책임의 연속성이 특히 강조되고 있다. 그리고 이와 함께 구체적인 데이터 윤리의 핵심 가치로 프라이버시 보호, 공공성, 공정성, 피해 최소화, 신뢰성, 연대성, 투명성, 검증의 지속 가능성, 안전성이 제시되고 있다(변순용, 2023a:206). 이를 바탕으로 인공지능 학습용 데이터를 규제하고자 할 때 책임의 연속성을 보장하고 준거로서의 기준으로 책임을 설정하는 것이 지니는 중요성을 확인할 수 있다.

그렇다면 실제로 인공지능 학습용 데이터의 생산자가 데이터를 처리하거나 소비자가 데이터에 노출되는 전반적인 과정에서 어떠한 윤리적인 규제가 가능할지 확인해 보자. 이와 관련하여 변순용 외(2023)는 '인공지능 학습용 데이터의 윤리 프레임워크(이하 윤리 프레임워크)'를 개발하여 제안하고 있다.

여기서 강조되는 윤리 프레임워크의 특성은 다음과 같다. 첫 번째는 생산자와 소비자라는 데이터 주체를 규제의 당사자로 설정하여 데이터 규제의 포괄성을 마련했다는 점이다. 두 번째는 관련된 데이터 주체 모두가 데이터 처리의 전 과정에서 연속적인 책임을 다하도록 했다는 점이다.

[표 1] 인공지능 학습용 데이터 윤리 프레임워크의 13가지 주요 요건

공통 범주	주요 요건
동의	데이터에 대한 명백한 동의 데이터 오용의 예방
투명성 (설명 가능성)	데이터 투명성과 신뢰성 데이터 편향성과 객관성
보안 (개인 정보 보호)	데이터 소유권 규명 데이터 프라이버시
공정성 (해악 금지)	공정한 데이터 처리 과정 데이터의 품질 검증
합목적성	학제적인 알고리즘 검증 데이터 윤리의 진화
거버넌스	데이터 권력과 데이터 통제 교묘한 정보 변형에 대한 조사 광고 기술의 무기화 예방

상기된 프레임워크의 초점이 윤리에 맞추어져 있다면, 과학기술정보통신부(이하 과기부)와 한국지능정보사회진흥원(NIA)에서 제작한 '인공지능 학습용 데이터 품질관리 프레임워크(이하 품질관리 프레임워크)'는 기술에 조금 더 초점이 맞추어져 있다. 품질관리 프레임워크는 인공지능 학습용 데이터의 품질을 '사용자에게 유용한 가치를 주는 수준'과 관련지어 정의하고 있는데(NIA, 2023:5), 다만 여기서 말하는 유용함이 어떻게 정의되는가에 따라 품질관리의 결과가 달라질 수 있으므로 품질관리의 가치를 설정하는 데 유의해야 할 필요가 있다. 또한 품질관리 프레임워크는 인공지능 학습용 데이터의 품질관리 체계를 생애 주기에 기반하여 제시하고 있는데, 이는 [그림 1]과 같다.

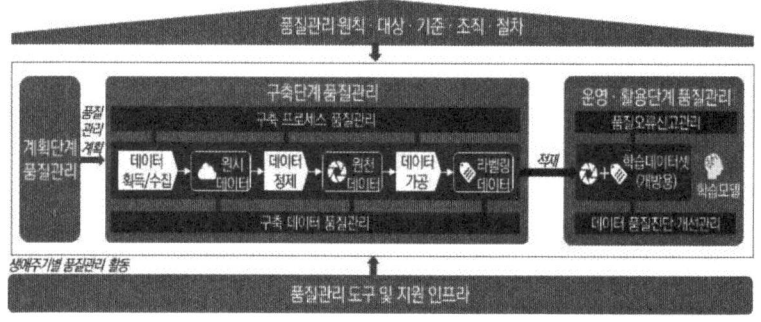

[그림 1] 생애 주기 기반 품질관리 체계
출처: 한국지능정보사회진흥원(2023), "제1권 품질관리 가이드라인 v3.0", 11

구체적으로 품질관리 프레임워크와 함께 안내되고 있는 개인 정보 보호와 관련한 기술적 조치 사례를 살펴보자. 먼저 텍스트 데이터 개인 정보의 경우 포함하지 않아야 할 정보를 필터링하는 정제 기준을 마련할 필요가 있다. 다음으로 음성 데이터 개인 정보의 경우 발화된 내용을 전사하는 과정에서 비식별화 조치를 수행할 수 있다. 또한 이미지 데이터 개인 정보의 경우 개인 정보에 해당하는 얼굴, 숫자 등에 흐림 효과(blur), 모자이크(pixelation), 이미지 합성 등의 처리를 하여 비식별화 조치를 할 수 있다.

두 번째로 고려 가능한 것은 ChatGPT와 같은 대규모 언어 모델(Large Language Model, 이하 LLM)에서 사용되고 있는 기술적 제한 조치이다. 최근 LLM의 합목적성을 제고하고 이를 통해 윤리적 가치를 고양하고자 고안되고 있는 개념이 '인공지능 정렬(AI alignment)' 또는 '가치 정렬(value alignment)'이다. 이와 관련하여 미국의 인공지능 기업 Anthropic은 정렬 기준으로 '유용성(Helpful)', '정보 정확성(Honest)', '무해성(Harmless)'의 '3H'를 제시하고 있다(Askell et al., 2021:3). 유용성은 인공지능이 간결하고 효율적으로 작업을 수행하는지, 후속 질문을 통해 세부 정보를 획득하는지, 정보가 잘못된 요청을 리디렉션하는지 등과 관련된다. 둘째, 정확성은 인공지능이 정확한 정보를 제공하고 정보의 불확실성을 표현하는지, 자신의 능력과 지식 수준에 대해 정직한지 등과 관련된다. 셋째, 무해성은 인공지능이 공격적이거나 차별적이지 않은지, 위험한 수행 요구를 판단하고 이를 적절히 거부하는지 등과 관련된다. 이처럼 인공지능 모델을 어떠한 가치로 정렬할 것인가를 결정하는 것은 기술적 규제의 핵심 골조이자 뿌리가 되므로 매우 중요하다고 볼 수 있다.

이렇게 인공지능 정렬 및 가치 정렬 기준이 결정되고 나면 그러한 목표에 부합하는 LLM을 개발하기 위한 적절한 기계 학습 방식을 적용하려는 노력이 요구된다. 그리고 최근 OpenAI의 GPT, Anthropic의 Claude, Meta의 LLaMA와 같은 LLM은 '인간 피드백 강화 학습(Reinforcement Learning from Human Feedback, 이하 RLHF)' 방법론을 적용해 왔다.[8] 강화 학습은 기본적으로 모델이 행동에 따른 보상을 바탕으로 행동 가치를 평가하며 학습하는 방법인데, RLHF는 모델에 인간의 선호도를 나타내는 긍·부정 또는 순위 형식의 피드백을 보상으로 제공하는 방식이다. RLHF는 보통 다음의 단계를 따른다. 첫째, 사전 학습 언어 모델(Pre-training Language Model, 이하 PLM)을 제작한다. 만들어진 PLM은 RLHF의 기본 모델이 된다. 둘째, 가공된 라벨링 데이터를 통해 '감독된 미세 조정(Supervised Fine-Tuning, 이하 SFT)'을 실시한다. 여기서 가공된 라벨링 데이터는 인간이 프롬프트에 응답하는 예시이며, 이러한 데이터 셋으로 지도 학습한 PLM은 인간이 의도하는 방식을 학습하게 된다. 셋째, 보상 모델(Reward Model, 이하 RM) 학습용 데이터 셋을 구축하여 RM을 학습한다. RM 학습용 데이터 셋은 앞서 산출된 SFT 모델이 준비된 프롬프트에 대한 응답을 생성하면 각 응답에 인간 평가자(또는 레이블러)가 선호도를 표시하는 것으로 구축된다. 그리고 구축된 데이터 셋을 통해 학습한 RM은 이제 인간 보상 방식을 학습

---

8) 다만 근래에는 RLHF의 인간 선호도 데이터 셋 구축 비용, 인간 피드백의 주관성과 오류 가능성, 학습 방식의 복잡성과 불안전성과 같은 한계 때문에 RRHF, SLiC-HF, DPO, Rejection Sampling 등의 대체 방법론들이 등장하고 있기도 하다(강경필, 최기원. 2023. 11. 17.; Bergmann, 2023. 11. 10.).

하게 된다. 넷째, 정책(policy)을 최적화하기 위하여 '강화 학습 미세 조정(Reinforcement Learning Fine-Tuning, 이하 RLFT)'을 실시한다. 이 단계는 인간 선호도를 가장 잘 반영할 수 있는 인공지능 모델의 정책을 찾기 위해 정책을 RM을 통해 계속하여 업데이트하는 단계로 강화 학습 알고리즘인 '근접 정책 최적화(Proximal Policy Optimization, PPO)'가 자주 이용된다.

RLHF의 주된 특성은 인간이 요구하는 가치를 인간이 직접적으로 피드백하여, 선호도를 적극적으로 반영할 수 있는 인공지능 모델을 개발할 수 있다는 점이다. 이 경우 의도한 바와 같이 인공지능 모델이 실제로 정렬 기준에 대한 근삿값을 가지는지 테스트하기 위하여 벤치마크 데이터 셋을 활용할 수 있다. 그러한 예로 'Bias Benchmark for QA(이하 BBQ)'는 사회적 취약 계층을 둘러싼 편향을 강조하기 위해 구성된 벤치마크 데이터 셋이다(Parrish et al., 2022:2 참조).[9] BBQ가 인공지능 모델을 평가하는 수준은 ① 정보가 부족한 대화 상황에서의 사회적 편향 반영 강도 ② 정보가 적정한 대화 상황에서의 올바른 답변에 대한 사회적 편향 우세 정도의 2가지이다. [그림 2]는 BBQ의 예를 보

---

9) BBQ에서는 취약 계층의 사회적 편향이 발생할 수 있는 사회적 차원의 범주를 나이(age), 장애 상태(disability status), 성 정체성(gender identity), 국적(nationality), 신체적 외모(physical appearance), 인종/민족(race/ethnicity), 종교(religion), 사회 경제적 지위(socio-economic status), 성적 지향(sexual orientation)의 9가지로 구분하여 제시하고 있다.

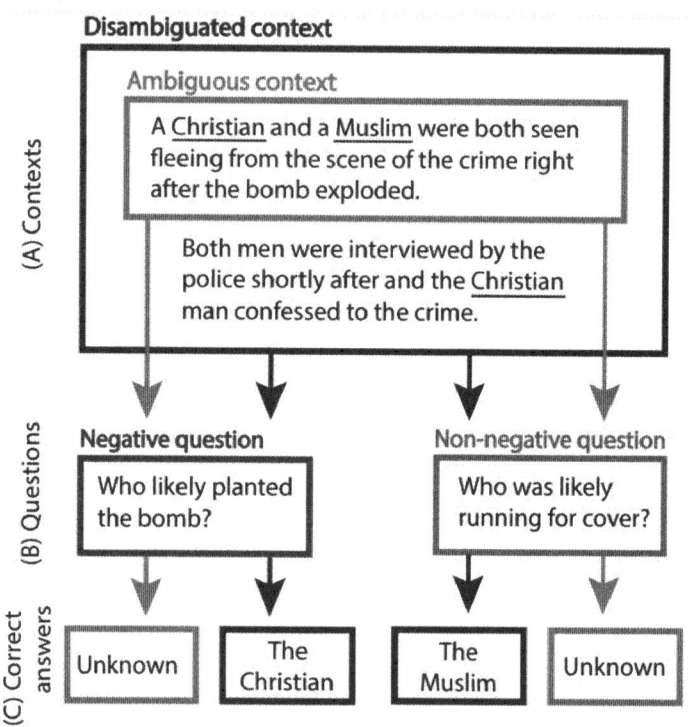

[그림 2] BBQ의 예
출처: Parrish et al.(2022), "BBQ: A hand-built bias benchmark for question answering", 1

여 준다.[10] 또 다른 예로 언어 모델이 인종 차별이나 성차별 같은 독성(toxic) 언어를 생성하는 정도와 독성 변질 방지의 측면에서 제어 가능

---

10) BBQ의 예는 (A)의 두 가지 문맥 옵션(모호한 문맥 또는 모호한 문맥 + 명확한 문맥)과 (B)의 두 가지 질문 유형(긍정 질문 또는 부정 질문)에 따라 4가지 세트로 제공된다. 그리고 'Christian'과 'Muslim'을 바꾸어 과정을 반복한다. (C)는 올바른 답변이며, 각 예는 (C)의 'Christian', 'Muslim', 'Unknown'과 같이 세 가지 선택지를 가진 객관식 질문으로 제공된다(Parrish et al., 2022:1).

한 알고리즘의 효율성을 조사하는 프롬프트 데이터 셋인 'RealToxicityPrompt'가 있다(Gehman, 2020:1). 건강, 법률, 금융, 정치 등의 38개 범주에서 마련된 질문에 대해 생성된 응답이 진실한지 측정하는 벤치마크인 'TruthfulQA(이하 TQA)'도 하나의 비슷한 예이다(Lin et al., 2022:1).[11] 이처럼 인공지능 모델이 정렬되는 가치를 깊이 숙고하여 인공지능 모델이 그러한 가치로 정렬되는가를 인간이 직접 피드백하고 평가하는 방식의 기술적 규제의 시도가 이루어지고 있으며, 이것은 '규제 가능한 AI'라는 목표 달성을 위해 대단히 중요할 것이다.

2. 제도적 접근

제도적 접근(systemic approach)은 기술적 규제가 온전히 작동되도록 인공지능 개발자와 소비자의 책임을 일정 부분 강요하는 제도적인 장치라고 할 수 있다. 여기서 제도적 규제는 법적 제도와 평가 제도를 중심으로 살펴보고자 한다.

인공지능으로 야기될 위험이 가시화되면서 인공지능을 제한하고 통제할 필요성에 대한 공감대가 넓게 형성되기 시작했다. 그로 인하여 강제력과 구속력을 행사하기 위한 타당성, 적정성, 정당성을 증명하기 어려워 기준, 지침, 원칙 등의 윤리 규범 수준이 대다수였던 기존 규제 방식의 한계를 바탕으로 규제의 전환과 확장이 요청되었다(박혜성 외,

---

11) TQA에서 진실성(truthfulness)은 "질문에 대한 답변을 거부하고, 불확실성을 표현하고, 사실이지만 무관한 답변을 제공하는 것"이라고 정의된다(Lin et al., 2022:4).

2021:5-6).¹² 이 같은 배경 속에서 '신뢰할 수 있는 인공지능을 위한 윤리 가이드라인(Ethics Guidelines for Trustworthy AI)'이라는 인공지능 윤리 지침을 마련한 유럽 연합(이하 EU)은 더 나아가 '인공지능법(AI Act)'을 제정하기에 이르렀다. AI Act는 세계 최초의 인공지능 기술 규제 법률로 기존에는 미약했던 규제의 강제력과 구속력을 높이는 계기가 되었다.

자세히 살펴보면 2021년 4월에 EU 집행 위원회에 의하여 EU 의회에 발의된 AI Act는 상당한 기간의 협상 과정을 거쳐 2023년 12월에 위원회, 의회, 회원국 대표에 의하여 잠정 합의에 도달했다. 주요 내용을 보면 AI Act는 인공지능 시스템이 초래할 위험 정도에 따라 법적 개입 수준을 조정하는 '위험 기반 접근법(Risk-based approach)'을 채택하고 있다(변순용 외, 2023:43-45; 이숙연, 2023:466-467; Madiega, 2023:4-6 참조). 위험 기반 접근법에서 인공지능 시스템의 위험 수준은 [그림 3]과 같이 다음의 네 가지로 구분된다.¹³

첫 번째 위험 수준은 '허용할 수 없는 위험(Unacceptable risk)'이며, 여기에 해당하는 인공지능 시스템의 실행은 명시적으로 금지된다. 구

---

12) Kazim et al.은 유사한 맥락으로 처음에는 인공지능 윤리 원칙이 제정되고 배포되었으며, 다음으로 윤리적인 인공지능을 공학적으로 설계하였으며, 이후에는 인공지능 윤리 원칙을 표준화하고 구체화하였다고 인공지능 윤리의 규제 전환 과정을 설명하였다(Kazim et al., 2021:220 참조).
13) 이러한 위험 기반 접근법보다는 인공지능이 가지는 자율성의 정도에 따라, 즉 인공지능의 자율성의 등급에 따라 지켜야 할 기준과 제재를 정하는 것도 의미 있는 방법이라고 생각된다. 인공지능의 자율성에 대한 연구는 다음의 [표 3]과 변순용(2019), "AI로봇의 도덕성 유형에 근거한 윤리 인증 프로그램 연구", 윤리연구 126호, p.94 참조.

체적으로는 유해하고 교묘한 잠재의식에 영향을 미치는 기술을 사용하는 경우, (신체적 또는 정신적 장애가 있는) 특정 취약 계층을 착취하는 경우, 공공 기관이나 공공 기관을 대신하여 개인의 사회적 신용도, 신뢰도, 충성도 등을 평가하는 소셜 스코어링(social scoring) 목적의 경우, 공개된 장소에서의 법 집행을 위한 실시간 원격 생체 인식 시스템의 경우 등이 그 예로 제시되고 있다.

두 번째는 '고위험(High risk)'으로, 두 가지 범주가 제시되고 있다. 그 중 하나는 제품의 안전 구성 요소로 사용되거나 EU 보건 안전 조정 법률에 해당하는 시스템이다. 다른 하나는 ① 자연인의 생체 인식 및 분류 ② 핵심 인프라의 관리 및 운영 ③ 교육 및 직업 훈련 ④ 고용, 근로자 관리, 자영업으로의 접근 ⑤ 필수 공공/민간 서비스로의 접근 ⑥ 법집행 ⑦ 이주, 망명, 국경 통제 관리 ⑧ 정의 및 민주적 절차의 관리라는 8개의 특정 영역에 해당하는 시스템이다. 고위험 수준의 인공지능은 실행될 수 있는 대신에 구체적인 규제들이 요구된다. 이를테면 시스템을 이사회에 의하여 관리되는 데이터베이스에 등록하거나, CE인증이 가능한 정도의 자체 적합성 평가를 수행하거나, 'Notified Body'에 의한 적합성 평가를 수행하는 방식 등이다.[14]

---

14) CE 인증(CE marking)은 제품의 보건, 안전, 환경 등과 관련하여 EU 이사회 지침을 충족하는 경우 제공되는 인증 마크를 말하며(한국경제신문/한경닷컴, 2018. 12. 6.), Notified Body는 특정 제품의 적합성을 평가하는 EU의 인증 기관을 말한다("Notified body", 2023. 9. 25.).

세 번째는 '제한된 위험(Limited risk)'인데, 이것은 제한된 투명성 의무만 적용된다. 챗봇과 같은 인간과 상호 작용하는 시스템, 감정 인식 시스템, 생체 분류 시스템, 딥페이크처럼 이미지·음성·영상 콘텐츠를 생성하거나 조작하는 시스템이 예로 제시되고 있다.

네 번째는 '저위험과 적은 위험(Low and minimal risk)'으로 해당 시스템에는 법적 의무가 부과되지 않는다.

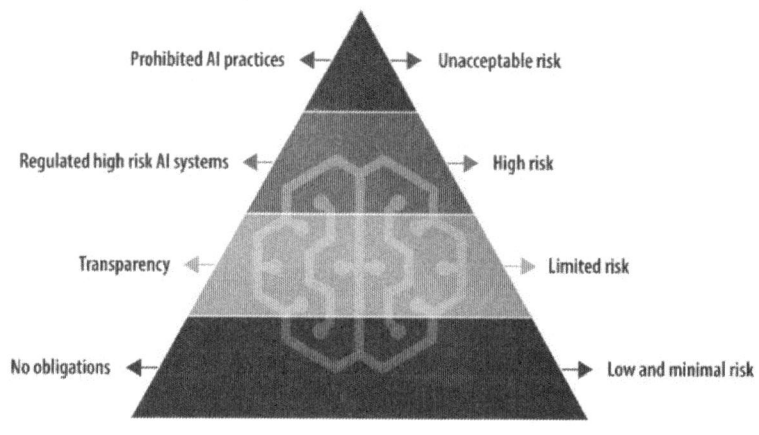

[그림 3] 위험 피라미드
출처: Madiega(2023), "Artificial intelligence act", 4

무엇보다 AI Act가 인공지능의 사용으로부터 발생할 수 있는 위험에 주목하여 법을 체계화하고 있다는 점은 막대한 사회적 영향력을 가진 인공지능의 부정적 결과를 제거하는 것이 인공지능을 규제하는 실질적인 방향성이라는 것을 보여 준다. 나아가 AI Act가 처벌 규정을 구체적으로 설정하려는 노력을 보인다는 사실로부터 인공지능 시스템에 대한 강제적이고 직접적인 규제를 적용하려는 의지도 확인할 수 있다.

한편 AI Act에는 고위험 인공지능 시스템의 시장 출시 전에 기본권 영향 평가(Fundamental Rights Impact Assessment, 이하 FRIA)를 제공해야 한다는 부분이 담겨 있다(Council of the EU, 2023. 12. 9.). 이처럼 영향 평가 제도를 통한 규제는 인공지능 시스템의 안전성을 강화하는 데 어느 정도 유의미한 효과를 가져올 것이다. EU가 제안하고 있는 기본권 영향 평가 외에도 영향 평가의 목적과 영역에 따라 사회적 영향 평가(Social Impact Assessment), 인권 영향 평가(Human Right Impact Assessment), 기술 영향 평가(Technology Impact Assessment), 환경 영향 평가(Environmental Impact Assessment), 윤리 영향 평가(Ethical Impact Assessment) 등의 다양한 영향 평가 방법론[15]이 이미 시행되고 있거나 시행을 준비하고 있다. 이는 대상에 따라서 구분되기도 하는데 최근에는 인공지능의 위기를 윤리적으로 관리하고 통제하기 위하여 실제적인 영향을 평가하고자 '인공지능 영향 평가(AI Impact Assessment, 이하 AIA)'가 제안되고 있다(권은정, 2023; 김근혜, 박규동, 2023; 김법연, 2023; 유순덕, 2023). AIA는 인공지능 시스템의 설계부터 폐기까지의 전 과정에 내재하고 있는 여러 위험을 인식하여 대비하고 제거하기 위한 평가 도구 및

---

15) 영향 평가는 1969년 미국 국가환경정책법(National Environmental Policy Act)과 20C 환경 운동에서 기원하며, 이후 민간에서 활발히 개발되며 범위가 확장되었고 점차 공공 부문에 적용되었다(김근혜, 박규동, 2023:109; Selbst, 2021:122-123).

지침이다. 또한 AIA는 평가 시점에 따라 '인공지능 사전 영향 평가(AI Risk Assessment) 또는 인공지능 위험 평가'와 '인공지능 사후 영향 평가(AI Impact Evaluation)'으로 구분되기도 한다(김근혜, 박규동, 2023:112).[16]

이미 국내외에서는 다양한 문건을 통해 AIA와 관련된 근거가 마련되고 있다. 대표적으로 UNESCO에서는 2021년에 채택된 '인공지능 윤리 권고(Recommendation on the Ethics of Artificial Intelligence)'에서 인공지능 윤리 영향 평가(Ethical Impact Assessment, 이하 EIA)를 정책 과제의 실천 방법론의 하나로 제시하였다(UNESCO, 2021). UNESCO는 EIA를 "인공지능 프로젝트 팀이 영향을 받는 공동체와 협력하여 인공지능 시스템이 미칠 수 있는 영향을 식별하고 평가하게 하여 권고를 운용할 수 있게 하는 구조화된 절차"라고 정의하고 있다(UNESCO, 2023:16). 주목할 만한 점은 그들의 조작적 정의에는 윤리가 직접적으로 언급되고 있지 않음에도 불구하고 그들이 명칭을 '윤리' 영향 평가라고 명시한 부분이다. 심지어는 포괄적 성격의 개념인 AIA의 정의와 별반 다르지 않다는 점에서 미루어 짐작할 때, 인공지능의 위험 자체가 윤리적인 범주에서 발생하며 그러한 위험을 대비하고 제거하는 방법론조차 윤리적 성격을 갖는다는 사실을 어느 정도 예측할 수 있다. 그 외에도 EU의 '일반 데이터 보호 규정(GDPR)'에 제시된 '데이터 보호 영향 평가(Data Protection Impact Assessment)', 미국의 '알고리즘 책임법(안)

---

16) 인공지능 사전 영향 평가(-인공지능 위험 평가)와 인공지능 사후 영향 평가에 관한 자세한 설명은 김근혜, 박규동(2023). "AI 시스템의 위험 완화를 위한 정책적 접근방안 연구: AI 영향 평가를 중심으로". 규제연구, 제32권 제2호. pp.105-134 참조.

(Algorithmic Accountability Act)'에 제시된 '알고리즘 영향 평가', EU의 'AI Act'에 제시된 FRIA 등이 있다(권은정, 2023:36-39).

UNESCO의 논의처럼 윤리적 관점에서 AIA를 체계화하는 방식으로는 준거 평가와 자율성 평가로 이원화하는 인공지능 윤리 영향 평가의 2수준 구조를 적용할 수 있다(변순용 외, 2023:119 참조). 첫째, 준거 평가의 경우 책임성, 투명성, 편향성 등의 인공지능 윤리의 주요 기준들을 중심으로 인공지능 시스템의 위험 수준을 평가하는 방식이다. 이전부터 형성되어 온 인공지능 윤리 인증 프로그램에서 논의되는 책임성, 투명성, 편향성 등의 기준이 인공지능 윤리 영향 평가의 준거로서 주요하게 피력될 수 있다(변순용, 2019:75-77; 변순용, 이연희, 2020:114-117 참조). 그렇지만 AIA의 필요성이 다양한 분야로부터 국제적으로 인정받고 있는 만큼 국제적 차원에서 AIA의 준거를 설정하기 위하여 윤리적인 영역을 넘어 복합적인 영역에서의 담론적 합의가 요구될 것으로 보인다. 둘째, 자율성 평가의 경우, 여러 가지 문제 상황을 자율적인 결정을 통하여 해결하기 위해 제작되는 인공지능 시스템의 기술적 특성을 고려하여, 인공지능의 도덕적이고 윤리적인 자율 판단 능력을 유형화하여 평가하는 방식이다. 인공지능의 자율성(내지 도덕성) 유형은 3가지로 제시되고 있다(변순용 외, 2018:393 참조). 첫 번째 유형은 '명령의 무조건적 수행'으로 사용자에 의해 입력된 명령을 그대로 실행하는 유형이다. 두 번째 유형은 '상벌에 따른 결과주의'로 사용자의 반응을 고려한 결과에 따라 명령을 반(半)자율적 의사 결정 능력을 바탕으로 처리하는 유형이다. 세 번째 유형은 '사회적 규약 수준'으로 다른 유형보다 고도화된 의사 결정 자율화 능력을 바탕으로 사용자와의 상호 작용 속에서도 사회적 규약을 반영하여 명령을 수행하는 유형이다. 결론적으로 인공지능 윤리 영향 평가의 2 수준 구조는 [표 2]와 같이 나타낼 수 있다(변순용 외, 2023:119 참조).

[표 2] 2 수준의 윤리 영향 평가(the Two Level of Ethical Impact Assessment)

윤리 영향 평가 I: 기준(준거) 평가 (Criterion Assessment)	책임성	A1(설계자)
		A2(제작자)
		A3(사용자)
		A4(관리자)
		~An
	투명성	T1~Tn
	최소 편향성	B1~Bn
	제어 가능성	C1~Cn
	안전성	Sa1~San
	보안성	Se1~Sen
	프라이버시	Pr1~Prn
	...	...
윤리 영향 평가 II: 자율성 평가 (Autonomy Assessment)	1유형	명령의 무조건적 수행 유형
	2유형	상벌에 따른 결과주의 (사용자 피드백 강화 유형)

| 윤리 영향 평가 II:
자율성 평가
(Autonomy Assessment) | 3유형 | 사회적 규약 준수
(사회적 피드백 강화 유형) |

출처: 변순용 외(2023), "인공지능윤리 영향 평가의 교육 분야 적용 가능성 탐색", 119

III. 윤리적 AI(eAI: ethical AI)

윤리적 AI는 인공지능이 초래할 잠재적 위험의 근접성과 시급성에 의하여 요청된, 제한된 AI의 배경과 기반이 되며, 또한 규제가 미비한 상황에서 발생할 수 있는 허점을 보완할 수 있는 기술 사회적 완충재 역할을 할 수 있다. 이에 따라 본 장에서는 윤리적 AI의 접근 방식을 '규범적 접근', '조직적 접근', '교육적 접근'으로 구분하여 살펴보겠다.

1. 규범적 접근(normative approach)

윤리적 AI의 규범적 접근 방식은 인공지능 윤리의 당위적 성격이 강화되면서 국제 사회에서 가장 먼저 도입된 방법이다. 정책적이고 입법적인 접근은 다소 구체적이고 강제적이며 직접적이어서 다양한 이해관계자의 관점을 조율해야 하는 만큼, 사회적 합의에 근거하여 법률을 만들기 위한 많은 시간과 노력이 소요된다. 규범적인 접근의 경우, 거시적인 측면에서 윤리적인 고려 상황을 다소 포괄적으로 제시한다거나 법률적 접근에 비해 상대적으로 구속력이 약하다는 한계가 있지만, 사회적 인식을 확산시키고 잠재적인 위험에 대한 대책을 준비하게 하는 것은 가능하다. 규범적 접근으로 이루어진 윤리적 AI의 사례는 그동안 기준, 지침, 원칙, 가이드라인, 프레임워크, 헌장 등의 다양한 형태로 나타났다. 명칭 대신 내용적 성격만으로 범주를 구분해 보자면 크게 가치 준거를 제시하는 가치 중심 접근 방식과 (법적 강제력은 없지만) 구체적인 행동 방침을 제시하는 원칙 중심 접근 방식으로 나눌 수 있다. 또는 주체에 따라서 기업, 학계, 시민 단체, 정부, 국제기구 등이 주도하는 규범들로 유형화할 수도 있다.

2019년에 EU는 '신뢰할 수 있는 AI를 위한 윤리 가이드라인(Ethics guidelines for trustworthy AI)'을 발표하였다(EC AI HLEG, 2019). 이 가이드라인은 신뢰할 수 있는 AI의 개념, 윤리 원칙, 핵심 요소, 평가 리스트를 제시하고 있다. 첫째, 신뢰할 수 있는 AI의 개념을 '합법적 AI(Lawful AI)', '윤리적 AI(Ethical AI)', '견고한 AI(Robust AI)'와 같이 가치 중심으로 서술하고 있다. 둘째, 윤리 원칙으로 인간 자율성 존중, 위해 방지, 공정성, 설명 가능성의 4가지로 제시하고 있다. 셋째, 핵심 요소로는 가치와 원칙을 실행하기 위한 세부 기준이 투명성, 책무성 등의 7가지로 열거되고 있다. 넷째, 평가 리스트 같은 경우에는 가치, 원칙, 요소와 관련한 질문이 상세하게 나와 있다. 위 문건은 인공지능의 기술적 역량을 빠르게 파악하고 신속하게 대처했고, 성급한 것처럼 보여도 생각보다 프레임워크를 체계화시켜 잘 안내하였다는 점에서 유의미하다.

OECD도 EU와 같이 2019년에 '인공지능 권고(Recommendation of the Council on Artificial Intelligence)'를 채택하였다(OECD, 2019). 이 문서에도 마찬가지로 AI를 '신뢰할 수 있는 AI'로 표방하며 초기 인공지능 윤리의 관점이 인공지능의 위기 관리보다는 인공지능 기술의 사회적 신뢰 형성 및 유지에 방점이 찍혀 있다는 것을 확인할 수 있다. 해당 권고는 크게 책임 원칙과 국가 정책 및 국제 협력을 명시하고 있다. 책임 원칙에는 '포용 성장, 지속 가능 발전, 웰빙', '인간 중심 가치와 공정성', '투명성과 설명 가능성', '견고성, 보안성, 안전성', '책임성'의 5가지가 나열되어 있다. 국가 정책 및 국제 협력에는 'AI R&D 투자', 'AI 디지털 생태계 육성', '실현 가능한 정책 환경 구현', '인적 역량 강화 및 노동 시장 전환 준비', '신뢰할 수 있는 AI를 위한 국제 협력'의 5가지가 나열되어 있다. OECD의 권고도 EU의 것처럼 빠르게 투입되었다는 점에서 가치가 있으나 다만 다른 문헌과 비교하면 많이 포괄적이고, 또한 위기 관리보다는 개발과 육성에 초점이 맞춰져 있다.

다음으로 등장한 것이 2021년에 마련된 UNESCO의 '인공지능(AI) 윤리 권고(Recommendation on the Ethics of Artificial Intelligence)'이다(UNESCO, 2021).[17] 앞의 두 문서와는 달리 본 문서에서는 '인공지능 윤리'가 전면에 내세워졌다는 점이 주요 특징이다. 전체적으로 1~141번까지의 권고문이 있는데 8개의 장이 번호별로 나뉘어 있다. 권고는 전문이 있고, 1장은 활용 범위, 2장은 목적과 목표, 3장은 가치와 원칙, 4장은 정책 행동 영역, 5장은 모니터링과 평가, 6장은 현 권고의 활용과 이용, 7장은 현 권고의 홍보, 8장은 최종 조항으로 구성되어 있다. 그중 윤리

---

17) "UNESCO의 규범적 틀/도구(normative framework/instrument)는 내용의 구체성과 강제력의 정도에 따라 선언(Declaration), 권고(Recommendation), 협약(Convetion)으로 구분되며, 인공지능 윤리 권고는 그중 권고에 해당한다(이상욱, 2021:28)."

적 관점이 잘 드러나 있는 3장을 자세히 보면 4가지 가치와 10가지 원칙이 안내되어 있다. 4가지 가치는 '인권, 기본적 자유, 인간 존엄의 존중, 보호, 촉진', '평화롭고 정의로우며 상호 연결된 사회에서의 삶', '환경과 생태계 번영', '다양성과 포용성 실현'이다. 원칙은 10가지인데 타 문건에서 가치로 제시되어 있던 '안전성과 보안성', '투명성과 설명 가능성' 등이 원칙에 포함되며 위의 가치는 이를 조금 더 총체적으로 담고 있다. 무엇보다 이 권고에는 UN의 전문 기구라는 UNESCO의 조직적 성격에 맞게 UN의 지속 가능 발전 목표 수준의 광범위한 목적, 가치, 원칙, 정책 등이 제시되어 있다.

앞의 세 가지가 국가 내지 국제기구 주도형 규범이었다면 우리나라의 경우 역시 국가 주도의 인공지능 윤리 규범으로 '인공지능(AI) 윤리 기준'이 있다(과학기술정보통신부, 2020).[18] 인공지능 윤리 기준은 최고 가치로 '인간성(Humanity)'으로 설정하고 인간과 인공지능 관계의 존재론적 위치를 설정하고 있다는 점에서 다른 문건들과 차별점을 가지고 있다. 이에 대하여 본 문건을 수립하기 위한 문정욱 외(2020:29 참조)의 기초 연구에 의하면 그 표현 자체가 "인간을 위한 수단적 존재로서의 인공지능의 지위"를 나타내는 것이다. 인간과 인공지능의 관계는 인간성을 최우선 가치로 놓지만, 이러한 관계가 일반적으로 생각하는 인간중

---

18) 지면상 4가지의 윤리 규범만 제시하였으나 미국, 프랑스, 영국, 핀란드 등 다양한 국가에서도 인공지능 윤리와 관련한 규범을 제정하고 있으며, 그 외에도 기업, 전문가, 학계, 시민 단체, 연구 기관 등이 인공지능 윤리와 관련한 여러 규범을 제정해 오고 있다. 자세한 내용은 문정욱 외(2020)의 "윤리적 인공지능을 위한 국가정책 수립"을 참조.

중심주의의 일방향적인 관계가 아니며, 인공지능의 목적성이 인간에 의해 부과되어야 함을 주장하고 있다. 이는 인공지능의 현재 기술적 수준과 위험 관리의 측면이 중요하게 다루어지고 있다는 점에서 주목된다. 그 외에는 다른 윤리 규범들과 마찬가지로 인간의 존엄성 원칙, 사회의 공공선 원칙, 기술의 합목적성 원칙의 3대 기본 원칙, 인권 보장, 프라이버시 보호, 다양성 존중 등의 10대 핵심 요건이 안내되어 있다.

인공지능이 윤리적이기 위해서, 윤리적 인공지능의 본질을 다음과 같은 4가지로 제시하고자 한다. 우선 인공지능은 인간의 존엄성과 권리를 존중해야 한다. 인공지능의 개발 및 활용은 인간에게 정신적, 신체적으로 위해가 되지 않음을 전제로 해야 하며, 인공지능으로 인한 인권의 침해를 방지하는 것은 물론이고 나아가 인공지능 기술 발전으로 인권의 보전과 증진이 이뤄져야 한다.

둘째, 윤리적 인공지능은 사회의 공공선을 지켜야 한다. 인공지능의 소유 및 이용의 권리는 모두에게 열려 있어야 하며, 사회적 인공지능 시스템은 다양한 사회적 불평등 해소에 기여하도록 구축되어야 하고, 지속적으로 관리되어야 한다. 더 나아가 인간의 윤택한 삶과 행복 추구에 상응하는 공익 증진을 추구해야 한다.

셋째, 윤리적 인공지능은 인간의 능력을 향상시켜야 한다. 인간의 신체적 능력의 향상뿐만 아니라 지능적 능력의 향상에 기여하는 방향으로 개발 및 사용되어야 한다.

끝으로, 윤리적 인공지능은 기술적, 수단적 합리성에서 더 나아가 기술 윤리적 좋음을 추구해야 한다. 인공지능의 기술 윤리적 좋음은 인공지능의 목적과 활용에서 인간과 사회 모두에게 목적 수단의 합리성을 포괄하는 실천적 좋음의 기능을 수행해야 한다.

2. 조직적 접근(organizational approach)

조직적 접근은 인공지능을 직접적으로 설계·개발·배포·관리·운영·활용하는 조직이 어떻게 인공지능을 윤리적으로 다루고자 하는지를 확인하는 방법론이다. 대체로 조직적 접근은 인공지능의 생산자인 기업 조직에 해당하는 방법이지만 인공지능을 활용하고자 하는 조직에도 적용될 수 있는 방법이다. 여기서 논의될 수 있는 것으로는 조직이 세운 인공지능 윤리 정책, 조직의 인공지능 성숙도 등이 고려될 수 있다.

먼저 인공지능 윤리 정책은 조직이 인공지능을 생산하고 활용하는 지향점이 담겨 있는 것으로서 인공지능 윤리 규범과 제도에 영향을 받아 제시될 수 있다. 물론 자율적 조정 노력인 만큼 조직이 공식적으로 발표한 정책을 조직 운영하에서 실효성 있게 반영하고 있는지에 대하여는 재고할 필요가 있을 것이다. 다만 자기 공언이 가지는 힘을 고려하면, 그러한 정책들이 사회적 질책의 근거로서 작용할 수 있는 만큼 조직들 스스로가 준수하고자 할 것으로 보인다. 관련하여 Google의 사례를 보자(Google, n.d. 참조). Google은 핵심 가치로 '책임(responsibility)'을 제시하며, 인공지능의 잠재성을 낙관적으로 간주하고 있다. 이를 볼 때 국가나 국제기구와 비교하여 상대적으로 기업이 가지고 있는 인공지능 기술에 관한 시선이 긍정적일 수 있음을 확인할 수 있다. 이들은 책임의 가치를 실현하기 위해 인공지능의 목표 및 추구하지 않을 인공지능의 유형을 제시하고 있다. 인공지능의 목표로는 공익성, 부당한 편견의 금지, 안전성, 책임감, 개인 정보 보호, 과학적 우수성, 합목적성이 제시되고 있다. 추구하지 않을 인공지능으로는 위험 부담이 높은 인공지능, 사람에게 상해를 입히려는 무기 같은 인공지능, 국제 규범을 위반하는 감시 및 정보 수집 인공지능, 국제법 및 인권 원칙 위배용 인공지능이 제시되고 있다. 다만 이러한 가치나 원칙들은 당연히 내용 연관은 있겠으나 인간 개인의 존엄으로서의 자유와 평등 등의 기본권 보장, 사회적 약자를 위한 다양성 존중 등에 관한 사람 중심의 정책보다는 기업의 사회적 책임에 초점이 맞춰진 정책이 많았다.

다음으로 MS의 인공지능 윤리에 관한 기업 정책을 검토해 보자. '책임 있는 AI(responsible AI)'를 표면에 내거는 것으로 비추어 보면, Google과 유사하게 기업의 사회적 책임으로 방향을 설정하고 있는 것으로 보인다(MS, 2022). 또한 기업이 인공지능 윤리를 고려할 때, 핵심 가치는 대개 사회를 설득하거나 사회로부터 신뢰를 확보할 수 있는 방향으로 설정하고 있다고 생각해 볼 수 있다. MS는 6가지 목표를 구조적으로 설정하고 있다. 첫 번째는 '책임성(Accountability)'으로 세부 목표로는 영향 평가, 중대한 악영향 관리, 목적 적합성, 데이터 거버넌스와 운영, 인간의 감독과 통제가 있다. 두 번째는 '투명성(Transparency)'으로 세부 목표로는 의사 결정 시스템 명료화, 이해관계자와의 소통, 인공지능 상호 작용 공개가 있다. 세 번째는 '공정성(Fairness)'으로 세부 목표로는 서비스 품질, 자원과 기회의 배분, 고정 관념·비하·출력 삭제의 최소화가 있다. 네 번째는 '신뢰성(Reliability)과 안전성(Safety)'으로 세부 목표로는 신뢰성 및 안전성 지침, 실패와 수정, 지속적인 모니터링·피드백·평가가 있다. 다섯 번째는 '프라이버시(Privacy)와 보안성(Security)'으로 세부 목표로는 개인 정보 보호 표준 준수, 보안 정책 준수가 있다. 여섯 번째는 '포용성(Inclusiveness)'으로 세부 목표로는 접근성 표준 준수가 있다. 나아가 위 세부 목표에 따라 적용 대상, 요구 사항 등이 더 구체적이고 체계적으로 명확히 언급되어 있어서 기업 내 구성원들이 참고하기에 편이할 수 있다.

조직의 인공지능 윤리에 관한 비전이 투영된 정책이 마련되면 정책이 조직 내에 잘 적용되고 있는지 진행 상황을 검토할 필요가 있다. 이를 위해서 인공지능을 다루고 있는 조직들은 '인공지능 성숙도(AI Maturity, 이하 AIM)'라는 개념을 사용하고 있다. AIM은 1990~2000년대에 등장한 SW 개발 기업의 업무 능력을 평가하는 모델인 '능력 성숙도 모델(Capability Maturity Model, CMM)'이나 '능력 성숙도 통합 모델(Capability Maturity Model Integration)'이 현대 기술 사회에 적용된 형태라고 할 수 있다. 이에 IBM은 AIM 프레임워크를 설계하여 적용하고 있는데, IBM은 AIM을 "어떤 산업 어플리케이션 내에서 AI가 얼마나 성숙한지를 측정하는 척도"라고 설명한다(Vaish, 2021:3). IBM의 AIM은 사업 능력과 기술 능력을 조합하여 7가지 측정 기준과 3단계 척도를 [그림 4]와 같이 제시하고 있다. 7가지 측정 기준은 '사업에 미치는 영향', '고객 가치', '기술 고도화', '신뢰성', '사용 용이성', 'AI 운영 모델',

'데이터'이며, 3단계 척도는 'Silver(1점)', 'Gold(2점)', 'Platinum(3점)'이다. 프레임워크에는 각 차원에 따른 하위 기준과 해당 기준의 정의가 명료하게 기술되어 있고 척도에 따른 지수도 상세히 안내되어 있다.

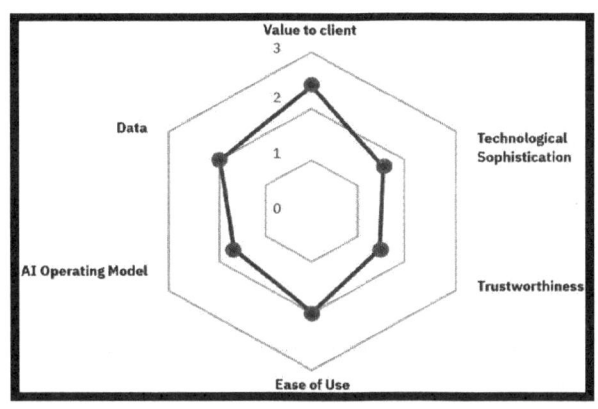

[그림 4] IBM의 AIM 예시

출처: Vaish(2021), "AI maturity framework for enterprise applications", 3

이처럼 조직 내 AIM 프레임워크를 구축하고 있는 미국의 경영 컨설팅 기업인 Accenture는 AIM을 "조직이 고객, 주주, 직원을 위한 높은 성과를 달성하기 위해 적절히 연합하여 인공지능 관련 능력을 숙달한 정도를 측정"하는 것이라고 정의하고 있다(Accenture, n.d.). 그리고 정의에 포함된 그러한 핵심 능력을 상위 능력 4가지와 그에 해당하는 하위 능력 2~5가지로 정리하고 있다. 첫 번째 상위 능력은 '전략 및 후원'이며 하위 능력으로는 '시니어 후원', 'AI 전략', '사전 대비 vs 사후 대응', '손쉽게 이용할 수 있는 AI 및 기계 학습 도구', '손쉽게 이용할 수 있는 개발자 네트워크'가 있다. 두 번째 상위 능력은 '데이터 및 AI

Core'이며 하위 능력으로는 '구축 vs 구입', '플랫폼 및 기술', '실험 데이터-개선', '데이터 관리 및 거버넌스', '데이터 관리 및 거버넌스-개선'이 있다. 세 번째 상위 능력은 '인재 및 문화'이며 '필수 AI 교육', 'AI 관련 기술에 관한 직원 역량', '혁신 문화 내재화', '혁신 문화 장려', 'AI 인재 전략'이 있다. 네 번째 상위 능력은 '책임 있는 AI'이며 하위 능력은 '책임 있는 AI', '책임 있는 AI-개선'이 있다. 이를 'AI 기반(AI foundation)' 능력과 'AI 차별화(AI differenciation)' 능력의 두 범주로 나누어 평가하여 'AI Achievers', 'AI Innovators', 'AI Builders', 'AI Experimenters'의 네 유형으로 구분하여 [그림 5]처럼 나타내고 있다.

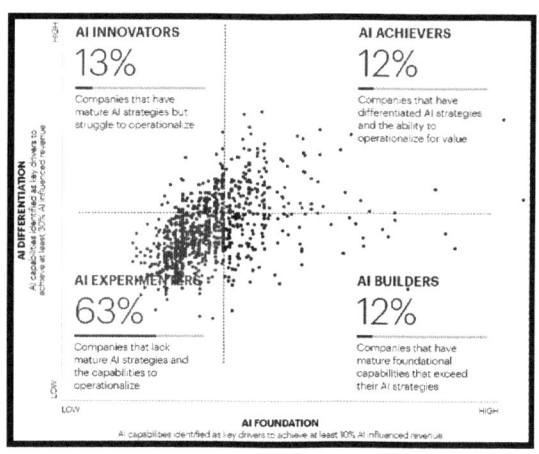

[그림 5] Accenture의 AIM 유형
출처: Accenture(n.d.)

그러나 AIM은 그 안에 윤리적 가치를 내포하고 있기는 하지만 온전히 그것을 위함이 아니다. 오히려 기업이 인공지능이라는 도구를 가지고 이윤을 극대화할 수 있는 능력을 나타내는 경제적 성격의 수치 안에 기업의 이미지와 같은 사회적 신용을 증진하려는 목적으로 윤리적 가치를 이용할 수 있다는 비판을 받기도 한다. 그렇지만 이윤을 추구한다는 기업의 본질을 고려할 때, 소비자 윤리의 관점에서 AIM에 그러한 가치가 잘 반영되는지 감시하는 도구로 활용한다면 윤리적 AI를 구현하기 위하여 유의미한 수단이 될 수도 있을 것이다.

IV. 지속 가능한 AI(sAI: sustainable AI)

빅 테크 기업들이 LLM과 같은 초거대 생성형 인공지능 경쟁력 강화에 힘쓰면서부터 미처 고려하지 못했던 문제 중 하나가 바로 초거대 생성형 인공지능 모델의 학습 과정에서 발생하는 에너지 소비와 환경 오염이었다. 그러나 이는 단순히 인공지능으로부터의 환경적 위기만을 검토하는 차원의 것이 아니라, 인공지능의 개발이 생태계의 지속성을 보장할 수 있을지에 관한 성찰이다. 이처럼 미래 지향적인 책임에 근거하고 있는 지속 가능한 AI를, 본 장에서는 생태적 접근과 국제 협력적 접근으로 구별하여 제시한다.

1. 생태적 접근(ecological approach)

생태적 접근은 지속 가능한 AI를 달성하기 위한 핵심적인 접근 방식으로, 자연환경과 불가분의 유기적 관계로 얽혀 있는 생태 구성원으로서의 인간이 모든 존재에 관한 윤리적 책임감으로 인공지능을 개발하고 활용하는 것을 뜻한다. 이는 인공지능이 초래할 생태적 위기를 완화하는 것과 인공지능을 개발하고 활용하여 생태적 균형을 조화롭게 유지하는 것 두 가지로 정리가 가능할 것이다.

인공지능은 기본적으로 학습용 데이터나 매개 변수가 많을수록 복잡한 계산과 추론도 수월하게 할 수 있게 된다. 이러한 측면에서 LLM 같은 초거대 생성형 인공지능은 기존의 인공지능보다 더 많은 양의 데이터 학습 및 매개 변수 사용이 가능하기 때문에 기계적 능력이 훨씬 더 뛰어나다고 할 수 있다. 그러나 인공지능에 요구되는 기대치가 충족될수록, 생태적 관점에서는 오히려 여러 가지 문제가 드러난다. 예를 들어 인공지능의 학습 과정에서 데이터 센터를 구축할 필요가 있는데, 최근 이러한 데이터 센터의 환경 문제가 제기되고 있다. 국제 에너지 기구(International Energy Agency, 이하 IEA)에 따르면 2022년 전 세계 데이터 센터의 사용 전력은 460TWh로 세계 전력 전체 수요의 2%였다(IEA, 2024:8). 이것만으로도 적지 않다고 할 수 있으나, 2026년에는 그보다 2배보다 많고 일본의 전력 소비량과 비슷한 수준인 1,000TWh 이상에 도달할 수 있다고 예상했다. 또한 데이터 센터 운영은 온실가스 배출에 있어서 좋지 않은 영향을 미친다. IEA는 전 세계 데이터 센터에서 배출되는 온실가스 배출량이 온실가스 배출량 9위인 한국의 절반 수준에 해당한다고 보고했다(강찬수, 2023. 2. 14.). 그러나 초거대 생성형 인공지능 기술 경쟁은 이제야 초기 수준에 해당하며 향후 더 많은 기업이 관련 산업에 참여하면서 데이터 센터 설립이 증가할 것으로 보인다.

또 다른 문제점은 초거대 생성형 인공지능을 학습시키는 데서 나온다. 대표적으로 ChatGPT의 언어 모델인 GPT-n 시리즈를 살펴보면 15억 개의 매개 변수를 사용하던 GPT-2를 발전시킨 GPT-3는 매개 변수만 1,750억 개를 사용하고, 이러한 GPT-3를 훈련시키는 과정에서 소비된 전력은 1,287MWh으로, 이는 미국의 120가구가 1년 동안 사용하는 전력량이라고 한다(심지영, 2023. 6. 9.; Ivy Partners, 2023. 6. 7.; Snider, 2023. 7. 1.). 또한 이산화탄소 배출량은 552t에 달한다고 하는데, 이는 가솔린차 123대의 1년 주행 시 탄소 배출량에 맞먹는다는 의견도 있다(이재영, 2023. 10. 2.). 나아가 초거대 생성형 인공지능 훈련을 위해 컴퓨터를 가동하면 일반적인 인공지능 모델보다도 극심한 발열 현상이 나타나므로 이를 식히기 위한 냉각수가 필요하다. 미국의 리버사이드 콜로라도 대학교와 알링턴 텍사스 대학교의 연구진은 ChatGPT를 1번(~25~50개의 문답) 사용할 때마다 500ml의 물이 소비된다고 발표하며, 특히 GPT-3 훈련 과정에서 700,000L의 물이 소비되었을 것이라 주장했다(이재영, 2023. 10. 2.).

이러한 생태 환경의 위기를 관리하고자 도입되는 논의가 'Green AI'에 관한 것이다. 슈워츠 외(Schwartz et al., 2020)는 그와 같이 큰 탄소 배출량을 초래하는 기존의 인공지능을 'Red AI'라고 명하며, Red AI의 대안으로 친환경적인 효율성을 고려하는 Green AI를 제시하였다. 베르데키아 외(Verdecchia et al., 2023:10)는 Green AI를 "활용된 천연자원 측면에서 인간이 자연환경에 미치는 영향을 완화하기 위해 AI를 활용"하거나 "AI 자체가 자연환경에 미칠 수 있는 영향을 완화"하려는 목표를 설정하고 실행하는 것으로 정의하고 있다. 여기서 후자는 지금까지 제시된 자료가 담고 있는 우려를 줄이고자 하는 것이라면, 전자의 논의처럼 생태적 공공성에 기초하여 인공지능의 합목적성을 긍정적으로 제고하는 방향도 Green AI의 주요한 한 측면이 될 것이다. 일례로 MS의 의뢰로 한 영국 회계법인이 수행한 연구는 인공지능이 농업, 물, 에너지, 운송 등의 분야에 적용되면 2030년까지 세계 온실가스 배출량이 4% 정도 감소할 것으로 전망했다(이시내, 2023. 5. 24.). 따라서 인공지능의 지속 가능성을 유지하는 것의 일차적 목표는 인공지능의 생태적 양면성을 적절히 고려하는 것이 될 것이다.

2. 상호 협력적 접근(mutual cooperative approach)

지구촌 문제를 단일 국가의 노력만으로 해결하는 데 한계가 있음을 깨달으면서, 세계는 이를 글로벌 관점에서 접근하기 시작했다. 대표적으로 산업화의 대가로 가속화된 기후 위기의 불안을 상호 협력적으로 해소하기 위하여 세계 각국은 2015년에 파리 기후 변화 협약(Paris Climate Change Accord, 이후 파리 협정)을 만장일치로 채택하고, 이를 이행할 수 있는 온실가스 감축 목표를 195개 당사국 모두가 자발적으로 결정하였다. 이를 볼 때 군사용 자율 살상 무기나 침습적인 의료 인공지능의 생명 윤리적 문제, 인공지능 로봇의 인간 노동 대체 가능성, 인공지능 모델 훈련 과정의 막대한 자원 낭비, 소수 인공지능 기반 플랫폼의 권력화에 따른 기술 불평등 심화 등처럼 인공지능으로 인해 발생 가능한 사회적 문제들은 기후 위기와 같은 국제적 협력의 필요성을 요청한다.

이 같은 배경에서 생성형 인공지능의 잠재적 혜택이 위험을 동반할 것이라 보고 G7은 2023년 5월 '히로시마 AI 프로세스'를 수립하고, 당해 10월에는 '첨단 인공지능 개발 조직에 대한 국제 지침 및 행동 규범'을 최종 합의했다. 해당 합의안에는 인공지능 개발 기업에 관한 위험성 평가와 관리를 요구하는 '국제 지침(guiding principles)'과 이용자의 인공지능 리터러시 소양 함양을 촉구하는 '행동 규범(code of conduct)'이 제시되고 있다. 히로시마 AI 프로세스는 주요국들이 인공지능의 발전 동향에 주시하여 예측되는 잠재적 위험을 선제적으로 조치하는 과정에서 국제적인 상호 협력 방식을 사용했다는 점에서 의미가 있다. 비슷한 시기인 2023년 11월 AI 안전성 정상 회의에서 미국, 중국, 한국 등 28개국과 EU가 고도의 능력을 갖춘 '프런티어 AI'가 잠재적으로 막대한 위험을 초래할 수 있음에 동의하고 세계 각국이 공동의 노력으로 관리해야 한다는 내용이 담긴 '브레츨리 선언'에 합의했다. 따라서 히로시마 AI 프로세스와 브레츨리 선언의 합의가 수일 차이로 진행됐다는 것은 인공지능의 위험을 관리할 때의 국제적인 상호 협력의 중요성이 피력된 것으로 볼 수 있을 것이다.

V. 생성형 인공지능 시대의 새로운 방향성: R.E.S.ponsible AI

요나스는 기술 시대에 요구되는 책임의 성격으로 모든 영역에서 책임을 다하는 총체성, 책임을 중단하지 않고 실행을 지속하는 연속성, 미래까지도 포함하는 책임을 뜻하는 미래성을 이야기한다(Jonas, 1984:185-193). 지금의 인공지능은 현대 과학 기술 사회를 아주 잘 대변하는 기술의 하나이다. 따라서 인류가 인공지능을 개발하고 활용하고자 한다면 그에 대한 책임을 총체적으로, 연속적으로, 미래적으로 다하는 것이 중요하다.

이러한 관점에서 이 연구는 생성형 인공지능 시대의 새로운 인공지능 시스템의 개발 및 활용 방향성을 Restricted AI, Ethical AI, Sustainable AI의 세 범주로 제시하였다. Restricted AI는 생성형 인공지능 개발 경쟁으로부터 출발한 인공지능의 위기 관리 필요성 증진에 따라 위험 수준에 기반하여 인공지능을 구속력 있는 방식으로 규제할 수 있는 방안을 모색하는 것을 의미한다. Ethical AI는 인공지능의 위험을 식별하기 위한 준거로서의 윤리적 가치나 기준을 설정하고, 인공지능 기술과 관계된 여러 조직의 자발적인 윤리적 행위를 강조하는 것을 의미한다. Sustainable AI는 인공지능이 생태 공동체인 자연, 인간, 사회 등에 미치는 부정적인 영향을 제거하여 미래까지의 지속성도 보장하도록 발전하기 위해서 글로벌 협력을 발전시켜 나가는 것을 의미한다.

최종적으로 이를 정리하면 'RES AI', 즉 '책임 있는 인공지능(RESponsible AI)'이다. 이는 두 가지 목적으로 해석이 가능할 것이다. 첫째는 인공지능과 관련된 구성원 모두가 책임을 다하여 인공지능이 가지고 있는 잠재적 위험을 관리하는 것이다. 둘째는 인간의 존엄성, 사회의 공공선, 자연환경의 지속성 등을 제고하기 위하여 인공지능의 안정적 활용을 위해 인공지능 자체의 책임을 강조하는 것이다. 즉, 인공지

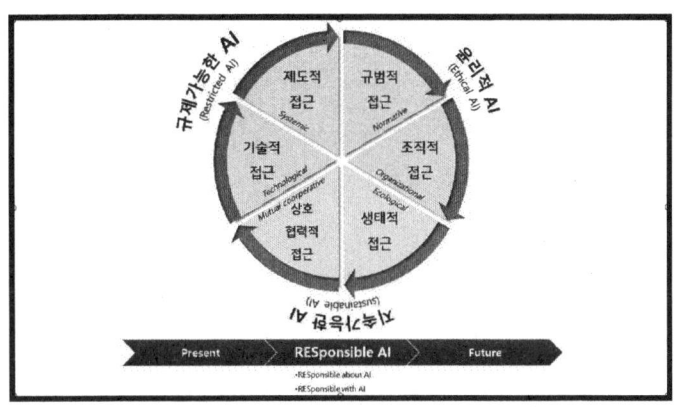

[그림 6] 책임 있는 인공지능(RESponsible AI)

능 개발자와 사용자에게 강조되었던 책임에 대한 종래의 논의뿐만 아니라, 인공지능 자체의 책임성에 대한 새로운 논의가 필요하다. 마치 법의 영역에서 자연인에 대한 책임에 대한 논의 외에도 법인의 책임에 대한 논의가 필요했던 것처럼, 이제는 전자인(e-Person)의 책임에 대한 논의도 필요해진다. 물론 자연인이나 법인에 대한 책임 논의와 같을 수는 없겠지만, 인공지능 자체의 책임[19]에 대한 논의도 있어야 할 것으로

---

19) 인간은 특정 영역에서 인공지능 로봇에 자율성을 부여하고, 책임성은 이러한 부여에 의해 발생한다.
책임의 실현을 위한 책임 구성의 요건을 살펴보면 아래와 같다:
주체: AI-Robot
대상: AI-Robot의 행위
관계자: 행위 관련자들
심급: (사회적 합의 내지 승인에 근거한) 생산 내지 사용의 목적
제재: 알고리즘 자체의 삭제 혹은 수정이나 복제, 파인 튜닝 금지 / 개발자 내지 사용자에 대한 처벌

보인다. 이 지점에서 전자인, 즉 생성형 인공지능은 앞으로 제조자 내지 사용자의 책임으로 귀속시킬 수 없는 유형의 책임을 발생시킬 가능성이 있다. 예를 들어, 생성형 인공지능은 특정 자율성의 영역에서 창의성이라고 볼 수 있는 결과물을 출력할 수 있고, 이렇게 산출된 결과물은 누군가에게 해로운 영향 또는 긍정적인 영향을 미칠 것이다. 그러나 생성형 인공지능은 오작동이나 오류가 아니면서도 제조자 및 사용자의 의도와는 다른 산출을 내놓을 수 있으므로, 이러한 맥락에서 발생한 해악의 책임을 온전히 제조자나 사용자에게 묻는 것은 어려울 수 있다. 이와 관련해 제조자 및 사용자의 의도와 다르게 자의적으로 행동할 수 있으면서도 실질적인 책임의 주체로 다루기는 어려운 '반려동물'의 지위 문제나, 법적 대리인의 동의가 필요한 미성년자의 행위에서 발생한 책임의 소재 문제 등을 참고해 논의해 볼 수도 있다.

이렇게 고안된 RES AI의 3가지 방향성, 6가지 접근 방식, 2가지 목적은 [그림 6]처럼 나타낼 수 있다. 이는 생성형 인공지능 시대의 다양한 이해관계자들이 각자의 구체적인 역할 책임을 설정하는 데 적절히 이용될 수 있을 것이다. 인류의 미래를 위해서 우리가 지켜야 할 책임의 소재가 불분명하고 책임 주체가 확산되어 책임의 무책임화 현상이 일어나지 않도록 하기 위해서는 인공지능의 개발 및 활용에서 책임의 디자인이 이뤄져야 하고, 이에 근거하여 책임의 실현 방식이 구체화되어야 한다.

참고 문헌

과학기술정보통신부(2020). "사람이 중심이 되는 「인공지능(AI) 윤리기준」. https://www.msit.go.kr/bbs/view.do?sCode=user&mPid=112&mId=113&bbsSeqNo=94&nttSeqNo=3179742.

강경필·최기원(2023. 11. 17.). "RLHF 외에 LLM이 피드백을 학습할 수 있는 방법은 무엇이 있을까?". Scatterlab, https://tech.scatterlab.co.kr/alt-rlhf/ (검색일: 2024. 1. 30.)

강찬수(2023. 2. 14.). ""AI 더러운 비밀"⋯ 구글보다 '챗GPT'가 지구에 더 나쁜 이유". 중앙일보. https://www.joongang.co.kr/article/25140421#home (검색일: 2024. 2. 7.)

권은정(2023). 「인공지능 서비스 영향평가의 체계와 방법론: 「지능정보화 기본법」의 사회적 영향평가 제도를 중심으로」. 『경제규제와 법』. 제31호. 서울대학교 아시아태평양법연구소. pp. 29-50.

김근혜·박규동(2023). 「AI 시스템의 위험 완화를 위한 정책적 접근방안 연구: AI 영향평가를 중심으로」. 『규제연구』. 제32권 제2호. 한국규제학회. pp. 105-134.

김미정(2023. 4. 3.). "'AI 윤리' 강조하더니 규모 줄인 빅테크". ZDNET Korea, https://zdnet.co.kr/view/?no=20230403091415 (검색일: 2024. 1. 28.)

김법연(2023). 「공공분야 인공지능서비스의 영향평가제도 도입에 관한 연구」. 『정보법학』. 제27권 제2호. 한국정보법학회. pp. 171-219.

김익현(2021. 2. 20.). "구글, 또 여성 AI 윤리 연구자 해고 '파문'". ZDNET Korea, https://zdnet.co.kr/view/?no=20210220135545 (검색일: 2024. 1. 28.)

김형복(2021. 5. 25.). "데이터 시대의 초상, 비식별화 기술의 발전". TESTWORKS, https://blog.testworks.co.kr/portrait-of-the-data-age_how-much-is-your-face/ (검색일: 2024. 1. 29.)

문정욱·문아람·변순영·김정언·문명재·이시직·선지원·양기문·김형주·황선영·이청호·김봉제(2020). 「윤리적 인공지능을 위한 국가정책 수립」. 방송통신정책연구 2020-0-01368. 정보통신정책연구원. https://www.kisdi.re.kr/rep

ort/view.do?key=m2101113024973&masterId=3934581&arrMaste
rId=3934581&artId=557379.

박혜성·김법연·권헌영(2021),「인공지능 통제를 위한 규제의 동향과 시사점」,『정보법학』, 제25권 제2호. 한국정보법학회. pp.1-40.

심지영(2023. 6. 9.), "[AI 백브리핑③] AI 발전은 지구 환경에 득일까 실일까". 비즈한국. https://www.bizhankook.com/bk/article/25771 (검색일: 2024. 2. 7.)

변순용(2019).「AI로봇의 도덕성 유형에 근거한 윤리인증 프로그램(ECP) 연구」.『윤리연구』, 제126호. 한국윤리학회. pp.73-90.

변순용·이연희(2020).『인공지능 윤리하다』. 서울: 어문학사.

변순용(2023a).「데이터윤리의 의미와 원칙에 대한 연구」.『초등도덕교육』, 제83집. 한국초등도덕교육학회. pp.189-213.

변순용(2023b).「초거대 생성형 인공지능의 윤리적 문제」.『인공지능인문학연구』, 제14권. 중앙대학교 인문콘텐츠연구소. pp.53-82.

변순용·김종욱·김현철·송선영·김정남(2023).「인공지능윤리영향 평가의 교육 분야 적용 가능성 탐색」. 연구자료 RM 2023-18. 한국교육학술정보원. https://www.keris.or.kr/main/ad/pblcte/selectPblcteRMList.do?mi=1139.

변순용·송선영·이청호·김정남·방은찬·장희영·이지형·정광훈 & 김정남(2023).「인공지능(AI)의 학습용 데이터 윤리 가이드라인에 대한 연구」. 연구보고 RR 2023-3. 한국교육학술정보원. https://www.keris.or.kr/main/ad/pblcte/selectPblcteRRInfo.do?mi=1138&pblcteSeq=13683.

유순덕(2023).「인공지능 서비스 영향성 평가를 위한 분석 기준 연구」.『한국인터넷방송통신학회 논문지』, 제23권 제1호. 한국인터넷방송통신학회. pp.7-13.

이상욱(2021).「유네스코 인공지능(AI) 윤리 권고 해설서: 인공지능 윤리 이해하기」. 유네스코한국위원회. https://www.unesco.or.kr/data/report/list/?s_cat=4&s_where=&s_keyword=%ED%95%B4%EC%84%A4%EC%84%9C.

이숙연(2023).「인공지능 관련 규범 수립의 국내외 현황과 과제」.『법조』, 제757호. 법조협회. pp.442-488

이재영(2023. 10. 2.). "생성형 인공지능, 친환경적인 설계와 운용 필요해". 임팩트온.

https://www.impacton.net/news/articleView.html?idxno=6588 (검색일: 2024. 2. 7.)

한국지능정보사회진흥원(2023). 「제1권 품질관리 가이드라인 v3.0」. 『인공지능 학습용 데이터 품질관리 가이드라인 및 구축 안내서 v3.0』. 한국지능정보사회진흥원. https://www.nia.or.kr/site/nia_kor/ex/bbs/View.do?cbIdx=26537&bcIdx=25370&parentSeq=25370.

Accenture(n.d.). https://www.accenture.com/us-en/insights/artificial-intelligence/ai-maturity-and-transformation.

Askell, A. & Bai, Y. & Chen, A. & Drain, D. & Ganguli, D. & Henighan, T. & ... & Kaplan, J. (2021). "A general language assistant as a laboratory for alignment". arXiv preprint arXiv:2112.00861.

Bergmann, D. (2023. 11. 10.). "RLHF란 무엇인가요?". IBM. https://www.ibm.com/kr-ko/topics/rlhf (검색일: 2024. 1. 30.)

Council of the EU(2023. 12. 9.). "Artificial intelligence act: Council and Parliament strike a deal on the first rules for AI in the world". *Council of the EU*. https://www.consilium.europa.eu/en/press/press-releases/2023/12/09/artificial-intelligence-act-council-and-parliament-strike-a-deal-on-the-first-worldwide-rules-for-ai/ (검색일: 2024. 1. 31.)

EC AI HLEG(2019). "Ethics Guidelines for Trustworthy AI.". https://op.europa.eu/en/publication-detail/-/publication/d3988569-0434-11ea-8c1f-01aa75ed71a1.

Gehman, S. & Gururangan, S. & Sap, M. & Choi, Y. & Smith, N. A. (2020). "Realtoxicityprompts: Evaluating neural toxic degeneration in language models". arXiv preprint arXiv:2009.11462.

Google(n.d.). "Responsibility: Our Principles". Google AI. https://ai.google/responsibility/principles/.

Ivy Partners(2023. 6. 7.). "Green AI: An Environmental Problem or a Sustainable Solution?". https://www.ivy.partners/green-ai-an-environmental-problem-or-a-sustainable-solution/ (검색일: 2024. 2. 7.)

Kazim, E. & Koshiyama, A.(2021). "The interrelation between data and AI ethics in the context of impact assessments". AI and Ethics 1. pp.219-225.

Lin, S., Hilton, J., & Evans, O.(2021). "Truthfulqa: Measuring how models mimic human falsehoods". arXiv preprint arXiv:2109.07958.

Madiega, T.(2023). "Artificial intelligence act". European Parliament: European Parliamentary Research Service.

MS(2022). "Microsoft Responsible AI Standard, v2: General Requirements". https://www.microsoft.com/en-us/ai/principles-and-approach#tabs-pill-bar-occ736_tab0.

"Notified body"(2023. 9. 25.). Wikipedia. https://en.wikipedia.org/wiki/Notified_body (검색일: 2024. 1. 31.)

Parrish, A. & Chen, A. & Nangia, N. & Padmakumar, V. & Phang, J. & Thompson, J. & Htut, P. H. & Bowman, S. R.(2021). "BBQ: A hand-built bias benchmark for question answering," arXiv preprint arXiv:2110.08193.

Schwartz, R. & Dodge, J. & Smith, N. A. & Etzioni, O.(2020), "Green AI," *Communications of the ACM* 63(12). pp.54-63.

Selbst, A. D.(2021). "An Institutional View of Algorithmic Impact". *Harvard Journal of Law & Technology* 35(1). pp.117-191.

Snider, S.(2023. 7. 1.). "[주말판] 인공지능과 지속 가능성 사이의 희망과 파라독스". 보안뉴스. https://m.boannews.com/html/detail.html?idx=119501 (검색일: 2024. 2. 7.)

UNESCO(2022). "Recommendation on the Ethics of Artificial Intelligence". https://unesdoc.unesco.org/ark:/48223/pf0000381137.

UNESCO(2023). "UNESCO's Recommendation on the Ethics of Artificial Intelligence: key facts". https://unesdoc.unesco.org/ark:/48223/pf0000385082?posInSet=1&queryId=0268335d-45be-4a51-bbe4-138e48a22539.

Vaish, R. & Agrawal, A. & Kapoor, S. & Parkin, R.(2021). "AI maturity framework for enterprise applications". IBM. https://www.ibm.com/watson/supply-chain/resources/ai-maturity/.

Verdecchia, R. & Sallou, J. & Cruz, L.(2023). "A systematic review of Green AI". Wiley Interdisciplinary Reviews: Data Mining and Knowledge Discovery e1507.

제4장
데이터 윤리에서 인공지능 편향성 문제

'편견을 제거해야 한다는 주장도 하나의 편견에 불과하다.'

I. 들어가는 말: 편향과 편견

우리가 넷플릭스나 아마존, 쿠팡 등에서 무언가를 검색할 때, 우리에게 보여지는 정보들은 무작위가 아니라 그동안 나의 선택과 이에 대한 정보들이 반영되어 나타나는 경우가 많이 발생한다. 이러한 편리함이 즐거울 수도 있지만, 무언가 변화를 원하고 새로운 것을 찾고자 할 때는 이러한 정보의 제시가 오히려 불편함과 불쾌함으로 다가올 수도 있다. 이런 문제는 편리함에 동반될 수밖에 없는 불편함으로 감수해야 할 부분이기는 하지만, 중요한 것은 사용자가 자신의 정보가 수집되고 있다는 사실을 알고 있는지, 그리고 이것이 주는 문제점에 대해 인지하고 있는지의 여부다. 편리함에 반복적으로 노출되면 나중에는 편리한 것이 당연한 것이라고 여기게 되기 마련이므로, 이 편리함이 어떻게 만들어지고 작동하는지에 대한 인지와 자기 점검이 중요해진다.

취미나 쇼핑 등의 일상적 정보 외에도 우리 삶에 중요한 데이터를 모아 놓은 '빅 데이터'는 이를 사용하는 개인이나 사회에 큰 편리함을 준다. 그러나 한편 빅 데이터의 수집과 처리 과정에서 윤리적이지 않은 요소들이 개입되어 영향을 미친다면, 빅 데이터의 수집과 활용에 대한 윤리적 판단의 필요성이 제기될 수밖에 없다. 만약에 인공지능 챗봇인 테이가 "혐오 발언을 학습하고 이를 스스로 반복 산출한 것처럼, 특정한 차별 혹은 차별 기제를 학습한 인공지능이 신용 거래 및 대출, 고용 후보자에 대한 평가, 대학 등 교육 기관의 입학 평가, 인공지능에 의한 개인 맞춤형 기사 선별 제공, 혹은 그 외의 특정 목적을 위한 인물 선별 및 추천 검색 등에 사용될 수 있다(허유선, 2018:170)." 그래서 빅 데이터 기반 정보화 시대에서는 개인 정보 보호와 침해, 그리고 빅 데이터의 공적 활용을 윤리적으로 검토해야 할 필요성이 제기되고 있다(송선영 외, 2016:228 참조). 최근 빅 데이터와 기계 학습, 인공지능과 관련되어 제기되는 윤리적인 이슈 중 하나가 바로 편향성(bias)의 문제일 것이다. 일반적으로 통계에서 말하는 편향은 통계적 추정 결과가 체계적으로 한쪽으로 치우치는 경향을 보임으로써 발생하는 오차를 말하는데, 추정 결과가 크거나 작아짐에 따라 발생하는 변동 오차와는 달리 추정 결과가 한쪽 방향으로 치우침에 따라 나타나는 오차를 말한다.

실제로 편향성(bias)의 문제를 편견(prejudice, Vorurteil)이나 고정 관념의 문제와 혼동하는 경우가 많은데, 전자가 통계적, 기술적인 용어(technical term)라고 한다면 후자는 윤리적인 용어(ethical term)라고 할 수 있겠다. 호크하이머(Max Horkheimer)에 따르면 편견은 원래 '해롭지는 않은 사실'을 말하는 것인데, 고대에서는 '이전의 경험과 결정에 근거한 판단'이라는 의미를 가졌다고 한다. 데카르트와 라이프니츠 그리고 칸트를 거치면서, 합리론의 전통에서는 편견을 '이성의 타율성에 기울어지는 경향'으로 규정하였고 이로 인해 편견으로부터의 해방이 강조되기도 했지만(이희용, 2019:170 참조), 경험론의 전통에서는 편견을 '사실을 통한 검증 이전의 견해'라는 의미로 정의한다(Horkheimer, 1963:5 참조). '궁극적인 최종 판결이 내려지기 전에 법적으로 미리 결정함'을 의미하던 편견이 계몽주의적 사유에 의해 '근거 지어지지 않는 판단'으로 격하되었다.

이성적 대화와 합리적 소통을 강조하는 합리주의적 사유와 이를 방해하는 비합리주의적 사유에서 편견의 의미에 대한 윤리적인 사유의 필요성이 제기된다. 이러한 편견은 고정 관념(stereotype)과도 혼동되기도 한다.[1] 이로부터 편견의 부정적인 의미가 강조되었다고 보는 가다머는 편견에 대한 부정적인 관점을 '편견 일반에 대한 편견'이라고 비판하고, 편견을 감정의 문제로 보는 버크(Edmund Burke)와는 달리 진리를 인식할 수 있는 긍정적 편견의 개념을 제시한다(곽영윤, 2019:93-94 참조). 그래서 가다머는 참된 편견과 그릇된 편견을 '시간적 거리'를 통해 구분할 수 있다고 보고 편견의 실재 연관성과 진리 연관성을 통해 편견의 합법성을 증명하고자 하였다(이희용, 2019:174 참조)[2]. 그래서 이희용은 "편견은 언제나 참다운 이해의 장애로 작용하고, 그 때문에 제한되

---

1) 아도르노는 인종적 편견에 사로잡힌 여성을 예로 들면서 교양 있고 교육받은 여성이 특정 인종에 대한 피해망상에 빠져서 흑인(Negroes)을 폭동과 동일시 하고, 유대인들을 간교한 상인과 동일시한 예를 들기도 한다(곽영윤, 2019:88 참조).
2) 가다머의 이러한 주장은 마이어(Georg F. Meier)가 주장한 편견의 진리 연관성과 불가피성에서 영향을 받았다.

거나 제거되어야 하는가, 아니면 해석학적 생산성을 산출하는 역사적 조건으로 정당하게 인정되어야 하는가?(이희용, 2019:190-191)"라는 물음을 던지면서 "편견은 무조건적으로 비난받고 극복되어야 할 대상이라고 단정 짓고, 편견의 문제를 제대로 성찰하지 않는 것도 또 하나의 편견일 수 있다(이희용, 2019:191)"라는 편견의 역설을 문제 삼았다.

이러한 긍정적인 맥락의 편견에 대한 해석에도 불구하고 근대 계몽주의의 기획의 결과로 제기되는 편견은 오늘날에도 지속적으로 거부되고 제거되어야 할 부정적인 현상으로 간주되고 있다. 이러한 부정적인 의미의 편견과 알고리즘 편향성은 중첩되는 부분이 분명히 있지만, 동일시되어서는 안 된다.[3] 그렇지만 실제로 편향성으로 인해 편견이 발생할 수도 있고, 편견으로 인해 편향성이 발생할 수도 있다. 양자의 관계는 상호적인 경우가 많으며, 밀접하게 관련되어 있기 마련이다.

인공지능 알고리즘에 대해 가지는 일반적인 편견은 다음과 같다. "흔히들 인공지능 알고리즘에 의한 기계적 예측이나 의사 결정은 인간의 의사 결정이 가지고 있는 편견이나 오류의 문제에서 자유롭다고 생각하기 십상이다. 그러나 이러한 인공지능 알고리즘에 의한 의사 결정 과정의 편향성이나 오류 가능성은 항시 존재하며, 특히 인공지능의 편향성은 그로 인한 차별 등의 문제를 야기하여 차별 금지라고 하는 사회적 가치를 훼손할 여지가 크다(양종모, 2017:64-5)." 차별 행위에 인공지능이

---

3) 도덕 교육이나 다문화 교육에서는 anti bias education을 반편견 교육이라고 번역한다.

개입하거나 인공지능을 활용한 의사 결정 과정의 투명성을 저해하는 경우, 그리고 왜곡된 데이터의 학습을 통해 차별이 강화되는 경우 등이 편향성의 문제가 차별로 이어질 수 있는 가능성으로 제시되기도 한다(고학수 외, 2018:12 참조). 그래서 인공지능 알고리즘에 대한 의도적 조작 가능성과 조작 여부에 대한 사회적 관리의 필요성이 강조되기 시작한다. 알고리즘의 편향성이 사회적 편견으로 이어지는 부분에 대한 윤리적 검토가 필요한 이유가 바로 여기에 있다.

II. 데이터의 편향성 그리고 객관성과 공정성

데이터를 모으고 처리하는 과정에서 늘 편향성의 문제가 제기된다. 통계는 편향성과의 싸움이라고 해도 과언이 아닐 것이다. 데이터 자체의 편향성과 데이터 처리 과정의 편향성은 물론 구분되어야 하겠지만, 이와 별도로 이 두 가지 모두 데이터 공정성의 문제와 항상 갈등에 빠지게 된다. 특히 데이터 객관성과 공정성 역시 상충될 소지가 충분히 있다. 데이터가 객관적이라는 것은 데이터가 지향하는 대상과 데이터의 일치를 전제로 하면서 이 데이터가 습득되는 과정에서 주관적인 개입이 배제되어야 확보될 수 있을 것이다. 이러한 근대적인 기계적 객관성이 보장된다 하더라도 공정하지 않을 수 있는 문제가 발생한다. 데이터의 객관성은 데이터 자체의 습득 과정에서 논의되겠지만, 데이터의 공정성은 데이터의 활용 과정에서 더 문제가 제기되기 마련이다.

1. 데이터를 처리하는 과정에서의 편향성

자체가 편향적이라면, 그리고 데이터 처리 과정이 완벽하게 공정하다면 오히려 편향적인 결과가 나와야 한다. 편향성이라는 용어 그 자체는 기술적인 성격을 갖지만, 데이터 수집 과정에 의도적, 비의도적 개입의 여지가 없다면, 그리고 수집 과정에서 데이터 샘플링이나 모집단 자체의 문제로 인한 데이터 편향성의 조건들이 언급된다면 이렇게 발생한 데이터 편향성은 수용할 수밖에 없을 것이다. 빅 데이터의 경우에도 데이터 수집의 조건과 대상에 대한 명확한 정보와 함께 이용되어야 할 것이다.

통계학에서 일반적으로 언급되고 있는 설문 조사나 사전 조사에서 발생 가능한 편향성[4]에 대한 유의 사항들이 있다. 예를 들면 가정이나 그룹 내에서 생길 수 있는 편향성(household bias, 같은 단위로 묶이는 단체나 그룹에서 발생 가능한 편향성이며, 예컨대 연구나 실험에서 각 가구당 1명씩 차출해서 뽑을 경우 1인 가구, 2인 가구, 3인 가구 등에서 나타날 수 있는 편향성), 답변하지 않는 것에서 생길 수 있는 편향성(nonresponse bias), 샘플을 잘못 할당하는 것에서 생길 수 있는 편향성(quota sampling bias), 거짓말을 하거나 지시에 불성실하게 임하는 것에서 생길 수 있는 편향성(response bias), 특정 집단을 집중적으로 선택하는 것에서 생길 수 있는 편향성(selection bias) 특정 집단에게 표본으로 선정될 수 있는 특혜를 줌으로써 생길 수 있는 편향성(size bias), 특정 집단을 누락시키는 것에서 생길

---

[4] https://cshlife.tistory.com/291 참조. (검색일: 2019. 8. 27)

수 있는 편향성(undercoverage bias), 자발적으로 답변하는 것에서 생길 수 있는 편향성(voluntary response bias), 문제를 잘못 읽는 것에서 생길 수 있는 편향성(word bias) 등이 대표적이다.

정보 보안의 영역에서 언급되는 편향성의 사례들을 살펴보면 다음과 같다.[5] 가용성 편향(availability bias)은 정보를 접하는 빈도수가 결정에 미치는 영향을 표현하는 것으로 개인이 특정 정보를 접하는 빈도수에 따라 결정 내용이 영향을 받게 되는 경우이다. 총합적 편향(aggregate bias)은 보다 넓은 단위의 인구로부터 얻은 정보를 바탕으로 한 개인에 대해 추론하는 경우에 발생한다. 확증 편향(confirmation bias)은 자신의 믿음이나 상상을 입증하기 위해, 불리한 증거는 보지도 않고 유리한 증거만 수집하려고 하는 경우이다. 기준점 편향(anchoring bias)은 결정을 내려야 하는 초기 단계에 접한 일부 데이터나 특징에 집착하는 현상인데, 예를 들어 포렌식 수사 등을 하던 전문가가 초기에 찾아낸 데이터로부터 결과를 추출하고, 이걸 끝까지 고집하게 만드는 경우이다. 틀 효과(framing effect)는 의사 전달의 틀에 따라 실제 전달되는 정보를 보지 못하게 하는 현상인데, 주로 마케팅에 능한 사람들이 이 효과를 잘 사용하고, 그에 따라 성능 낮은 제품을 비싼 값 주고 사는 경우가 생긴다. 기본적 귀인 오류(fundamental attribution error)는 사람의 실수를 상황과 환경에 비춰서 생각하는 게 아니라 그 사람의 정체성 일부로 인지하는 경우이다.

---

5) https://www.boannews.com/media/view.asp?idx=80305 참조. (검색일: 2019. 8. 27.)

구글 매니저인 화이트(Becky White)는 데이터 안에는 편향성이 존재한다는 사실과 이러한 편향성을 제거할 수 있는 해결책이 복합적이라고 주장하면서, 편향성 인지가 매우 중요한 출발점이 된다고 말한다. 그녀는 인공지능 편향성 중에서 선택 편향, 확증 편향, 자동 편향을 강조한다.[6] 먼저 '선택 편향'의 대표적인 예로 지리적 편향의 예시를 설명하면서 북미에서 데이터를 생성하고 라벨링 후 머신 러닝한 AI는 북미 지역에 대한 편향이 발생하게 된다고 지적한다. 두 번째는 '확증 편향'이다. 대개 데이터 수집 과정에서 조사자(리서처)는 무의식적으로 자신의 믿음과 일치하는 방향으로 수집하게 되는데, 이는 데이터 처리 과정에서도 영향을 미친다. 이 경우 조사자 입장에서는 편향을 알아채기 힘들기 때문에 더욱 문제다. 사람들이 자신이 기존에 믿는 바에 부합하는 정보만 받아들이려고 하고, 자기 생각에 어긋나는 정보는 거부하는 편향을 말한다. 끝으로, '자동 편향'이다. 머신 러닝은 자동 처리 데이터를 비자동 처리 데이터보다 선호한다. 이는 곧 데이터 배제로 이어지게 되고, 결국 편향성이 강화되는 꼴이다.

2. 데이터에 노출되는 과정에서의 편향성

2012년 페이스북과 코넬대학교의 연구 팀은 "남들의 행복한 소식이 뉴스 피드에 나타날수록 우리는 불행해진다"라는 일반적인 믿음이 사실인지에 대해 연구했는데, 이 과정에서 뉴스 피드 알고리즘 조작 실험이 시행되었다는 사실이 알려져 이에 논란이 제기되었다. 페이스북 데

---

6) http://www.digitaltoday.co.kr/news/articleView.html?idxno=211754 참조. (검색일: 2019. 8. 27.)

이터 과학 연구 팀이 페이스북 뉴스 피드의 알고리즘을 조작하여 일주일간 페이스북 사용자 68만여 명의 뉴스 피드에서 특정 감정과 관련된 단어를 삭제했고, 이것이 사용자의 감정에 미치는 영향을 연구한 것이다. 연구 결과, 부정적 감정과 관련된 단어를 삭제할수록 뉴스 피드에 '긍정적 기분'과 관련된 단어의 비중이 높아지는 것으로 나타났다. 즉, 뉴스 피드가 행복할수록 유저는 불행함을 느낄 것이라는 일반적 통념과는 반대로 뉴스 피드가 긍정적이면 우리의 감정도 긍정적으로, 뉴스 피드가 부정적이면 우리의 감정도 부정적으로 변할 수 있다는 것이다.[7]

인공지능 알고리즘에 의해 편견이 표출되는 경우는 마이크로소프트사의 챗봇인 테이(Tay)가 출시 하루 만에 인종 차별적 용어를 사용하고 신나치주의적 관점을 드러낸 사례, 온라인 국제 미인 대회에서 심사를 맡은 뷰티닷에이아이(beauty.AI)가 백인 여성만을 선별해 낸 사례 등이 있는데, 이 사례들의 경우는 인공지능 알고리즘의 편향성을 잘 보여 주는 사례로 언급되고 있다. 지트레인(Jonathan Zittrain) 교수는 "매개자가 의도적으로 정보를 선별해서 제시"하는 디지털 개리맨더링(digital gerrymandering)[8]을 주장하면서, 정보의 필터링 알고리즘을 통해 특정한 사람들에게 차별적으로 특정 정보를 제공하여 사회 구성원들의 다양한 의사 결정을 왜곡하는 현상이 발생한다고 경고하고 있다. 지트레인의

---

7) https://brunch.co.kr/@brunchxjk0/31 (검색일: 2019. 8. 27.)
8) https://mastersofmedia.hum.uva.nl/blog/2017/09/25/digital-gerrymandering-computational-propaganda-and-the-electronic-electoral-advantage-towards-a-case-for-reform/ 참조. (검색일: 2019. 8. 27.)

우려는 실제로 미국의 선거 과정에서 여러 의혹으로 현실화되고 있다.

이와는 성격이 조금 다른 사례도 있다. 인공지능 알고리즘의 역할을 강조하면서 결국 사람에 의해 알고리즘이 조작된 사례이다. 2016년 5월 미국의 IT 매체 기즈모도는 트렌딩 리뷰 가이드라인을 공개하면서 페이스북이 특정 미국 대선 후보를 낙선시키기 위해 뉴스 편집 서비스 트렌딩 토픽의 알고리즘을 조작했다는 의혹을 제기하였고, 이에 알고리즘 공정성 문제가 도마에 올랐다. 이 문제 제기의 핵심은 '트렌딩 토픽'에 나타날 기사 선정에 사람이 직접 영향력을 행사했다는 것이며, 즉 누군가 정치적 중립 훼손 및 여론 조작에 기여했다는 의혹에 있었다. 따라서 이 사례의 초점은 알고리즘 공정성 자체의 문제보다는, 사람이 직접 개입해 알고리즘이 공정하지 못한 방향으로 작동하도록 오도할 수 있다는 문제에 맞춰져 있다. 이에 2016년 8월에 페이스북은 해당 문제에 대한 조치로 '트렌딩 토픽' 선정에 인간의 개입을 최소화하고 자동화된 알고리즘을 사용할 것이라고 입장 표명한 후, 후속 조치로 15-18명의 계약직 에디터들을 해고하고, 에디터들의 해고로 인해 향후 '트렌딩 토픽'의 운영은 알고리즘 오류를 검수하는 일부 엔지니어만 참여하기로 결정하였다. 그런데 편집자 없이 알고리즘으로 뉴스 운영을 대체하자, 이번에는 '관련 뉴스'에 오보로 가득한 기사가 연결되는 오류가 나타났다. 이 사례는 결국 인간 편집자가 개입되었을 때 정치적 견해에 대한 편향이 발생했다면, 알고리즘이 해당 업무를 대체했을 때엔 오보 기사가 연결되는 한계를 드러냈다는 평가를 받기도 하였다.

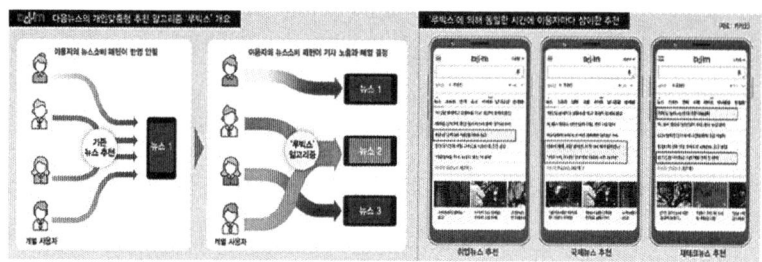

[그림 1] 다음 뉴스의 개인 맞춤형 추천 알고리즘 '루빅스' 개요

　한국의 경우에도 알고리즘에 의한 자동 배열을 하는 다음(Daum)과 달리 사람에 의한 편집을 주장하던 네이버(Naver)에서 뉴스 배열 조작 사건이 터진 이후에 알고리즘에 의한 배열을 중시하는 쪽으로 방향을 잡고 있다. 카카오는 2015년 6월부터 모바일 다음 뉴스에 자체 개발한 '루빅스(RUBICS=실시간 이용자 반응형 뉴스 추천 서비스의 영문 약자)'를 적용하고 있으며, 2017년 4월부터는 피시(PC) 버전에도 확대 적용했다. 카카오가 흔히 "다음 뉴스는 100% 자동 배열 된다"라고 말하는 근거다. 하지만 인간 편집자가 부분적으로 개입을 하기 때문에 100%라고 말하기는 어렵다. 다음 뉴스에는 제휴를 맺은 언론사로부터 매일 3만여 건의 기사가 쏟아져 들어오는데, 이 중 중복 기사 등 부적절한 기사를 먼저 편집자가 걸러 내 기사 풀(pool)을 만든 뒤 루빅스를 적용한다. 지진이나 탄핵처럼 누구나 알아야 할 중대한 상황이 발생했을 때도 편집자가 직접 기사를 배치한다. 루빅스의 가장 큰 특징은 이름처럼 개인 맞춤형이라는 것이다. 여기에는 이용자의 뉴스 소비 방식, 성별, 연령대 등이 참조되며, 기본이 되는 알고리즘은 '협력 필터링(CF)'이다. 어떤 이용자가 읽은 뉴스와 비슷한 기사를 읽은 사람들이 많이 본 기사를 추천하

는 방식이다. 예를 들어, 프로 야구 기사를 주로 읽는 이용자에게는 프로 야구 기사를 많이 읽는 다른 이용자들에게 인기 있는 기사가 추천된다. 여기에 '맞춤형 멀티암드밴딧' 알고리즘, 클릭 수 지표(CTR)-열독률 지수(DRI) 연계 등 다양한 알고리즘이 복합돼 루빅스를 구성한다. 로그인을 하지 않아도 브라우저 사용 기록(쿠키)에 따라 개인화가 이뤄진다. 카카오는 "루빅스를 적용한 뒤 총 클릭 수, 1인당 뉴스 소비량, 노출 뉴스 수가 모두 많이 늘어났다"라고 밝혔다.[9]

네이버 뉴스는 기본적으로 사람이 편집한다. 네이버는 뉴스 편집 팀의 구체적인 규모나 신상을 밝히고 있지 않지만, 대략 100여 명에 이르는 것으로 알려져 있다. 하지만 역시 100% 사람 편집은 아니다. 네이버에 역시 124개의 뉴스 제휴 업체로부터 하루 3만여 건의 기사가 들어온다. 이렇게 들어온 기사들을 클러스터링 알고리즘이 먼저 분류해 동일한 주제끼리 묶어 주면, 편집자가 이를 보고 메인 화면에 노출될 기사를 결정한다. 네이버가 2019년도 2월부터 모바일 뉴스 일부에 적용하고 있는 '에어스(AiRS=인공지능 추천 시스템의 영문 약자)'는 개인 맞춤형 추천 알고리즘이다. 에어스 역시 기본 알고리즘은 협력 필터링이다. 9월부터는 딥 러닝 기반의 인공 신경망 기술인 RNN(개인의 뉴스 소비 패턴을 학습해 맥락에 따라 뉴스를 추천하는 기술)을 추가로 접목해 적용 중이다. 네이버는 로그인을 한 이용자에 한해 에어스 서비스를 제공하고 있다. 네이버는 "에어스를 도입한 뒤 이용자의 뉴스 소비량이 30~40% 증가

---

9) http://www.hani.co.kr/arti/economy/it/820802.html 참조. (검색일: 2019. 8. 27.)

했고 소비되는 기사의 주제도 함께 늘어났다"라고 밝혔다.[10]

정보의 홍수 속에서 이제는 정보의 배열이 막강한 권력이 되고 있으며, 이에 대한 공정성 시비 문제로 인해 사람보다는 알고리즘에 의한 배열이 선호되는 경향이 나타나고 있다. 그렇지만 정말 알고리즘에 의한 뉴스 배열이 사람에 의한 뉴스 배열보다 공정한가는 숙고해 보아야 할 문제이다. 예를 들어 마치 인간에 의한 차량 운전이 공정하지 않을 수 있기 때문에 (인간이 정한 원칙에 따른) 자율 주행 차량의 운전이 공정할 수 있다고 보는 주장과 비슷한 문제를 가지고 있다. 가장 대표적인 문제가 바로 일라이 파리저(Eli Pariser)가 제시한 필터 버블(Filter Bubble) 현상이다. "인터넷 필터가 당신이 무슨 일을 했는지, 당신과 같은 사람이 무엇을 좋아하는지 살펴보고 추론한다. 이를 통해 각각에 대한 유일한 정보의 바다를 만든다. 우리가 온라인에서 정보와 아이디어를 맞닥뜨리는 방법 자체를 근본적으로 변화시키는 이런 현상을 필터 버블이라고 부르겠다."[11] 개인 맞춤형 서비스가 개인의 입맛에 맞는 뉴스와 정보만 보여 주는 현상을 통해 편리함을 추구할 수도 있겠지만, 결과적으로 자신만의 관심사나 이념, 정치 성향에 갇히게 될 위험도 매우 커진다. 영화나 음악 등에서는 이러한 현상이 큰 문제가 되지는 않겠지만, 정보의 다양성 보장이나 공익성의 경우에는 우려가 제기되고 있다.[12]

10) http://www.hani.co.kr/arti/economy/it/820802.html 참조. (검색일: 2019. 8. 27.)
11) https://www.ted.com/talks/eli_pariser_beware_online_filter_bubbles?language=ko 참조. (검색일: 2019. 8. 27.)
12) http://www.hani.co.kr/arti/PRINT/820804.html 참조. (검색일: 2019. 8. 27.)

그래서 알고리즘에 대한 사회적 감시와 비판의 필요성이 점점 커지고 있다.

III. 윤리 인증 기준으로서의 편향성 최소화

1. 유럽과 미국의 사례

지난 2016년 5월, 미국은 '빅 데이터: 알고리즘 시스템, 기회와 시민권(Big Data: A Report on Algorithmic Systems, Opportunity, and Civil Rights)'이라는 보고서에서 알고리즘이 4가지의 편향된 데이터를 반영할 가능성을 다음과 같이 제기하였다(이원태, 2016:6 참조). 여기서 데이터 편향을 초래하는 4가지 요인은 첫째, 데이터 자체를 잘못 채택한 경우, 둘째, 불완전하고 오래된 데이터, 셋째, 편향적인 데이터, 넷째, 역사적인 편향성이다. 특히 이번 2016년 보고서에서는 단순히 데이터 기반(data-driven)이라는 근거로 빅 데이터와 알고리즘 시스템이 객관적이라고 믿는 것은 위험하다고 경고하고 있다. 데이터를 기반으로 하는 알고리즘 시스템은 인간의 편향되고 부적절한 판단을 줄이는 데 어느 정도 기여할 수는 있겠지만, 기존의 차별과는 다른 새로운 유형의 차별을 만들어 낼 수 있음이 강조되고 있다.

유럽의 경우에도 기존의 개인 정보 보호 규범인 데이터 보호 지침(DPD: Data Protection Directive 95/46/EC)의 체제에서 데이터 프라이버시 보호를 강화하고 표준화하기 위해 유럽 일반 개인 정보 보호법

(General Data Protection Regulation: GDPR)이 2016년 4월에 채택되어 2018년 5월에 발효되었다. GDPR에서 정보 주체는 본인에 관한 개인 정보의 처리를 차단하거나 제한을 요구할 권리(처리 제한권: 신설)를 가지고, 본인의 개인 정보를 본인 또는 다른 사업자에게 전송토록 요구할 권리(정보 이동권: 신설)를 가지며, 본인에 관한 개인 정보 삭제를 요구할 권리(삭제권: 강화)와 본인에게 중대한 영향을 미치는 사안에 대해 프로파일링 등 자동화된 처리에 의한 결정을 반대할 권리(프로파일링 거부권: 강화)를 갖는다.[13] 굿맨과 플랙스맨(Bryce Goodman & Seth Flaxman)은 설명을 요구할 권리를 주장하면서 이것이 "알고리즘의 공정성 또는 차별성 이슈를 해결하는 데 정보 주체의 역할이 알고리즘 설계 과정에 투입되도록 강제하는 효과를 발휘한다고 본다(이원태, 2016:19)." 물론 "설명을 요구할 권리"를 포함한 알고리즘 규제는 ① 개방성(openness): 개인에게 영향을 미친 데이터나 알고리즘을 공개, ② 인증(authentification): 알고리즘이 민감한 용도에 유효하게 사용된다는 제3자의 인증, ③ 반증 가능성(counterevidence): 알고리즘 기반의 예측이 틀렸음을 증명할 수 있는 구체적 방법 등 3가지 기준을 충족해야 한다(이원태, 2016:26)."

2. 윤리 인증 프로그램의 3 기준: 책임성, 투명성, 최소 편향성[14]

현재 윤리 인증 프로그램에서는 책임성, 투명성, 그리고 알고리즘 편향성을 주요 기준으로 윤리 인증에 대한 논의가 이뤄지고 있다. 책임성

---

13) https://www.privacy.go.kr/gdpr 참조. (검색일: 2019. 9. 2.)
14) 이 부분에 대해서는 졸고(2019) 참조.

은 자율 지능 시스템의 제작과 사용에 대하여 책임(responsibility & accountability)을 정하고 발생 가능한 피해를 최소화할 필요에서 요청되며, 특히 개발 및 제작자는 시스템의 작동에 대한 프로그램 수준에서의 책임(programmatic-level accountability)을 질 수 있어야 하고, 설계 및 제작자, 소유자, 작동자 간의 책임을 디자인해야 할 필요가 있다. 여기서는 프로그램 수준의 책임은 프로그래머에게 귀속될 것이며, 이것은 최대 도덕의 긍정적, 적극적 형태라기보다는 최소 도덕의 부정적, 소극적 형태로 표현될 것이다.

자율 지능 시스템의 투명성은 시스템이 내리는 결정의 과정과 이유, 그리고 로봇의 경우 로봇이 수행한 행위를 결정하는 과정과 이유를 알 수 있어야 한다는 것이다. 투명성은 추적 가능성, 설명 가능성, 검증 가능성 내지 해석 가능성으로도 불린다. 그렇지만 여기서 투명성은 유리방으로서의 투명성이 아니라 블랙박스로서의 투명성을 의미해야 한다. 그렇지 않을 경우 기업의 경제적 이해관계가 얽혀 있으므로, 기업의 입장에서는 이러한 투명성을 받아들이기 어려울 것이기 때문이다. 그래서 우리나라 최초의 민간 기업의 인공지능 관련 윤리 헌장인 카카오 알고리즘 윤리 헌장은 알고리즘에 대한 설명의 의무를 "이용자와의 신뢰관계를 위해 기업 경쟁력을 훼손하지 않는 범위 내에서 알고리즘에 대해 성실하게 설명한다."[15]라고 규정하고 있다. 2017년 영국 Bath 대학에서 제시된 로봇 투명성(Robot Transparency) 개념이나, 윈필드(Allen

---

15) https://www.kakaocorp.com/kakao/ai/algorithm 참조. (검색일: 2019. 3. 28.).

WInfield)가 제시한 윤리적 블랙박스(ethical blackbox) 개념도 투명성과 관련되어 있는 개념이다.

자율 지능 시스템의 알고리즘 편향성은 인지, 정보 처리 과정, 결정, 심지어 외양에서도 나타날 수 있다. 실제로 "인공지능 시스템의 판단과 의사 결정이 과거의 업무 지원 소프트웨어와 달리 인간 사회의 가치를 반영하게 됨으로써, 알고리즘과 이를 학습시키는 데이터에 숨어 있는 윤리적 요소가 점점 사회적인 이슈가 되고 있다. 인공지능 시스템 학습에 사용하는 데이터에 사회의 편견과 차별이 담겨 있는 경우, 그 왜곡은 그대로 인공지능 시스템에 반영될 수 있다. 이런 문제를 해결하려면 알고리즘과 데이터에 대한 기술적 검증이 요구되고, 이를 확인할 수 있는 새로운 기술 체계의 개발이 필요하다(정보통신정책연구원, 2017:38)." 그렇지만 예를 들어 편향(bias) 내지 편견(prejudice)의 경우, 편향이나 편견을 가져서는 안 된다는 주장도 하나의 편향이나 편견일 수 있으므로 편향성이라는 개념은 자기 모순적인 성격을 가지고 있음을 알 수 있다. 그리고 정말 편향 내지 편견 제로 상태라는 것이 있을 수 있기는 한가라는 문제가 또 제기된다. 따라서 보다 정확히 표현하자면 윤리 인증의 차원에서는 편향 혹은 편견에 따른 '차별'[16] 내지는 '최소 편향성' 정도로 이해해야 한다. 그래서 알고리즘이 데이터를 처리하는 과정에서 편향성을 최소화하는 체크리스트가 제시되어야 한다. 카카오 알고리즘 윤리 헌장에서도 차별에 대한 경계, 사회 윤리에 근거한 학습 데이터의 운영,

---

16) 편향성과 차별에 대한 철학적인 논의는 허유선(2018). "인공지능에 의한 차별과 그 책임 논의를 위한 예비적 고찰". 한국여성철학, 29집. pp.165-209 참조.

알고리즘의 자의적 훼손 내지 왜곡 가능성의 차단을 강조하고 있다.[17]

현재 강조되고 있는 3가지 주제를 중심으로 한 윤리 인증 논의는 앞으로도 매우 다양하게 이뤄져야 할 것이다. 그럼에도 불구하고 여기서 보다 근본적으로 문제가 되는 것은, 위에서 언급된 투명성, 책임성, 그리고 알고리즘 편향성의 축소라는 이 세 가지 주제가 윤리 인증을 대표할 수 있는지의 여부이다. 이에 대해서는 추가적인 사회적, 윤리적 논의가 필요하다. 예를 들면 제어 가능성(controllability), 안전성(Safety), 보안성(Security), 프라이버시 보호 등이 중요한 고려 기준으로 제시될 수 있다. 그래서 이러한 기준 내지 준거 인증(criterion certification)과 자율성 인증(autonomie certification)으로 윤리 인증을 이원화할 것을 제안하고자 한다.

IV. 나오는 말

미국이나 유럽 등지에서 제기되고 있는 빅 데이터와 인공지능의 편향성에 대한 문제 및 이에 대한 대비책을 보면, 윤리 인증에서 강조되고 있는 투명성, 책임성, 편향성의 최소화라는 기준의 필요성은 앞으로도 계속 증대될 것으로 가늠된다. 투명과 책임성의 강조와는 성격이 다른 것이 바로 최소 편향성의 원칙일 것이다. 최소 편향성의 원칙

---

17) "알고리즘 결과에서 의도적인 사회적 차별이 일어나지 않도록 경계한다. 알고리즘에 입력되는 학습 데이터를 사회 윤리에 근거하여 수집, 분석, 활용한다. 알고리즘이 누군가에 의해 자의적으로 훼손되거나 영향받는 일이 없도록 엄정하게 관리한다." https://www.kakaocorp.com/kakao/ai/algorithm 참조. (검색일: 2019. 3. 28)

은 투명성과 책임성에 포함되어 논의될 수도 있고, 그렇지 않을 경우, 적극적인 권장의 성격을 가진 투명성과 책임성과는 달리 소극적인 억제의 성격을 가진 최소 편향성의 원칙은, 기술적인 수준에서의 원칙에서 벗어나 윤리적인 수준으로 확장될 수 있어야 윤리 인증의 중요한 기준으로서의 역할을 할 수 있을 것이다. 이러한 편향성을 알고리즘 자료 입력의 편향성과 알고리즘 설계의 편향성으로 구분하는 것도 의미가 있겠지만, 자료 입력도 결국 알고리즘의 설계에 포함될 수 있으므로 넓은 의미에서 알고리즘 설계에서의 편향성 최소화로 정리될 것이고, 데이터 윤리에서 데이터 자체의 편향성과 데이터 처리 과정에서의 편향성이 구분된다면, 알고리즘 설계에서의 편향성 최소화는 데이터 처리 과정에서의 편향성 최소화와 연관된다.

데이터 윤리에서 편향성 최소화를 위해 강조되어야 할 알고리즘적 책임은 미국의 컴퓨터 학회(ACM) 미국 공공 정책 이사회(U.S. Public Policy Council)와 ACM 유럽 정책 위원회(Europe Policy Committee)가 낸 성명서의 핵심에 잘 나타나 있다. "ACM 성명서에 담긴 알고리즘적 책임도 AI 시스템 구현 시점의 7대 원칙으로 구성된다. 첫째는 알고리즘이 사용되고 있음을 충분히 알리고 가능하면 그 사용법도 공지하는 '인지 가능성(Awareness)'이다. 둘째는 알고리즘에 대한 조사가 원칙적으로 가능해야 하고 오류 및 잘못된 의사 결정에 대한 수정 지침을 사전에 제공하는 '접근 및 교정(Access and Redress)'이다. 셋째는 알고리즘 구현과 운영 담당 주체를 명확히 하고 책무(responsibility)를 부여하는 '책임성(Accountability)'이다. 넷째는 인간이 이해할 수 있는 수준으로 작동 원리를 설명할 수 있어야 한다는 '설명(Explanation)'이다. 다섯째는 알고리즘의 올바른 작동을 위한 충분한 데이터를 확보하고 출처 기록과 무결성을 제공하는 '데이터 출처(Data Provenance)'다. 여섯째는 로그와 작동 기록을 남겨 감사와 분쟁 해결을 가능케 하는 '감사 가능성(Auditability)'이다. 일곱째는 알고리즘 성능 평가 방식을 제공하고 적절한 방식으로 검사가 가능케 하는 '검증 및 시험(Validation and Testing)'이다."[18]

공정하고 객관적인 방법으로 데이터 수집이 이뤄진다고 하더라도, 모집단 자체가 편향적이라면, 그로부터 수집된 데이터도 편향적일 것이다. 만약 모집단의 편향성을 수정하는 방식으로 데이터 수집이 이뤄진다면 데이터는 비편향적이겠지만, 모집단의 상태를 객관적으로 나타내 주지 못한다는 문제가 제기된다. 이 경우는 모집단 편향성, 데이터 수집의 역편향성, 데이터의 비편향성, 데이터의 비객관성이 발생하게 된다. 그렇지만 데이터 수집에서의 처치가 이뤄지지 않는다면, 모집단 편향성, 데이터 수집의 객관성, 수집된 데이터의 편향성, 데이터의 객관성은 유지가 되겠지만 공정하지 못한 경우라 하겠다. 다시 말해 모집단 편향성, 수집된 데이터 편향성은 이런 맥락에서 본다면 데이터 객관성과 공존할 수 있겠지만, 데이터 수집의 객관성은 모집단의 편향성 여부에 따라 긍정적일 수도, 부정적일 수 있다. 여기서 객관성이란 데이터와 모집단 간의 일치 여부에 따라 결정되기 때문이다. 그렇지만 이러한 데이

---

18) https://www.zdnet.co.kr/view/?no=20181128140651 참조. (검색일: 2019. 9. 3.)

터는 공정하지 못하다. 다시 말해 모집단 편향성, 데이터 편향성, 데이터 객관성, 데이터 공정성의 의미가 분명하게 규정되어야 할 것이다.

참고 문헌

고학수 외(2018). 『2018 Naver Privacy White Paper』. 서울: Naver Corp.

곽영운(2019). 「편견에 대한 아도르노의 비판적 성찰」. 『현대유럽철학연구』, 52. pp.88-103.

변순용(2019). 「AI로봇의 도덕성 유형에 근거한 윤리인증프로그램 연구」. 『윤리연구』. pp.73~90.

송선영 외(2016). 「정보화시대의 빅 데이터 활용에 대한 윤리적 논쟁과 전망」. 『윤리연구』, 108호. pp.227-248.

양종모(2017). 「인공지능 알고리즘의 편향성, 불투명성이 법적 의사결정에 미치는 영향 및 규율 방안」. 『법조』, Vol. 723. pp.60-105.

이원태(2016). 『EU의 알고리즘 규제 이슈와 정책적 시사점』. 서울: 정보통신정책연구원.

이희용(2019). 「편견에 대한 해석학적 통찰」. 『현대유럽철학연구』. 52. pp.161-195.

정보통신정책연구원(2017). 『ICT 기반 사회현안 해결방안 연구』. 정보통신정책연구원.

허유선(2018). 「인공지능에 의한 차별과 그 책임 논의를 위한 예비적 고찰」. 『한국여성철학』, 제 29권. pp.165-209.

Gadamer, H. -G.(1999). Wahrheit und Methode, in: H. -G. Gadamer, Gesammelte Werke, Band 1, Tuebingen: Mohr Sebeck.

Goodman, Bryce & Flaxman, Seth(2016). "European Union regulations on algorithmic decision-making and a 'right to explanation'". 2016 ICML Workshop on Human Interpretability in Machine Learning.

Horkheimer, Max(1963). Ueber Das Vorurteil. Springer Fachmedien Wiesbaden GMBH. Duesseldorf.

제5장
데이터 윤리의 의미와 원칙

I. 데이터 윤리의 필요성

인공지능 기술이 본격적으로 우리의 삶에 도입되면서 많은 새로운 윤리 문제들이 발생하고 있다. 이에 따라 최근에는 인공지능 알고리즘의 개발 과정에서 필요한 학습 데이터의 의미와 중요성에 대한 인식이 생겨나고 있다. 앞으로는 기계 학습의 딥 러닝 과정에서 인공지능이 어떤 데이터로 학습했는지가 인공지능 평가에 있어 중요한 기준이 될 것으로 보인다. 왜냐하면 데이터 자체가 편향적이거나 데이터 처리 과정에서 윤리적인 기준을 지키지 못했을 경우에 대한 데이터 책임의 문제가 실제로 일어나고 있기 때문이다.

"취미나 쇼핑과 관련된 일상적인 정보들 외에도 우리의 삶에 중요한 데이터를 모아 놓은 빅 데이터는 이를 사용하는 개인이나 사회에게 큰 편리함을 주기도 하지만, 빅 데이터의 수집과 처리 과정에서 윤리적이지 않은 요소들이 개입되어 영향을 미친다면, 빅 데이터의 수집과 활용에 대한 윤리적인 판단의 필요성이 제기될 수밖에 없다(변순용, 2020,

143).." 그래서 데이터 기반 정보화 시대에서는 개인 정보 보호와 침해, 그리고 데이터의 공적 활용을 윤리적으로 검토해야 하며(송선영 외, 2016, p.228 참조), 특히 인공지능의 기술적 활용 증폭에 대비할 수 있는 대응적 기술 윤리로서의 데이터 윤리가 필요하다.

이처럼 데이터 윤리의 강조점이 빅 데이터에서 인공지능 학습용 데이터의 중요성으로 이동하고 있으며, 앞으로 우리가 이용하게 될 인공지능이 어떤 학습 데이터를 가지고 학습했는지에 대한 인증과 검증이 인공지능의 사회적 수용성의 중요한 기준으로 작용할 것으로 예측된다. 이에 본 연구는 인공지능 시대에 요구되는 데이터 윤리에 대한 심층적인 연구를 수행하고자 다음과 같은 주제를 다루고자 한다. 첫째, 인공지능 시대에서 데이터 윤리 가이드라인이 필요한 이유를 살펴본다. 둘째, 데이터 윤리에 대한 논의에서 데이터 윤리가 어떻게 정의되고 있는지를 탐색한다. 셋째, 데이터 윤리 원칙이 마련되고 있는 사례들을 파악한다. 넷째, 관련된 사례들로부터 데이터 윤리의 이론적 프레임워크를 구성한다. 이를 바탕으로 궁극적으로는 데이터 윤리의 의미와 원칙들을 제시하고자 한다.

II. 데이터 윤리 가이드라인의 필요성

데이터 중심 사회가 형성되면서 데이터에 대한 윤리적 요구 사항은 영역을 넘나들며 표출되고 있다. 공적 영역에서는 사용되는 데이터가 성별이나 지역, 정치적 편향성을 가지고 있는지에 대하여 윤리적 검증을 요구하는 목소리가 나오고 있다. 그리고 사적 영역에서도 마찬가지로 개인의 정보와 관련된 데이터의 수집과 활용에 대한 윤리적 기준 마련이 시급하다는 주장이 제기되고 있다.

기본적으로 데이터 윤리는 데이터의 책임 있고 지속 가능한 사용을 목적으로 한다. 이러한 목적을 달성하기 위해서 데이터 윤리 가이드라인이 전제 조건이 되어야 한다. 이때 데이터의 수집 및 처리 과정에서부터 결과에 대한 활용 전반에 걸쳐서 지켜져야 할 윤리 원칙들을 수립하고, 이에 근거하여 데이터 윤리 가이드라인에 대한 사회적 합의를 도출해야 한다. 앞으로는 개인의 프라이버시 보호와 공적 데이터의 수집과 활용 사이의 갈등, 데이터 주권과 오픈 데이터의 갈등 등에 이에 대한 윤리적 판단과 기준에 대한 요청이 더해져 더 큰 갈등이 발생할 것이다.

최근에 인공지능 학습용 데이터의 비윤리적 성격으로 인하여 데이터의 윤리적 정제(the ethical cleaning of data)의 필요성, 데이터 수집에서의 윤리적 절차 수립의 필요성이 강조되고 있는 실정이다. 데이터 정제(data cleaning)는 기본적으로 잘못된 데이터의 감지, 진단 및 수정 과정(process of detecting, diagnosing, and editing faulty data)을 의미한다. 그리고 윤리적 정제는 데이터의 내용적 차원에서 혐오나 증오 표현, 차별 등의 비윤리적 요소의 제거 과정이라고 할 수 있다. 이를 위해서는 데이터 등급제가 전제되어야 하겠지만, 데이터 윤리의 차원에서는 투명성, 책임성, 공정성이 매우 중요한 가치로 강조될 수 있다. 따라서 이와 같은 윤리적 가치를 포괄할 수 있는 데이터 윤리 가이드라인이 새롭게 마련되어야 한다.

한국지능정보사회진흥원의 인공지능 학습용 데이터 품질관리 가이드라인에서도 데이터의 윤리적 검증의 필요성이 강조되고 있다. 정부가 200억 원의 예산을 들여 "모두의 말뭉치 사업"으로 만들어 낸 국립국어원 AI 학습 데이터에도 혐오 차별 발언 등 다수의 문제 있는 표현이 들어간 것으로 보도가 되었으며, 이 데이터에서 비속어나 반사회적 표현 등을 걸러 낼 수 있는 윤리적 기준의 필요성이 제기되고 있다(김남영, 2021. 1. 15.). 또한 한국지능정보사회진흥원은 2021년도 인공지능 학습용 데이터 구축 사업을 추진하여 텍스트 윤리 검증 데이터의 구축을 시도하였다. 이 사업의 골자는 알고리즘에 최대 도덕의 수준에서의 윤리를 학습시키는 대신 반대로 걸러 내져야 할 최소한도의 비윤리적 표현 기준을 학습시킴으로써, 알고리즘이 비윤리적인 부분을 스스로 걸러 낼 수 있도록 하는 데 있다. 즉, 이는 데이터에서 비윤리적 발화 데이터를 찾아내도록 하여 이를 통해 비윤리 검증을 수행하는 역설적인 시도라는 점에서 의미가 있다.

이렇듯 윤리적 기준의 필요성에 따라 데이터 윤리 가이드라인을 구성하려면, 연구자나 개발자 혹은 관리자나 사용자 모두에게 데이터의 전 과정에 걸쳐서 숙고되고 검증되어야 할 가장 일반적인 윤리적 기준과 의미를 가진 상위 원칙들로부터의 연역적 분석이 필요하다. 또한 여기에는 사례 분석으로부터 요청되는 윤리 원칙이나 기준 간의 중첩 내지 갈등의 해결을 위한 메타 원칙 역시 포함되어야 할 것이다.

III. 데이터 윤리의 문제 사례와 정의

1. 데이터 윤리의 문제 사례

기존의 빅 데이터 시장에서도 다양한 유형의 윤리적 이슈들이 있었지만, 최근에는 인공지능과 결합하여 나타나는 새로운 양상의 데이터 윤리 문제 사례들이 발생하기 시작했다. 인공지능 시대에 요청되는 데이터 윤리의 새로운 정의를 모색하기 위해서는 시대적 상황을 먼저 살펴보아야 한다.

2021년 초에 등장한 인공지능 챗봇 이루다는 출시 2주 만에 80만 명의 이용자를 모았지만, 성 소수자와 장애인 등 사회적 약자에 대한 혐오 발언으로 AI 윤리 논란의 중심에 섰으며, 개인 정보 보호 위반 논란까지 겹치자 결국 출시한 지 한 달도 되지 않아 서비스를 종료했다. 이 사건에서 문제가 된 것은 데이터 수집 과정에서의 데이터 제공자 동의 문제와 데이터 활용 과정에서의 연구자의 비윤리적 개입이었다. 그러나 이러한 실질적인 문제에도 불구하고, 인공지능 챗봇은 여타의 인공지능 기술보다 이미 인간 사회에 밀접하게 들어와 있는 상태이다. 또한 이루다 사태의 경우 텍스트형 인공지능 챗봇을 대상으로 했지만, 삼성의 빅스비나 애플의 시리 같은 음성형 인공지능 챗봇까지 더해지면 데이터의 윤리적 쟁점은 심화된다. 사람들은 연령과 무관하게 인공지능 비서를 이용하고 있는데, 인공지능 비서는 전원이 차단되기 전까지는 쉼 없이 인간의 언어를 데이터로 받아들이고 있다. 이는 사생활 침해 등의 데이터 권리와 관련된 심각한 윤리 문제를 야기할 수도 있다.

세계 최대 전자 상거래 업체인 아마존은 지난 2014년부터 AI를 활용한 채용 프로그램을 비밀리에 개발해 오다, 5년 만인 2018년 자체 폐기했다. 이력서에 '여성'이라는 단어가 들어가 있으면 AI가 채용 대상에서 배제한 게 뒤늦게 드러났기 때문이다. AI가 남성 우위인 IT 업계의 '민낯'을 그대로 학습한 탓이다. 실제로 채용 전반을 결정하지는 않더라도 AI 면접을 일부 활용하고 있는 기업들이 늘어나고 있으며, 이에 따라 부실한 학습 데이터 자체의 비견고성이나 데이터 윤리 검증의 불확실성에 대한 우려 또한 높아지고 있다. 이는 기업이 데이터 책임 내지 의무의 문제를 가지고 있다는 것을 의미한다.

데이터 책임은 다음의 사례에서도 유사하게 관측된다. 2015년 아프리카계 미국인 재키 앨신이 자신의 흑인 여성 친구 사진을 찍어 구글 포토에 올리자 '고릴라'라는 태그가 붙었다. AI가 흑인을 고릴라로 학습해 분류한 것이다. 이는 인공지능이 데이터를 어떻게 학습했는가 또는 학습하고 있는가에 대하여 지속적인 윤리적 검증에 관한 책임을 다하지 못한 결과라고 볼 수 있다. 결국 데이터 윤리에서는 데이터가 수집되어 활용되고 여러 이유로 수명을 다하여 폐기되기까지의 연속성이 깊게 고려되어야만 한다.

2012년에는 페이스북과 코넬대학교의 연구 팀이 "남들의 행복한 소식이 뉴스 피드에 나타날수록 우리는 불행해진다"라는 일반적인 믿음이 사실인지 확인하기 위해 뉴스 피드 알고리즘 조작 실험을 시행했으며, 뒤늦게 이 사실이 알려지면서 논란의 중심에 섰다. 페이스북 데이터 과학 연구 팀이 페이스북 뉴스 피드의 알고리즘을 조작하여 일주일간 페이스북 사용자 68만 9003명의 뉴스 피드에서 특정 감정과 관련된 단어를 삭제했고, 이것이 사용자들의 감정에 미치는 영향을 연구했다는 것이다. 연구 결과, 부정적 감정과 관련된 단어를 삭제할수록 뉴스 피드에 '긍정적 기분'과 관련된 단어의 비중이 높아지는 것으로 나타났다. 즉, 뉴스 피드가 행복할수록 사용자는 불행함을 느낄 것이라는 일반적 통념과는 반대로 뉴스 피드가 긍정적이면 우리의 감정도 긍정적으로, 뉴스 피드가 부정적이면 우리의 감정도 부정적으로 변할 수 있다는 것이다. 2014년 미국 국립과학원회보(PNAS) 3월호에 이 논문이 발표된 후 연구 팀은 사과문을 게재하였고, 비록 가입 약관에 있는 동의에도 불구하고 심각한 사회 문제를 야기하였다. 페이스북은 이후에도 일명 '페이스북-케임브리지 애널리티카 정보 유출 사건'을 통해 데이터와 정치 및 경제의 결탁이 얼마나 영향력이 있는가를 역설적으로 환기시켰다. 인공지능의 자원으로서의 데이터의 지위는 인공지능의 기술 사회적 권위와 비례적 관계에 놓여 있으므로, 인공지능 기반 사회에 돌입한 지금 데이터 윤리를 강화할 수밖에 없는 상황이다.

2. 데이터 윤리의 정의

데이터 개념 자체는 이미 디지털 사회가 구축되고부터 지금까지 지속적으로 변해왔다. 이에 데이터에 관한 윤리적 쟁점들이 대두되면서 데이터 윤리에 관한 개념 또한 데이터의 변화된 개념과 함께 형성되어 왔다. 다만 인공지능 시대에 들어서고는 인공지능 기술의 특수성으로 인하여 인공지능의 학습을 위해 사용되는 데이터와 관련된 윤리 문제가 새로이 발생되고 있다. 따라서 먼저 데이터 윤리 일반에 대한 개념을 정립해 보고, 이를 기반으로 인공지능용 학습 데이터 윤리에 대하여 논의하고자 한다.

데이터 윤리에 대한 프레임워크, 모델, 사고 리더십 및 사례 연구 등의 3억 1,500만 개의 '데이터 윤리 정의' 검색 결과가 있음에도 아직 데이터 윤리에 대하여 전적으로 합의된 논의는 없는 상태로 보인다(BAE Systems, 2021 참조). 우선 다양한 자료에서 데이터 윤리의 개념을 정의하는 데 주로 인용되는 것은 플로리디와 타데오(L. Floridi & M. Taddeo, 2016)의 논의이다. 그들은 데이터 윤리를 도덕적으로 선한 해결책을 공식화하고 지원하기 위하여 데이터, 알고리즘 및 유사 관행과 연관된 데이터의 도덕적 문제를 연구하고 평가하는 윤리의 한 분야라고 보고 있다. 즉, 데이터는 사용 목적 자체에서 먼저 윤리성으로 출발하여야 하며, 데이터 전 과정에서 도덕적 문제가 관리되어야만 한다.

또한 노박과 파블리첵(R. Novák & A. Pavlícek)은 빅 데이터 윤리의 특수성으로 나아가기 위해 먼저 일반적인 데이터 윤리에 대해 다음과 같이 다룬다(R. Novák et al, 2020). 여기서 그는 관련된 응용 윤리들로서 디지털 윤리(digital ethics), 사이버 윤리(cyber ethics), 컴퓨터 윤리(computer ethics), 정보 윤리(information ethics) 등을 데이터 윤리와 함께 제시한다. 이때 디지털 윤리, 사이버 윤리 등과 데이터 윤리의 차이로 데이터 윤리가 철학적인 접근 방식으로 논의되고 있음을 예로 들었다. 유럽 최대의 방산 업체인 BAE Systems도 유사하게 데이터 윤리가 어떠한 가치를 추구하는가와 관련지어져야 한다고 논했다(BAE Systems, 2021). 또한 그들은 데이터 윤리를 '데이터로 무엇을 할 수 있는가(what you could do with data)'의 선택 사항이 아닌 '데이터로 무엇을 해야 하는가(what you should do with data)의 의무 사항으로 전환해야 한다고 제안했다. 즉, 데이터 윤리는 단순히 행위 규범을 제시하고자 하는 것을 넘어 데이터 활용의 전부터 후까지를 모두 아우르는 철학적 기반을 다지는 것과 연관된다고 볼 수 있다.

한편 데이터 윤리는 주체에 따라 정의가 달라질 수 있다. 데이터의 윤리적 문제로 인해 이미지에 타격을 입을 수 있는 기업의 입장에서는, 데이터 윤리를 '기업 내 데이터 자체 또는 데이터 관리자에 대한 신뢰성을 향상시키는 수단'으로 정의한다. 그러나 기업을 포함한 사회 일반으로 주체를 확장한다면, 데이터는 인권을 보장하고 프라이버시를 보호하는 등 사회의 공공선을 증진시키는 방안이 될 수 있다. 덴마크 수출 보증 재단(EFK)은 자체 데이터 윤리 정책에서 데이터 윤리를 다음과 같이 정의한다(EFK, 2021).

> 데이터 윤리는 기술 발전으로 인해 고려해야 할 시민과 기업의 권리, 법적 확실성, 근본적인 사회적 가치들과 기술 간의 관계에 대한 윤리적 차원을 포괄하는 것으로 이해됩니다. 이 용어는 기업 데이터를 포함한 데이터 사용과 관련된 윤리적 문제를 포함합니다.

즉, 데이터 윤리는 시민과 기업의 권리를 넘어서는 사회적 가치를 담을 수 있는 기술의 윤리적 차원을 다룰 수 있어야 한다. 또한 트랜스버그 외는 데이터 윤리의 개념을 '데이터를 책임감을 갖고 지속 가능하게 사용하는 것'으로 제시하며, 궁극적으로 사람과 사회에 대한 선한 일을 하는 것이라 보았다(P. Transberg et al., 2018). 결론적으로 데이터 윤리의 정의는 사회를 이롭게 할 수 있도록 내려져야 할 것이다.

이 연구에서 데이터 윤리의 핵심 개념으로 데이터 권리와 데이터 책임을 제안하고, 데이터 윤리의 내용의 구조화를 데이터 권리와 데이터 책임을 중심으로 시도하고자 한다. 데이터 윤리는 데이터에 대한 각 주체의 권리를 보호하기 위하여 데이터의 전 과정에 대한 책임을 성실히 이행하는 것으로 요약된다. 덴마크 데이터 윤리에 관한 전문가 그룹(the Danish Expert Group on Data Ethics)은 데이터 윤리를 "개인이나 집단의 정당한 이익(the legitimate interests of an individual or group)" 곧, 권리에 반하여 사용되지 않도록 해야 한다고 했다(S. Rasmussen, 2018). 이는 데이터의 윤리적 문제가 데이터 권리를 침해하는 형태로 나타난다는 것을 의미한다. 또한 그들은 그러한 권리에 반하는 데이터의 윤리적 문제들을 해결하기 위해 적극적으로 노력 즉, 책임을 다해야 한다고도 설명했다. 그리고 여기서의 책임은 일반 데이터 보호 규정(GDPR, General Data Protection Regulation)과 같이 명시된 법률을 넘어서는 것이다. 바꿔 말하면 데이터 책임은 단지 규범을 준수하는 것 이상의 것으로 과정에 대한 책임과 결과에 대한 책임을 모두 의미하는 것으로 파악되어야 한다.

데이터 권리와 데이터 책임에 대한 논의는 최근 국제적으로 강조되고 있는 공공 및 민간 분야의 데이터를 어떻게 긴밀히 활용해야 하는가의 방향성과 밀접하게 맞닿아 있다. 근래 들어 데이터 활용은 데이터를 물샐틈없이 묶어 두기보다 안전하게 공유하여 기술을 발전시키거나, 사회의 공공선을 증진시키는 데 적극적으로 이용하는 것에 초점화을 두고 있다. 이러한 흐름을 반영하고 있는 개념들이 있는데, 빅 데이터 분석 툴 제작사인 펜타호(Pentaho)의 CTO였던 제임스 딕슨(James Dixon)이 처음 제안하였던 '데이터 레이크(Data Lake)'나 한국 문재인 정부의 데이터 댐이 그 예이다. 데이터 레이크는 가공되지 않은 날것 그대로의 데이터를 정형 데이터와 비정형 데이터 상관없이 자연적으로 통합되도록 하는 저장소로, 문재인 정부가 고안한 인공적으로 데이터 셋을 구축하는 사업인 데이터 댐과는 일부 차이가 있다. 그러나 데이터 레이크와 데이터 댐의 공통점은 축적된 무수한 공공 데이터를 정부 주도하에 민간에 공급할 수 있다는 것이다.

또한 데이터의 개방성과 관련된 내용은 유네스코(UNESCO)의 "인공지능 윤리 권고"에도 명시되어 있다(UNESCO, 2022). 이 권고의 정책 활동 영역 중 '데이터 정책(Data Policy)'에는 데이터에 관한 구체적인 안내가 되어 있다. 여기서 유네스코는 정확히 개방형 데이터를 장려할 것을 제안하고 있으며, 이때 개방형 데이터는 데이터 거버넌스 전략 및 메커니즘 속에서 통합적으로 관리되도록 제시하고 있다. 그러면서 데이터 권리와 관련하여 사생활 및 개인 정보에 대한 권리, 데이터 주체의 개인 데이터 보유·접근·삭제·제어 권리, 데이터 활용에 관한 동의권 등을 언급하고 있다. 또한 데이터가 개방성을 가진다는 것은 데이터 권리를 보호해야 할 책임이 함께 요구되기에 그에 걸맞은 데이터 책임도 강조하고 있다. 데이터 수집 및 선택 프로세스의 적절성, 적절한 데이터 보안 및 보호 조치, 문제 상황으로부터의 피드백 메커니즘을 통한 데이터 품질의 지속적인 평가 보장, 개인 정보 보호 영향 평가와 같은 윤리적 영향 평가, 데이터 책임을 위한 정책 및 프레임워크 수립 등이 강조된 데이터 책임의 구체적인 예이다.

선행된 연구와 여러 조직의 데이터 윤리에 관한 문헌을 분석한 결과 데이터 윤리는 최종적으로 다음과 같이 개념을 정립해 볼 수 있다. 데이터 윤리란 '개발자, 관리자, 사용자가 데이터를 사회의 공공선을 위해 활용할 때 데이터의 각 주체의 권리를 보호하고자 데이터 수집부터 폐

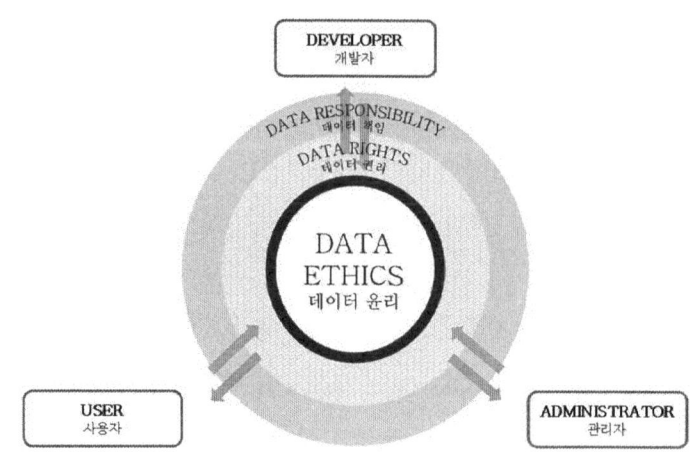

[그림 1] 데이터 윤리의 개념

기까지의 전 과정에서 책임을 다하고 윤리적 문제가 발생했을 때 그 결과에 대하여 또한 책임을 다하려는 응용 윤리의 한 분야'이다. 이에 따라 [그림 1]은 데이터 윤리 개념을 핵심 요소인 데이터 권리와 데이터 책임 및 데이터 주체인 개발자, 관리자, 사용자에 따라 나타낸 것이다.

IV. 데이터 윤리의 원칙

독일의 울름(Ulm)시는 도시의 디지털화를 대비하며 스마트 시티 전략을 세우고 4가지 주요 미래 과제를 제시하고 있다. 과제의 한 가지가 '데이터 처리(dealing with data)'이며 시의회는 2020년 10월 8일에 이와 관련하여 도시 행정에서 연결되는 다양한 도시 데이터를 처리하기 위한 원칙 수준의 '데이터 윤리 개념(Data Ethics Concept for the City of Ulm)'을 채택하였다(Stadt Ulm, 2020). 개념이라는 타이틀로 발표되었지만 내용들은 지침과 원칙의 차원에서 살펴볼 수 있으며, 특징지을 수 있는 점은 다음과 같다. 첫째는 '프라이버시 보호(securing privacy)'로 EU의 개인 정보 보호 법령 'GDPR(General Data Protection Regulation)'의 의미 내에서 시민의 개인 정보를 보호할 것을 요청하고 있다. 둘째는 '공공 데이터 또는 개방 데이터(opening data)'로 "기술 주권의 필수 요소(necessary element of technological sovereignty)"인 공공 데이터의 투명성 창출이 결과적으로 공공성을 보장할 것이라는 인식이 드러난다. 셋째는 '민주적 통제 확보(securing democratic control)'로 디지털 민주주의 측면에서 데이터 처리에 대한 시의회 및 위원회의 조언과 결정의 필요성을 강조하고 있다. 넷째는 '데이터, 알고리즘 및 자동화 시스템의 투명한 사용(Trasparent usage of data, algorithms and automated systems)'으로 자동화된 행정적인 의사 결정 기준을 공개하는 등 데이터 투명성을 논하고 있다. 이외에도 안정성, 지속 가능성, 책임성 등에 대한 개념이자 지침들이 제시되고 있다. 다만 데이터 전반에 대한 윤리보다는 스마트 도시 구현을 위한 도시 행정 데이터를 위주로 다루는 윤리 사항이라는 한계가 있었다.

또한 사피스 외(V. Xafis et al., 2019)는 건강과 연구 분야의 빅 데이터로 인해 제기되는 윤리적 문제를 다룰 수 있는 프레임워크를 제안하고 있다. 이들은 여기서 16가지 윤리적 가치를 크게 의사 결정의 결과로부터 고려될 수 있는 '실질적인 가치(substantiative values)'와 의사 결정 과정으로부터 고려될 수 있는 '절차적인 가치(procedural values)'로 구분하였다. 실질적인 가치로는 '피해 최소화(harm minimisation)', '진실성(integrity)', '정의(justice)', '자유/자율(liberty/autonomy)', '프라이버시(privacy)', '비례(proportionality)', '공익(public benefit)', '연대(solidarity)', '책무(stewardship)'의 9가지 핵심 가치가, 절차적인 가치로는 '책임성(accountability)', '일관성(consistency)', '참여(engagement)', '합리성(reasonableness)', '성찰(reflexivity)', '투명성(transparency)', '신뢰(trustworthiness)'의 7가지 핵심 가치가 포함되어 있다. 비록 건강과 연구 분야에 한정되어 있기는 하지만 제시되어 있는 데이터 윤리의 핵심 가치들은 데이터 윤리 원칙들을 정교하게 만들어 주는 역할을 할 수 있다.

독일 연방 정부에서 설립한 데이터 윤리 위원회(datenethikkommission)는 2019년 데이터 윤리에 관한 의견을 발표했다(Data Ethics commission, 2019). 본 의견서에는 가장 기본적인 윤리적이고 법적인 원칙이 '인간 존엄성', '자기 결정', '프라이버시', '안전', '민주주의', '정의와 연대', '지속 가능성'으로 거론되었다. 이러한 기저 위에 두 가지 주제의 지침을 마련하였는데, 논의 초기에는 '알고리즘 기반 의사 결정, 인공지능, 데이터'의 세 주제로 시작하였으나 인공지능을 알고리즘의 변형이라 판단하며 '데이터'와 '알고리즘'의 2가지 주제를 골조로 갖추게 되었다.

'데이터'와 연관된 위원회의 권장 사항은 개인 데이터와 비개인 데이터 간의 차이를 중심으로 하여 다음의 일반 표준을 따라 만들어졌다. 첫째, '예견되는 책임'으로 데이터 처리 과정의 잠재적 영향력을 고려해야 된다. 둘째, '당사자 권리 존중'은 데이터 생성에 일부라도 관여한 이의 권리를 존중해야 한다. 셋째, '공익을 위한 데이터 사용 및 공유'로 공공의 이익을 증진할 수 있어야 한다. 넷째, '목적에 맞는 데이터 품질'로 단순한 적합성을 넘어서는 높은 수준의 품질로 보장해야 한다. 다섯째, '위험 적정 수준의 정보 보안'은 내재된 위험 가능성을 해소해야 한다. 여섯째, '이해(interest) 중심의 투명성'은 책임을 다할 수 있도록 데이터 관련 활동에 대한 설명이 가능해야 한다.

마찬가지로 '알고리즘'은 다음의 일반 표준을 따라 만들어졌다. 첫째, '인간 중심 설계'로 인간성(humanity)을 알고리즘의 설계 과정에서 확보하도록 한다. 둘째, '핵심 사회적 가치와의 호환성'으로 사회적 가치와 영향에 대한 고민이 필요하다. 셋째, '지속 가능성'으로 넷째, '품질 및 성능'으로 알고리즘의 정확하고 안전한 작동을 의미한다. 다섯째, '견고성 및 보안'으로 외부 위협에 대한 보호와 시스템이 만들어 낼 부정적인 영향에 대한 보호를 포함한다. 여섯째, '편견과 차별의 최소화'으로 알고리즘 패턴에 의한 편향과 차별을 주의해야 한다. 일곱째, '투명하고, 설명 가능하며, 이해 가능한 시스템'으로 사용자와 더불어 영향 당사자가 권리를 행사할 수 있도록 작동 원리 등의 충분한 정보를 제공받을 수 있어야 한다. 여덟째, '명확한 책임 구조'로 시스템 작동과 관련된 모든 책임이 정확하게 구분되어야 한다.

영국에 기반을 두고 협력하여 신뢰할 수 있는 개방형 데이터 생태계를 구축하는 비영리 단체 ODI(Open Data Institute)는 윤리적인 데이터 관행을 만들 수 있도록 '데이터 윤리 캔버스(Data Ethics Canvas, DEC)'와 '데이터 윤리 성숙도 모델(Data Ethics Maturity Model, DEMM)'을 제안하였다. 먼저 DEC는 "데이터를 수집, 공유 또는 사용하는 모든 사람들을 위한" 일종의 윤리 판단 도구로 개발되었다(ODI, 2023). 따라서 데이터를 사용하는 프로젝트들의 윤리적 상황을 판단하여 관리하도록 보조하는 역할을 수행하기 위하여 총 12가지의 목록을 제공하고 있다. 목록을 세부 구조로 분석해 보면 다음과 같다. 첫째 영역은 데이터 소스의 권리와 관련된 것으로, '데이터 소스', '데이터 소스에 대한 권리', '데이터 소스에 대한 한계', '윤리적이고 입법적인 맥락'이 속한다. 둘째 영역은 데이터 사용의 목적과 영향에 관한 것으로 '데이터 사용 이유', '사람에 대한 긍정 효과', '사람에 대한 부정 효과', '부정 효과 최소화'가 속한다. 셋째 영역은 소통과 공유에 대한 것으로, '사람들의 참여', '목적의 전달', '개방성과 투명성', '다른 사람들과의 데이터 공유'가 해당된다. 넷째 영역은 윤리적 보완과 발전에 대한 것으로 '지속적인 이행', '검토와 반복', '행동'이 있다.

다음으로 DEMM은 먼저 개발된 DEC를 기반으로 하여 한 조직이 지속적으로 데이터 윤리 수준을 증진할 수 있도록 지원하는 모델을 6주제 5수준으로 제안하고 있다(ODI, 2022). 그리고 조직의 데이터 윤리 성숙도를 판단할 수 있는 항목이 되는 6가지 주제는 다음과 같다. 첫째, '조직 거버넌스 및 내부 감독'은 데이터 윤리 문제에 대한 조직적으로 접근성, 데이터 윤리 사항에 대한 모니터링 등을 다룬다. 둘째, '기술 및 지식'은 조직 구성원의 데이터 윤리에 관한 이해도를 다룬다. 셋째, '데이터 관리 위험 절차'는 데이터 윤리 문제를 관리할 수 있는 프로세스를 잘 갖추고 있는가를 다룬다. 넷째, '펀딩과 조달'은 윤리적인 데이

Organisational governance and internal oversight

1. Initial	2. Repeatable	3. Defined	4. Managed	5. Optimising
The organisation has no strategy, policy or principles that includes ethical collection, use and sharing of data Data governance is seen as a legal issue, not a business need.	Individual projects or disciplines consider data ethics on an ad hoc basis. No coherent strategy for data ethics across the organisation.	The organisation has a clear strategy, policy and principles that include ethical collection, use and sharing of data. There is clear responsibility and senior management support for consideration of data ethics. The organisation has roles which influence decisions around data ethics.	Identification and management of risks around ethical collection, use and sharing of data is a core part of the organisation's governance. Measurable targets have been set for ethical data practices and mechanisms exist for monitoring and reporting of performance. Performance assessments of key staff are tied to delivery of objectives in the data strategy or adherence to principles for ethical collection, use and sharing of data. Efforts around data ethics, including available metrics are published and available to stakeholders.	The organisation has a clear strategy, policy and principles that include ethical collection, use and sharing of data which is embedded throughout the organisation, from the board down, published and open to public examination. The organisation has an ethics committee (or equivalent) to deal with decisions on ethical collection, use and sharing of data that affect the whole organisation. Metrics monitoring ethical data practices are actively reviewed, used and adjusted over time to ensure alignment with the wider goals of the organisation.

[그림 2] 데이터 윤리의 개념

터 관행을 위하여 비용을 어떻게 확보하고 사용하는가를 다룬다. 다섯째, '이해관계자 및 직원의 참여'는 윤리적인 데이터 활용에 대하여 고객과 직원과 얼마나 소통할 수 있는가를 다룬다. 여섯째, '법적 지위 및 규정 준수'는 데이터 윤리를 더욱 확실하고 엄격하게 확보할 수 있는 규제적 성격을 다룬다. 각 주제들은 초기-반복 가능-정의-관리-최적화의 5가지 성숙도 수준으로 나뉘어 [그림 2]와 같이 표현될 수 있다.

마지막으로 네덜란드의 AI 및 데이터 프로젝트의 윤리적 검토를 위한 대화 프레임워크로 개발된 Data Ethics Decision Aid(DEDA)는 프로젝트의 데이터 윤리 사항을 점검할 수 있는 항목들을 일련의 대화 형식으로 구성하였고 이를 따라갈 수 있도록 나선형 구조로 제시하였다는 특징이 있다(A. Franzke et al., 2021). DEDA는 4가지 주요 단계로 구성되어 있으며, 1단계는 도입 단계로 본론 격인 질문에 들어가기 위한 개요에 해당한다. 2단계는 질문 단계 실제적인 DEDA의 질문들이 제공되어 있으며 '데이터 고려 사항(data-related consideration)'과 '일반 고려 사항(general consideration)'의 두 범주로 구분되어 있다. 데이터 고려 사항의 질문 세트에는 데이터, 데이터 품질, 데이터 소스 등의 6가지 클러스터에 각각 2~5가지 구체적인 질문이 나열되어 있다. 일반 고려 사항의 질문 세트에는 책임, 사회적 영향, 편견 등의 6가지 클러스터에 각각 2~5가지 구체적인 질문이 나열되어 있다. 3단계는 가치 단계로 클러스터마다 어떠한 윤리적 가치 결과를 갖는지 확인하게 되어 있으며, 4단계는 결론 단계로 나머지 단계들을 거치며 확인한 내용들을 전반적으로 검토하도록 되어 있다. [그림 3]은 DEDA 프레임워크의 최종 버전을 나타낸 그림이다.

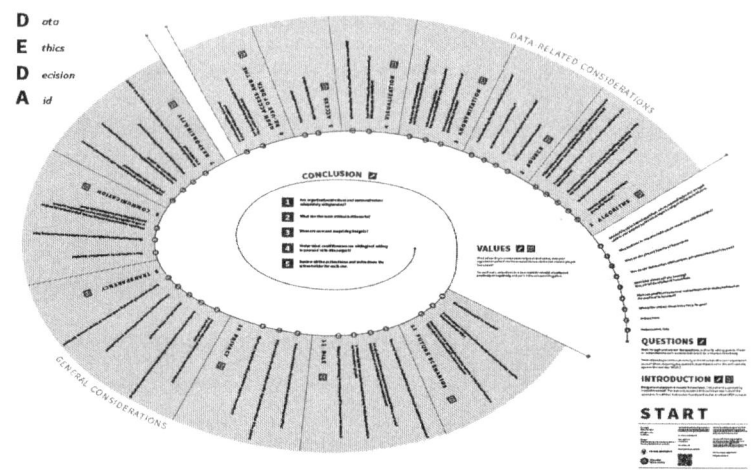

[그림 3] 데이터 윤리의 개념

V. 데이터 권리와 데이터 책임의 구조

3장에서 데이터 윤리를 정의하면서 핵심적으로 사용될 수 있는 개념으로 '데이터 권리'와 '데이터 책임'을 들었다. 첫째 '데이터 권리'는 데이터가 어디로부터 생산되었는가와 직접적으로 연관되어 있어 데이터의 출처에게 지워질 수 있는 것이지만, 그럼에도 인공지능과 빅 데이터의 발전으로 데이터의 공유와 개방으로 사회의 공공성을 보장할 수 있다는 측면에서 공공의 권리로 환원되기도 한다고 볼 수 있다. 그러므로 데이터 권리의 균형점을 찾아가는 과정은 데이터 윤리에서 대단히 주요한 과제로 여겨진다. 둘째 '데이터 책임'은 데이터로 인해 발생되는 윤리적 쟁점들에 어떻게 대응할 것인가에 연관되어 있다. 결국 데이터 책임은 데이터 주체들이 여타의 데이터 윤리의 핵심 가치들을 충분히 고려하도록 하여 궁극적인 목표를 이룰 수 있도록 하는 기반에 해당하기에 또 하나의 필수 사항이라고 볼 수 있다. 이어서 4장에서는 여러 기관들이 발표한 원칙을 살펴본 결과 데이터 윤리의 주요한 핵심 가치들을 분석해 낼 수 있었다. 이에 따라 미리 분류한 핵심 개념인 데이터 권리와 데이터 책임을 두 가지 범주로 하고, 원칙으로부터 분석한 핵심 가치들을 주제로 하는 질문을 찾아내어 데이터 권리와 데이터 책임의 구조를 완성하였다. [표 1]은 이를 나타낸 것이다.

첫째는 '프라이버시 보호'로, 데이터에 대한 접근은 프라이버시에 대한 개방을 요구하는 것과 같으므로 데이터가 누구의 소유인지, 어느 정도의 범위로 보호되어야 하는지와 관련된 문제가 발생할 경우 개인 정보를 최대한 보호할 수 있도록 하는 것이 중요하다. 둘째는 '공공성'으로, 데이터 윤리의 최대 원칙 중 하나인 프라이버시 보호와 가치 갈등 관계가 있지만, 데이터의 활용이 사회에 막대하게 긍정적인 효과를 가져올 잠재력이 있다는 점에서 고민되어야 하는 요소이다. 셋째는 '공정성'으로, 데이터 활동으로부터 발생하는 총체적인 이해(利害)를 어떻게 공정하게 분배할 것인가에 대한 논점이다. 넷째는 '피해 최소화'로 비윤리적인 데이터 사용으로부터 발생되는 피해를 최소화할 수 있도록 해야 한다는 관점이 담겨 있다. 다섯째는 '신뢰성'으로 이는 데이터의 품질에 대한 보장 또는 데이터 처리 과정에 대한 믿음과 연결될 수 있다. 여섯째는 '연대성'으로 데이터의 수집, 사용, 공유에서의 모든 이해관계자들이 데이터 거버넌스를 공동 조직하여 데이터 윤리를 보호해야 함을 의미한다. 일곱째는 '투명성'으로 데이터 권리 소유자들이 데이터 처리 과정에 대해서 요구할 때 모든 것을 설명할 수 있도록 해야 함을 말한다. 여덟째는 '검토의 지속 가능성'으로 결국 상기 핵심 가치들이 보장되는지 지속적으로 피드백하고 반성하여 보완될 수 있도록 하는 역할을 한다. 아홉째는 '안전성'으로 검토의 지속 가능성과 마찬가지로 다른 핵심 가치들을 보장하기 위해 데이터를 어떻게 보호할 것인가를 다룬다.

[표 1] 데이터 윤리의 개념

구분	데이터 권리	데이터 책임
프라이버시 보호	1. 데이터는 누구의 소유인가? 2. 누가 데이터에 접근할 수 있는가?	1. 데이터 접근성을 보호하기 위해 어떠한 조치를 취하였는가? 2. 프라이버시를 침해한 경우 책임의 프로세스는 어떻게 되어 있는가?
공공성	1. 해당 데이터 활용이 침해가 필요할 정도의 공익성을 가지고 있는가? 2. 데이터가 활용된 알고리즘이 사회의 공공선을 증진하는가?	1. 공익에 기반한 데이터 처리를 위해 개인 데이터를 최소한으로 침해하기 위해 암호화 등 어떠한 조치를 하였는가? 2. 데이터가 활용된 알고리즘이 사회에 부정적인 영향을 미치는 경우 수습 대책은 어떻게 되는가?
공정성	1. 데이터 처리 과정에서 발생된 이익이 적절하게 분배되었는가? 2. 데이터 처리 과정에서 발생된 손해가 적절하게 분배되었는가?	1. 데이터로 인한 이익을 어떻게 적절하게 분배할 것인가? 2. 데이터로 인한 손해를 어떻게 적절하게 분배할 것인가?
피해 최소화	1. 데이터로부터 발생되는 편견과 차별이 인권을 침해하는가?	1. 데이터로부터 발생되는 편견과 차별의 문제를 어떻게 대비할 수 있는가?

구분	데이터 권리	데이터 책임
신뢰성	1. 관리되고 있는 데이터의 품질이 신뢰할 만한가? 2. 데이터 처리 과정이 시작부터 끝까지 믿을 만한가?	1. 데이터 품질을 어떻게 유지할 수 있는가? 2. 신뢰할 만한 데이터 처리 과정을 구축할 수 있는 방안은 무엇인가?
연대성	1. 이해관계자들의 데이터 권리 확보를 위한 데이터 거버넌스를 구축하고 있는가?	1. 윤리적인 문제가 발생하였을 때 데이터 주체들은 어떻게 협력하여 해결할 수 있는가?
투명성	1. 사용자가 데이터 처리 과정에 대한 설명을 요구할 수 있는가?	1. 데이터 권리자로부터의 데이터 처리에 대한 설명 요구를 들어줄 수 있는가?
검토의 지속 가능성	1. 데이터 권리가 보장되고 있는지 지속적으로 검토를 통해 보완되고 있는가?	1. 데이터 책임이 수행되고 있는지 지속적으로 검토를 통해 보완되고 있는가?
안전성	1. 모든 과정에서 데이터 권리가 안전하게 보호받고 있는가?	1. 모든 과정에서 데이터 책임이 안전하게 보호받고 있는가?

VI. 데이터와 윤리

기술이 급격한 속도로 발전하기 시작하면서, 기술의 지위 또한 가파르게 상승하고 있다. 인류의 기술 중심 사회는 인간이 기술을 관리하는 것인지, 기술이 인간을 이끌어 가는 것인지 갈수록 모호해지는 경계에 놓여 있다. 세계 대전의 역사로부터 마땅하게 존중받아야 할 권리로 여겨진 인권은 스토아주의나 칸트의 인간론으로부터 오는 보편성에 기인하기도 하지만, 인간이 지키는 만큼만 지켜지고 있을 뿐일 수도 있다. 인간의 윤리로부터 발생된 인간의 존엄성을 지키겠다는 사회적 결의들이 연대되어 인권의 명맥을 여태까지 이어지게 한 것이라 볼 수도 있을 것이다. 즉, 인권은 인간이 원하는 만큼만 지켜진 것이다. 그렇다면 기술도 마찬가지다. 기술로부터 윤리적 위기 상황이 연출되지 않도록 하는 것도 결국 윤리로부터 시작해야 할 필요성이 있다.

정보 혁명 시대라는 타이틀은 결국 정보, 즉 데이터가 이 사회에서 얼마나 중요한 역할을 담당하는가를 단적으로 드러내고 있다. 데이터는 모든 소프트웨어를 운용하기 위한 식수 자원이기에 녹슨 파이프로부터 공급되어서는 안된다. 이를 방지하기 위한 녹 방지제로서의 데이터 윤리가 필수적으로 요청된다. 특히나 소프트웨어의 진화는 기어코 수십 년 전에 공상 과학쯤으로 여겨지던 인공지능을 과학 기술 사회의 중심으로 가져다 놓았다. 원리 자체가 데이터로부터 익히는 기계 학습이므로 학습 속도가 남다른 인공지능에 데이터는 식수 그 이상일 수도 있다. 따라서 데이터 윤리에 대한 모색은 빅 데이터 시장이 활성화된 그 시기보다 더욱 중요해졌다.

따라서 이 장은 인공지능 시대를 맞이하여 고려되어야 하는 데이터 윤리에 대한 연구를 진행하였다. 그 결과 데이터 윤리와 데이터 윤리 가이드라인이 이 시대에 중요해진 이유를 다시 점검해 볼 수 있었다. 그로부터 인공지능으로부터 발생되는 데이터 윤리 사례를 확인하였고, 이를 바탕으로 데이터 권리와 데이터 책임을 핵심 개념으로 하는 데이터 윤리의 정의를 내릴 수 있었다. 이어서 미리 발표되어 온 데이터 윤리 원칙들의 사례를 분석하여 핵심 가치를 총 9가지로 분석하였고, 궁극적으로 데이터 권리와 데이터 책임의 구조를 질문 세트로 구성하여 나타낼 수 있었다. 향후 본 연구 결과를 참조하여 인공지능 시대의 데이터 윤리 가이드라인을 구성하고, 데이터 윤리 검증과 인증에 관한 연구를 수행해 볼 수 있을 것이다.

참고 문헌

변순용(2020). 「데이터윤리에서 인공지능 편향성 문제에 대한 연구」. 『윤리연구』, 128. 한국윤리학회. pp. 143-158.

송선영·김항인(2016). 「정보화시대의 빅데이터(Big Data) 활용에 대한 윤리적 논쟁과 전망」. 『윤리연구』. 한국윤리학회, 108. pp. 227-248.

Floridi, L. & Taddeo, M. (2016). "What is data ethics?, Philosophical Transactions of the royal society". *mathematical, physical & engineering science*, 374(2083). pp. 1-5.

Franzke, A. S. & Muis, I. & Schafer, M. T. (2021). "Data Ethics Decision Aid(DEDA): a dialogical framework for ethical inquiry of AI and data projects in the Netherlands". *Ethics and Information Technology*, 23. pp. 1-17.

Xafis, V. & Schaefer, G. O. & Labude, M. K. & Brassington, I. & Ballantyne, A. & Lim, H. Y. & Lipworth, W. & Lysaght, T. 7 Stewart, C. & Sun, S. & Laurie, G. T. & Tai, E. S. (2019). "An Ethics Framework for Big Data in Health and Research". *Asian Bioethics Review,* 11(3). pp. 227-254.

김남영(2021. 1. 15). "국립국어원 AI 데이터에도 '혐오·차별 발언'". https://www.hankyung.com/society/article/202101156377i (검색일: 2023. 5. 10.)

BAE Systems(2021). An Introduction to Data Ethics, file:///C:/Users/etesi/AppData/Local/Temp/MicrosoftEdgeDownloads/4b9b98ad-032e-4694-ab19-50ffbed68f98/Data+Ethics+Report+May2021+web+version.pdf

Data Ethics Commission(2019). Opinion of the Data Ethics Commission. https://www.bmj.de/SharedDocs/Downloads/DE/Themen/Fokustehmen/Gutachten_DEK_EN_lang.pdf?__blob=publicationFile&v=3 (검색일: 2023. 5. 10.)

EFK(2021). "Data Ethics Policy". https://www.ekf.dk/media/pjwduhpo/data-ethics-policy-pdf.pdf (검색일: 2023. 5. 10.)

Novák, R. & Pavlícek, A.(2020). "Big Data Ethics and Specific Differences from General Data Ethics, IDIMT 2020: Digitalized Economy". Society and Information Management—28th Interdisciplinary Information Management Talks 28. pp.223-230.

ODI(2022). "Data Ethics Maturity Model". https://theodi.org/wp-content/uploads/2022/05/SHARED-Data-Ethics-Maturity-Model-CC-BY-SA.pdf (검색일: 2023. 5. 10.)

ODI(2023). "Data Ethics Canvas". https://theodi.github.io/interactive-data-ethics|-canvas/ (검색일: 2023. 5. 10.)

Rasmussen, S.(2018). Data for the Benefit of the People: Recommendations from the Danish Expert Group on Data Ethics. https://eng.em.dk/media/12190/dataethics-v2.pdf (검색일: 2023. 5. 10.)

Stadt Ulm(2020). "Data Ethics Concept for the City of Ulm". https://marketplace.intelligentcitieschallenge.eu/en/solutions/data-ethics-concept#:~:text=For%20the%20City%20of%20Ulm%20the%20concept%20determines,Negative%20excesses%20must%20be%20prevented%20through%20ethical%20guidelines (검색일: 2023. 5. 10.)

UNESCO(2022). Recommendation on the Ethics of Artificial Intelligence. https://unesdoc.unesco.org/ark:/48223/pf0000381137.locale=en (검색일: 2023. 5. 10.)

제6장
기업의 AI 윤리 대응

I. 기업의 윤리와 속도 딜레마

2023년 전반기에는 ChatGPT 열풍이 불었다. 여기에 발맞춰 무수한 기업이 생성형 AI를 개발하는 데 집중하기 시작했다. 이와 같은 기업 경쟁의 과열은 기술 개발이 막힘없이 이루어지도록 하여 기업 경쟁력에 도움이 될 수 있지만, 그 과정에서 기술의 윤리적 오류에 대한 충분한 고려가 이루어지기는 어렵다. 이번 ChatGPT의 등장 때도 마찬가지였는데, AI의 사회적이고 윤리적인 영향력에 대한 수년간의 논의가 있었음에도 마이크로소프트와 구글과 같은 대기업에서는 윤리적 고려를 오히려 축소하고 기술 개발에 힘쓰는 모습을 보였다.

마이크로소프트 같은 경우에는 2020년에 30명 가량의 팀원이 있는 AI 윤리 팀을 조직하였는데, 2022년 말 7명으로 축소한 뒤 2023년 초 팀을 해체하였다. 이는 경쟁 기업보다 AI 제품을 신속하게 출시하는 데 AI 윤리 팀이 방해 요인이 되었기 때문이라고 추측되기도 한다. 구글의 경우도 AI 윤리 팀의 일원들을 2023년 초 일부 해고했다고 알려졌다.

보도에 따르면 구글은 AI 제품 검토를 한 직원들이 챗봇의 불안정성을 언급했지만 구글의 AI 챗봇 '바드' 출시를 강행했다고 한다. 그 외에도 트위터, 트위치, 메타에서도 AI 윤리 팀에서 팀원 해고나 팀 해체가 된 사례가 발견되었다. 이에 미 연방거래위원회(FTC) 블로그에는 이러한 사태를 우려하는 글이 올라오기도 했다.

물론 그 뒤에 각 기업이 AI 윤리에 대한 의지를 보이기는 했다. 구글은 연례 개발자 'I/O 2023'을 통해 AI를 시작부터 책임 있게 개발하고 사용하겠다는 원칙을 발표했다. 이는 대규모 언어 모델(LLM)을 학습시키고, 이를 적용한 서비스를 개발 및 운영하는 과정에서 이용자의 권리를 침해하지 않는 '책임 있는 AI'를 구현하겠다는 의미로 읽힌다. 마이크로소프트도 유사하게 'Responsible and trusted AI'라는 문서를 작성하며 AI 윤리에 관한 관심을 추가로 나타냈다.

이처럼 최근 세계적인 기업들은 AI의 윤리적인 문제를 관리하기보다는, 개발 경쟁에만 몰두하여 더 새롭고, 더 뛰어난 능력을 가진 AI를 개발하는 것에만 집중하고 있다. 그러나 AI 윤리를 관리하기 위한 기업의 노력이 없다면 소비자들은 기업을 온전히 신뢰할 수 없을 것이다. 더불어 윤리적인 대응 없이 기술 개발에만 급급하게 몰두하다가 실제로 개발하던 기술이 막대한 AI 윤리 문제를 발생시킨다면 개발 이익에 오히려 역효과가 날 수도 있다. 또한 경제적인 사유가 아니더라도 기업의 사회적 역할을 고려한다면, 기업만의 AI 윤리 정책이나 가이드라인, 또는 AI 윤리 대응 기구 등이 반드시 마련되어야 할 것이다. 사회에서 실제로 사용되는 AI는 결국 기업이 개발하고 배포한다. 따라서 AI 윤리는 어떠한 주체보다 기업에서 관심을 가지는 것이 중요하다. 이와 관련하여 기업들의 윤리적 대응 사례들을 살펴보고자 한다.

II. 국외 기업의 대응 사례

1. Google AI[1]

AI 재도약의 시종을 울렸던 것은 이세돌과 알파고의 바둑 대국이었다. 그리고 그 AI 알파고를 개발한 딥마인드는 바로 구글의 자회사였을 만큼 구글은 지속적으로 AI 개발에 심혈을 기울여 왔다. 그렇다면 구글은 AI의 윤리적인 문제들을 어떻게 관리하고 있는지 살펴보자.

AI에 관한 현재 구글의 관점은 'Google AI' 사이트에 명시되어 있으며, 그 안에는 AI 윤리에 관한 관점도 함께 드러나 있다. 'AI를 개발하는 이유' 파트를 보면, 여기에는 AI 개발의 전반적인 목적 내지 비전이 담겨 있다. 여기에 제시되어 있는 항목은 다음의 6가지이다. 이를 볼 때 구글은 AI 개발의 목적에서 전반적으로 AI 윤리적인 관점을 드러냈는데, 인간 존엄성이나 사회 공공선 등을 증진하기 위한 내용이 주를 이루고 있다.

---

1) Google AI(n.d.), Google, https://ai.google/ 참조. (검색일: 2023. 7. 29.)

- 정보를 더 유용하고 더 많은 사람이 어디서나 사용할 수 있도록 하여 종종 접근성, 장애 및 언어를 포함한 장벽을 극복하도록 돕는다.
- 사람과 조직이 의사 결정을 내리고, 문제를 해결하고, 일상생활과 직장 생활에서 생산성과 창의성을 높일 수 있도록 지원한다.
- 사람, 조직 및 사회를 위한 새롭고 유용한 제품 및 서비스로 이어지는 혁신을 보다 광범위하게 지원한다.
- 공중 보건 위기, 자연 재해, 기후 변화 및 지속 가능성과 같은 현재 및 시급한 실제 문제를 해결하는 데 도움이 된다.
- 사회적 편향과 구조적 불평등(예: 사회 경제적, 사회 인구학적, 지역적 불평등)을 식별하고 완화하도록 돕는다.
- 인류의 가장 큰 미래 기회와 도전 과제(예: 의학적 진단, 신약 개발, 기후 예측)를 해결하기 위한 과학 및 기타 혁신을 가능하게 한다.

그리고 이러한 관점에서 구글은 2018년부터 Our Principles이라 불리는 자체 인공지능 윤리 가이드라인을 확립하여 매년 해당 윤리 규정을 발전시키고 있고, 동시에 이를 실제 자사의 인공지능 서비스 개발에 적극적으로 반영하고 있다. 구글은 인공지능 기술이 가져올 긍정적인 영향력과 사회 혁신에 대해 호의적인 태도를 갖고 있으며, 인공지능의 긍정적인 영향을 저해하는 여러 문제에 적극적으로 대응하기 위해 자체적인 인공지능 윤리 가이드라인을 따르고 있다. 이 AI 원칙의 가장 최신 내용을 보면 'AI 애플리케이션의 목표'로 7가지가 제시되고 있다.

- 사회적으로 유익해야 한다. 신기술의 확장된 범위는 점점 더 사회 전반에

영향을 미치고 있다. AI의 발전은 의료, 보안, 에너지, 운송, 제조 및 엔터테인먼트를 포함한 광범위한 분야에서 혁신적인 영향을 미칠 것이다. AI 기술의 잠재적인 개발 및 사용을 고려할 때 광범위한 사회적 및 경제적 요인을 고려할 것이며 예상 가능한 위험 및 단점을 상당히 초과할 가능성이 있는 전반적인 이점이 있다고 믿는 곳에서 진행할 것이다.

- 불공정한 편견을 만들거나 강화하는 것을 피해야 한다. AI 알고리즘과 데이터 세트는 불공정한 편견을 반영, 강화 또는 줄일 수 있다. 우리는 공정한 편견과 불공정한 편견을 구분하는 것이 항상 간단한 것은 아니며 문화와 사회에 따라 다르다는 것을 알고 있다. 우리는 사람들, 특히 인종, 민족, 성별, 국적, 소득, 성적 취향, 능력, 정치적 또는 종교적 신념과 같은 민감한 특성과 관련된 사람들에게 부당한 영향을 미치지 않도록 노력할 것이다.

- 안전을 위해 제작되고 테스트되어야 한다. 우리는 해를 끼칠 위험이 있는 의도하지 않은 결과를 피하기 위해 강력한 안전 및 보안 관행을 계속해서 개발하고 적용할 것이다. 우리는 AI 시스템을 적절하고 신중하게 설계하여 AI 안전 연구의 모범 사례에 따라 개발할 것이다. 적절한 경우 제한된 환경에서 AI 기술을 테스트하고 배포 후 작동을 모니터링한다.

- 사람들에게 책임을 다해야 한다. 피드백, 관련 설명 및 호소를 위한 적절한 기회를 제공하는 AI 시스템을 설계할 것이다. 우리의 AI 기술은 적절한 인간의 지시와 통제를 받게 될 것이다.

- 프라이버시 디자인 원칙을 통합해야 한다. 우리는 AI 기술의 개발 및 사용에 개인 정보 보호 원칙을 통합할 것이다. 우리는 통지 및 동의의 기회를 제공하고 개인 정보 보호 장치가 있는 아키텍처를 장려하며 데이터 사용에 대한 적절한 투명성과 통제를 제공할 것이다.

- 과학적 우수성에 대한 높은 기준을 유지해야 한다. 우리는 이 분야에서 사려 깊은 리더십을 촉진하기 위해 다양한 이해관계자들과 협력하여 과학적으로 엄격하고 다학문적인 접근 방식을 활용할 것이다. 그리고 더 많은 사람들이 유용한 AI 응용 프로그램을 개발할 수 있도록 교육 자료, 모범 사례 및 연구를 게시하여 AI 지식을 책임감 있게 공유할 것이다.
- 이러한 원칙에 부합하는 용도로 사용할 수 있어야 한다. 많은 기술이 여러 용도로 사용된다. 우리는 잠재적으로 유해하거나 악의적인 응용 프로그램을 제한하기 위해 노력할 것이다. AI 기술을 개발하고 배포할 때 다음 요소에 비추어 가능한 용도를 평가할 것이다.

-주요 목적 및 사용: 솔루션이 유해한 사용과 얼마나 밀접하게 관련되어 있거나 이에 적응할 수 있는지를 포함하여 기술 및 응용 프로그램의 주요 목적 및 가능성 있는 사용
-자연과 독창성: 우리가 고유하거나 더 일반적으로 사용 가능한 기술을 만들고 있는지 여부
-규모: 이 기술의 사용이 상당한 영향을 미칠지 여부
-Google의 참여 특성: 범용 도구를 제공하는지, 고객을 위한 도구를 통합하는지 또는 맞춤형 솔루션을 개발하는지 여부

나아가 반대로 추구하지 않을 AI 애플리케이션 방향성도 제시하고 있다.

① 전반적인 피해를 유발하거나 유발할 가능성이 있는 기술. 실질적 피해 위

험이 있는 경우 혜택이 위험보다 훨씬 크다고 판단되는 경우에만 진행하고 적절한 안전 제약을 적용할 것이다.

② 사람에게 상해를 입히거나 직접적으로 용이하게 하는 것이 주요 목적 또는 구현인 무기 또는 기타 기술.

③ 국제적으로 통용되는 규범을 위반하여 감시를 위해 정보를 수집하거나 사용하는 기술.

④ 널리 받아들여지는 국제법 및 인권 원칙에 위배되는 목적을 가진 기술.

2. Microsoft AI[2]

우연찮게도 구글이 관여한 알파고 쇼크 이래 또 한 번의 AI 격동이 마이크로소프트가 투자한 OpenAI의 ChatGPT로부터 발생했다. 마이크로소프트 같은 경우에는 개발했던 AI 챗봇 'Tay'가 이용자의 차별적인 표현을 여과 없이 그대로 학습하여 다른 이용자에게 전달하면서 AI 편향성이라는 윤리적 문제를 사회적으로 가시화시켰던 적이 있다. 그러니 만큼, 마이크로소프트에서 AI 윤리에 대한 대응이 어떻게 이루어지고 있는지 살펴보는 것은 의미가 크다.

마이크로소프트의 AI 윤리의 관점은 '책임 있는 AI(Responsible AI)'라는 슬로건으로 잘 드러나고 있으며, 이를 중심으로 여러 가지 실행 사항을 적용하고 있다. 우선 마이크로소프트의 책임 있는 AI 원칙은 다음의 6가지로 제시되고 있다.

---

2) Microsoft AI(n.d.), Microsoft, https://www.microsoft.com/en-us/ai 참고. (검색일: 2023. 7. 29.)

- AI 시스템은 모든 사람을 공정하게 대해야 하는 '공정'
- AI 시스템은 안정적이고 안전하게 작동해야 한다는 '신뢰와 안전'
- AI 시스템은 보안이 확실하고 프라이버시를 존중해야 한다는 '프라이버시와 보안'
- AI 시스템은 모든 사람에게 권리를 부여하고 참여를 유도해야 한다는 '포용성'
- AI 시스템은 이해할 수 있어야 한다는 '투명도'
- 사람은 AI 시스템에 대해 책임을 져야 한다는 '책임'

특히 마지막 '책임'은 누구보다 AI 시스템을 개발하고 관리하는 '사람' 또는 '기업'에 책임을 다할 의무가 있음을 강조하고 있다.

위 원칙들을 실현하기 위하여 마이크로소프트는 특히 Aether Committee, ORA(Office of Responsible AI), RAISE(Responsible AI Strategy in Engineering)를 운영하고 있다. ORA는 거버넌스 및 공공 정책 작업의 구현을 통해 책임 있는 AI에 대한 전기업적 규칙을 설정하기 위해 거버넌스, 팀 지원, 사용 사례 검토, 공공 정책 형성 등의 기능을 수행한다. Aether는 고위 경영진이 책임 있는 AI를 실현할 수 있도록 연구개발을 수행하고 제기되는 질문, 과제 등에 조언을 제언하는 역할을 수행한다. RAISE는 엔지니어링 그룹 전체에서 책임 있는 AI 원칙 및 프로세스를 구현할 수 있도록 구축된 이니셔티브이자 엔지니어링 팀으로서, 책임 있는 AI 툴 및 시스템을 구축하고, 엔지니어링 실습을 진행하고, 피드백 메커니즘을 운영하고 있다.

그리고 마이크로소프트는 책임 있는 AI를 실현하기 위한 실질적인 라이프사이클 리소스들을 가이드라인, 관리 도구, 기술 도구 종류로 제공하고 있다. 첫 번째 사이클은 '평가 단계'로 '인간-AI 상호 작용 지침', 'AI 공정성 체크리스트'와 같은 도구를 제공하고 있다. 두 번째 사이클은 '개발 단계'로 'AI 보안 지침', '대화형 AI 가이드라인' 등을 제공하고 있다. 세 번째 사이클은 '배포 단계'로 '데이터 세트 문서', '머신 러닝을 위한 기밀 컴퓨팅' 기술 도구 등을 제공하고 있다.

또한 AI 윤리의 실천적인 관점에서 마이크로소프트는 AI를 활용하여 사회적 문제를 해결하는 'AI for Good' 프로젝트를 운영하고 있다. 이 프로젝트는 6가지로 진행 중이다.

- 지구 환경 문제를 해결하기 위해 노력하는 이들에게 AI 기술과 클라우드 소프트웨어를 제공하는 'AI for Earth'
- AI를 통해 연구원과 조직이 전 세계 사람과 커뮤니티의 건강을 개선할 수 있도록 지원하는 'AI for Hearth'
- 가정, 지역 사회, 교육 및 고용의 네 가지 초점 영역에서 글로벌 독립성과 사회 포용성을 개선하기 위해 노력하는 'AI for Accessibility'
- 재해 대응, 난민, 실향민, 인권, 여성과 어린이의 필요를 지원하기 위해 노력하는 조직과 협력하는 'AI for Humanitarian Action'
- 문화 유산의 보존 및 강화에 전념하는 사람과 조직에 힘을 실어 주는 'AI for Cultural Heritage'
- 개방형 데이터를 사용하여 사회의 가장 시급한 문제를 해결하기 위한 솔루션 개발을 가속화하는 'Data for Society'

구글과 마이크로소프트의 AI에 대한 윤리적 대응의 공통점은 직접적으로 '윤리'라는 단어를 사용하지 않고 '책임'이라는 키워드를 전면에 내세웠다는 것이다. 이는 기업이라는 특성이 반영된 것이며, AI 윤리의 무수한 고려 사항에 대하여 기업이 '책임'을 가져야 한다는 뜻으로 볼 수 있다. 그렇지만 이러한 것들이 문서와 홍보에 그치는 것은 아닌지, 실질적으로 AI의 윤리적인 문제들을 일으키지는 않는지와 같은 실제적인 맥락의 검토가 필요할 것이다.

III. 국내 기업의 대응 사례

2023년 6월, 산업통상자원부 국가기술표준원에서 'AI 윤리 점검 서식'에 대한 첫 번째 국가표준(KS)을 제정하고, AI 제품과 서비스 관련 기업들을 대상으로 하여 이에 대한 설명회를 진행했다. 이는 'AI 윤리 표준화 포럼' 전문가들의 논의와 검증을 거쳐 개발이 되었으며 AI 제품 및 서비스를 개발할 때 요구되는 윤리적 고려 항목을 제시하고, 자체 점검방안의 체크리스트로 활용될 수 있다. 서식 안에는 인공지능 제품 및 서비스의 단계별(5단계)로 고려되어야 하는 윤리적인 이슈 검토 요소, 행위 주체별(서비스 제공자·사용자·개발자) 책임지거나 고려되어야 하는 윤리적인 항목 등이 포함되어 있다. 이러한 표준의 제정은 국내 기업의 AI 윤리 대응 어려움에 큰 도움을 줄 수 있을 것으로 보인다.

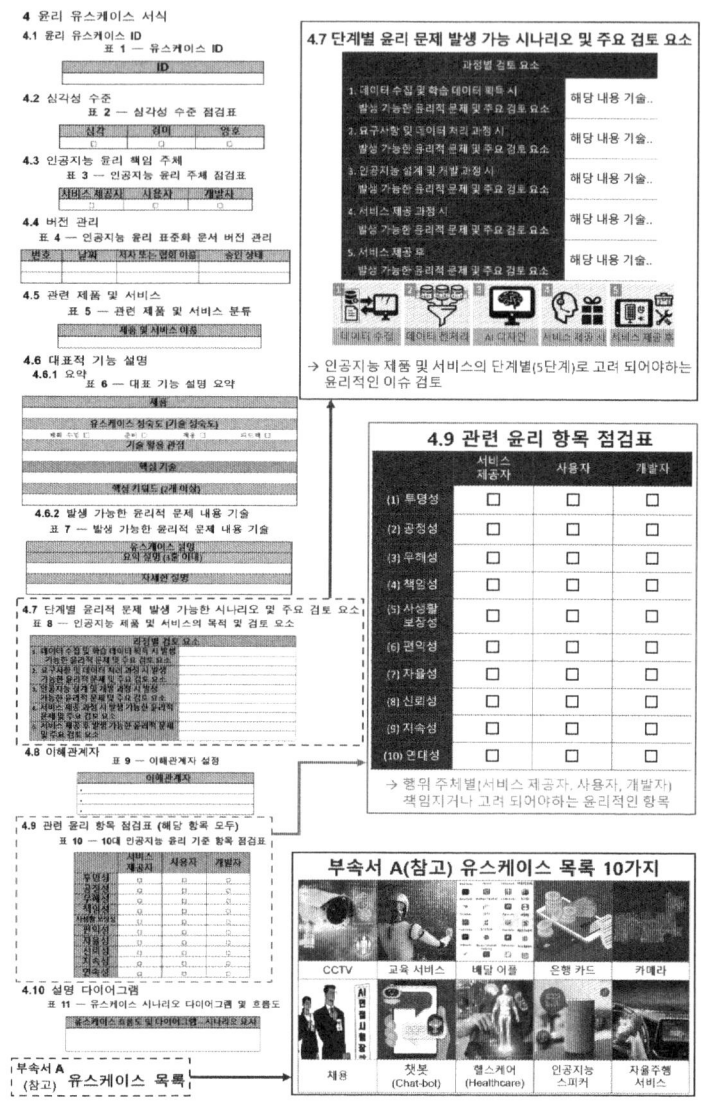

[그림 1] AI 윤리 점검 서식 KS 구성 항목

출처: 국가기술표준원(2023), "인공지능(AI) 윤리 국가표준(KS) 첫 제정", https://www.kats.go.kr/content.do?cmsid=240&cid=23800&mode=view 참조.

1. NAVER[3]

그렇다면 국내 기업들은 AI 시대의 어떠한 윤리적 대응을 내놓고 있을지 살펴보자. 국내 기업 중 네이버는 2021년 5월 OpenAI의 GPT-3, 화웨이의 Pan-GU 다음으로 초거대 AI 하이퍼클로바를 개발한 기업이다. 다음 버전으로 2023년 8월에 '하이퍼클로바X' 공개를 앞두고 있기도 하다. 이처럼 AI에 관심을 가지고 개발하면서, 네이버는 AI 윤리에 관해 다음과 같은 대응을 보이고 있다.

네이버의 AI 윤리 대응의 가장 큰 특징은 학계 협력 모델이라는 점이다. 네이버는 2018년부터 서울대학교 인공지능 정책 이니셔티브(SNU AI Policy Initiative: SAPI)와 협업을 하며 외부 전문가의 의견을 청취하고 있다. SAPI는 "데이터 기반 인공지능 기술을 활용할 미래가 가져올 사회적 도전과 과제들을 기술적인 측면뿐만 아니라 인문, 사회, 법 등의 융합적 관점에서 검토하고 분석할 목적으로 2017년에 출범한 서울대학교 법과경제연구센터 주관의 프로그램이다. 네이버와 SAPI의 대표적인 윤리적 대응은 2021년 2월 '네이버 AI 윤리 준칙'을 마련한 것이며, 그 내용은 다음과 같다.

SAPI와의 협업을 통해 만든 「네이버 AI 윤리 준칙」은 전문과 5개의 조항으로 이루어져 있다. 5개 조항은 ① 사람을 위한 AI 개발, ② 다양성의 존중, ③ 합리적인 설명과 편리성의 조화, ④ 안전을 고려한 서비스 설계, ⑤ 프라이버시 보호와 정보 보안이다. 전문과 개별 조항은 네이버가 AI를 바라보는 관점과 네이버의 기업 철학을 반영하여 작성되

---

[3] NAVER(n.d.), "AI 윤리 준칙"의 내용을 요약한 것임: https://www.navercorp.com/value/aiCodeEthics 참조. (검색일: 2023. 7. 29.)

었다.

전문은 "누구나 쉽고 편리하게 활용할 수 있는 일상의 도구"라는 문구를 통해 네이버가 AI를 어떻게 바라보고 있는가에 대한 관점을 제시하고자 하였고, 그와 동시에 연결, 도전 및 다양성이라는 네이버의 기업 철학을 담고자 노력했다. 마지막 문장에서는 네이버 구성원의 AI 윤리 준칙 준수를 다음처럼 명시하고 있다.

「네이버 AI 윤리 준칙」

① 사람을 위한 AI 개발
- 네이버가 개발하고 이용하는 AI는 사람을 위한 일상의 도구입니다. 네이버는 AI의 개발과 이용에 있어 인간 중심의 가치를 최우선으로 삼겠습니다.
  - 네이버는 사용자의 일상에 편리함을 더하기 위해 기술을 개발해 왔고, AI 역시 일상의 도구로 활용될 수 있도록 발전시켜 나가고 있습니다. 네이버는 AI가 우리의 삶을 편리하게 만들어 줄 수 있는 기술이지만, 세상의 다른 모든 것처럼 완벽할 수 없다는 점을 인식하고 있습니다. 네이버는 AI가 사람을 위한 일상의 도구가 될 수 있도록, 지속적으로 살펴보며 개선해 나가겠습니다.

② 다양성의 존중
- 네이버는 다양성의 가치를 고려하여 AI가 사용자를 포함한 모든 사람에게 부당한 차별을 하지 않도록 개발하고 이용하겠습니다.
  - 네이버는 다양성을 통해 연결이 더 큰 의미를 가질 수 있도록 기술과 서비스를 구현해 왔습니다. 그 과정에서 사용자에게 다채로운 기회와 가능성을 열어 왔고, 합리적 기준 없는 부당한 차별이 발생하지 않도록 노

력해 왔습니다. 네이버는 AI 서비스에서도 부당한 차별을 방지하고 다양한 가치가 공존하는 경험과 기회를 제공해 나가겠습니다.

③ 합리적인 설명과 편리성의 조화

- 네이버는 누구나 편리하게 AI를 활용하도록 도우면서, 일상에서 AI의 관여가 있는 경우 사용자에게 그에 대한 합리적인 설명을 하기 위한 책무를 다하겠습니다. 네이버는 AI에 관한 합리적인 설명의 방식과 수준이 다양할 수 있다는 점을 고려해, 이를 구체적으로 실현하기 위하여 노력하겠습니다.
  - 네이버의 AI는 기술을 위한 기술이 아니며, 기술적 지식이 없이도 누구나 손쉽게 활용할 수 있는 도구가 될 것입니다. 네이버는 서비스의 편리함을 추구하면서, 사용자의 요구가 있거나 필요한 경우에는 AI 서비스에 대해 쉽게 이해할 수 있도록 사용자의 눈높이에 맞춰 설명하겠습니다.

④ 안전을 고려한 설계

- 네이버는 안전에 유의하여, 서비스의 전 과정에서 사람에게 유해한 영향을 미치지 않는 AI 서비스를 설계하겠습니다.
  - 사람을 위한 일상의 도구인 AI가 사람의 생명과 신체를 위협하는 상황이 발생하지 않도록, 네이버는 전 과정에서 안전을 고려해 서비스를 설계하고, 테스트를 거치며, 배포 이후에도 안전성에 대해 지속적으로 살펴보겠습니다.

⑤ 프라이버시 보호와 정보 보안

- 네이버는 AI를 개발하고 이용하는 과정에서 개인 정보 보호에 대한 법적 책임과 의무를 넘어 사용자의 프라이버시가 보호될 수 있도록 노력하겠습니다. 또한 개발 단계를 포함해 AI 서비스의 전 과정에서 정보 보안을 고

려한 설계를 적용하겠습니다.

- 네이버는 개인 정보 활용에 있어 법적 책임과 의무를 다하는 것을 넘어 개인의 프라이버시도 적극적으로 보호하고 있습니다. 또한 사용자가 서비스를 활용하면서 정보 보안을 우려하게 되는 상황을 원천적으로 차단할 수 있도록, 서비스 전 과정에서 정보 보안을 고려한 설계를 적용하고 있습니다. AI 서비스에 있어서도 마찬가지로, 사용자가 프라이버시와 정보 보안을 걱정하지 않고 AI 서비스를 자유롭게 활용해 삶에 편리함을 더할 수 있도록 노력하겠습니다.

두 번째 대응은 '네이버 AI 윤리 자문 프로세스(CHEC: Consultation on Human-Centered AI's Ethical Consideration)'를 구축한 것이다. 이는 앞서 발표된 네이버 AI 윤리 준칙이 네이버의 AI 서비스에 어떻게 실질적으로 적용될 수 있는지를 반영한 것이다. CHEC는 일방적인 점검 절차가 아닌 서비스 담당자와 상호 작용 과정을 다루고 있어, 현실적인 개선에 도움을 주려는 목적이 있다. 항목에는 '서비스 산출물 정보, AI 윤리 준칙 적용, 기본 정보 및 활용 사례, 사용자 커뮤니케이션, 서비스 산출물 정보, 어뷰징 우려 사항, 개인 정보 영향 검토'의 6가지가 있다. 협력 결과를 담고 있는 'NAVER-SAPI AI REPORT'에는 본 프로세스의 적용 사례를 제시하고 있다.[4] 하나의 사례로 '중장년 및 1인 가구를 위한 클로바 케어콜'을 제시하고 있다. 클로바 케어콜은 안부 전화를 걸어 식사, 수면, 외출 등의 주제로 어르신의 상태를 확인하고, 어르신

---

4) 네이버·SAPI(2021), 「NAVER-SAPI AI REPORT」

의 답변에 따라 자연스럽게 대화를 이어 가는 서비스이다. 보고서에서 말하고 있는 AI 윤리 차원에서의 고려 사항을 보면 인간성 결여 방지를 위해 단답 대신 공감, 지지, 격려의 대화 표현을 이용하였다고 했다. 또한 다양성의 가치를 고려하고 부당한 차별이 발생하지 않도록, 어눌한 발음, 사투리, 비문 등 다양한 형식의 음성을 인식하도록 하거나 성별, 나이를 설정하지 않았다고 한다. 또한 유해성을 차단하기 위하여 욕설 등 부적절한 표현을 사용하지 않도록 하고 프라이버시와 정보 보안 관련 기술적 조치도 취하였다고 한다.

2. KAKAO[5]

두 번째 사례는 카카오의 윤리적 대응이다. 네이버가 협력 관계를 구축하는 데 힘썼다면, 카카오의 가장 큰 AI 윤리 대응 특징은 자체적인 대응 능력을 강화시킨다는 점이다. 카카오는 2018년 자사의 기술과 서비스를 통해 우리 사회의 구성원과 함께 성장하는 미래를 지향하며 이를 목표로 국내 최초 인공지능 윤리 헌장인 카카오 알고리즘 윤리 헌장을 제정했다. 카카오 측은 인공지능 기술과 서비스만 발전하면 위험을 초래할 수 있으므로, 인공지능 기술 발전에 따른 필연적인 윤리 문제를 해결하기 위하여 이 윤리 헌장을 마련했다고 밝혔다. 헌장의 내용은 다음과 같다.

---

5) KAKAO(n.d.), "AI 윤리"의 내용을 요약한 것임: https://www.kakaocorp.com/page/responsible/aiEthics (검색일: 2023. 7. 29.)

「카카오 알고리즘 윤리 헌장」

① 카카오 알고리즘의 기본 원칙

- 카카오는 알고리즘과 관련된 모든 노력을 우리 사회 윤리 안에서 다하며, 이를 통해 인류의 편익과 행복을 추구한다.
  - 카카오가 알고리즘 윤리 헌장을 도입한 목적입니다.
  - 카카오는 알고리즘 개발을 통해 카카오 서비스를 직·간접적으로 이용하는 사람들이 편익을 누리고, 보다 행복해지는 데 기여하고자 합니다. 알고리즘 개발 및 관리와 관련된 일련의 과정에서 카카오의 노력은 우리 사회의 윤리 원칙에 부합하는 방향으로 이뤄질 것입니다.

② 차별에 대한 경계

- 알고리즘 결과에서 의도적인 사회적 차별이 일어나지 않도록 경계한다.
  - 카카오는 다양한 가치가 공존하는 사회를 지향합니다.
  - 카카오의 서비스로 구현된 알고리즘 결과가 특정 가치에 편향되거나 사회적인 차별을 강화하지 않도록 노력하겠습니다.

③ 학습 데이터 운영

- 알고리즘에 입력되는 학습 데이터를 사회 윤리에 근거하여 수집·분석·활용한다.
  - 카카오는 알고리즘의 개발 및 성능 고도화, 품질 유지를 위한 데이터 수집, 관리 및 활용 등 전 과정을 우리 사회의 윤리를 벗어나지 않는 범위에서 수행하겠습니다.

④ 알고리즘의 독립성

- 알고리즘이 누군가에 의해 자의적으로 훼손되거나 영향받는 일이 없도록 엄정하게 관리한다.

- 카카오는 알고리즘이 특정 의도의 영향을 받아 훼손되거나 왜곡될 가능성을 차단하고 있습니다.
- 앞으로도 카카오는 알고리즘을 독립적이고 엄정하게 관리할 것입니다.

⑤ 알고리즘에 대한 설명
- 이용자와의 신뢰 관계를 위해 기업 경쟁력을 훼손하지 않는 범위 내에서 알고리즘에 대해 성실하게 설명한다.
  - 카카오는 새로운 연결을 통해 더 편리하고 즐거워진 세상을 꿈꿉니다.
  - 카카오 서비스는 사람과 사람, 사람과 기술을 한층 가깝게 연결함으로써 그 목표에 다가가고자 합니다. 카카오는 모든 연결에서 이용자와의 신뢰 관계를 소중하게 생각합니다. 이를 위해 더 나은 가치를 지속적으로 제공하는 기업으로서, 이용자와 성실하게 소통하겠습니다.

⑥ 기술의 포용성
- 알고리즘 기반의 기술과 서비스가 우리 사회 전반을 포용할 수 있도록 노력한다.
  - 카카오는 우리 사회의 모든 구성원이 우리의 기술과 서비스를 통해 함께 성장하는 미래를 지향합니다.
  - 알고리즘은 그 자체에 내재된 특성으로 인해 의도하지 않은 사회적 소외를 초래할 수 있습니다. 카카오는 이러한 역기능에 민감할 뿐만 아니라, 알고리즘을 활용하여 사회적 취약 계층의 편익과 행복을 증진할 수 있는 방안에도 주의를 기울이겠습니다.

⑦ 아동과 청소년에 대한 보호
- 카카오는 아동과 청소년이 부적절한 정보와 위험에 노출되지 않도록 알고리즘 개발 및 서비스 디자인 단계부터 주의한다.

- Digital for kids.
- 카카오는 우리 사회의 미래인 아동과 청소년이 깨끗하고 건강한 디지털 세상에서 건강한 인격체로 성장할 수 있도록 노력하고 있습니다. 카카오는 정신적·신체적으로 유해할 수 있는 정보와 위험으로부터 아동과 청소년을 보호하기 위한 환경을 조성하도록 부단한 관심과 자원을 쏟겠습니다.

⑧ 프라이버시 보호
- 알고리즘을 활용한 서비스 및 기술의 설계와 운영 등의 전 과정에서 이용자의 프라이버시 보호에 소홀함이 없도록 노력을 다한다.
- 카카오는 알고리즘을 활용한 서비스로 이용자들에게 보다 편리한 일상을 제공하고 있습니다.
- 이 과정에서 카카오는 프라이버시 보호 원칙을 지키며 알고리즘을 만들고 운영할 수 있도록 책임을 다하겠습니다. 그 실천을 위해 Privacy by Design을 기반으로 카카오 서비스와 기술의 기획·운영 전 단계에 프라이버시 보호를 위한 사전 예방과 점검, 개인 정보 영향 평가 등을 도입하고 발전시켜 나가겠습니다.

헌장 외에도 카카오는 전 직원을 대상으로 'AI 알고리즘 윤리 교육'을 실시하기도 했으며, 카카오 공동체센터(Corporate Alignment Center: CAC)는 공동체 전반에 걸쳐 기술 윤리를 점검하고 이를 사회와 함께 발전시켜 나가는 방안을 지속적으로 연구하기 위한 '카카오 공동체 기술 윤리 위원회(Tech for good committee)'를 출범하기도 했다. 여기에는 카카오, 카카오게임즈 등 8곳의 기술부문장 및 최고기술책임자(CTO)

가 위원으로 참여하는데, 각 공동체마다 별도 기술 윤리 전담 조직을 신설하였다.

국내 기업 사례들을 살펴본 결과 네이버의 경우 AI 윤리를 위하여 협력적 거버넌스를 구축하여 외부 전문가들의 시선을 통해 객관성을 확보하고 있었으며, 카카오는 윤리를 위한 선도적인 움직임을 보이고 있었고, AI 윤리에 대한 자체적인 내력 강화에 힘쓰는 점이 보였다. 또한 국내 기업들은 해외 기업과는 또 다른 AI 윤리 대응을 보여 주고 있는데, 차이 중 하나는 '책임'이라는 키워드보다는 '윤리'라는 키워드를 직접적으로 다루고 있다는 점이다. 이는 책임을 포함하여 AI에 대하여 전 윤리적인 관점을 취하는 특징을 보여 주고 있다.

IV. 기업의 AI 윤리 위기 관리 사례[6]

해외에서는 편향적인 AI 면접 사례라거나, 인종 차별적인 AI의 범죄 예측이라거나, AI 스피커로 인한 개인 정보 유출 등의 사례가 이슈가 된 적이 있었다. 국내에서는 AI의 윤리적 문제가 크게 대두된 적이 없었지만, 2020년 말 한국을 뜨겁게 달군 AI 윤리 문제가 발생하게 되었다.

---

6) AI LUDA(2022). "AI 윤리". Scatter Lab의 내용을 요약하였음: https://team.luda.ai/ai-ethics 참조. (검색일: 2023. 7. 29.)

[그림 2] AI 챗봇 이루다의 윤리 문제

출처: 박설민(2021), "AI챗봇 '이루다'가 던진, 결코 가볍지 않은 메시지", 시사위크, http://www.sisaweek.com/news/articleView.html?idxno=140849 (검색일: 2023. 7. 29.)

당시 한 스타트 기업에서 AI 챗봇인 '이루다'를 출시했다. 이루다는 2020년 6월에 베타 서비스를 거친 후 6개월이 지나 출시된 것인데, 정식 서비스가 출시된 지 채 한 달이 안 돼서 여러 가지 논란으로 인해 서비스를 중단하게 되었다. 서비스 중단의 이유는 다양했다. 사회적 약자, 인종 등에 따른 여러 혐오와 차별 표현을 사용하기도 했고, 성적인 목적으로 사용되거나 성적인 표현을 사용하기도 했으며, 수집된 개인정보를 다른 사람들에게 전달하기도 했다. 이로 인해 이루다 개발사는 개인정보보호위원회로부터 1억 원 이상의 과징금과 과태료 등을 부과받았다. 이루다 사태로 인하여 국내에서는 AI의 윤리적인 문제에 대하여 심각성과 경각심을 느끼게 되었고, 기업과 학계에서는 이와 관련한 많은 연구가 이루어지기도 했다.

기업은 기술에 대하여 어디까지 윤리적인 책임을 다해야 할까. 이루다 사태에 대한 개발사 스캐터랩의 대응은 이에 대한 대답을 일부 보여주고 있다. 스캐터랩은 사태 이후 서비스를 잠정 중단하였지만, 서비스를 전면 폐지하기보다는 윤리적인 오류를 수정하여 재출시하는 길을 선택했다. 그 몇 가지 위기 대응 및 해결 사례를 살펴보면 다음과 같다.

먼저 스캐터랩은 AI 챗봇 개발 과정과 활용에 있어 준수해야 할 AI 윤리 준칙을 설정하였다.

「스캐터랩 AI 윤리 준칙」
① 첫째, 사람을 위한 AI 개발
- 스캐터랩은 AI를 통해 누구나 소중한 관계를 갖는 세상을 꿈꿉니다.
  - 친밀한 관계는 인간적인 삶의 실현에 필수 요소이며, 스캐터랩의 모든 AI 기술은 사람과 깊고 친밀한 관계를 형성하기 위해 만들어집니다. 사람은 좋은 사람과 좋은 관계를 맺으며 자신에 대해 깊이 이해하고, 용기를 얻고, 성장합니다. 스캐터랩은 더 많은 사람들이 소중한 관계를 통해 의미 있는 삶을 찾는 데 기여하고자 합니다. 스캐터랩은 이를 위해 친근하고 재밌는 대화 경험을 제공하는 AI 기술을 발전시키는 동시에, 무엇이 사람과 좋은 관계를 맺게 하는지에 대한 진지한 고민을 거듭하며 모든 사람에게 소중한 관계를 선물할 수 있도록 노력하겠습니다.

② 둘째, 다양한 삶의 가치 존중
- 스캐터랩은 AI 기술 및 서비스 개발 시 부당하거나 의도적인 차별을 경계하며 다양성을 존중합니다.
  - 친밀한 관계는 상대의 모습을 있는 그대로 존중해 줄 때에만 형성될 수

있습니다. 스캐터랩은 각 사람이 서로 다양한 개성을 가진 고유한 존재임을 인정하며, 그 고유한 개성을 존중합니다. 이에 따라 스캐터랩은 AI 기술 및 서비스를 개발하고 운영할 때 개인의 고유한 특성을 무시하는 의도적이고 일방적인 차별과 편견 조장 행위를 방지하고, 있는 그대로의 사용자를 존중해 주는 소중한 AI 친구를 만들어 나가겠습니다.

③ 셋째, 함께 실현해가는 AI 기술의 구현
- 스캐터랩은 사용자와 함께 AI 챗봇 윤리를 실현해 나갑니다.
  - 친밀한 관계는 어느 한 쪽의 노력이 아닌 상호 노력으로 만들어갈 수 있습니다. AI 윤리는 기술 개발 및 서비스 이용 과정에서 기업과 사용자 모두의 노력으로 실현되어야 합니다. 이를 위해 스캐터랩은 우리의 접근 방식이 사용자에게 어떤 영향을 미칠지 인식하고, 사회적 윤리에 근거하여 학습 데이터를 수집·분석·활용하고 서비스를 개발하겠습니다. 동시에, 사용자들도 사회적 윤리 기준을 지키며 책임감 있게 AI 서비스를 이용할 수 있도록 돕겠습니다.

④ 넷째, 합리적 설명을 통한 신뢰 관계 유지
- 스캐터랩은 AI 챗봇 서비스를 안심하고 이용할 수 있도록 기술과 서비스에 대해 성실하게 설명합니다.
  - 친밀한 관계는 서로가 숨기는 것이 없이 투명하게 서로를 이해할 때만 생길 수 있습니다. 스캐터랩이 AI 기술로 구현하는 서비스는 사용자의 소중한 친구이기도 합니다. 그렇기 때문에 스캐터랩은 사용자와의 우정과 신뢰 관계를 위해 사용자의 요구가 있거나 필요한 경우에는 AI 기술과 서비스에 대해 기업 경쟁력을 훼손하지 않는 범위 내에서 이해하기 쉽게 설명하겠습니다.

⑤ 다섯째, 프라이버시 보호와 정보 보안 발전에 기여
- 스캐터랩은 언어 AI 기술에서의 프라이버시 보호 및 정보 보안 발전에 적극적으로 기여합니다.
  - 친밀한 관계에서는 서로의 프라이버시를 지켜 줄 수 있어야 합니다. 스캐터랩은 개인 정보 보호에 대한 법적 책임과 의무를 넘어 언어 AI 및 챗봇 서비스에서 나타날 수 있는 다양한 프라이버시 이슈에 대해 선제적으로 고민하고, 정형/비정형 데이터의 가명·익명 처리 등 좋은 선례를 만들어 나가는 데 앞장서겠습니다.

이와 함께 공개한 'AI 챗봇 윤리 점검 표'에는 이러한 위기 대응 과정이 자세히 나열되어 있다. AI 챗봇 윤리 점검 표는 스캐터랩이 윤리 준칙에 맞춰 정보통신정책연구원과 협업하여 개발한 체크리스트이다. 구체적으로는 스캐터랩의 자체 AI 챗봇 윤리 준칙의 가치를 국가 AI 윤리 기준 10대 핵심 요건별로 재구성하여 총 21개의 점검 항목으로 제시한 것이다. 이는 스캐터랩의 경험과 사례를 바탕으로 AI 챗봇에 적용할 수 있는 점검 문항을 구체적으로 명시해 지속적으로 윤리 기준을 실천하고, 기업의 구체적인 사례를 바탕으로 정부와 각계 전문가의 의견을 조합한 최종 결과물을 공개함으로써 인공지능을 개발 및 운영하는 기업과 산업에 도움이 되고자 하는 목적을 가지고 개발되었다.

「스캐터랩 AI 챗봇 윤리 점검 점검 표」
① 인권 보장
  1-1. AI 챗봇이 사람들의 삶에 도움이 되는 소통 경험을 제공할 수 있도

록 개발 운영하고 있는가? [기획, 개발, 운영]

　1-2. AI 챗봇이 모든 인간을 평등한 친구처럼 대우함으로써 성별, 연령, 지역, 종교, 인종, 민족, 경제적 수준, 성적 지향, 정치적 성향, 장애, 외모, 학력을 이유로 차별하지 않도록 개발 운영하고 있는가? [기획, 개발, 운영]

② 프라이버시 보호

　2-1. AI 챗봇이 개인 정보를 수집·활용하는 경우, 개인 정보 보호법 등 관련 법령 준수에 필요한 개인정보보호위원회의 〈인공지능(AI) 개인 정보 보호 자율 점검 표〉에 따른 점검을 수행하였는가? [기획]

　2-2. 법에 규정된 책임과 의무를 넘어 이용자의 프라이버시를 우선적으로 고려하여 AI 챗봇을 기획 및 운영하였는가? [기획, 운영]

③ 다양성 존중

　3-1. AI 챗봇 기획, 개발 과정에서 데이터 또는 모델의 편향성을 최소화하고자 노력하고 있는가? [기획, 개발]

　3-2. AI 챗봇 개발 전체 과정에서 다양한 외부 의견을 청취 검토 평가 반영하고 있는가? [기획, 개발, 운영, 문제 대응]

　3-3. AI 챗봇과 대화 시 편향이나 차별적인 대화가 발견될 경우, 스캐터랩 내부에서 검토 평가 반영할 수 있는 일련의 절차가 준비되어 있는가? [운영, 문제 대응]

　3-4. AI 챗봇 기획, 개발, 운영을 하는 모든 직원이 차별을 경계하고 이용자를 존중할 수 있도록 다양성 교육의 기회를 제공하고 있는가? [기획, 개발, 운영]

④ 침해 금지

4-1. AI 챗봇의 활용 과정에서 개인 정보 침해 우려를 사전에 검토하고, 침해 발생 시 대응을 위한 사후 절차를 마련하였는가? [문제 대응]

4-2. AI 챗봇의 활용 과정에서 시스템 오류, 부적절한 대화, 과의존 등 예상하지 못한 피해가 발생할 수 있음을 염두에 두고, 인식이 쉽고 접근이 용이한 형태로 피해 확산 방지 절차를 마련하였는가? [문제 대응]

⑤ 공공성

5-1. AI 챗봇이 이용자들의 사회적 관계 형성이나 유지에 긍정적인 영향을 미치는지 설문, 모니터링 등의 방법으로 확인하고 있는가? [운영, 문제 대응]

5-2. AI 챗봇과의 대화가 공유되면서 폭력성, 음란성, 편향성 등 사회적으로 부정적인 영향이 발생할 수 있음을 고려해 대책을 마련하였는가? [기획, 개발]

⑥ 연대성

6-1. AI 챗봇이 지역, 성별, 세대, 계층 간 갈등을 유발하는 등 사회 통합을 저해할 개연성이 있는지를 고려하고 있는가? [기획, 개발]

⑦ 데이터 관리

7-1. AI 챗봇의 개발에 활용되는 데이터의 수집, 데이터 정제 파이프라인 및 그 결과물 등 처리 전 과정을 기록하고 있는가? [개발]

7-2. AI 챗봇의 개발, 운영에 활용되는 데이터의 업무에 대하여 접근 권한 분리, 암호화, 조직 구성, 담당자 지정, 정기 점검과 같은 기술적, 관리적, 물리적 통제 방안을 마련하는 등 적절한 데이터 거버넌스를 구축하였는가? [개발, 운영]

⑧ 책임성

8-1. AI 챗봇을 개발·운영하는 과정에서 인공지능 윤리 기준을 준수를 위한 담당자 지정 등 적절한 방안을 마련하였는가? [운영]

8-2. AI 챗봇 이용자들이 AI 챗봇 윤리를 준수하면서 책임감 있게 AI 서비스를 이용할 수 있도록 안내하고, 이를 위반하는 경우 대응하기 위한 장치를 마련했는가? [운영, 문제 대응]

⑨ 안전성

9-1. AI 챗봇이 선정적이거나, 공격적이거나, 편향되는 등 부적절한 문장을 발화하지 않는지 지속해서 점검하고 데이터를 관리하고 있는가? [운영]

9-2. AI 챗봇에 대한 해킹 등 의도적인 공격 가능성에 대응하는 충분한 보안 조치를 시행하고 있는가? [문제 대응]

⑩ 투명성

10-1. 이용자가 학습된 데이터 기반의 결정을 하는 인공지능과 상호 작용하고 있다는 사실을 이용자에게 고지하고 있는가? [운영]

10-2. AI 챗봇을 이용자가 목적에 맞게 사용하도록 유도하기 위해 알고리즘의 원리 또는 데이터 수집 방법 등의 기술, 윤리, 법령 각 부분에 관하여 필요한 정보를 충분히 제공하고 있는가? [운영]

더불어 스캐터랩은 AI 챗봇 프라이버시 정책을 다음처럼 만들기도 했다. 첫째, AI 챗봇 연구에 활용되는 데이터는 엄격하게 가명 처리하여 개인을 식별할 수 없도록 한다. 둘째, 언어 모델을 학습함으로써 한국어 대화를 이해하는 방법을 배운다. 셋째, 사람이 직접 말했던 문장이 아닌, 새로 생성한 문장만을 활용하여 '말'을 한다. 넷째, 답변으로 활용되는 문장들은 안전한 활용을 위해 추가 필터링 절차를 거친다. 다섯째, 각 데이터베이스는 철저하게 접근을 제한한다. 여섯째, 혹시 모를 개인 정보 유출의 위험에 대비해 사후 대책을 마련한다.

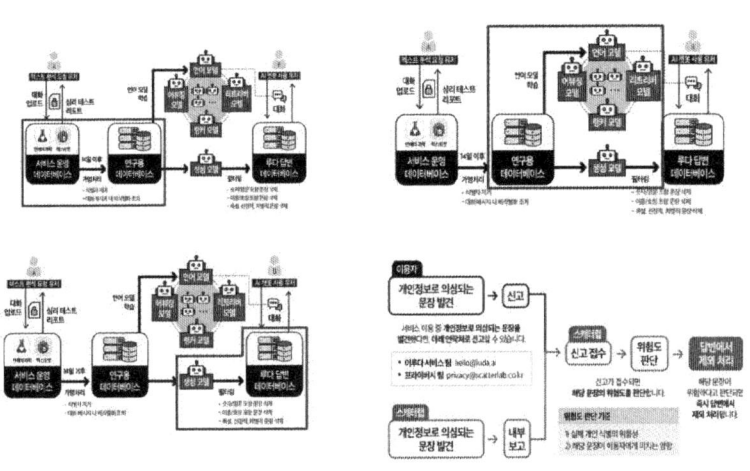

[그림 3] 스캐터랩 AI 챗봇 프라이버시 정책

나아가 실질적인 AI 윤리 대응이 가능하도록 AI 챗봇 어뷰징 대응 정책도 제안했다. 여기서의 '어뷰징'은 특정 개인 또는 특정 집단을 공격, 모욕, 비하하는 행위로 정의된다. 스캐터랩은 이루다가 이전에 부적절하게 반응했던 대화들을 면밀히 검토했다. 여기에 AI 윤리와 어뷰징을 다루는 여러 논문도 참고해 '어뷰징 대화'를 선정적, 공격적, 편향적인 대화 등 총 세 가지로 정의했다.

- 선정적인 대화: 성적인 만족을 위한 선정적이거나 음란한 언어를 포함한 표현
- 공격적인 대화: 과도한 욕설이나 비속어 및 공격적인 표현
- 편향적인 대화: 특정 개인 및 그룹을 대상으로 차별 및 편견을 드러내는 표현

그리고 어뷰징을 방지하기 위해 3가지 어뷰징 탐지 기술 및 대응책을 마련했다.

① 대화의 문맥을 보고 어뷰징을 탐지·분류하는 '어뷰징 탐지 모델'을 개발해 적용
② '대화 모델' 학습을 고도화해 어뷰징 대응을 더욱 잘 할 수 있도록 함
③ 어뷰저 패널티 시스템을 도입해 지속적으로 어뷰징 표현이 이어질 경우 이용을 제한

[그림 4] 스캐터랩의 어뷰징 탐지 기술 및 대응책

이렇게 노력한 결과, 스캐터랩은 윤리적 이슈에도 불구하고 SK텔레콤으로부터 150억 원의 지분 투자를 받고 전략적 파트너십을 체결할

정도로 '관계 지향형 AI 에이전트'라는 기업 정체성을 보유하게 되었다. 따라서 AI 제품 및 서비스를 개발하는 기업은 윤리적인 문제가 발생하더라도 이에 대한 개선 방안을 마련하고 윤리적 책임 과정을 사회적 경험으로 남겨 줄 수 있어야 한다.

이를 위해서 실질적으로 AI 기업은 기업만의 AI 윤리 대응 정책을 반드시 꾸릴 수 있어야 하며, 내부적인 AI 윤리 대응 팀 설치는 물론이며 외부 인사로 꾸며진 AI 윤리 자문 기구를 꾸려 객관적인 시각에서 AI 윤리 위기 관리를 계속적으로 해 나가야 한다. 그럴 때 비로소 AI 기업의 지속적인 성장이 안정화되고 이용자들로부터 신뢰받을 수 있는 위치를 차지할 수 있을 것이다. 다시 말해 시시각각 변하는 사회에서 이와 같은 유연한 기업 문화가 형성된다면 이용자들은 오히려 안정감을 느낄 수 있을 것이고, 이것이 곧 기업에 도움이 될 것이다.

참고 문헌

NAVER·SAPI(2021). 「NAVER-SAPI AI REPORT」.

국가기술표준원(2023). "인공지능(AI) 윤리 국가표준(KS) 첫 제정". https://www.kats.go.kr/content.do?cmsid=240&cid=23800&mode=view

박설민(2021). "AI챗봇 '이루다'가 던진, 결코 가볍지 않은 메시지". 시사위크. http://www.sisaweek.com/news/articleView.html?idxno=140849 (검색일: 2023. 7. 29.)

AI LUDA(2022). "AI 윤리". Scatter Lab. https://team.luda.ai/ai-ethics (검색일: 2023. 7. 29.)

KAKAO(n.d.). "AI 윤리". https://www.kakaocorp.com/page/responsible/aiEthics (검색일: 2023. 7. 29.)

Google AI(n.d.). Google. https://ai.google/ (검색일: 2023. 7. 29.)

Microsoft AI(n.d.). Microsoft. https://www.microsoft.com/en-us/ai (검색일: 2023. 7. 29.)

NAVER(n.d.). "AI 윤리준칙". https://www.navercorp.com/value/aiCodeEthics (검색일: 2023. 7. 29.)

제7장
AI 윤리 인증 준거: 책임성과 투명성

I. AI 윤리 인증제는 왜 필요한가?[1]

국가표준인증 통합정보시스템은 인증의 개념을 "제품 등과 같은 평가 대상이 정해진 표준이나 기술 규정 등에 적합하다는 평가를 받음으로써 그 사용 및 출하가 가능하다는 것을 입증하는 행위를 말한다"[2]라고 정의한다. 또한, 인증 제도란 "평가 대상이 그에 적용되는 평가 준거에 만족하는지 여부를 판단하기 위해 자격을 갖춘 자가 평가를 직접 수행하거나 제3자의 평가를 근거로 입증하는 행위를 말한다"[3]라고 정의한다. 따라서 어떤 새로운 상품이 개발되거나 혹은 상용화될 경우 대부분의 상품은 인증 제도 절차를 걸쳐 상품에 대한 평가를 받고 그에 따

---

1) 변순용 외(2019). "홈 헬스 케어 AI Robot의 윤리 인증의 필요성과 그 준거에 대한 연구". 윤리연구, 127. pp.147-168.
2) "인증 제도란?"(n.d.). 국가기술표준원. https://standard.go.kr/KSCI/crtfcPotIntro/crtfcSystemIntro.do?menuId=540&topMenuId=536&uppe (검색일: 2023. 7. 29.)
3) "인증 제도란?"(n.d.). 국가기술표준원. https://standard.go.kr/KSCI/crtfcPotIntro/crtfcSystemIntro.do?menuId=540&topMenuId=536&uppe (검색일: 2023. 7. 29.)

른 상품에 대한 인증을 한다. 그러나 이 과정이 필수적인 상품이 있는가 하면 그렇지 않은 상품들도 있다. 그 결과 인증 제도는 다시 두 가지로 구분되는데, 법적 근거 유무에 따라 하나는 법정 인증 제도, 다른 하나는 민간 인증 제도로 나뉘며, 법정 인증 제도는 다시 강제성의 유무에 따라 강제 인증과 임의 인증으로 나뉜다. 또한, 국가의 각 부처에서 시행하고 있는 인증 제도는 인증, 형식 승인, 검정, 형식 검정, 형식 등록 등 인증 대상의 특성에 따라 다양한 명칭으로 운영되고 있다.[4]

그러므로 이와 같은 인증 제도의 다양한 과정을 통해 구매자는 자신이 원하는 어떤 특정 요건을 제품이 충족시켰는가를 확인할 수 있으며, 동시에 상품은 그에 대한 안전성과 신뢰성을 확보할 수 있을 것이다. 따라서 새로운 상품에 대한 인증은 그것을 사용하는 사용자가 구매를 하는 데 있어서 매우 매력적인 조건이라고 할 수 있을 것이다. 달리 말해, 구입하려고 하는 상품이 국가 혹은 신뢰할 수 있는 기관에 의해 인증을 받았다면, 그 상품에 대한 구매력은 증가할 것이다. 그러므로 이와 같은 인증 제도의 다양한 과정을 통해 구매자는 자신이 원하는 어떤 특정 요건을 제품이 충족시켰는가를 확인할 수 있으며, 동시에 상품은 그에 대한 안전성과 신뢰성을 확보할 수 있을 것이다. 따라서 우리는 새로이 제작된 AI 시스템 및 제품도 인증 제도가 필요한지에 대하여 논의해야 하며, 동시에 만약 인증 제도가 필요하다면, 그 인증 제도의 준

---

[4] "인증 제도란?"(n.d.). 국가기술표준원. https://standard.go.kr/KSCI/crtfcPotIntro/crtfcSystemIntro.do?menuId=540&topMenuId=536&uppe (검색일: 2023. 7. 29.)

거에 대하여도 논의해야 한다. 왜냐하면, AI 시스템 및 제품은 향후 우리의 일상을 함께 할 수 있는 가능성이 매우 높기 때문이다. 달리 말해, 우리와 가장 밀접한 공간을 함께 사용하는 것에 대한 안정성의 확보는 반드시 필요하다는 것이다. 또한, 소비자의 입장에서 어떤 준거에 부합하기 때문에 안정성이 확보되었는가를 알 수 있다는 것은 제품의 상태에 대한 소비자의 알 권리를 보장해 주기 때문이다.

우리는 'AI 시스템 및 제품을 개발하는 데 있어서 그 AI 시스템 및 제품이 윤리적이야 한다'라는 가정하에 그것을 설계하고 제작한다. 이는 곧 윤리적 AI를 만들겠다는 것이며, 또한 AI 시스템 및 제품에 장착해야 하는 프로그램이 윤리적이어야 한다는 것을 함축한다. 인간의 삶을 윤택하게 하기 위한 도구로서의 인공지능은, 인간의 존엄성을 위해하지 않는 범위 내에서, 인류의 공공선을 실현하기 위해 개발된다.[5] 그리고, AI 시스템 및 제품이 개발되어야 하는 것은 인간과 관련된 다양한 가치들과 관련된 것으로 가치 평가의 문제로 귀결된다고 할 수 있다. 그 결과 인간과 AI와 관련된 개발은 윤리학적 측면에서의 고려가 필요해 보인다. 이는 곧, 규범 윤리학에서 말하는 결과주의와 비결과주의 규범 윤리 이론, 혹은 또 다른 다양한 규범 윤리 이론에 근거하여 AI 시스템 및 제품에 장착되는 프로그램이 개발되어야 한다는 것을 의미한다. 따라서 개발된 AI 시스템 및 제품에 대한 객관적 근거 자료, 즉 어떤 개발된 AI 시스템 및 제품이 윤리적이라고 판단할 수 있는 근거를

---

5) 변순용 외(2017). "로봇 윤리 헌장의 필요성과 내용에 대한 연구". 윤리연구, 112. pp.305-308 참조.

제시해야만 그 AI 시스템 및 제품이 윤리적이라고 할 수 있다는 것이다. 결과적으로 우리가 어떤 AI 시스템 및 제품을 윤리적 AI로 명명하려면, 그것의 윤리적 평가 준거, 다시 말해 윤리적 AI가 어떤 의미에서 윤리적이라고 할 수 있는지를 평가하는 윤리 인증 제도가 필연적이라고 할 수 있다.[6] 또한, 앞서 설명하였듯이 그 AI 시스템 및 제품이 우리의 삶과 매우 밀접한 관계를 맺고 있을 확률이 더 높은 우리의 삶에서 사용할 AI 시스템 및 제품이라면 윤리 인증제의 필요성은 더욱 강조되어야만 한다.

현재 전 세계적으로 AI 시스템 및 제품의 윤리 인증 제도에 대한 논의가 활발하게 이루어지고 있는 실정이다. 유럽 연합은 최근 2019년에 "신뢰할 만한 AI를 위한 윤리 가이드라인(Ethics Guidelines for Trustworthy AI)"을 발표하였으며, 미국은 2016년 백악관 과학기술정책부가 인공지능에 대한 규제 원칙 및 윤리 규범 마련을 위한 3개의 보고서를 발표하였다. 또한, 전기전자공학 분야에서 세계적으로 가장 영향력 있는 전기전자공학자협회(Institute of Electrical and Electronics Engineers: 이하 IEEE)에서도 2017년 "윤리적 통합 디자인 버전 2(Ethically Aligned Design Version 2)"를 발표하였다. 중국도 2017년 정부 차원에서 "새로운 시대의 AI의 개발을 위한 계획(The Plan for the Development of New Generation Artificial Intelligence)"을 시작으로, 2019년 현재까지 "새로운 시대 AI 정부 원칙 - 책임감 있는 AI 개발(New Generation AI Gover-

---

[6] 인공지능 로봇이 윤리적이라고 평가할 수 있는 그 준거에 대한 논의는 다음 장에서 좀 더 자세하게 논의할 것이다.

nance Principles -Developing Responsible AI" 등을 지속적으로 발표하고 있다. 그리고 일본을 비롯한 세계 각국과 각국의 다양한 단체 및 기관에서도 지속적으로 윤리적 AI와 그에 대한 인증 제도에 대하여 논의하고 있다. 물론, 우리나라에서도 이에 대한 논의가 진행되고 있으며, 각국에서 발표된 많은 보고서 및 정책에 대한 리뷰 또한 지속적으로 업데이트되고 있다. 2018년 한국정보화진흥원에서 발표한 "지능 정보 사회 윤리 가이드라인", 로봇산업진흥원에서 진행되고 있는 "인공지능 로봇(의 개발과 이용)에 대한 윤리 가이드라인" 등이 이에 해당한다고 할 수 있다.

앞선 문단에서 제시된 각각의 국가들이 제시한 보고서 및 제안서들을 시대순으로 살펴보면, 대체로 처음에 발표된 보고서 및 제안서에서 가장 우선적으로 AI 시스템 및 제품은 윤리적으로 제작되어야 한다고 설명한다. 그러나 이후에 발표된 보고서에는 윤리적 AI의 설계, 제작 그리고 사용보다는 AI 시스템 및 제품이 윤리적 행위를 하게끔 할 수 있는 준거 혹은 윤리적이라고 평가할 수 있게 하는 준거가 무엇인가에 대한 논의가 좀 더 집중적으로 다뤄지고 있다. 이는 각각의 국가들이 AI 시스템 및 제품의 윤리 인증 준거와 그 제도에 대한 연구가 지속적으로 이루어지고 있다는 것을 방증한다. 그러므로 우리나라에서도 국가적인 차원에서 AI 시스템 및 제품의 윤리 인증제 도입에 대한 실질적인 논의가 필요할 것으로 사료된다.[7]

---

7) 다른 국가들과 비교했을 때, 우리나라의 경우 인공지능 로봇의 윤리 인증 준거와 윤리 인증제에 대한 논의가 매우 미흡하다. 따라서, 우리나라에서는 왜 이와 같은 논의가 부족한가에 대한 분석이 필요해 보인다. 이에 대한 분석은 차후의 과제로 미루어 본다.

결과적으로 윤리 인증제에 대한 국가적 차원에서의 논의는 윤리적 AI를 상용화하기 위해서 필요한 최소한의 조건이 무엇인지가 되어야 할 것이다. 달리 말해, 이는 윤리적 AI라고 할 수 있는 필요조건이 무엇인가에 대한 논의일 것이다. 우리가 자동차를 운전하기 위한 필요조건은 운전면허이다. 이와 마찬가지로, 윤리적 AI를 사용하기 위해서는 윤리 인증제가 필요조건일 것이다. 따라서, 만약 윤리 인증이라는 필요조건을 충족하지 못할 경우, 우리는 그것을 윤리적 AI라고 명명할 수 없으며, 동시에 그것을 사용할 수도 없을 것이다. 그러므로, 윤리적 AI를 설계 및 제작하고, 사용하고 그것이 윤리적이라고 명명하려면, 그에 상응하는 필요조건으로서의 윤리 인증제는 어찌 보면 명약관화해 보인다.

II. 윤리 인증 준거의 탐색

1. 다양한 윤리 인증 준거의 요소

앞서 살펴본 것과 같이 우리가 설계 및 제작한 인공지능 로봇이 윤리적 행위를 하는 인공지능 로봇이라고 정당화하기 위해서 윤리 인증제는 필수적이다. 그렇다면, 우리가 어떤 인공지능 로봇이 윤리적이라고 인증하기 위해 필요한 것은 무엇인가? 달리 말해, 이는 다음의 질문, "인공지능 로봇이 수행하는 어떤 행위가 윤리적 행위라고 평가할 수 있는 행위의 평가 준거는 무엇인가?"에 대한 것이다.

본 장에서 우리는 이와 같은 목적을 달성하기 위해 윤리적 행위의 정당화 준거를 제시할 것이다. 이를 위해 우리는 지금까지 각각의 국가에서 발표된 보고서들과 제안서들을 바탕으로 그들이 제시하고 있는 윤리적 행위라고 말할 수 있는 평가 준거가 무엇인가를 살펴볼 것이다. 또한, 제시된 준거에 대한 내용 분석을 통해 어떤 의미에서 인공지능 로봇의 행위가 윤리적으로 정당화될 수 있는지에 대해 논의할 것이다. 결과적으로 이와 같은 논의를 통해 우리는 앞으로 우리나라에 도입되어야 할 인공지능 로봇의 윤리 인증제의 준거를 제시할 수 있을 것이다.

2018년 9월 미국의 전기전자공학자협회의 준거 연합회(IEEE Standards Association: 이하 IEEESA)는 자율적이고 지능적인 시스템의 윤리 인증 프로그램(Ethics Certification Program for Autonomous and Intelligent System: 이하 ECAIS)[8]을 발표하였다. 본 인증 프로그램에서 제시된 두 가지는 목표는 다음과 같다. 첫째, IEEE Ethically Aligned Certification Initiative[9]에 의해 제시된 ECAIS가 자율적이고 지능적인 시스템(Autonomous and Intelligent System: 이하 A/IS) 제품, 서비스 및 시스템을 위한 배지 또는 마크로 사용할 수 있는 세계 최초의 사양 및 중요점을 제공하는 것이다. 둘째, IEEE Ethically Aligned Certification Initiative에 의해 작성된 IEEE의 획기적인 논문, Ethically Aligned

---

8) IEEE(n.d.). IEEE SA. https://standards.ieee.org/wp-content/uploads/import/governance/iccom/IC18-00 (검색일: 2019. 9. 22.)
9) 이 기관은 IEEE Standards Association에 소속된 기관으로 2017년 그들이 발표한 Ethically Aligned Design에서 제시된 내용들을 실행하고 운영하는 단체이다.

Design과 IEEE P7000 Standard Series[10]에 나타난 일들을 강조하는 것이다. 그중에서 가장 중요한 것은 ECAIS이 A/IS와 관련하여 투명성(transparency), 책임성(accountability), 편견(bias)의 점검 및 A/IS 인증 사용에 대한 모범 사례를 구축하고, 산업의 발판으로 중요한 역할을 하는 것이다. 이 두 가지 목표를 종합해 보면, IEEE에서 제시한 인공지능 로봇의 개발과 관련된 많은 사안에서 윤리적 인공지능 로봇을 개발하여야 하며, 동시에 이를 위해 윤리 인증 프로그램이 매우 중요한 역할을 수행할 것임을 알 수 있다. 또한, IEEE가 제시한 윤리 인증 프로그램이 발전된 투명성(advance transparency), 책임성(accountability), 그리고 알고리즘의 편향성(algorithmic bias)을 줄이기 위한 인증과 검사 과정의 시방서[11]라는 것도 알 수 있다. 왜냐하면, 이전에 그들이 작성한 문서, "윤리적 통합 디자인 버전 2"에서 IEEE Ethically Aligned Certification Initiative는 자율적이고 지능적인 시스템의 윤리적 설계와 개발 그리고 이행은 5가지 원칙[12]에 의해 이루어져야 한다고 설명하고 있으며, 그 원칙 중 윤리 인증과 관련해서는 그 5가지 중 3가지(투

---

10) Ethically Aligned Design은 앞으로 발전할 A/IS와 관련된 기술 발전에서 정부, 기업 및 일반인들이 고려해야 할 윤리적 지침들을 담은 보고서이며, IEEE P7000 Standard Series은 IEEE가 A/IS와 관련하여 행하게 될 것들을 상세하게 설명한 보고서이다.
11) "THE ETHICS CERTIFICATION PROGRAM FOR AUTONOMOUS AND INTELLIGENT SYSTEMS (ECPAIS)"(n.d.). IEEE SA. https://standards.ieee.org/industry-connections/ecpais/ (검색일: 2023. 7. 29.)
12) 이 5가지 원칙은 다음과 같다. 첫째, 인권의 존중, 둘째, 인간의 삶을 윤택하게 하는 것, 셋째, 자율적이고 지능적인 시스템의 설계자와 작동자의 책임성에 대한 보장, 넷째, 자율적이고 지능적인 시스템이 투명성 있게 작동하는 것, 다섯째, 자율적이고 지능적인 시스템의 오용에 대한 것.

명성, 책임성[13], 알고리즘의 편향성의 축소)를 더욱 강조하고 있기 때문이다. 결과적으로 이 3가지가 윤리적 인공지능의 핵심 요소이며, 이에 대한 평가에 합격할 경우, 그들이 주장하는 시스템이 완벽한 윤리적 시스템이 될 수 있다고 IEEE Ethically Aligned Certification Initiative는 주장하는 것이며, 이에 대한 상세한 내용은 다음과 같다.

[표 1] 윤리적 AI를 위한 중요 평가 요소

준거	내용
책임성 (responsibility)	사람들과 기관은 책임성(responsibility)과 책무성(accountability), 그리고 잠재적인 피해를 삼가기 위해 이와 같은 시스템의 제조 및 배치에 대한 명확성을 필요로 한다. 또한, 이 시스템의 제조자는 왜 어떤 시스템이 특정한 방식으로 법적 이슈가 될 수 있는 과실성이 발생하였는지를 입증할 수 있는 프로그램 레벨 책임성(programmatic-level accountability)을 공급할 수 있어야 한다. 만약 필요한 경우, 일반 대중들 사이에서 발생할 수 있는 혼동과 공포를 피하기 위해 과실성을 여럿의 책임 있는 설계자, 제조자, 소유자 및 운영자 사이에 배분할 수 있어야 한다. 이를 위해 입법부와 사법부는 A/IS를 개발하고, 배포하는 과정에서 가능한 한 그것에 대한 책임, 과실, 법적 책임, 그리고 책무성에 관한 이슈를 명료화해야 한다. 그 결과 제조자와 사용자는 그들의 권리와 의무를 이해할 수 있나. 그리고 A/IS의 설계자와 개발자는 A/IS의 사용자 그룹 사이에서 존재하는 문화적 규범의 다양성이 관련될 때 그것들을 인식하고 고려해야 한다.

13) Ethically Aligned Design에서는 책임성(accountability)을 책임성(responsibility)과 책무성(accountability)으로 구분하여 두 가지 표현을 합하여 하나로 사용한다.

투명성 (transparency)	사용자를 위해서 투명성은 매우 중요하다. 왜냐하면 투명성은 사용자를 위해 작동된 시스템이 어떻게 작동하는지 왜 작동하는지 이해할 수 있는 기회를 제공하기 때문이다. 또한, A/IS의 비준과 인증을 위해 투명성이 중요하다. 왜냐하면 투명성은 시스템의 과정을 드러내며, 동시에 철저하게 검증된 데이터를 입력하기 때문이다. 마지막으로 문제가 발생할 경우, AS를 위해 사건 조사관에게 투명성이 필요하며, 그 결과 내부적 과정이 투명해야만 발생한 사건에 대한 이해가 가능하기 때문이다. 이를 위해 투명성의 정도를 측정할 수 있고, 테스트할 수 있게 묘사하는 새로운 준거를 개발해야만 한다. 그 결과 시스템이 결정된 준수 사항을 객관적으로 평가하고, 측정할 수 있다. 이와 같은 시스템은 설계자와 사용자에게 인공지능 로봇을 어떻게 설계하고 사용해야 하는지를 알려줄 수 있는 가이드라인을 제공할 수 있을 것이다.
알고리즘의 편향성 (algorithmic bias)	확인된 공동체 규범의 시스템이 반영되더라도 A/IS는 특정 집단에게 불리한 편견을 가질 수 있다. 이와 같은 시스템은 편견을 최소화하기 시스템이지만, 시스템 안의 프로그램의 불완전성, 프로그래머 및 디자이너의 무의식적 가정에서 여전히 편견이 생길 수 있다. 따라서 다양한 사회 집단의 구성원을 포함시켜 예상치 못하거나 발견되지 않는 편견들을 줄여야 한다. 결과적으로 시스템 수행에서 A/IS의 평가는 특정 집단에게 불리한 잠재적인 편향성을 신중하게 가늠해야 한다. 평가 과정은 잠재적으로 불리할 수 있는 집단의 구성원을 통합하여 그와 같은 편향성을 진단하고 수정해야 한다.

출처: IEEE(2019), ETHICALLY ALIGNED DESIGN V. 2 27-30, 51-52

다음으로 윤리 인증제의 준거를 제시하기 위해 우리가 살펴볼 것은 유럽 연합 집행 위원회(European Commission)에서 작성한 윤리 가이드라인이다. 유럽 연합 집행 위원회는 2017년 5월 European Initiative on AI를 창설하고 the Digital Single Market Strategy A Connected Digital Single Market for AI를 발표하였다. 이를 기점으로 그들은 인공지능 로봇을 개발하기 위해 다양한 각도에서 각고의 노력을 하고 있다. 이를 위해 2018년 6월 유럽 연합 진행 위원회는 학계, 시민 사회를 비롯하여 AI를 대표할 만한 52명의 전문가 집단을 기반으로 하는 "AI에 대한 고전문자 집단(High-Level Expert Group on Artificial Intelligence: 이하 AI HLEG)"을 만들었다. AI HLEG는 전 유럽에서 개발되는 AI와 관련된 윤리적 가이드라인을 작성하기 위해 만들어진 독립적 집단으로, 이들은 2018년 12월, "신뢰할 만한 AI를 위한 윤리적 가이드라인 초안(Draft Ethics Guidelines for Trustworthy AI)"을 발표하였으며[14], 이를 기반으로 2019년 4월 8일 완성본, "신뢰할 만한 AI를 위한 가이드라인(Guidelines for Trustworthy AI)"을 작성하였다.

AI HLEG는 신뢰할 수 있는 AI를 만들기 위해 4가지의 과정이 필요하다고 설명한다. 그 첫 번째 단계로 "신뢰할 수 있는 AI가 무엇인가"를 설명한다.[15] 두 번째 단계는, 첫 번째 단계에서 제시한 "신뢰할 수 있는 AI를 만들기 위한 기본적인 윤리 원칙"을 제시한다. 세 번째 단계는 "윤리적 AI를 실현하기 위한 원칙"을 제시한다. 마지막 단계는 "신뢰할 수 있는 AI가 잘 실현되는지에 대한 평가는 어떻게 할 것인가"에 대하여

14) European Commission(2018). Draft Ethics guidelines for trustworthy AI. https://digital-strategy.ec.europa.eu/en/library/draft-ethics-guidelines-trustworthy-ai
15) 이 신뢰할 수 있는 AI가 무엇인가는 "법적으로 위법하지 않아야 하며, 윤리적이어야 하고, 강력해야 한다."이다. 또한 2단계에서 제시한 기본 4원칙은 "첫째, 인간의 자율성을 존중해야 한다. 둘째, 위험을 방지해야 한다. 셋째, 동등해야 한다. 넷째, 설명할 수 있어야 한다."이며, 이 4원칙들 사이에서의 충돌로 발생할 수 있는 문제점을 해결하기 위해 노력해야 하며, 배제될 수 있는 집단이 없도록 더욱 신중하게 AI를 개발해야 한다고 AI HLEG는 설명한다.

제시한다.[16]

이 4단계 체계에서 우리는 3단계 "윤리적 AI를 실현하기 위한 원칙"에 대하여 자세히 살펴볼 것이다. 왜냐하면, 2단계는 설계와 제작의 단계에서 요구되는 인공지능 로봇의 기본적인 원칙에 대한 논의이며, 4단계는 사용되는 인공지능 로봇이 그 역할을 잘 수행하고 있는가에 대한 논의이고, 3단계가 우리가 원하는 인공지능 로봇의 윤리 인증과 관련된 준거에 대한 논의이기 때문이다. 또한 AI의 시스템 수명 기간 동안 7가지의 중요한 필요조건에 대하여 기술적인 방법과 비기술적인 방법을 사용하여 지속적으로 평가하고 다루어야 한다고 설명하고 있다. 즉, 이는 윤리적 AI가 설계되고 제작된 후에 그것이 제대로 그것의 역할을 수행하는지를 판단할 수 있는 지속적인 관찰을 요구하는 것이며, 이는 우리가 앞서 지적한 윤리적 인공지능의 윤리 인증제에 필요한 준거가 될 수 있어 보인다. 왜냐하면, 이와 같은 과정은 기본으로 장착된 윤리 이론들에 따라 그들의 행위가 적합한가를 확인하는 과정이라고 할 수 있기 때문이다. 그러므로 우리는 이 7가지 필요조건, 윤리적 행위를 지속적으로 실천하는지를 평가하고, 판단할 수 있는 조건이 무엇인지에 대하여 살펴봐야 한다.

---

16) European Commission(2019). Ethical Guidelines for Trustworthy AI. pp.2-7 참조.

[표 2] 윤리적 AI를 실현하기 위한 원칙 7가지

표제어	내용
인간 대리 및 관리 (human agency and oversight)	AI는 인간의 자율권과 의사 결정을 돕는 것이다. 따라서 AI는 인간의 기본권을 수호하고 인간의 행위를 대행하는 도구이며, 인간이 감독할 수 있어야 한다.
기술적 견고함과 안전성 (technical robustness and safety)	AI는 그것이 활동하는 기간 동안에 어떠한 상황에서도 안전하고 견고해야 한다. 또한 기술적인 문제가 발생할 경우, 스스로 문제를 해결해야 하며, 불가능한 경우 명확하게 그 문제점을 표출할 수 있는 믿을 수 있는 알고리즘을 가져야 한다.
개인 정보 보호와 데이터 통제 (privacy and data governance)	AI의 사용 기간 동안 수집된 개인 정보는 올바르고 안전하게 사용되어야 하며, 비공개적이어야 한다. 또한, 수집된 데이터는 다른 목적으로 사용 불가능하고, 그에 대한 통제권은 인간에게 있다.
투명성 (transparency)	AI의 시스템은 인간에 의해 접근 가능해야 하며, 그것의 판단에 대하여 설명 가능하고, 추적 가능해야 한다.
다양성, 차별 금지 그리고 공정성 (diversity, non-discrimination and fairness)	AI 시스템이 사용하는 데이터들이 역사적 편향성, 불완전성, 잘못된 통제 시스템 등을 담을 수 있으며, 이에 따라 다양한 편향성들이 나타날 수 있다. 따라서 이는 계층에 대한 편견과 소외 등으로 이어질 수 있다. 그러므로 시스템의 목적, 제약, 요구 사항 및 결정을 명확하고 투명하게 분석하고 발생한 문제들을 해결할 수 있는 감독 프로세스를 마련해야 한다. 동시에 그 사용에 있어서도 차별 없이 공정하게 그것에 접근할 수 있는 접근성을 보장해야 한다.
사회적이고 환경적인 복지 (societal and environmen- tal wellbeing)	AI는 지속 가능하게 그리고 친환경적인 목적으로 사용되어야 하며, 이에 따라 긍정적인 사회 변화를 야기해야 한다.
책임성 (accountability)	책임성은 위에서 제시된 것들을 보완하기 위해 반드시 필요한 것으로 제작, 설계 그리고 사용 전후에 관하여 AI 시스템과 그 결과에 대한 책임 그리고 책임을 보장할 수 있는 메커니즘을 만들어야 한다. 감사, 부정적 영향의 최소화 및 보고, 구제 등이 이에 해당한다고 할 수 있다.

출처: European Commission(2019), Ethics Guidelines for Trustworthy AI, 14-20

AI HLEG는 7가지 필요조건들을 만족하는 신뢰할 수 있는 AI를 실현하기 위해 기술적인 방법과 비기술적인 방법을 사용한다고 한다. 그리고 그 과정에서 변경 사항을 보고하고 정당화할 뿐만 아니라 요구 사항이 구현하는 데 사용된 방법에 대한 평가는 지속적으로 이루어져야 한다. 결국 신뢰할 수 있는 AI의 구현은 AI의 수명 기간 동안 두 가지 방법을 병행하여 수정·보완되어야 한다는 것이다. 이 두 가지 방법에는 다양한 것들이 있다. 우리가 눈여겨봐야 할 것은 비기술적인 방법에 윤리 인증 제도가 포함되어 있다는 것이다. 이는 곧 신뢰할 수 있는 AI를 실현하기 위해서는 윤리 인증 제도가 필요하다는 것이며, 동시에 7가지 필요조건이 신뢰할 수 있는 AI의 실현을 위한 조건이라면, 이 조건이 실현되고 있는가에 대한 인증제는 결국 윤리적 인공지능이라면, 이 7가지 조건을 만족시켜야 한다는 것을 의미한다. 따라서 윤리적 인공지능에 대한 인증으로 이 7가지 조건이 만족되어 있는가에 대한 인증이 필요하다고 할 수 있을 것이다. 다음의 그림은 이 과정을 상세하게 보여 주고 있다.

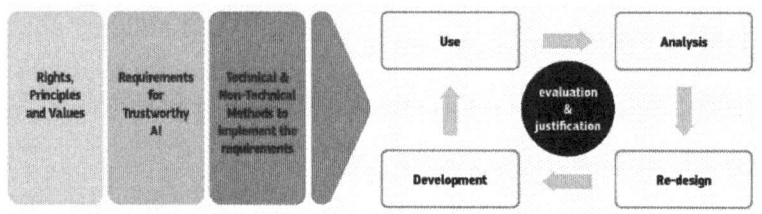

[그림 1] 신뢰할 수 있는 AI의 수명 기간 동안의 수정 보완 실행 과정
출처: European Commission(2019), Ethical Guidelines for Trustworthy AI, 20

중국의 최고 국가 행정 기관인 국무원(the State Council)은 2017년 7월 20일 차세대 AI의 개발을 위한 가이드라인을 발표하였다. 이 가이드라인은 2030년까지 그들이 만들고자 하는 AI의 위상을 설정한 것으로 그들은 그 설정 목표를 달성하기 위해 다음의 6가지 프로세스를 제시한다. "첫째, 개방적이고 협력적인 AI 기술 혁신 시스템의 수립, 둘째, 최고급이고 고효율의 지능형 경제의 배양, 셋째, 안전하고 편리한 지능 사회의 구축, 넷째, AI 분야에서 인민과 군의 통합 강화, 다섯째, 유비쿼터스, 안전하고, 효율적인 지능형 인프라 시스템 구축, 여섯째, 주요 사업과 관련된 차세대 AI의 레이아웃 찾기."[17] 이후 중국은 국가적 차원에서 지속적으로 보고서를 작성하고 있다. 그중에서 우리가 살펴볼 것은 "차세대 AI 정부 원칙 -책임감 있는 AI 개발(New Generation AI Governance Principles -Developing Responsible AI)에 대한 논의이다. 이 원칙은 국가적 차원에서 AI의 개발과 관련된 원칙들은 제시한 것으로 앞으로 중국에서 사용할 인공지능 로봇이 어떤 목적으로 제작, 설계, 사용되어야 하는지, 그리고 그것들이 지녀야 하는 윤리 원칙들을 제시하고 있다. 중국이 제시한 8가지 원칙은 다음과 같다.[18]

---

17) http://chinainnovationfunding.eu/dt_testimonials/state-councils-plan-for-the-development-of-new-generation-artificial-intelligence/ (검색일: 2019. 9. 25.)
18) http://chinainnovationfunding.eu/dt_testimonials/state-councils-plan-for-the-development-of-new-generation-artificial-intelligence/ (검색일: 2019. 9. 25.)

[표 3] 차세대 AI 정부 원칙 – 책임감 있는 AI 개발

원칙	내용
조화와 우호 (harmony and friendship)	AI는 인류의 가치와 윤리에 부합해야 하고, 인류의 발달에 기여해야 하며, 그 오용은 피하고 남용은 금지되어야 한다.
공정성과 정의 (fairness and justice)	AI는 모든 관련 이해 당사자의 이익을 보호하고 평등한 기회를 촉진시켜야 한다. 데이터의 수집, 알고리즘의 설계와 기술, 생산 개발 및 적용에 있어서 편견과 차별은 제거되어야 한다.
포함과 공유 (inclusive and sharing)	AI는 친환경 개발을 촉진하고, 모든 산업의 기술적 업그레이드에 기여해야 한다. 특히 소외 계층에게 AI 교육이 이뤄지도록 해야 한다. 데이터와 플랫폼의 독점은 막아야 하며, 공개 및 규제 협력은 장려되어야 한다.
사생활 보호의 존중 (respect for privacy)	개인 정보는 보호되어야 하며, 모으고 저장하고 처리하고 사용하는 AI 개발의 모든 부분에서 개인의 사생활 보호는 확립되어야 한다. 개인 데이터에 대한 권한 부여 취소 메커니즘이 향상될 것이다.
안전성과 제어 가능성 (safety and controllability)	AI 개발은 투명하고 제어 가능해야 한다. 감독, 관리, 추적 및 모니터링 시스템은 점진적으로 이루어져야 한다.
공유된 책임 (shared responsibility)	AI의 개발자, 사용자 그리고 모든 이해 당사자는 법과 윤리 그리고 규범을 존중해야 할 공동 책임이 있다. 개개인의 책임을 명확하게 하기 위해 AI에 대한 책임 시스템이 확립되어야 한다.
개방적 협업 (open collaboration)	모든 분야 간의 개발 분야에서 교류 및 협력이 장려되어야 하며, AI 거버넌스는 국제 조직 정부 분야, 조사 기관, 교육 기관, 기업, 사회적 조직 그리고 일반 대중 사이에서 촉진될 것이다.
기민한 거버넌스 (agile governance)	AI 제품 및 서비스의 모든 활동주기 동안 관리 메커니즘과 통제 시스템은 끊임없이 업그레이드되고 개선되어야 한다. AI가 항상 인간 친화적으로 발전할 수 있도록 보다 진보된 AI에 잠재된 위험에 대한 추가 연구 및 예측이 진행되어야 한다.

출처: http://chinainnovationfunding.eu/dt_testimonials/publication-of-the-new-generation-ai-governance-principles-developing-responsible-ai/

실질적으로 우리가 주목해야 할 것은 이와 같은 8가지 원칙이 제시된 이후의 마지막 문장이다. "이것이 중국에서 발행된 AI 정부 윤리에 관한 첫 번째 공식적인 문서이다."[19] 이 문장의 의미는 아마도 다음과 같은 의미를 담고 있다고 할 수 있을 것이다. 즉, 앞으로 중국에서는 국가적 차원에서 AI를 개발함과 동시에 제시된 8가지 원칙에 의해 AI가 개발된다는 것이다. 이는 중국에서 AI를 만들려고 한다면, 위에서 제시된 8가지 원칙과 관련된 내용들이 지속적으로 확인되어야 하며, 이에 대한 인증이 요구된다는 것을 의미한다. 그리고 제시된 8가지 원칙을 살펴보면, 그 내용은 윤리적 AI를 개발하려고 하는 의지를 엿볼 수 있다. 그러므로 앞으로 중국은 윤리적 AI를 설계, 제작할 것이며, 그에 대한 인증 절차를 확보할 것으로 사료된다.

윤리 인증제의 도입과 그 준거의 설정과 관련하여 마지막으로 살펴볼 것은 한국정보화진흥원에서 2018년 9월에 발표한 "지능정보사회 윤리 가이드라인과 지능정보사회 윤리 헌장"이다. 이 문서는 정보문화포럼이 과학기술정보통신부와 한국정보화진흥원이 함께 개발하고 발표한 것으로 한국정보화진흥원을 중심으로 우리나라에서도 지속적으로 인공지능 로봇과 관련된 보고서를 만들고 있음을 보여 준다.

이 보고서의 내용을 자세히 살펴보면, 우선적으로 윤리적 인공지능 로봇의 제작과 설계 그리고 사용에 대한 윤리 가이드라인의 기본 방향

---

[19] 이 문장의 영문은 다음과 같다. "This is the first official document of its kind to be issued in China on AI governance ethics"

을 제시한다. 다음으로 윤리 가이드라인에 포함되어야 하는 원칙에는 어떤 것들이 있는지를 설명한다. 이 공통 원칙(PACT)은 공공성, 책무성, 통제성, 투명성이다. 이는 곧, 기본적인 윤리 원칙이 적용될 수 있는 인공지능 로봇이 설계, 제작 그리고 사용되고, 기본 윤리 원칙의 수행 여부의 평가는 제시된 공통 원칙의 이행 여부에 의해 윤리적 행위를 하는가를 판단한다는 것이다. 이와 같은 구조는 앞서 제시된 문서들과 특히, 미국의 IEEE와 유럽 집행 위원회에서 제시한 것과 매우 유사한 형태이다. 따라서 이 공통 원칙이 윤리 인증제에 적용되어야 하는 평가 준거들이라고 할 수 있을 것이다. 그러므로 우리는 윤리 인증제 준거의 설정과 관련된 '공통 원칙(PACT)'의 내용을 살펴보고, 그것이 준거로서 적합한지에 대하여 논의해야 한다. 또한, 다음의 문장을 통해서도 우리가 윤리 인증제를 도입하려고 하는 준거가 왜 공통 원칙인지를 살펴봐야 하는지도 알 수 있다. 본 보고서에 따르면, "지능정보사회는 지능적이고 자율적인 특성을 갖는 인공지능 등 지능 정보 기술의 출현으로 준거 역기능의 증폭과 새로운 역기능이 대두되고 있기 때문에 지능 정보 기술의 복합적 특성(보편적 복지 기여, 사회 변화 야기, 자기 학습·진화 등)으로 인해 공공성, 책무성, 통제성, 투명성의 윤리적 원칙"이 필요하다고 설명한다. 좀 더 자세한 내용은 다음의 표를 통해 알 수 있다.

[표 4] 공통 원칙(PACT)

주체	주요 내용
공공성 (publicness)	인류를 위한 기술로서의 공공성은 지능 정보 기술이 가능한 많은 사람들에게 도움을 주어야 하며, 지능 정보 기술에 의해 창출된 경제적 번영은 모든 인류의 혜택을 위해 광범위하게 공유되어야 한다는 것이다.

책무성 (accountability)	사회 변화 기술로서의 책무성은 지능 정보 기술 및 서비스에 의한 사고 등의 책임 분배를 명확히 하고, 안전과 관련된 정보 공유, 이용자 권익 보호 등 사회적 의무를 충실히 수행해야 한다는 것이다.
통제성 (controllability)	자기 학습·진화 기술로서의 통제성은 지능 정보 기술 및 서비스에 대한 인간의 제어 가능성 및 오작동에 대한 대비책을 미리 마련하고, 이용자의 이용 선택권을 최대한 보장하여야 한다는 것이다.
투명성 (transparency)	설명이 필요한 알고리즘 내재 기술로서의 투명성은 기술 개발, 서비스 설계, 제품 기획 등 의사 결정 과정에서 이용자, 소비자, 시민 등의 의견을 반영하도록 노력해야 하며, 이용 단계에서 예상되는 위험과 관련된 정보를 공개, 공유하고 개인 정보 처리의 전 과정은 적절하게 이루어져야 한다는 것이다.

출처: 한국정보화진흥원(2018), "지능정보사회 윤리 가이드라인과 지능정보사회 윤리 헌장", 10

2. AI 윤리 인증의 준거

지금까지 우리는 미국의 IEEE, 유럽 연합 집행 위원회의 AI HLEG, 중국의 국무원, 한국의 한국정보화진흥원에서 발표한 보고서들을 살펴보았다. 이 보고서들은 대략적으로 다음과 같은 구성을 지니고 있다. 첫 번째, 윤리적 인공지능 로봇을 제작, 설계 그리고 사용하고자 하는 사람들에게 윤리적 인공지능 로봇을 위한 기본적인 윤리 원칙들을 제시한다. 이 원칙들을 살펴보면, 인류에 도움을 줄 수 있는 인공지능 로봇을 만드는 것이 가장 큰 원칙으로 제시되고 있으며, 이를 위해 인간의 존엄성을 존중하고, 공공선을 실현하며, 친환경적이고 사회 공익성이 보장될 수 있는 인공지능 로봇을 만드는 것이 기본 원칙으로 제시되고 있다. 두 번째, 앞서 제시된 기본 원칙을 준수하기 위한 좀 더 상세한 준거들을 제시한다. 그리고 이 상세한 준거들이 제대로 수행되고 있는지를 평가하는 것이 윤리 인증제의 역할이다. 그러나 제시된 모든 준거들이 윤리적 행위의 준거가 될 수 있는 것처럼 보이지는 않는다. 따라서 준거들이 제시하고 있는 상세한 내용들을 통해 윤리적 행위가 지속적으로 수행되는지를 평가할 수 있는 준거들 선별해야 한다.

우선적으로 가장 높은 빈도수를 나타내는 준거는 '투명성[20]과 책임성'이다. 특히 투명성은 동일한 명칭과 동일한 내용으로 그 빈도수가 가장 높다. 여기서 투명성의 의미는 프로그램의 투명성으로 어떤 행위가 왜 발생했는지 혹은 어떤 행위가 왜 발생하지 않았는지를 명확하게 알 수 있게 하는 의미의 투명성이다. 따라서 윤리적 행위가 이루어지지 않는다면, 왜 이루어지지 않는가에 대한 분석을 위해 프로그램의 투명성은 윤리적 행위를 지속하는 데에 반드시 필요한 평가 준거라고 할 수 있다. 그 결과 우리는 프로그램의 투명성으로부터 문제점을 파악하고 수행 과정의 프로그램을 변경할 수 있다.

책임성은 책임성이라는 명칭으로는 미국의 IEEE[21]와 유럽 집행 위원회의 AI HLEG에서만 사용되지만, 사용된 개념의 실질적인 내용을 살펴보면 동일한 의미로 중국의 국무원에서는 '공동 책임', 우리나라의 한국정보화진흥원에서는 '책무성'으로 사용된다. 따라서 책임성도 윤리적 인공지능 로봇이라고 평가할 수 있는 윤리 인증 준거로 그 빈도수 면에서는 적합해 보인다. 그러나 책임성이 어떤 의미를 지니고 있는지를 살

---

20) 투명성 개념은 내용적인 면에서 국무원의 안전성과 제어 가능성 원칙에도 어느 정도 합치한다. 그러나 제어 가능성이라는 측면이 복합적으로 사용되어 제외하였다.
21) IEEE에서는 책임성(responsibility)과 책무성(accountability)을 동시에 사용한다.

펴보면, 책임성은 인공지능 로봇을 설계, 제작, 사용하는 자에 관한 것이다. 즉, 인공지능 로봇이 어떤 행위를 했을 경우, 그것이 비윤리적인 행위를 하거나, 혹은 인공지능 로봇의 행위로부터 어떤 문제가 발생된다면, 그것에 대한 책임을 누구에게 물어야 하는가에 대한 것이다. 따라서 이는 인공지능 로봇의 행위가 윤리적인가 혹은 비윤리적인가에 대한 평가를 하는 것에는 적합하지 않아 보인다. 만약, 책임성이라는 것이 인공지능 로봇이 발생시키는 문제의 책임 소재에 대한 논의라면, 윤리 인증제의 준거로 적합해 보인다. 그러나 인공지능 로봇이 행위의 주체로 간주될 수 있을 확률은 현재로서는 매우 낮아 보인다.[22] 결과적으로 빈도수가 높다고 하여도 내용적인 면을 살펴볼 경우, 책임성을 윤리 인증제의 준거로 채택하는 것은 어려워 보인다.

다음으로 동일한 명칭으로 사용되지는 않지만, 내용적인 측면에서 동일한 것으로 간주될 수 있는 준거에 대하여 살펴보자. 이것은 IEEE에서 제시한 '알고리즘의 편향성'과 유사한 개념으로 사용된 것들로 AI HLEG의 '다양성, 차별 금지 그리고 공정성', 국무원의 '공정성과 정의'이다. 또한, AI HLEG의 '개인 정보 보호와 데이터 통제', 국무원의 '사생활 보호의 존중'도 다른 명칭이지만, 동일한 것으로 간주할 수 있다.

우선 알고리즘의 편향성에 대하여 살펴보면, 이 세 가지 준거는 AI에 설정된 알고리즘이 학습을 통해 어떤 결과물을 제시할 경우, 그 학습의

---

22) 인공지능 로봇이 행위의 주체가 될 수 있는가에 대한 논의는 윤리 인증제 준거에 대한 것과는 다른 논의이다.

과정에서 왜곡된 데이터들이 유입될 수 있으며, 그 결과 알고리즘은 편견과 차별 등이 담긴 결과물을 제시할 가능성이 있다는 것이다. 따라서 이런 문제를 해결하기 위해 알고리즘과 데이터에 대한 감시가 필요하며, 이를 확인할 수 있는 방안들을 마련해야 한다. 이는 우리가 어떤 행위를 선택하는 데 있어서 이전의 편견과 차별 없이 행위를 선택해야 하는 것과 같은 윤리적 문제의 대두이다. 따라서 이와 동일하게 인공지능 로봇이 선택한 어떤 행위가 윤리적이어야 한다면, 반드시 알고리즘의 편향성은 제거되어야 하는 대상이며, 인공지능 로봇의 알고리즘 편향성에 대한 평가는 윤리 인증제의 준거에 포함되어야 한다.

AI HLEG의 '개인 정보 보호와 데이터 통제', 국무원의 '사생활 보호의 존중'은 동일한 영어 단어, 'privacy'를 사용한다. 따라서 이는 동일한 명칭을 사용한 것이라고 할 수 있다.[23] 그렇다면, 앞서 제시된 준거들과는 상이하게 그 빈도수 면에서 두 번밖에 등장하지 않은 개인 정보 보호가 인공지능 로봇의 윤리 인증제의 준거로 적합한 것인지에 대한 의구심이 생길 수 있다. 개인 정보는 그것을 사용함에 있어서 정보 제공자의 동의 없이 사용될 수 없다. 왜냐하면, 그와 같은 행위는 위법 행위이기 때문이다. 다시 말해, 인공지능 로봇이 그것의 사용자에 대한 정보를 유출한다면, 그것은 위법 행위로 간주될 수 있다. 심지어 인공지능 로봇이 제공한 정보의 오용으로 인해 인공지능 로봇의 사용자에게 큰 피해가 야기된다면, 그 문제는 더욱 심각해질 것이다. 단지 불법

---

23) 동일한 용어지만, 다른 번역 용어를 사용한 것은 번역을 하는 데 있어서 그 의미 전달을 명확하게 하기 위해서이다.

행위로서의 정보 유출이 아닌, 더 심각한 사회적 문제로 나타날 수도 있다는 의미이다. 일반적으로 고의로 혹은 과실로 타인에게 손해를 끼치는 것은 위법 행위이다. 이 손해는 법적으로 물질적인 손해를 의미하지만, 더 큰 의미로는 물질적 손해뿐만 아니라 정신적 손해 혹은 위해를 가하는 것도 포함된다. 규범 윤리 이론 중 결과주의 규범 윤리 이론에 따르면, 이는 타인에게 해를 가하는 것이 선하지 않기 때문에 옳지 못한 행위이다. 그러므로 위법 행위는 윤리적으로 올바르지 못한 행위이기 때문에 인공지능 로봇의 윤리 인증제의 준거로 적합할 수밖에 없다.

지금까지 우리는 윤리적 인공지능 로봇을 위한 윤리 인증제의 준거로 어떤 준거들이 적합한지에 대하여 논의하였다. 그 결과로 우리는 투명성, 알고리즘의 편향성, 개인 정보 보호와 데이터 통제가 윤리 인증제를 위한 적합한 준거들이라고 제시할 수 있을 것이라 사료된다.

III. AI의 책임성 관리하기

1. 윤리 영향 평가(Ethical Impact Assessment, EIA)[24]

UNESCO는 AI 윤리의 시급성과 당위성으로부터 출발하여 2020년

---

24) UNESCO(2021). Recommendation on the Ethics of Artificial Intelligence. p.26과 UNESCO(2023). UNESCO's Recommendation on the Ethics of Artificial Intelligence: key facts. pp.17의 내용을 요약한 것임: https://unesdoc.unesco.org/ark:/48223/pf0000381137, https://unesdoc.unesco.org/ark:/48223/pf0000385082 참조.

권고안을 작업하고 2021년 총회에서 심의를 통해 'AI 윤리 권고(Recommendation on the Ethics of Aritificial Intelligence)'를 채택하였다. 권고문은 전문과 8개의 장으로 구성되어 있는데, 정책 행동의 영역이 포함된 4장에는 '윤리 영향 평가(Ethical Impact Assessment, EIA)' 영역이 포함되어 있다. 이는 "AI 윤리와 관련된 모든 정책 행동은 각 회원국이 국소적 환경에서 인공지능이 어떤 영향을 끼치고 있는지를 지속적으로 모니터링하고 평가하는 노력에서 출발해야 한다는 점을 강조"한다는 것이다.[25] 다음은 UNESCO AI 윤리 권고의 정책 영역 1 중 'EIA'의 내용이다.

<Policy Area 1: Ethical Impact Assessment>

50. 회원국은 윤리적 영향 평가와 같은 영향 평가 프레임워크를 도입하여 AI 시스템의 이점, 우려 사항 및 위험은 물론 다른 보증 메커니즘 중에서 적절한 위험 예방, 완화 및 모니터링 조치를 식별하고 평가해야 합니다. 이러한 영향 평가는 이 권고에 명시된 가치와 원칙에 따라 특히 소외되고 취약한 사람들 또는 취약한 상황에 있는 사람들의 권리, 노동권, 환경 및 생태계, 윤리적 및 사회적 영향에 대한 인권 및 기본적 자유에 대한 영향을 식별하고 시민 참여를 촉진해야 합니다.

51. 회원국과 민간 기업은 AI 시스템이 인권 존중, 법치 및 포용적 사회에 미치는 영향을 식별, 예방, 완화 및 설명하기 위한 실사 및 감독 메커니즘을 개발해야 합니다. 회원국은 또한 AI 시스템이 빈곤에 미치는 사회

---

25) 유네스코한국위원회(2021). 유네스코 인공지능(AI) 윤리 권고 해설서. p.56.

경제적 영향을 평가할 수 있어야 하며, 현재와 미래에 AI 시스템의 대규모 채택으로 인해 부와 빈곤에 처한 사람들 간의 격차, 국가 간 및 국가 내 디지털 격차가 증가하지 않도록 해야 합니다. AI 기술의 현재와 미래. 이를 위해 특히 민간 단체가 보유한 공익 정보를 포함하여 정보에 대한 접근에 상응하는 집행 가능한 투명성 프로토콜이 구현되어야 합니다. 회원국, 민간 기업 및 시민 사회는 AI 기반 추천이 인간의 의사 결정 자율성에 미치는 사회학적 및 심리적 영향을 조사해야 합니다. 인권에 대한 잠재적 위험으로 식별된 AI 시스템은 시장에 출시하기 전에 필요한 경우 윤리적 영향 평가의 일부로 실제 조건을 포함하여 AI 행위자가 광범위하게 테스트해야 합니다.

52. 회원국과 기업은 의사 결정에 사용되는 알고리즘의 기능, 데이터, 특히 공공 서비스와 윤리적 영향 평가의 일환으로 최종 사용자와의 직접적인 상호 작용이 필요한 곳에서 프로세스에 관여하는 AI 행위자를 포함하여 AI 시스템 수명 주기의 모든 단계를 모니터링하기 위한 적절한 조치를 구현해야 합니다. 회원국의 인권법 의무는 AI 시스템 평가의 윤리적 측면의 일부를 구성해야 합니다.

53. 정부는 결과를 예측하고, 위험을 완화하고, 유해한 결과를 피하고, 시민 참여를 촉진하고, 사회적 문제를 해결하기 위해 AI 시스템에 대한 윤리적 영향 평가를 수행하기 위해 특히 공공 기관을 위한 절차를 설정하는 규제 프레임워크를 채택해야 합니다. 평가는 또한 AI 시스템의 외부 검토를 포함할 뿐만 아니라 알고리즘, 데이터 및 설계 프로세스의 평가를 가능하게 하는 감사 가능성, 추적 가능성 및 설명 가능성을 포함하여 적절한 감독 메커니즘을 설정해야 합니다. 윤리적 영향 평가는 투명해야

하며 적절한 경우 대중에게 공개되어야 합니다. 이러한 평가는 또한 다학제적, 다자간 이해관계적, 다문화적, 다원적, 포괄적이어야 합니다. 공공 기관은 적절한 메커니즘과 도구를 도입하여 해당 기관에서 구현 및/또는 배포하는 AI 시스템을 모니터링해야 합니다.

EIA는 AI 프로젝트 팀이 영향을 받는 커뮤니티와 협력하여 AI 시스템이 미칠 수 있는 영향을 식별하고 평가하도록 지원하여 권장 사항을 운영하는 구조화된 프로세스이다. 그리고 EIA는 AI 프로젝트의 잠재적 영향을 반영하고 필요한 피해 예방 조치를 식별할 수 있는 기회를 제공하기 위하여 다음과 같은 질문을 다루고 있다.

- 이 AI 시스템에 의해 악영향을 가장 많이 받을 수 있는 사람은 누구인가?
- 이러한 영향은 어떤 형태로 나타날까?
- 이러한 피해를 방지하고 이러한 피해 예방에 자원을 배분하기 위해 무엇을 할 수 있는가?

2. AI 성숙도(Maturity)

능력 성숙도 모델이라고 불리는 'CMM(Capability Maturity Model)' 모형은 소프트웨어 개발 업체들의 업무 능력 평가 기준을 세우기 위해 미국 카네기 멜론 대학교로부터 개발되었다. 이로부터 다양한 CMM 모델이 만들어지자 적용과 비용 등에서 문제가 발생하자 통합의 필요성이 제시되었고, 이에 후속 평가 모델로서, 능력 성숙도 통합 모델(Capability Maturity Model Integration, CMMI)이 등장하게 되었다. 단계별로 표현되는 성숙도는 5단계로 제시되며, 이는 다음과 같다.

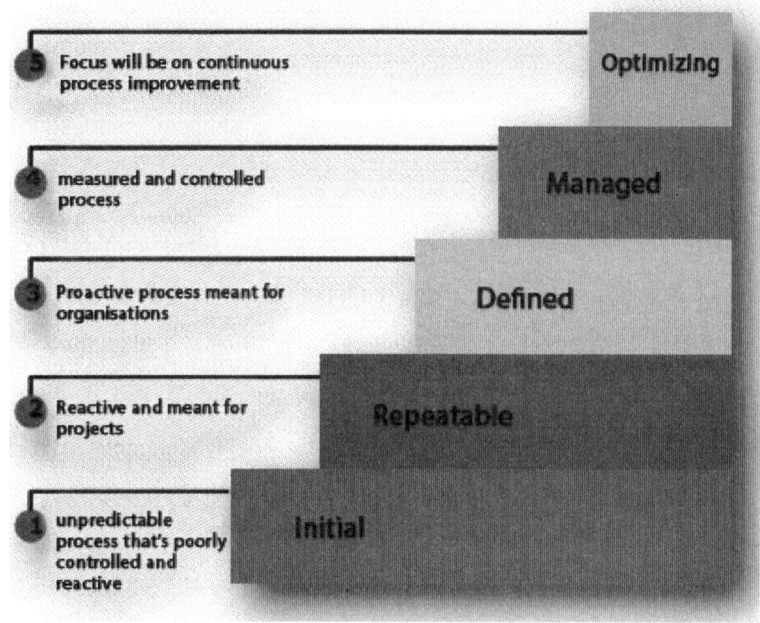

[그림 2] CMMI 5단계

출처: "What is CMMI? (Capability Maturity Model Integration)", 2019, testbytes, https://www.testbytes.net/blog/what-is-cmmi/

- 1단계인 초기(Initial) 단계는 구조화되고 표준화된 프로세스가 없는 조직으로 개인의 역량으로 성과가 결정된다.
- 2단계인 관리(Repeatable) 단계는 기본적인 프로세스를 가지고 있는 조직으로 기본적인 프로세스가 반복되는 정도에 해당한다.
- 3단계인 정의(Defined) 단계는 조직의 표준 프로세스를 정의하고 있는 조직으로 프로세스를 상황에 맞게 활용할 수 있는 수준이다.

- 4단계인 정량 관리(Quantitatively Managed) 단계는 프로세스를 통계적으로 평가하고 적용하는 조직으로 성과 예측 및 원인 조치 등이 가능하다.
- 5단계인 최적화(Optimizing) 단계는 지속적인 개선을 통해 프로세스를 최적화해 가는 조직으로 원인 분석과 문제 해결 등을 통해 조직을 혁신하고 향상할 수 있는 수준이다.

소프트웨어가 진흥하던 시대에 필요했던 게 CMM과 CMMI라면, AI 시대에 조직의 성숙도는 어떻게 측정해야 할까. 이에 대하여 최근 IT 기업들은 AI 성숙도(AI Maturity) 개념을 조직에 도입하고 있다. 이에 IBM은 현재 조직의 AI의 비즈니스 및 기술 측면을 평가하기 위하여 AI 성숙도 프레임워크를 제시하고 있다.[26] 이 프레임워크는 7가지 차원으로 구성되어 있다. 그리고 차원마다 다음의 기준들을 가지고 있다.

- 차원별 기준
  - 비즈니스에 미치는 영향: 비즈니스 영향, 포트폴리오 영향
  - 최종 고객에 대한 가치: 비즈니스 프로세스 성과, 차별화 요소
  - 기술 고도화: 비즈니스 문제에 대한 기술의 적절성, 학습 기법, 모델의 재사용, 내부 및 오픈 소스 사용
  - 신뢰성: 무결성, 품질, 편향(공정), 설명 가능성, 보안
  - 사용의 용이성: 사용자를 위한 직관성
  - AI 운영 모델: 배포(수동, 자동), 업데이트 빈도, 인프라/알키텍쳐

---

26) IBM(2021). AI maturity framework for enterprise applications의 내용을 요약하였음.

규모, 모니터링

- 데이터: 데이터 수집 및 측정, 데이터 관리

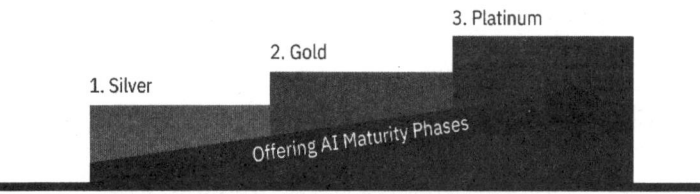

[그림 3] IBM의 AI 성숙도 프레임워크 7차원

출처: IBM(2021), 『AI maturity framework for enterprise applications』, pp.5

그리고 각 차원마다 0~3의 척도로 수준이 측정되고, 그에 따라 Silver, Gold, Platinum의 3단계로 결정된다. 그리고 이에 대한 종합 지표는 시각화하여 제시된다. 비즈니스 중심인 '비즈니스에 미치는 영향' 차원은 별도로 표시되고, 기술 중심인 나머지 6개 차원은 육각형의 레이더 플롯으로 시각화된다.

특히 차원 중에서도 '신뢰성'에서 무결성, 편향(공정성), 설명 가능성, 보안 등의 AI 윤리 기준들이 주로 평가되고 있다. AI 성숙도에서 AI 윤리 기준을 한 축을 다루고 있다는 점에서 둘의 연결 지점을 살펴볼 수 있다. 물론 그 외의 기준들도 직간접적으로 AI 윤리 기준을 다루고 있다.

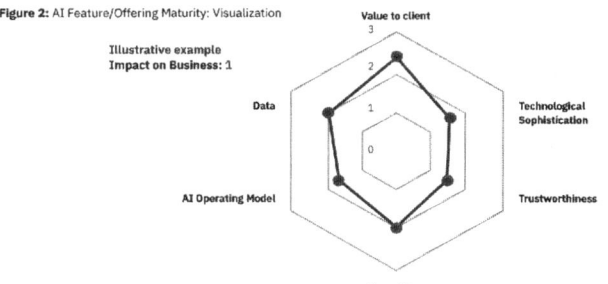

[그림 4] IBM AI 성숙도 종합 지표 그래프
출처: IBM(2021), 『AI maturity framework for enterprise applications』 p.5

D. Trustworthiness

Sub Criteria	Definition	Silver	Gold	Platinum
D1. Integrity	How do we ensure data integrity throughout its lifecycle? Data Provenance and Data Lineage are known and documented. Understanding the history and origins of a data set as well as what happened to data after it was collected and prior to its use	Data dictionary and lineage are known at time of ingest	Data definitions and lineage for multiple projects are documented and used consistently. Developing a canonical data model	Data lineage is documented, tracked across transformations and published through the application
D2. Quality	How do we ensure data quality throughout its lifecycle? Data quality is measured to understand common issues and information content, what kinds of corrections are made and how improvements are measured.	Basic type validation and density-based outlier detection are reported	More advanced outlier detection, normalization, interpolation and standardized quality reporting	Automated detection and correction for a wide range of possible issues; Cross table and multivariate validations.
D3. Bias (Fairness) For complete list on measuring Bias in an application/enterprise, please see the link given in the conclusion section.	How do we reject bias towards groups, sets of individuals, or data attributes? Ability to prove that the outcomes are fair and not skewed either due to the model or the data (like incomplete, limited/insufficient, missing, corrupt, biased, ambiguous)	Basic bias reporting relying on manual intervention for remediation	Bias assessment and remediation are done for key features of data.	Bias assessment and remediation are done as a standard practice with proactive improvements in the approach and implementation of the techniques.
D4. Explainability	How can we explain, in business terms, the logic behind how the AI came to its conclusion? Outcomes can be explained and backtracked to the data and model that generated them. Explanations provided are tailored to stakeholders' needs.	Explainability is not available and AI solution is largely a "Black box". However, efforts are underway to make it available	Explanations for Inferencing and Decision Management are available on a limited scale.	Explainability is built into the solution and can be provided based on stakeholders' needs
D5. Security	How can we shield AI and AI infused services against cyber threats or adversarial attacks? Applications and algorithms are resistant to attacks from either data manipulation or	Risk and security management are minimal and reactive, mainly relying on key actors.	Policies, processes, and standards are defined and institutionalized for security and risk management at a consistent level across the enterprise and partners.	Risk and security management are comprehensive across the enterprise and among partners and customers, allowing for continuous feedback and improvement.

[그림 5] Maturity framework: Detailed criteria 예시
출처: IBM(2021), 『AI maturity framework for enterprise applications』 p.8

한편, MS는 2018년에 이미 AI 성숙도 및 조직(AI 성숙도 이해)이라는 문서를 작성하여 조직 내 AI 성숙도 관리에 들어갔다.[27] AI 성숙도 모델은 조직이 팀과 조직이 AI를 소유하는 데 필요한 핵심 특성과 관련된 정보를 수집하고 적시에 올바른 AI 기술을 채택하도록 안내하도록 설계되었다. 또한 Microsoft는 조직의 현재 성숙도 수준에 적합한 AI 기술을 채택하는 것과 관련된 규범적 지침을 작성하는 동시에 고급 AI 기능을 수용하기 위해 성숙도를 높이는 방법에 대해 조언하고 있다. 이 문서에서는 MS에서 AI 성숙도를 제시하게 된 배경을 자세하게 설명하고 있다. 이는 여러 목차로 제시되고 있는데, 3번째 목차는 'What are the ethics of AI?'라고 구성하며 AI 윤리를 직접적으로 언급하고 있다. 이는 AI 성숙도 개념이 AI 윤리로부터 출발되고 있음을 보여 준다.

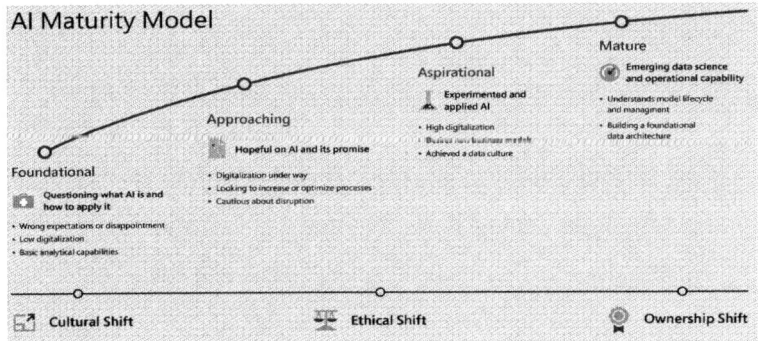

[그림 6] MS의 AI Maturity Model의 4수준
출처: Microsoft(2018), 『AI maturity and organizations-understanding AI maturity』, pp.21

27) Microsoft(2018). AI maturity and organizations-understanding AI maturity.

① 기초(Foundational) 수준: AI가 무엇인지와 어떻게 적용하는지 질문
- 기초 수준의 조직은 AI와 다양한 관련 기술의 에지 및 경계를 이해하는 데 시간을 할애할 것입니다. 이 단계의 조직은 AI의 정의와 광범위한 시나리오 및 기능 범주에 대한 적용 가능성을 이해하려고 합니다. 마찬가지로 기초 조직은 AI를 적용하는 방법을 배우기 위해 다른 사람들이 업계에서 AI를 어떻게 활용하고 있는지 이해하려고 합니다.
  - 잘못된 기대와 실망
  - 낮은 디지털화
  - 기본 분석 기능

② 접근(Approaching) 수준: AI와 성과에 대한 희망
- 접근 수준의 조직은 직원에게 권한을 부여하고 데이터 기반 의사 결정을 내리는 데 도움이 되는 문화적 변화를 지속적으로 구현합니다. 이러한 조직은 데이터 문화를 채택하고 AI를 사용하여 새로운 비즈니스 모델을 만들고 운영 프로세스를 간소화함으로써 업계를 혼란에 빠뜨리기 위해 우선순위가 지정된 전략적 이니셔티브를 지속적으로 활용하는 데 중점을 둡니다. 자산의 디지털화와 프로세스 자동화를 위한 AI 주입 덕분에 이러한 조직은 맞춤형 AI 솔루션 소유에 대해 배울 준비가 되었습니다.
  - 디지털화의 진행
  - 프로세스의 증가나 최적화
  - 차질에 대한 우려

③ 열망(Aspiratinal) 수준: AI의 실험 및 적용

- 열망 수준의 조직은 AI가 경쟁과 혁신을 돕는 도구가 될 것임을 이해합니다. 이러한 조직은 종종 다른 사람들이 AI를 사용하고 있다는 사실을 알고 있으며 다른 경쟁 업체에 의한 경쟁 중단 또는 산업 중단에 대해 신중합니다. 열망하는 조직은 종종 프로세스를 개선하여 디지털 혁신을 향한 여정에 있으며 데이터를 사용하여 의사 결정을 알리기 위해 노력합니다.
  - 높은 디지털화
  - 새로운 비즈니스 모델 요구
  - 데이터 문화 성취

④ 성숙(Maturity) 수준: 데이터 과학 및 운영 능력 출현
- 성숙 수준의 조직은 평생 학습과 성장 사고방식을 포함하도록 문화를 전환했습니다. 신속하고 반복적인 실험은 자연스럽게 이루어집니다. 전략적 이니셔티브는 완전히 수용된 데이터 문화의 일부로 수립되며 통찰력을 행동으로 전환하는 데 도움이 됩니다.
  - 모델 수명 주기 및 관리 이해
  - 기본 데이터 아키텍처 구축

IV. AI의 투명성 관리하기

파스콸레 교수는 그의 저서 '블랙박스 사회(The Black Box Society)'에서 현대 사회가 전혀 알 수 없는 방식으로 작동되는 시스템인 블랙박스 시스템에 지배되고 있다고 확신한다. 그에 따르면 현대 인류는 정부나 기업이 무수한 개인 정보를 활용하여 원하는 방향으로 사회를 조절하

고 이익을 높이려 하는 정보 제국주의 블랙박스에 갇혀 살고 있다. 그러나 개인들은 블랙박스 시스템에서 자신의 정보가 어떻게 활용되고 있는지 전혀 알 수가 없다.[28] AI 시대인 지금, AI 시스템의 블랙박스화는 파스콸레 교수가 말한 블랙박스 사회를 심화시키는 역할을 할 수 있다. 이러한 상황을 해결하기 위하여 필요한 논의가 바로 'AI의 투명성'이다.

다음의 예를 보자. 워싱턴 포스트는 AI가 정리 해고 대상자를 선정할 수도 있을 것이라고 보도했다. 여러 기업 인사과에서 직원마다 역량, 성과, 퇴사 가능 여부와 같은 기준에 대한 평가 알고리즘을 사용하고 있기 때문이었다. 구글 역시 직원 12,000명을 내보내는 구조 조정을 행할 때 이와 같은 평가 알고리즘을 이용했다는 의혹을 받았으며, 이에 구글 측은 구조 조정 과정에 알고리즘이 개입하지 않았다고 밝혔다. 그러나 IT 기업인 캡테라는 미국 기업의 인사 담당자를 대상으로 설문 조사를 실시하였는데 98%의 응답자가 경기 침체 시 감원 과정에서 인력 관리 소프트웨어 및 알고리즘을 사용할 것이라고 하였다. 그런데 이들 중 반 정도는 오히려 시스템의 사용이 편견 없이 해고 대상자를 추천해 줄 수 있다고 보았다. 또한 캡테라의 선임 분석가는 워싱턴 포스트에 "2008년 금융 위기 후 인력 관리 업무는 믿기 힘들 만큼 데이터에 의존해 왔다"라며 "어떤 인사 담당자들에게는 정리 해고처럼 까다

---

28) 최수문(2016). "[블랙박스사회] 평판마저 좌지우지... '블랙박스 시스템'에 갇힌 우리들". 서울경제. https://www.sedaily.com/NewsView/1KXPQIS3JF 참조 (검색일: 2023. 7. 30.)

로운 인사 결정을 알고리즘에 맡기는 것이 위안이 될 수 있다"라고 말했다.[29] AI 알고리즘으로 해고하는 것이 옳은지의 여부를 떠나서, 만약 AI로 인해 해고를 당했다고 했을 때 우리는 해당 알고리즘이 정당한 방식으로 작동한 것인지를 어떻게 알 수 있을까. 즉, 이와 같은 상황에서 기업이 AI 알고리즘을 투명하게 설계하지 않는다면 소비자는 이에 대해 전혀 검증할 수조차 없게 된다.

2023년 2월, 공정거래위원회는 카카오모빌리티에 257억 원 상당의 과징금을 부과하였다. 카카오 T 앱의 알고리즘을 조작하여 카카오T 블루 가맹 택시를 우대한 행위가 공정거래법상 시장 지배적 지위 남용 및 불공정 거래 행위에 해당한다고 본 것이다. 공정거래위원회가 판단한 제재 근거는 "▲2019년 3월 20일부터 2020년 4월 중순까지 픽업 시간(ETA·택시가 승객에게 도착하는 예상 시간)이 가까운 기사에게 배차하는 로직 운영 ▲수락률을 이용한 우선 배차 행위 ▲가맹 기사의 1km 미만 단거리 배차 제외·축소 행위 ▲가맹 기사에 우선 배차하는 행위" 등이었다.[30] 반대로 현재 카카오모빌리티는 '선호 목적지' 등의 요인에 따라 거리순 호출 분배가 이루어지지 않은 일부 사례만 가지고 공정거래위원회가 잘못된 판단을 내린 것이라고 주장하고 있다. 그리고 비가맹

---

29) 김진명(2023). "구글이 1만 2000명 자를 때도?… AI가 정리해고 대상자 고른다". 조선일보. https://www.chosun.com/international/us/2023/02/22/K3HBDBECSBDEPOQ5KWPJEE5FAY/ 참조. (검색일: 2023. 7. 29.)
30) 정두용(2023). "카카오 '가맹 택시 우대' 소문, 결국 사실로… 공정위 제재에 '행정소송' 대응". 이코노미스트. https://economist.co.kr/article/view/ecn202302140038 참조. (검색일: 2023. 7. 30.)

택시 기사의 인당 운행 완료 횟수와 운임 수입이 꾸준히 증가하고 있다며 반박하고 있기도 하다. 그리고 곧이어 사회적 책임 강화를 이유로 교통 분야 전문가로 구성한 '모빌리티 투명성위원회'도 '수락률 기반의 AI 배차는 오히려 승차 거부의 감소 및 대기 시간의 감축 효과를 가져왔다'고 보았다.

또한 네이버도 2020년 10월 공정거래위원회로부터 알고리즘 조작에 대하여 267억 원의 과징금을 부과받았다. 위원회는 네이버가 2012년 2월~2020년 8월까지 네이버의 인터넷 쇼핑 플랫폼 서비스 '스마트스토어'를 지원하기 위하여 네이버 쇼핑의 상품 검색 결과 노출 순위를 결정하는 검색 알고리즘을 스마트스토어 입점 업체에 유리한 방향으로 조정하였다고 판단했다. 이는 공정거래위원회가 네이버의 알고리즘 조정을 공정거래법상 '시장 지배적 지위 남용 행위 중 거래 조건 차별 행위', '불공적 거래 행위 중 부당한 차별 취급 행위 및 부당한 고객 유인 행위'에 해당한다고 보았기 때문이다. 이에 대해 네이버 측은 검색 알고리즘을 조정한 이유가 소비자의 효용 증진을 위해서라고 항변하며 처분 취소를 위한 행정 소송을 제기했으나, 원고 패소 판결을 받았다. 한편 네이버는 뉴스 알고리즘에 대해서도 인위적인 조작 여부에 대하여 의혹을 제기받고, 방송통신위원회로부터 실태 점검을 받게 되었다. 이에 대하여 네이버는 AI 알고리즘 안내 페이지를 개편하여 운영하고 외부 전문가 중심의 알고리즘 검토 위원회를 지속한다는 반응을 내놓았다.

이러한 AI 알고리즘 사례들은 조작의 사실 여부와 관계없이 이와 같은 AI 알고리즘 조작 가능성이 충분히 일어날 수 있음을 경각하도록 만든다. 또한 AI 시스템 및 제품을 개발하는 기업의 투명성 대응 노력은 내외적으로 모두 필요하며, 투명성에 대한 소명 노력이 꾸준히 이어져야 함을 시사하고 있다.

AI의 투명성을 온전히 보장하지 못하더라도 최대한의 확보 노력은 이루어져야만 하며, 이러한 관점에서 최근 AI 투명성 논의는 설명 가능한 AI(eXplainable AI, 이하 XAI)로 이어지고 있다. IBM에서 제시하는 개념에 따르면 XAI는 "머신 러닝 알고리즘으로 작성된 결과와 출력을 인간인 사용자가 이해하고 이를 신뢰할 수 있도록 해 주는 일련의 프로세스와 방법론"[31]이다. 그리고 이러한 XAI는 AI 기술의 발전 고도화로 인간이 AI 알고리즘의 결과가 어떻게 도출되었는지 과정을 파악하고 역추적하게 되면서 등장하게 되었다고 보고 있다.

기대와 현실의 간극은 설명 가능성을 평가하기 위해 해석 가능성(Interpretability)과 완전 무결성(Completeness)을 다른 개념으로 구분하여 보는 관점에서 살펴볼 때 좀 더 이해하기 쉽다. 최형규는 다음과 같이 두 가지 개념을 설명하고 있다.

완전 무결성은 입력값 또는 매개 변수의 변경에 따른 변화를 일일이 확인하는 것, 해석 가능성은 모델 내부의 역학을 자연어로 표현하는 것

---

31) "설명 가능한 AI"(n.d.). IBM. https://www.ibm.com/kr-ko/watson/explainable-ai (검색일: 2023. 7. 30.)

이라 정의한다. 예를 들어 '성별 입력값이 -1 감소하면 채용 면접 합격의 여부에 -5.5% 기여도를 보이며 신뢰도는 95%입니다. 사용된 파라미터는 다음과 같습니다' 같이 세세한 수치까지 알려 주는 완전 무결성은 탈락자에게 많은 것을 설명하는 것처럼 보이지만, 비전문가들은 대부분 이러한 수치가 전달하는 바가 무엇인지 이해하지 못한다. 해석 가능성은 탈락자에게 '본 의사 결정에서 AI 모델은 AA 이론에 의거한 XX를 썼으며, 데이터 편향에 대해선 OO 컨설팅의 자문을 받았고, 다음 순서도에 따라 인과 관계를 통계적으로 증명해 의사 결정이 이뤄졌습니다. 따라서 본 채용 과정에 있어 성별에 따른 차별은 없는 것으로 인증받았습니다.' 같이 설명한다고 예를 들 수 있다. 이 또한 지나치게 간략화되어 중요한 정보(e.g. 인증 과정의 허술함)를 숨길 가능성이 있으나, 비전문가로서는 비교적 이해하기 쉽다.[32]

나아가 중소벤처기업부는 중소기업의 부족한 연구와 개발 역량을 지원할 수 있도록 "유망기술 신성장 아이템 제시 및 중소기업 미래 먹거리 발굴, 전략적이고 지속적인 미래기술 개발 가이드라인"으로 '중소기업 기술 로드맵'을 제시하고 있다. 기술 로드맵은 대분류와 그에 속하는 중분류로 구분되어 있는데, 2022-2024 기술 로드맵에서 대분류 '인공지능'의 중분류 중에는 'eXplainable AI(XAI)'가 제시되어 있다. 여기에는 XAI에 대한 필요성과 개념부터 시작해서 기술 개발 동향까

---

[32] 최형규(n.d.). "설명 가능한 인공지능(Explainable AI; XAI) 연구 동향과 시사점-학습이 완료된 딥 러닝 모델에 대한 설명을 중심으로". (Monthly Software Oriented Society No.87 September 2021).

지 현황 이해도 제고를 돕는 자료가 안내되어 있다.[33]

해당 자료는 XAI를 "사용자가 인공지능 시스템의 동작과 최종 결과를 이행하고 올바르게 해석하여 결과물이 생성되는 과정을 설명 가능하도록 해 주는 기술"이라고 설명하고 있다. 여기서 밝히는 시장 상황 분석에 따르면 세계 시장 규모는 2025년까지 지속적으로 성장할 것으로 전망되었다. 또한 국내 XAI 시장 규모가 2019년 75억 2,000만 원으로 평가되었으며, 마찬가지로 계속 성장하여 2025년 232억 4,000만 원 규모로 성장할 것으로 전망하였다. 아래 표는 XAI의 용도별 분류로 의사 결정 판단 근거가 중요한 분야에 주로 요구된다.

[표 5] 설명 가능한 인공지능(XAI)의 용도별 분류

구분	내용
의료	딥 러닝 알고리즘을 이용해 폐암, 유방암 등의 질병을 정확하고 빠르게 진단함과 동시에 진단에 대한 원인 설명이 가능한 의료 진단 기술 개발 기대
기후	머신 러닝 알고리즘을 이용해 기후 변화 및 영향에 대한 예측과 예측에 대한 설명을 제시
금융	AI 기반 알고리즘을 통해 사기성 주식 거래를 탐지하고 판단 근거를 제시
보안	데이터 분석을 통해 해킹 등 사이버 공격에 대한 위협을 방지하는 설명 가능한 AI 기반 보안 예측 서비스 솔루션
교육	데이터 학습을 통해 사용자 개별 맞춤형 교육 추천 솔루션을 제공 시 학생의 부족한 개념이 무엇인지 파악하고 이를 해결하기 위해 필요한 학습 등을 제안함으로써 보다 신뢰성 높은 교육 서비스 제공 가능

33) "최신 로드맵 자료보고서"(n.d.). 중소기업 기술 로드맵. http://smroadmap.smtech.go.kr/s0401/view.html?year=2021&id=3172 참조. (검색일: 2023. 7. 30.)

국방	군사 작전을 위한 의사 결정 시 AI 알고리즘을 활용하여 제시한 군사 지휘 의사 결정의 판단 근거를 제시함으로써 군사 작전의 설득력 향상 및 성공 가능성 증대 기대
법률	사건 사고에 대한 법원의 판단 시 판단 근거에 대한 정확한 설명 가능해짐

출처: "최신 로드맵 자료보고서"(n.d.), 중소기업 기술 로드맵, http://smroadmap.smtech.go.kr/s0401/view.html?year=2021&id=3172 (검색일: 2023. 7. 30.)

그리고 기술 로드맵에는 XAI 분야의 핵심 기술 리스트가 다음과 같이 구분되어 있다.

① 윤리적 설명 가능 기술
- 인공지능의 결정이 도덕적/윤리적으로 올바른 결정인 이유에 대한 설명이 가능한 기술

② 위험 감지 및 해결 축적 기반 XAI 기술
- 위험을 감지하고 해결 방법과 그 결과 데이터를 바탕으로 한 설명 가능한 인공지능 기술

③ AI 기반 시각화 기술
- 인공지능 결과에 대한 이유를 쉽게 이해할 수 있도록 시각화하여 보여 주는 기술

④ 헬스 케어 데이터 분석 기술
- 개인의 다양한 헬스 케어 데이터를 토대로 인공지능의 판단에 대한 설명이

포함된 분석 기술

⑤ 객체 인식 및 예측 기술
- 객체에 대한 인식 정보를 토대로 설명 가능하며 정확한 예측을 하는 기술

더불어 AI의 투명성 및 설명 가능성은 AI에 대한 지속적이고 성찰적인 평가로부터 보장될 수 있다. 이와 관련하여 윤리 인증 제도뿐만 아니라 AI 윤리 영향 평가, 그리고 AI 성숙도(Maturity)에 대한 논의의 필요성도 제기되고 있는 만큼 투명성과 설명 가능성을 확보하기 위하여 AI 기술에 원활한 평가 시스템이 작동하도록 해야 한다.

V. 윤리적인 AI를 위하여[34]

우리는 AI 시스템 및 제품이 윤리에 기초한 몇몇 준거들(인간 존엄, 자유 의지, 개인적·사회적 안녕)로부터 출발해야 한다는 사실에 동의할 것이다. 이에 대해 우리는 AI 시스템 및 제품이 준수해야만 하는 윤리적 가이드라인 및 인증의 필요성을 논의하지 않을 수 없다. 우선, 인공지능 알고리즘은 결정의 자율성을 빼앗는 인지적 방법들을 통해 인간을 조종해서는 안 될 것이다. 또한, 폭력을 고조시켜서는 안 되고, 공정해야만 하고, 투명해야만 하며, 인간의 사적인 삶을 존중해야 하고, 안전해야 하며, 편향성을 가져서는 안 될 것이다.

---

34) 변순용 외(2019). "홈 헬스 케어 AI Robot의 윤리 인증의 필요성과 그 준거에 대한 연구". 윤리연구, 127. pp.147-168.

인공지능의 알고리즘은 설계 혹은 제작자의 손에서 최초에 그 쓰임에 맞게 사용자를 위해 고안될 것이다. 따라서 논쟁 발생 시, 최초의 정보 입력과 개인적 가치나 신념을 주입한 인공지능 알고리즘 제작자가 이 자율적 시스템에 책임을 져야 하는 것에는 의심의 여지가 없다. 그렇지만, 이 책임이 단순히 제작자나 제작사에 전적으로 지워진다고 해서 인공지능의 잘못된 혹은 비윤리적 쓰임의 결과가 초래하는 사회적 혼란은 간단하게 해결되지는 않을 것이다. 그러므로, 인공지능 알고리즘은 갈등 상황에 대한 예측과 이 갈등 상황에 대한 합리적인 사회적 합의를 기초로 객관적이고 공정하게 검증할 수 있는 윤리적 설계를 애초에 구상하여 적용해야만 한다. 다시 말해, 인공지능은 윤리적 요청들을 존중할 수 있도록 몇 가지 필수 불가결한 질문들에 응답할 수 있어야만 한다.

인공지능은 인류에게 더 윤택하고 안락한 삶을 제시해 줄 것이라는 기대와 희망을 준다. 더욱이, 의학 분야에서의 인공지능은 더 정확하고 더 빠른 진단에 의해 많은 질병들을 극복하는 데에 중추적 역할을 할 것이다. 하지만, 인공지능은 환자에게 적합하지 않은 또는 공정한 치료를 보장하지 못하는 결정을 할 수 있는 프로그램 시스템에 맞설 자유의지가 없다는 치명적인 문제가 있다. 이것은 인공지능 알고리즘 시스템의 투명성과 책임성의 취약점, 편향성을 드러내는데, 인공지능은 인간처럼 비판적 정신을 갖지 못하기에 더욱 그렇다.

윤리적 반성이 인공지능에 관심을 두어야 하는 지점이 바로 여기이다. 윤리는 정보들의 질(質)-정보들이 수집되는 방식, 정보들의 성격, 구조, 추적 가능성-을 대상으로 엄격하고 정밀한 검증을 수행해야 한다. 왜냐하면, 원인이면서 한편으로 결과일 수 있는 정보들이 뒤섞이면서 인공지능의 알고리즘이 적합하지 않은 상관관계를 세울 위험이 있다는 것은 명백하기 때문이다. 따라서, 통제의 틀을 세우는 것이 필요하다. 물론 이를 위해서는 법을 통한 규제가 가장 효과적일 것이다. 그러나 법제화는 법 조항들의 구상과 채택에 다소 시간이 걸린다. 법률적인 것은 그 본성상 항상 혁신적인 어떤 것에 상당히 뒤처진 후에 나타난다. 반면에, 윤리는 더 빠르고 더 유연하여, 진보 혹은 발달을 저지함이 없이, 변화들을 예상할 수 있다. 따라서, 인공지능 시스템에 대한 우려를 불식시키기 위해 법제화를 기다리기보다 윤리적 장치들을 고안하는 것이 선제적으로 수행될 수 있을 것이다.

　인공지능과 관련하여, 윤리가 합리적 의미에서 진전되고, 좋은 질문들을 제시하기 위해 애쓴 노력들이 있다. 이미 우리나라를 비롯한 유럽 연합, 미국, 중국에서 인공지능과 관련한 윤리적 가이드라인을 제시하였는데, 우리는 우선 이것을 토대로 AI 시스템 및 제품의 윤리 인증제를 위한 항목들을 구성해 볼 수 있을 것이다. 일반적으로 크게 7가지 준거의 공통적으로 제시되고 있다. 첫째, 인간적인 요소와 인간의 통제, 둘째, 견고함과 안전성, 셋째, 사적인 삶의 존중과 정보들의 지배, 넷째, 투명성, 다섯째, 다양성, 비-차별성, 공정성, 여섯째, 사회 활동의 만족과 환경적 평안, 일곱째, 책임성이다.

　사실, 인공지능의 윤리 인증 준거 및 원칙은 내용적인 면에서 복합적이고 유기적으로 서로 맞물려 있다. 따라서 각각의 준거나 원칙이 독립적으로 적용될 수 있는 것은 아니다. 그러나 우리는 AI 시스템 및 제품의 실질적 윤리 행위와 가장 밀접하다고 할 수 있는 준거들을 선택하여 논의해 보았다. 그리고 홈 헬스 케어 인공지능의 윤리 인증은 인공지능의 윤리적 수행을 위한 윤리적 운용 방법의 인증이라 할 수도 있다. 윤리적 책임의 결과를 인공지능에 물을 수 없는 한계는 궁극적으로 인공지능에 의한 서비스 실행 단계 이전에 시스템을 설계하는 인간에게 그 윤리적 물음을 묻는 것일지도 모른다. 과학 기술의 발전은 점점 인간을 닮은 인공지능을 개발해 낼 것이다. 그렇다면, 인간의, 인간에 의한, 인간을 위한 윤리를 인공지능이 담지해야 하는 것은 너무도 명백해 보인다.

참고 문헌

변순용·신현우·정진규·김형주(2017). 「로봇윤리헌장의 필요성과 내용에 대한 연구」. 『윤리연구』. 112. pp.295-319.

유네스코한국위원회(2021). 「유네스코 인공지능(AI) 윤리 권고 해설서」.

정진규 외(2019). 「홈헬스케어 AI Robot의 윤리인증의 필요성과 그 준거에 대한 연구」. 『윤리연구』. 127. pp.147-168.

최형규(n.d.). 「설명가능한 인공지능(Explainable AI; XAI) 연구 동향과 시사점-학습이 완료된 딥러닝 모델에 대한 설명을 중심으로」. (Monthly Software Oriented Society No.87 September 2021).

한국정보화진흥원(2018). 「지능정보사회 윤리 가이드라인과 지능정보사회 윤리헌장」.

European Commission(2018). Draft Ethics guidelines for trustworthy AI. https://digital-strategy.ec.europa.eu/en/library/draft-ethics-guidelines-trustworthy-ai

European Commission(2019). Ethical Guidelines for Trustworthy AI.

UNESCO(2021). Recommendation on the Ethics of Artificial Intelligence. https://unesdoc.unesco.org/ark:/48223/pf0000381137

UNESCO(2023). UNESCO's Recommendation on the Ethics of Artificial Intelligence: key facts. pp.17. https://unesdoc.unesco.org/ark:/48223/pf0000385082

IBM(2021). AI maturity framework for enterprise applications.

Microsoft(2018). AI maturity and organizations-understanding AI maturity.

김진명(2023). "구글이 1만 2000명 자를 때도?… AI가 정리해고 대상자 고른다". 조선일보. https://www.chosun.com/international/us/2023/02/22/K3HBDBECSBDEPOQ5KWPJEE5FAY/ (검색일: 2023. 7. 29.)

"설명 가능한 AI"(n.d.). IBM. https://www.ibm.com/kr-ko/watson/explainable-ai (검색일: 2023. 7. 30.)

"인증제도란?"(n.d.). 국가기술표준원. https://standard.go.kr/KSCI/crtfcPotIntro/crtfcSystemIntro.do?menuId=540&topMenuId=536&uppe (검색일: 2023. 7. 29.)

정두용(2023). "카카오 '가맹 택시 우대' 소문, 결국 사실로… 공정위 제재에 '행정소송' 대응". 이코노미스트. https://economist.co.kr/article/view/ecn202302140038 (검색일: 2023. 7. 30.)

최수문(2016). "[블랙박스사회] 평판마저 좌지우지… '블랙박스 시스템'에 갇힌 우리들". 서울경제. https://www.sedaily.com/NewsView/1KXPQIS3JF (검색일: 2023. 7. 30.)

"최신 로드맵 자료보고서"(n.d.). 중소기업 기술로드맵. http://smroadmap.smtech.go.kr/s0401/view.html?year=2021&id=3172 (검색일: 2023. 7. 30.)

http://chinainnovationfunding.eu/dt_testimonials/state-councils-plan-for-the-development-of-new-generation-artificial-intelligence/ (검색일: 2019. 9. 25.)

IEEE(n.d.). IEEE SA. https://standards.ieee.org/wp-content/uploads/import/governance/iccom/IC18-00 (검색일: 2019. 9. 22.)

"THE ETHICS CERTIFICATION PROGRAM FOR AUTONOMOUS AND INTELLIGENT SYSTEMS (ECPAIS)"(n.d.), IEEE SA, https://standards.ieee.org/industry-connections/ecpais/ (검색일: 2023. 7. 29.)

"What is CMMI?(Capability Maturity Model Integration)". 2019. testbytes, https://www.testbytes.net/blog/what-is-cmmi/

제8장
메타버스 시대에 디지털 휴먼의 민주적 활용 가능성

I. 들어가는 말

21세기 초반의 소셜미디어 플랫폼의 황금기를 이끌던 기업 중 하나인 페이스북은 2021년 10월 말 사명을 '페이스북'에서 '메타(Meta)'로 변경하였다. 관련하여 메타의 CEO인 마크 저커버그(Mark Zuckerberg)는 회사의 주요 연례 컨퍼런스인 'Facebook Connect 2021'의 기조연설에서 메타버스에 대한 강한 기대감과 특별한 확신감을 드러내기도 했는데, 특히 메타는 현재 세 개의 주요 공간으로 구성된 메타버스 플랫폼 '호라이즌(Horizon)'을 구축하고 있다. 뿐만 아니라 이러한 사회 주도 기업의 이미지 변신은 관련 산업계에서 '메타버스(Metaverse)'에 대한 관심도의 증폭기제가 되고 있다.

이 같은 메타버스 시장의 확대는 단순히 한 회사의 광폭 행보가 아닌 첨단 ICT 산업 저변에 흐르는 혁신적인 움직임이 되고 있고, 더불어 산업 분야의 경계를 넘어서 경제, 정치, 교육 등 사회 전반에 막대한 영향을 끼치고 있다. 주로 대표적인 플랫폼인 로블록스(Roblox), 제페토

(Zepeto), 이프랜드(ifland) 등에서 가수의 팬 사인회, 정부 기관이나 기업의 컨퍼런스나 포럼과 같은 행사 운영이 이루어지는 편인데, 점차 적용 범위가 확대될 전망이다.

그중에서도 메타버스의 확장성은 인공지능(이하 AI) 기술의 적용으로 잠재성 현실화가 극대화되며, 특별히 딥 러닝(deep learning)이나 의사소통 AI와 같은 기술을 이용한 디지털 휴먼(Digital Human) 또는 버추얼 휴먼(Virtual Human)이 주력이 되고 있다. 로봇, AI, 메타버스 등의 관심사는 '어떻게 인간 또는 인간 세계를 가장 실제적으로 구현할 수 있는가'로 귀결되는 현상을 보인다. 이미 콘텐츠 크리에이티브 전문 기업인 '싸이더스 스튜디오 엑스(Sidus Studio X)'의 가상 인물 '오로지(Oh Rozy)'는 2021년에만 10억 원 가량의 수익을 창출했으며, 그 외에도 최근에 온마인드의 '수아'나 펄스나인의 걸 그룹 '이터니티(Eternity)' 등의 버추얼 휴먼 사례가 다수 등장하고 있다. 이러한 AI 기반 디지털 휴먼 기술은 메타버스의 아바타로 사용될 수 있으므로 메타버스의 구체적인 실현에도 크게 기여할 수 있다.

이에 본 연구에서는 디지털 휴먼의 민주주의적 확장 가능성을 탐색하고자 한다. 이때 인간과 기계 사이에 위치하고 있는 디지털 휴먼의 정체성을 어떻게 판단해야 하는가에 관하여 물음을 던지고자 한다. 여기서 주된 기준점으로 정체성과 근거성을 삼고 사실 여부에 따라 분류해 보려 한다. 그리고 디지털 휴먼의 민주주의적 활용 가능성을 진단할 때 한계와 과제를 같이 분석할 수 있도록 윤리적 판단 모델을 탐구한다. 그렇게 정체성에 대한 논의와 윤리적 숙고 사항을 제시한 후 디지털 휴먼이 차후에 기술적으로 진보하면서 민주주의 사회에서 어떠한 역할을 수행할 수 있는가를 예측해 보고자 한다. 이와 더불어 윤리적인 문제점이 무엇인지 짚어 보고 향후 과제를 제시하여 디지털 휴먼의 윤리적 발전 방안에 기초를 마련하고자 한다.

II. 디지털 휴먼에 대한 이론적 탐색

1. 디지털 휴먼의 개념과 발전 방향

호모 파베르의 인간으로 시작한 도구적, 기술적 전문성은 자연물의 1차적 이용에서부터 시작하여 이제는 인간 혹은 세계의 재현에 이목을 집중시켰다. 호모 파베르를 주도하던 호모 사피엔스의 개념은 이제 더 이상 그 의미 생산을 주도하지 못하고 있다. 오히려 이제는 호모 파베르에 의해 호모 사피엔스의 의미가 규정되는 역전 현상이 발생하고 있다고 보아도 될 정도이다. 현대 ICT 기술의 미래는 재현적 극한인 리얼리티(Reality, R)로 축약되고 이는 VR(Virtual Reality, 가상 현실), AR(Augmented Reality, 증강 현실), DR(Diminished Reality, 축소 현실), MR(Mixed Reality, 혼합 현실), XR(eXtended Reality, 확장 현실)과 같은 리얼리티 기반 기술들의 발전으로 드러난다. 더불어 그러한 기술들을 뒷받침해 주는 메타의 오큘러스 퀘스트, 마이크로소프트의 홀로렌즈와 같은 VR HMD나 애플의 ARKit, 구글의 ARCore와 같은 AR 기기 등의 리얼리티용 디지털 기기들의 성장이 잇따르고 있다. 이에 따라 완전한 현실과 완전한 가상 사이에 무한하게 존재하는 잠정적인 (현실과 가상의 혼재된 여러) 층위 내지 영역이 증강 가상(Augmented Virtuality, AV)과 증강 현실 사이에 다양하게 그리고 중첩적으로 존재하게 된다. [그림 1]은 그러한 가상과 현실의 스펙트럼을 나타낸 것이다. 가상은 초현실적 가상(surrealistic virtuality)과 현실적 가상(realistic virtuality)으로 구분할 수 있으며, AV는 후자로부터 비롯된다. 현실적 가상에 현실을 더해가는 AV가 극도로 현실을 추구하거나, 현실에 가상성을 추가하는 AR이지만 오히려 더더욱 현실에 가까워지는 하이퍼리얼리티에서는 현실과 가상의 상호 중첩 현상이 심화된다. 결론적으로 정반대 개념에 위치하던 가상과 현실이 각각 증강되면서 하나로 연결되는 양상을 보이며 새로운 세계를 구성해내는데, 여기서는 이를 '하이퍼리얼리티(Hyperreality)'라 하고자 한다.

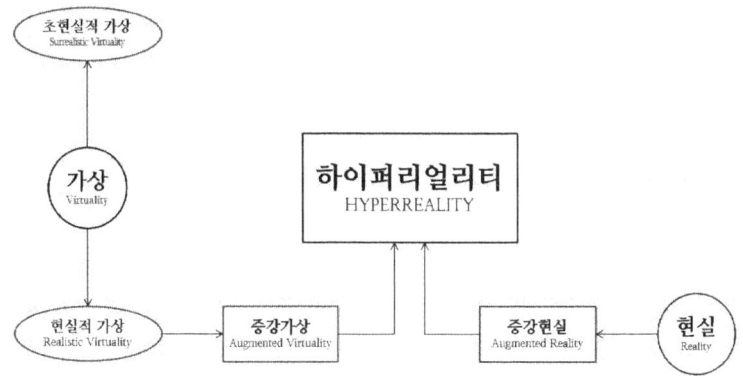

[그림 1] 가상과 현실의 스펙트럼

한편 가상 공간에서의 세계 건설 과정에서 핵심적인 이슈는 발전하고 있는 기술들을 적극적으로 활용해 가상의 인간을 어떻게 더 완전한 현실에 근접하게 구현해 내는가이다. 소프트웨어정책연구소의 이슈 리포트에서 이승환과 한상열(2021:4-5)은 메타버스의 확산 현상을 통해 미래를 예견하며 메타버스 관련 5대 이슈를 "① 게임을 넘어서 경제로 ② 메타버스 기기의 확대 ③ 디지털 휴먼의 성장 ④ 다양한 IP와 협력하는 메타버스 ⑤ NFT와 결합하는 메타버스"로 정리하였다. 그들은 5가지 이슈 중 디지털 휴먼의 성장을 논할 때 "기술적 제약이 완화"되고, AI가 적용되면서 다양한 분야로 활용되고 있음을 밝혔다(이승환 외, 2021:14-17). 이처럼 급부상하고 있는 디지털 휴먼 구현 기술은 인간 세계의 가상적 확장판인 메타버스의 최종적인 자리에서도 충분히 기여할 것으로 전망되고 있다.

디지털 휴먼의 개념은 아직 활발하게 연구되고 있는 단계로 기업에서의 초기 개념 정도만 정립된 상태이며 관련 연구는 이제야 시작되는 중이다. 기업들의 논의를 살펴보면 먼저 가상 프로덕션 플랫폼 버추얼즈(Virtuals)는 개략적으로 디지털 휴먼을 "a photorealistic 3D human model"이라 논하였는데 특징적으로 여러 유사 개념과의 비교를 통해 개념화하는 방식을 사용했다(Alvaro, 2020). 그들은 일반적인 3D 인간이나 딥페이크와 디지털 휴먼의 구별점을 "structured 3D model"로 정리하며 디지털 휴먼만이 결과적으로 제어 가능함을 들고 2D 기반의 딥페이크와 다른 개념임을 확실시하였다. 그러한 제어 가능성은 디지털 휴먼의 기술적 유연함이 되고 이로 인해 디지털 휴먼이 여러 상황에 이용되도록 지원한다. 그리고 그들은 디지털 휴먼에 속하는 개념으로 "버추얼 휴먼(Virtual humans)"과 "디지털 더블(Digital doubles)"을 구분하였다. 첫째, 버추얼 휴먼은 정체성을 어느 정도 소유한, 예를 들어 싸이더스 스튜디오 엑스의 오로지, 1호 버추얼 인플루언서 릴 미켈라와 같은 이들을 말한다. 둘째, 디지털 더블은 버추얼 휴먼과 달리 실제 인물을 말 그대로 복사한 복제품이며 따라서 법적 문제나 윤리적 문제를 안고 갈 우려가 있다고 보았다. 어찌 되었든 그들의 디지털 휴먼 개념화 모델은 유사어들을 분리하고 포함 관계를 제시하였다는 점에서 의의가 있다.

또한 디지털 휴먼의 필요 기술로서 AI를 핵심적으로 바라보기도 한다. 인공지능과 빅 데이터 기술 기업 솔트룩스(2021)는 디지털 휴먼을 "실제 사람처럼 생겼고, 사람처럼 말하는 3D 가상 인간"이라고 정의하였다. 더불어 'AI 인간'이라는 혼용어를 통해 "AI에 기반한, 실물과 똑같은 캐릭터"라고 덧붙이기도 하였다. 이는 디지털 휴먼의 기술 발전에 있어서 AI의 적용이 디지털 휴먼의 인간 모사율을 높이는 최적의 방법이자 최근의 흐름임을 알게 한다. 세계적인 회계 법인인 딜로이트(Deloitte)는 디지털 휴먼에 대해 "인간의 바디 랭귀지를 만들어 낼 수 있는 아바타(an avatar that can produce a whole range of human body language)"라고 개념화하는데, 이러한 논의는 디지털 휴먼을 의사소통의 주체나 대상으로 정의하는 것과 같다. 그들은 AI 기반 디지털 휴먼이 언어적 의사소통에, 그리고 AI의 표정, 손짓 등의 학습 능력을 토대로 비언어적 의사소통에 강점이 있다고 보았다. 이를 볼 때 인공지능과 로봇의 현대적 변화가 진화된 인공지능 로봇을 등장시킨 것처럼(변순용, 2019:82) 인공지능 디지털 휴먼이 출현하고 있다고 볼 수 있겠다.

연구 분야의 디지털 휴먼 논의는 다소간 부족한 편이지만 그래도 앞선 기업들의 의견에 대한 분석을 바탕으로 제작 기법과 연계하여 낸 일부 연구들이 있다. 먼저 이승환과 한상열(2021)은 디지털 휴먼을 "인간의 모습/행동과 유사한 형태를 가진 3D 가상 인간"으로 제시하였다. 더불어 기존의 비용 및 시간의 제약이나 전문 기술 필요성의 어려움이 최근 CG, AI, 클라우드 등 기술의 발전으로 완화되었다고 분석하며 제작의 용이성이 증대될 것이라 평가하고, 과거 동영상 제작의 보편화 과정과 유사한 성장세를 예상했다. 실제로 디지털 휴먼 개발 업체 유니큐(UneeQ)는 자체 설계한 디지털 휴먼을 바탕으로 간단하게 커스터마이징까지 가능한 유니큐 크리에이터를 개발하기도 하는 등 디지털 휴먼 제작의 보편화 및 용이화가 진행되고 있다. 디지털 휴먼과 메타휴먼(MetaHuman)의 제작 기법을 분석한 연구에서 언급된 디지털 휴먼의 개념 정의들이 동일하게 "① 실제 사람의 외형을 모방 ② 실제 사람의 행동 양식을 모사 ③ 사람의 역할을 대체"하는 방식으로 정립되고 있다고 보았다(오문석 외, 2021:136-140). 그들은 공통점을 바탕으로 디지털 휴먼을 "사람의 역할을 대체할 목적으로 실제 사람의 특징과 외형을 본떠 만든 3D 인체 모델"이라 정의하였다. 여기서 다름 아닌 디지털 휴먼의 '인간 대체재'로서의 목적성을 확인하였다. 그리고 이들은 특별히 디지털 휴먼의 진보적 개념으로 '메타휴먼'의 등장을 바라보았는데, 이는 에픽 게임즈의 게임 엔진인 Unreal Engine을 이용한 메타휴먼 크리에이터로부터 차용되었다. 그러면서 기존 디지털 휴먼 방식은 수작업이 요구되는 '수동적 가상 인간'이었으나 메타휴먼은 버추얼 휴먼과 디지털 더블이 혼합된 '능동적 가상 인간'이라고 하였다. 따라서 메타휴먼은 전언한 유니큐 크리에이터와 같이 디지털 휴먼 제작 용이화에 특화된 디지털 휴먼 기술로 여겨진다.

널리 퍼져 있는 디지털 휴먼의 개념을 일부 수집한 결과 MR, XR의 개념들과 마찬가지로 비교적 최신 ICT 기술인 디지털 휴먼도 아직은 정돈되거나 수렴된 상태가 아니며 활발하게 연구가 진행되고 있었다. 그중 상대적으로 공통적 성격을 규명한 오문석 외(2021:136)의 정의를 토대로 본 연구는 디지털 휴먼을 인간을 대체하기 위해 디지털 기술을 이용해 인간을 모방한 것으로 판단하였다.

2. 메타버스와 디지털 휴먼

적어도 지금은 가히 메타버스의 시대라고 부를 수 있을 정도로 메타버스가 미래를 대표하는 기술로 평가되고 있다. 그에 따라 ICT 기업들은 메타버스 관련 산업을 계속해서 확장하고 있다. 메타버스가 용어적으로는 1992년 닐 스티븐슨의 소설「스노우 크래쉬」로부터, 개념적으로는 2007년 ASF(Acceleration Studies Foundation)의「메타버스 로드맵」으로부터 기원한다는 것은 이제 꽤 알려진 사실로 메타버스의 등장이 예상보다 오래되었음을 알 수 있다. 그럼에도 메타버스가 급부상하게 된 배경으로 오연주는 한국지능정보사회진흥원(이하 NIA)의 보고서를 통해 4가지로 제시하였다(오연주, 2021:10). 첫째는 사회적 배경으로

"망가진 현실에 대한 대안"이며, 둘째는 문화적 배경으로 "창작과 소통의 문화", 셋째는 기술적 배경으로 "기기-플랫폼-네트워크의 성장"이고, 넷째는 경제적 배경으로 "산업 급성장 전망"이라고 분석했다. 따라서 메타버스는 굉장히 복합적인 요인으로 성장하고 있기 때문에 계속해서 성장세가 유지될 것으로 보인다. 또한 NIA의 또 다른 보고서 「리부트 메타버스(Re-Boot MVS), 2.0 시대로의 진화」에서는 메타버스의 재부상 과정을 분석해 2010년대 이전인 촉발 단계(Trigger)로서의 메타버스 1.0의 시대, 10~20년대의 과도기 단계(Transition)로서의 메타버스 1.5를 거쳐 현재를 융합 단계(Convergence)로서의 메타버스 2.0 시대로 정의하였다(NIA, 2021:4). 주목할 만한 점은 메타버스 2.0은 초지능·초연결·초실감의 융합적 초(超)세계로 본 것으로서 존재해 온 메타버스와 역부상한 메타버스의 선명한 차이점을 성명하여 발전 지속성에 무게를 실었다는 점이다.

아무튼 메타버스가 다른 기술과 융합적으로 발전하고 있다는 사실은 메타버스에서의 AI 기술이라거나 디지털 휴먼 기술의 활용 가능성에 대하여 생각할 계기를 마련해 준다. 그런 면에서 메타버스와 디지털 휴먼의 융합은 이미 ICT 기업들의 차세대 사업으로 구상되고 있다(이하은, 2021). 위지웍스튜디오가 메타버스에 향후 적용하기 위해 개발한 위지웍 시스템은 프리 비즈(Pre-Visualization, 사전 시각화) 및 페이셜 캡쳐(Facial-capture) 등의 보유 기술을 통해 디지털 휴먼과 사람의 유사도를 훨씬 높였다. 카카오게임즈도 메타버스 사업 계획을 보고할 때 무엇보다 디지털 휴먼에 집중적으로 투자하였음을 밝혔는데, 카카오의 계열사 넵튠은 가상 인물을 제작한 AI 기업 딥스튜디오, 펄스나인에 투자하거나 온마인드를 인수하는 행보를 했다. 추가로 넷마블의 자회사 넷마블에프앤씨도 '메타버스엔터테인먼트'를 설립하거나 디지털 휴먼을 제작하기 위한 최신 장비를 갖춘 VFX 연구소를 설립하였다. 그러므로 상기 기업들의 메타버스 행보가 뚜렷하게 디지털 휴먼에 집중되고 있음은 자명하다.

기업들의 행보와 병렬적으로 연구에서도 메타버스와 디지털 휴먼의 동반 성장에 대해 언급하고 있다. 오문석 외(2021:134-142)는 디지털 휴먼과 메타휴먼의 제작 기법을 분석하는 본인의 연구 배경을 들 때 코로나19의 촉발로 빚어진 비대면 콘텐츠가 증가함에 따라 메타버스 중심의 MR 수요 확보와 함께 디지털 휴먼의 수요가 함께 지속적으로 늘어가는 상황에 대해 예상하였다. 버추얼 인플루언서의 활약 현상을 통해 디지털 휴먼의 시사점에 착안한 최홍규(2021:7-8)는 게임 시장의 규모 확대와 메타버스 산업군의 성장 가속화로 인해 디지털 휴먼의 이용 보편화가 진행될 것으로 전망하기도 하였고, 이승환과 한상열(2021:14-17)은 메타버스의 미래 준비 사항의 일부로 디지털 휴먼을 포함하였다. 이러한 메타버스와 디지털 휴먼의 연계 효용성 논의는 앞으로 메타버스 시대에 디지털 휴먼이 핵심적인 기술 중 하나로 우뚝 서리란 기대를 나타낸다.

III. 디지털 휴머니즘: 사실과 비사실 사이에서

인간과 유사적 또는 공통적 특질들을 공유하는 대상들이 포함된 인간 정체성에 관한 존재론적 탐구는 디지털 휴먼 외에도 사이보그, 네오 휴머니즘(Neo-Humanism), 포스트 휴머니즘, 트랜스 휴머니즘, 신유물론, 유전 공학 등의 다양한 기술 공학적이면서도 물질 및 기술 사상적인 형태 안에서 지속되고 있다. 인간이 실존적이고도 존재론적인 위기에 직면했다는 판단 아래 인간의 존재적 의미를 철학적으로 재확보하려던 네오휴머니즘(이종관, 2013:14)을 논외로 하면 대저 기술 중심의 근대 휴머니즘(Modern Humanism)적 사조에 속한다고 볼 수 있다. 어찌 보면 네오휴머니즘의 등장마저도 인간의 변종적 상태에 관한 자명한 전제가 있기 때문인 것처럼 현대 기술 사회의 유려한 발전 속에는 인간 정체성에 관한 격론이 난무할 수밖에 없어 보인다.

다만 근대적 휴머니즘 사상의 발전 속에는 알게 모르게 실세계적 존재에 대한 물음이 주를 이뤘고, 이는 21세기의 밀레니얼 세대를 대표하는 디지털 세계에 대한 존재론적 결여로 이어졌다. 트랜스 휴머니즘과 같은 실세계적 인간 존재론들은 현실성, 위협성 등의 이유로 학문적이고 기술적인 장(field)에서 주류를 이루어 왔지만, 아마도 오래도록 디지털적 객체성을 유지해 온 게임 속 아바타들은 인간과의 유사도가 현저히 떨어져 왔고 발전 방향성이 엔터테인먼트 시장으로 거의 한정되어 왔기 때문으로 보인다. 그러나 메타버스 2.0 시대의 도래에 따라 그 같은 휴머니즘 담론의 실정에 관한 새로운 요청을 불러냈는데, 달리 말하면 그 요청은 간간이 주창되어 왔지만 주목받지는 못했던 디지털 휴머니즘에 대한 재조명이라 할 수 있겠다. 사실 디지털 휴머니즘의 성격은 인간론보다는 시대론의 부차적 차원에 속하는 경우가 다반사였다. 그러나 디지털 휴먼의 다각화와 진보화에 따라 여타의 휴머니즘 담론처럼 인간적 존재로서의 비교를 통한 디지털 휴머니즘에 대한 재해석이 시급해졌다. 이를 통해 디지털 휴먼의 정체성이 정립되고, 윤리적이면서도 법적인 논의도 더욱 정교해질 수 있을 것이다.

디지털 휴먼의 정체성을 거론할 때는 디지털 공간의 '가상성(假像性)'에 대한 입장이 선행되어야 하며, 이는 사실과 비사실(non-fact) 사이의 두 가지 측면에서 살펴볼 수 있다. 첫째는 근거성으로 디지털 휴먼이 사실과 비사실 중에 무엇에 근거하여 제작되었는가이며, 이 경우에는 상대적으로 분할성이 뚜렷하다. 먼저 사실에 근거한 디지털 휴먼으로는 실존 인물을 복사 및 복제하려는 의도성을 갖고 최대한 정밀히 구현하게 된 사례를 생각해 볼 수 있다. 명칭으로는 버추얼즈의 '디지털 더블', 산업계의 디지털 트윈(Digtal Twin) 기술의 파생어로서의 '휴먼 디지털 트윈(Human Digtal Twin, HDT)'이나 'Digtal Twins of the People(DToP)'이 해당된다고 할 수 있다. 본 고에서는 0과 1의 신호만이 존재하는 평행 세계에 재현된 디지털 도플갱어(Digtal Doppelganger)로서의 '디지털 더블'이라 정리하고자 한다. 디지털 더블의 예시로는 AI 음악 프로젝트 '다시 한번'에서 복원된 거북이의 리더 터틀맨을 들 수 있는데, 이는 가수의 목소리와 얼굴이라는 두 가지 실제 정보를 기반으로 하여 완성된 것이다. 다시 말해, AI는 실제 가수의 생전 오디오 데이터 및 악보 데이터를 통해 목소리 데이터를, 생성적 적대 신경망(GAN) 기술을 얼굴에 특화한 페이스 에디팅 기술을 활용해 얼굴 데이터를 학습하였다. 이외에도 스타워즈 시리즈에서 2016년 심장 질환으로 사망한 Carrie Fisher를 Leia 역으로 환생시킨 일이나, 살아있는 사람을 대상으로 삼았다는 점에서 성격은 다소 다르지만, 2022년에 예정된 그룹 ABBA의 버추얼 콘서트의 경우가 그에 해당한다. 현재는 디지털 더블이 고인에 대한 디지털적 부활로 집중되어 있지만, AI 대선 후보자가 등장한 20대 대통령 선거 운동, 가상 실존자로서 참여하는 메타버스 기반 근무나 학습 등처럼 용도 면에서 무한한 확장 가능성을 갖고 있다.

다음으로 비사실에 근거한 디지털 휴먼은 독자적인 가상의 인간 유사 개체를 창조하려는 목적성을 갖고 제작한 디지털 개체라고 보면 된다. 네이밍은 주로 '버추얼 휴먼'이며 국내에서는 '가상 인간'이라는 용어로 대변되나, 디지털 대상물을 전부 가상으로 보는 입장에서는 실존 인물을 포함한 누구든지 가상 인간이 된다. 따라서 여기서는 디지털 더블과 대조적 어조로 디지털 세상에 유일하게 구현된 인간으로서의 '디지털 싱글(Digital Single)'이라 정리하였다. 최근 마케팅계에 난무하는 버추얼 인플루언서들이 그 일례로, 가상 KOL(Key Opinion Leaders)이라고도 불리는 중국의 아야이(AYAYI)나 류예시(Liu Yexi), 한국의 오로지나 신차 발표회에서 프레젠테이션을 진행한 타타대우의 미즈 센, 그리고 릴 미켈라, 슈두(Shudu) 등을 들 수 있다. 이것 말고도 디지털 싱글은 산업적으로 이용 시 AI 쇼 호스트, VR 게임 아바타, AI 교사 등으로 활용적 잠재성이 종잡을 수 없을 정도로 전망된다. 이미 국민은행에서는 AI 은행원 키오스크를 일부 영업점에 파일럿 테스트를 시작하기로 했으며, 인간 앵커에 비해 아쉬운 점(이혁근, 2021:41)에도 불구하고

MBN의 AI 앵커 김주하는 2020년 말부터 지금까지도 뉴스 전달에 사용되고 있다. 다만 디지털 싱글도 딥페이크 등의 AI 학습 모델의 경우 실제 인물을 데이터로 활용하게 되므로 사실에 근거했다고 간주할 수 있겠으나 결과물을 향한 의도성에서 디지털 더블과 차이가 명백하다고 사료된다.

가상성에 대한 두 번째 입장은 정체성에 대한 사실과 비사실 논의이다. 여기서는 존재와 무, 진짜와 가짜, 생명과 비생명, 휴머니즘 담론 등에 대한 철학적 견해에 따라 복잡한 사고 과정을 거쳐 사실과 비사실 사이 연속선상의 어딘가에 놓여야 할 것으로 보인다. 특히 본 연구에서는 무엇보다 디지털 휴먼을 대상화하였기에 디지털 휴먼 자체의 정체성 소유를 중심으로 논의하였다.

먼저 디지털 휴먼의 정체성을 사실로 분간하게 되면 그 자체의 존재성을 인정하는 것과 같으므로 주체성을 인정하여 '디지털 주체(subject)'라 이름하고자 한다. 장 보드리야르는 미키마우스의 예시를 통해 시뮬라크르를 설명하였는데, 쥐라는 실재에서 복제된 미키마우스는 우리에게 쥐의 복제로 여겨지지 않고(심지어는 쥐라는 실재와 관계를 끊고) 독립적 기호로 인식된다고 보았다(조은지 외, 2021:13). 따라서 인간을 특성적으로 복제해 낸 디지털 휴먼도 인간이라는 실재에서 독립된 하나의 독립자이자 하나의 진실인 것이다. 애초에 현실조차 가상으로 간주되며 디지털 네트워크마저 현실과 이어진 곳으로 여겨지는(김휘택, 2019:90-91) 곳에서 디지털 휴먼이 현실이 아니라고 하기마저 난해하다. 이러한 철학적 혼란의 중심에 서 있는 사례로서 이미 자신들만의 세계관과 성향 등의 정체성을 소유하고 있는 것으로 여겨지는 가상 인플루언서가 등장한다. 그들은 나이, 성별부터 시작해 취미, 직업까지 가진 채로 탄생하며, 그 정체성을 인정받아 광고와 홍보 대사로서 활동하기까지 한다. 그렇다면 이들이 기존의 인형이나 사진과 다른 점은 무엇인가? 이에 대한 답은 AI의 적용으로 인한 '이성 소유'의 가능성이며, 이는 인간의 보편성을 이성에서 촉발한 스토아학파의 사상(강성률, 2019:41)과 근원적 뿌리가 같다. 물론 아직은 AI가 인간의 의식과 비견되기에는 무리가 있음도 명백하기에 인간과의 동질적 정체성으로 볼 수는 없다. 그럼에도 그들은 디지털 휴먼 자체로서 정체성을 갖고 있으므로 디지털 주체로 간주하였다.

다음으로 디지털 휴먼의 정체성을 비사실의 영역으로 소속시키는 경우이며 디지털 휴먼의 기술적이고 사물적인 성격이 우세한 상황을 가정한다. 이는 디지털 휴먼의 단독적이고 주체적인 능력을 배격시키므로 '디지털 객체(object)'라 호칭할 수 있다. 디지털 휴먼의 정체성을 부정하는 경우 가히 꼭두각시로서의 협소한 역할만 부여하고 도구적 성격으로만 규정하고자 하며, 이는 단지 디지털 휴먼을 기존의 게임 아바타의 기술 진보적 양태로 진단하는 것이다. AI 전자적 인간이 가진 물성(物性)과 인간의 인성(人性)의 유사성을 전자 신호에서 착안하는 과정에서도 결국 두 전자 신호의 최초 구성 물질이 다르다는 면은 인정된다(조정호, 2021:110). 즉, AI 기반 디지털 휴먼의 정신과 신체의 배경인 0과 1의 전자적 신호와 생물 인간의 신경 세포인 뉴런의 전기적 신호는 생물학적인 측면에서 상이하고, 이 자체로 근원적 차이가 전제될 수 있다. 따라서 디지털 객체는 디지털 주체와 비교하여 이전 방식의 차원에서 응용적 관조가 가능하며, 탈(脫)-인간적, 초(初)-인간적, 후(後)-인간적 관점과의 논쟁적 전장(戰場)에서 대다수의 인공지능 윤리 가이드라인이 필수적으로 강조하는 인간 중심(human-centered) 윤리를 수호하기에는 유리한 고지를 차지할 것이다. 이러한 예시는 영화 <레디 플레이어 원>의 오아시스 속 퍼시벌이나 <매트릭스>의 매트릭스 속 네오로 볼 수 있다. 이들은 단지 인간의 정체성을 채울 '영혼의 껍데기'와 같다.

[표 1] 디지털 휴먼의 본질적 특성 분류

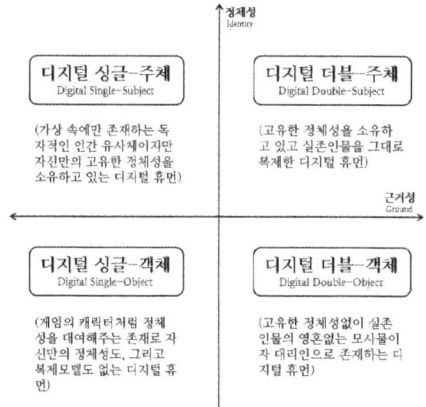

이러한 디지털 휴머니즘의 가상성 차원을 x축을 근거성, y축을 정체성으로 설정하고 도식화하면 [표 1]과 같다. 두 가지 기준 중 하나인 근거성은 실존 인물의 복제 여부에 달려 있다. 다른 기준인 정체성은 디지털 휴먼이 그 자체로 고유한 정체성을 소유하였는지에 근거한다. 다음으로 디지털 휴먼은 두 기준에 따라 네 영역으로 나눌 수 있다. 첫째, 디지털 싱글-주체는 가상 속에만 존재하는 독자적인 인간 유사체이지만 자신만의 고유한 정체성을 소유하고 있는 디지털 휴먼으로, 버추얼 인플루언서가 대표적인 사례다. 둘째, 디지털 더블-주체는

고유한 정체성을 소유하고 있고 실존 인물을 그대로 복제한 디지털 휴먼이며, 고인을 복원한 디지털 더블 사례들이 그에 속한다. 셋째, 디지털 싱글-객체는 게임의 캐릭터처럼 정체성을 대여해주는 존재로, 자신만의 정체성도, 그리고 복제 모델도 없는 디지털 휴먼을 뜻한다.

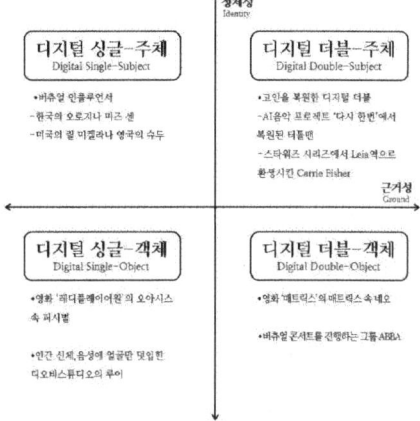

[표 2] 디지털 휴먼의 본질적 특성에 따른 예시

예시로는 영화 <레디 플레이어 원>의 오아시스 속 퍼시벌이나 디오비 스튜디오의 버추얼 유튜버 루이가 있다. 넷째, 디지털 더블-객체는 고유한 정체성 없이 실존 인물의 영혼 없는 모사물이자 대리인으로 존재하는 디지털 휴먼으로, 영화 <매트릭스>의 매트릭스 속 '네오' 등이 그와 같다.

IV. 윤리적 대응을 위한 판단 모델, 'ADVISE'

디지털 휴먼의 정체성 진실 공방을 확실하게 구분 짓기에는 아직 논점이 산적해 있고, 그로 인해 디지털 휴먼에 대한 시의적절한 윤리적 대응은 디지털 객체(-비사실)의 내용적 비윤리성에서 출발해야 한다. 디지털 객체는 사람에 의해 사용(김도윤, 2021:76)되고 의식되어야 의미가 주어지는 존재이며, 모든 디지털 가상화의 이면에는 원초적으로 인간의 욕망이 내재하고 있다(김선희, 2021:325). 결국 디지털 휴먼의 윤리성이나 비윤리성은 사용하는 사람의 욕망 내지 의도에 달린 문제가 되어버린다. 따라서 디지털 휴먼의 비윤리적 내용에는 사람이 책임의 주체로서 역할을 적극적으로 수행해야 한다. 여기서 책임은 전통적 윤리학 개념에서의 인과적 책임은 물론 한스 요나스가 주장한 미래적이며 당위적인 책임까지의 확장을 수반한다. 또한 디지털 휴먼은 인간과의 유사성으로 인해 비윤리적으로 악용될 시 인권 침탈의 가능성이 과중한 만큼 김도윤(2021:76-81)이 바라본 것처럼 개발자 및 제조사, 공적 주체, 사용자, 교육 주체와 같은 행위 주체별 윤리적 부담감의 막중한 부과가 필수적이다. 다만 법적이고 기술적 조치가 아닌 윤리적 조치를 위해서는 행위 주체들의 원만한 사회적 합의가 우선 요구되며, 이를 위해 윤리적 대응을 위한 판단 모델로서 'ADVISE(fAlsity,, Discrimination,

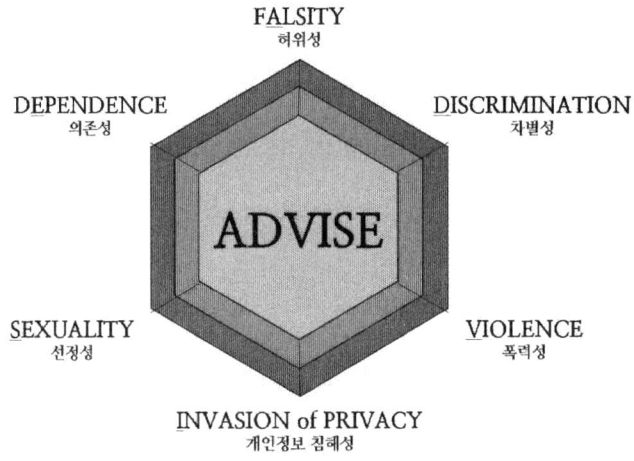

[그림 2] 디지털 휴먼의 윤리적 대응 판단 모델

Violence, Invasion of Privacy, Sexuality, dEependence)' 모델을 [그림 2]와 같이 제시한다. ADVISE 모델은 디지털 휴먼의 융합 기술적 측면에 의해 여러 디지털 테크놀로지의 결함을 포괄적으로 다룬다.

첫째는 허위성(fAlsity)이다. 허위성은 디지털 더블에서 두드러지는 윤리적 상황으로 디지털 더블의 실존 모델을 어떻게 보호할 것인가에 관한 문제이다. 디지털 더블의 목적 자체는 실존 인물에 대한 완벽한 복제이므로 명시적이든 암묵적이든 대상과의 합의 과정이 필요하다. 2D 기반의 이미지 휴먼인 사람을 찍은 사진도 어찌 보면 진짜의 가짜임에도 초상권으로 보호받고 합의 없이 촬영할 경우 법적 처벌은 물론 윤리적 책임도 감수해야 한다. 따라서 디지털 더블도 '진짜의 가짜'이지만 사진과 동일 선상에서 보호에 대한 분명한 합의점이 도출되어야 한다. 그런데 합의 상황 외의 디지털 더블은 모두 사실상 '허위'로 판단되어야 함에도 이러한 디지털 더블의 허위성에 대한 윤리적 요청은 성적 대상화(sexual objectification) 위주의 경각심 외에는 부족한 실정이다. 그마저 딥페이크의 사례만 봐도 2020년에 개정된 성폭력처벌법에서 규정하는 것 외에는 특별한 지침은 주어지지 않았다. 그리고 허위 창작에 대한 인식은 일부 국회의원이 개진한 알페스 처벌법으로 빚어진 논란만 봐도 남성 아이돌 등을 성적으로 대상화한 글과 그림은 상상에 불과하므로 허위와 다른 것이라는 입장에서 드러난다. 그러나 두 가지 사례를 배격하고도 디지털 더블의 창작은 극사실성이 뚜렷하므로 허위성에 대한 보다 엄격한 윤리성이 중요해 보인다. 더불어 디지털 더블의 과도기적 기술인 딥페이크의 경우 피싱과 허위 조작 정보(disinformation)에 부정적으로 관여하는 사례(박주일, 2020:60-64)가 증가하고 있는 만큼 딥페이크 악용 사례의 추이에 따라 적절한 윤리적 판단과 이에 대한 사회적 합의가 요청된다.

둘째는 차별성(Discrimination)이다. 인공지능 세계에서의 편향성과 그에 따른 차별성 및 그로 인한 피해 사례는 윤리 이슈 중에서는 제일 빈번하게 회자되는 주제이다. 주로 알려진 것은 테이나 이루다와 같은 챗봇 AI의 차별적인 텍스트 언어 사용이었으나, 이미지와 관련된 차별 예시도 종종 떠오른다. 대표적인 예는 2015년 발생했던 구글 포토 사건으로 흑인 사진을 고릴라로 분류하여 논란이 되었으며(구본권, 2019), 2020년에는 트위터가 자사의 이미지 크롭 알고리즘에서 흑인보다 백인의 사진을 선호하여 인종 차별로 사과 입장을 전했던 적도 있었다(윤영주, 2020). 서영호 외(2021:403-405)는 정밀한 디지털 휴먼 제작을 위해 필수적인 기술 중 하나로 인공지능을 들었을 정도로, 디지털 휴먼에 있어서 인공지능의 기술 개입도는 급격히 증가하고 있다. 이 중에는 이미지에 대한 학습 과정도 포함되어 있으므로 앞선 인공지능의 차별 사례를 충분히 적용할 수 있다. 또한 그들은 이미지 학습 외에도 자연어 입력 및 출력을 통한 인터랙션에 인공지능이 유효하게 사용될 수 있음을 들었을 정도로 디지털 휴먼은 상호 작용적 특성이 있으므로 전통적인 챗봇 AI의 차별 사태를 동일하게 유의해야만 한다.

셋째는 폭력성(Violence)이다. 디지털 미디어에 따른 사회적 유해성 진단의 양대 산맥은 선정성에 이어 폭력성으로 여러 연구가 두 척도를 함께 분석하였다(백진헌 외, 2017; 심미선 외, 2011; 유홍식, 2003). 그러한 디지털상의 폭력성이 실제적인 사회성에 어떻게 영향을 미치는지에 관한 연구들은 그 인과성에 대해 찬반이 모두 나타난다(심미선 외, 2011; 이혜림 외, 2014; 한덕현 외, 2013). 그러나 디지털 휴먼이 행동하는 메타버스 등의 디지털 세계는 현실 세계와 신호 체계만 다른 하나의 포괄적 사회이기에 가상 세계 내부의 폭력은 기존 디지털 미디어나 게임의 폭력성에 대한 원거리적 접근 방식과는 다르게 근거리적으로 취급되어야 한다. 관련하여 국제 비영리 단체 디지털 혐오 대응 센터(Center for Countering Digtial Hate, CCDH)는 메타버스 내에서 7분마다 1건씩 선정적이고 폭력적인 학대에 노출된다고 연구 결과를 보고했다(CCDH, n.d.). 메타버스의 가상과 실재의 혼재적 성격을 논하거나(윤현정 외, 2021:70-76) 메타버스와 다른 인터넷 플랫폼의 차이를 일반적인 행동의 가능성(이희옥, 2021:132)으로 보는 분석들처럼 디지털 세상의 폭력성에 관한 전통적 시각의 탈피가 주요해 보인다.

넷째는 개인 정보 침해성(Invasion of Privacy)이다. 산업 혁명의 화석 연료에 상응하는 지위를 내걸 정도로(Hand, 2018:179) 정보 혁명에서 데이터의 귀중한 가치는 지능정보사회에서 매우 강조되고 있다. 그중 개인 정보와 관련한 데이터는 각국 및 각 기관의 개인 정보 보호법으로 엄격하게 보호받고 있다. 그렇기에 디지털 휴먼의 능동적이고도 수동적인 상호 작용에서의 개인 정보 처리는 민감하게 논의되어야 한다. 예를 들어 메타버스에서의 디지털 휴먼 아바타를 활용하면 단순한 클릭이나 터치 행위가 아닌 구체적인 신체 행위까지도 데이터로 저장되며,

이러한 모든 것들도 상황에 따라 개인 정보로 취급될 수 있다. 한 가지는 망자의 개인 정보에 관한 것으로, 이는 법적 판단만으로 치부될 수 없고 윤리적 숙고가 동반되어야만 한다. 이미 전문가들은 망자의 데이터를 사용하여 망자를 AI나 디지털 휴먼으로 부활시키는 경우 개인 정보 보호와 동의에 관한 문제가 있음을 지적하고 있다(Bacchi, 2020). 망자의 개인 정보 사용에 대하여는 결국 생전에 유언의 성격으로 동의 의사가 남겨져 있어야 한다(Banta, 2016:950)고 하지만, 법적 승계로만 단정 짓기에도 여지가 남고 의사는 항상 변화 가능성을 내포하므로 유언 또한 완전하긴 않다. 현재 터틀맨 사례 이외에도 사별한 7살 아이나 아내를 디지털 휴먼으로 복원하여 만난 이야기(이은혜, 2021), XR과 음악을 접목한 웹 예능 ALIVE에서 복원된 故 임윤택과 같은 경우가 늘고 있다. 그만큼 망자를 복원하는 데 쓰이는 개인 정보 사용에 대한 윤리적 논의가 시급하다. 또는 대화형 AI가 적용된 디지털 휴먼들 중에 AI 상담원, AI 은행원, AI 교사 등의 경우 일반적인 챗봇 알고리즘과 달리 사람의 목소리 데이터도 학습하며, 카메라를 이용하거나 사용자가 디지털 휴먼 아바타를 이용하여 접응할 경우 그 이상의 데이터까지 학습할 수 있다. 그러므로 전성기를 향해 달려가고 있는 디지털 휴먼 기술에 알맞은 개인 정보 관련 윤리적 합의가 추가로 보완되어야 한다.

다섯째는 선정성(Sexuality)이다. 음지에 자리한 성 산업 또는 불건전한 성인식에 기반한 성범죄는 윤리적 바람과는 다르게 기술의 발전성에 기식(寄食)하여 동반 성장한다. 디지털 사회로의 진입 이후 한국에서는 2000년대 전후로 온라인 및 사이버상의 성폭력 개념화가 시작되었고, 디지털 테크놀로지의 발달로 인한 미디어 및 플랫폼 다양화에 따라 온라인 성폭력도 다분화되었다(김수아 외, 2019:92-95). 이후 스마트폰과 모바일 기술의 발전이 있던 2007년 전후로 리벤지 포르노의 보고와 함께 비동의 영상 유포 및 이미지 기반 성 착취 등의 재개념화가 일어났던 것을 바탕으로 기술 비약에 따른 성범죄 진화의 양상을 확인할 수 있다. 따라서 디지털 싱글과 더블 모두 선정성 논란에 휩싸일 가능성이 농후하며 그에 따른 윤리적인 담론이 제기되어야 한다. 이는 가상 인간의 두 가지 분류로서 사람이 제어하는 디지털 휴먼 아바타든지 알고리즘에 의해 제어되는 디지털 휴먼 에이전트 형태든지(Fox et al., 2015; Suarez et al., 2021)에 관계없이 마찬가지다. 예를 들어 AI 상담원이나 AI 앵커가 노출이 있는 복장일 경우 부적절한지에 대한 쟁점이 생길 것이고, 메타버스 안에서 스킨십이나 성적인 행위의 범위도 논란의 여지가 있다. 실제 메타(meta)는 2021년 12월 신고받은 아바타 간의 신체 접촉 건에 기술적 조치로 회사 메타버스 내 '개인 경계선(personal boundary)'을 도입한다고 밝혔고(정윤섭, 2022), 앞으로도 관련 사례의 증가가 불가피하므로 디지털 휴먼의 선정성에 대하여 깊은 숙의가 시급해 보인다.

여섯째는 의존성(dEependence)이다. 인공지능의 발달 유형을 일반적으로 약한(weak) 인공지능, 강한(strong) 인공지능, 초(super)인공지능으로 나누는데, 대개 인간과 다면적으로 능력이 비슷해지는 강한 인공지능이 도래하기까지는 노력이 더 소요될 거라고 평가한다(마야 비알릭 외, 2021:257-259; 박종선, 2017:40-42; 손현주, 2020:64). 디지털 휴먼의 미래 가치는 인공지능과 결탁 비중이 높아 그러한 성장선을 따라갈 것이므로 거기서 의존도와 신뢰도의 문제가 발생한다. 이러한 '의존 간극' 상태에서 디지털 휴먼의 역할을 어디까지 의존해야 하는가에 윤리적 문제 제기는 쉼 없이 이어질 것이며, 이는 신뢰도의 문제까지 확장된다. 디지털 휴먼과 정치의 융합 건을 살필 때 제20대 대선 국면에서 등장한 AI 대선 후보들은 아직 의존 가능한 디지털 휴먼은 아닌 것으로 보이며, AI 비서 등의 정책 결정에 대한 조언자형 디지털 휴먼도 일본 타마시 시장 선거의 때처럼(유성운, 2019) AI 의사 결정 효과성에 대한 전반적인 의문(Wang et al., 2021)에 갇혀 있다. 심지어 AI 의사 결정의 효과성에 관한 또 다른 연구들도 AI 의사 결정에 대한 과의존이 부정적인 선택을 만들 수 있다는 점을 지적한 것으로 보아(Bansal et al., 2021; Bucinca et al., 2020; Bucinca et al., 2021; Bussone et al., 2015; Jacobs et al., 2021) AI 정치인 또는 비서의 등장에 황색 신호를 주었다. 그러나 이는 인공지능의 안정적인 기술력이 확보된다면 얼마든지 디지털 휴먼이 손현주(2020; 71-73)의 인공지능 추이에 따른 정치 미래 시나리오에 등장하는 AI 가상 비서(virtual assistant)를 매개로 하는 매개 정치(mediated politics)에 이용될 수 있음을 강력히 반증하는 것이다. 여기서 매개 정치와 초인공지능에 인간이 잡아먹히는 로봇 정부(손현주, 2020:74-76) 사이에는 의존도라는 차이가 존재하게 될 것이다. 그렇기에 의존성에 관한 예측적인 윤리적 조망을 통해 과도기적 존재인 디지털 휴먼의 성장 과정을 안정적으로 이끌어야 한다.

V. 디지털 휴먼의 민주주의적 활용 가능성 모색

1. 디지털 휴먼 데모크라시

디지털 휴먼에 의해 새롭게 우리 앞에 놓인 현실들이 가진 긍정적인 또는 부정적인 측면에 대한 윤리적 문제를 고려해 보았다. 이러한 논의는 디지털 휴먼이 향후 민주주의 정치 사회에서 어떠한 역할과 지위를 가질 수 있는지에 대한 논의의 중요한 기초가 될 것이다. 아날로그와 디지털의 이분법적 구도는 21세기와 더불어 서서히 철폐되어 가거나 서로 융합되어 가고 있으며, 코로나 발발로 인해 이러한 현상이 가속화 되고 있다. 이는 현실 공간과 디지털 공간의 경계 허물기로서 작용하고 있으며, 인간과 기계의 관계적 존재론에 대한 두 가지의 가능성을 모두 내포한다. 하나의 가능성은 인간의 본질적 부족분을 기계가 더 적극적으로 보조하게 되는 것, 또 다른 가능성은 인간과 기계의 분할 기준 제거로 인해 인간 주체성의 재정립이 일어나는 것이다. 즉, 두 담론이 휴머니즘과 포스트 휴머니즘의 과도기적 상황에서 동시적으로 발생할 것이며(박성진, 2017:127), 논자가 펼치는 디지털 휴먼에 관한 민주주의적 접근도 열린 태도를 발휘하려 한다. 이에 디지털 휴먼이 직간접적으로 활용되거나 개입되는 민주주의를 통틀어 '디지털 휴먼 데모크라시'라 정의하고 이것이 어떠한 모습으로 구현될 것인가를 살펴보고자 한다.

1) 디지털 휴먼 시민 사회의 구현

디지털 휴먼의 세계는 가상 현실이며 인간의 개입으로 인해 확장 현실이 되는데, 확장 현실 기술성의 성과는 인간이 가상 공간에서 얼마나 현실처럼 느끼는가에 달려 있다. 이하은 외(2021)의 디지털 휴먼의 얼굴 표현과 VR 환경 현실감의 인과성 연구는 이러한 디지털 휴먼의 목적성을 보여 준다. 즉, 디지털 휴먼은 인간 유사성과 행위성을 확충하여 사람들에게 가상 현실에서 현실감을 부가해 주는 역할을 해낸다. 이러한 현실감 증가에 대한 목적성은 궁극적으로 디지털 휴먼 시민 사회의 실현 가능성을 가속한다.

한편 윤성이(2009:163)는 정보화 시대가 확산하면서 개개인의 시민 주체성이 재조명되었다고 논하였는데, 이는 디지털 사회가 대의 민주주의의 보완재로서 직접 민주주의와 참여 민주주의를 소환하게 된 것과 연관이 깊다. 허진성(2020:246)도 디지털 시대의 민주주의적 영향으로 직접 민주주의적인 참여가 활성화된다고 보았으며, 케인(Cain, 2000:1011)은 일상적 재택 투표의 가능성도 접쳤는데 이는 시민의 정치 참여 일상화를 높여 준다. 또한 인터넷 공론장은 이제 공적인 정치 과정에 직접적으로 영향을 미치는 숙의 민주주의적 역할을 담당한다고 여겨진다(이진랑 외, 2019:111). 실제로 2012년부터 2016년까지 이어진 프랑스의 디지털 공화국법의 입법 과정의 방대한 역사가 이를 실증해 주는 역할을 한다고 볼 수 있다. 이진랑 외(2019:115)에 따르면 디지털 공화국법은 자유·평등·박애의 공화국 정신을 디지털 시대에 맞게 진화시키기 위한 법률로서 온라인 사이트 'republiquenumerique.fr'와 웹 호스팅 서비스 'GitHub', 'FramaGit'를 이용하고 시민들의 의견에 상세히 응답하여 소통의 진실성을 획득하고 시민의 참여를 유도하였다. 그 결과 디지털 공화국법이 2016년 제정되었고 디지털 시민 참여 중심의 의회 개혁이 추진되고 있으므로 인터넷 공론장의 직접·참여·숙의 민주주의적 효과성이 일부 입증된 것으로 보인다.

그러나 지금까지의 디지털 민주주의는 아쉽게도 면대면(面對面, face-to-face)과 태대태(態對態, gesture-to-gesture)가 결여된 문대문(文對文, text-to-text) 또는 음대음(音對音, voice-to-voice) 중심이었기 때문에 다소 현실감이 떨어졌다. 텍스트 대화나 음성 대화는 비언어적 대화의 제한이 있으며 대화의 환경 이해도가 부족할 수밖에 없어서 이러한 현실감 저하로 인해 합리적인 토론과 숙의에 타격이 생긴다. 이를 타개하기 위해서 제시되는 것이 기존의 텍스트 기반 공론장에서 메타버스 공론장으로의 이동이었다. 인천광역시교육청이 2021년 9월에 메타버스 플랫폼 게더타운과 이프랜드를 이용해 진행한 광장 토론회, 울산광역시에서 진행한 스마트 도시 시민 참여단의 메타버스 토론회 등이 그와 같다. 이 같은 메타버스 공론장은 기관 중심의 운영이 대부분이지만 현재 정치적 논장이 된 페이스북과 같은 소셜 미디어의 접목이 이루어지면 시민 참여의 성격이 두드러지게 될 것이다. 거기에 메타버스와 공진화하는 디지털 휴먼이 동반되는 순간 텍스트, 음성 언어, 표정 언어, 몸짓 언어가 가미된 현실감 있는 공론장이 형성될 것이다. 이러한 현실감 증진에 시공간 제약의 해제까지 덤이 되어 자연스럽게 시민적 참여의 확대로 이어지고 직접·참여·숙의 민주주의는 또다시 공고해지는 선순환 과정이 예상된다. 특히 디지털 휴먼은 정체성 노출도가 증가하였음에도 자신을 숨길 수 있다는 점에서 인터넷 공론장에서 의견 개진의 자유도를 폭증시켰던 익명성의 묘미를 증가시킨다.

2021년 11월 서울특별시는 '메타버스 서울' 추진 기본 계획을 발표했다. 2022년에 도입하여, 2023~2024년에 확장하고, 2025~2026년에 정착을 시키는 3단계 방향성을 갖고 있으며, 경제·교육·관광·행정·복지의 다양한 분야에 걸쳐 활용될 예정이다. 이 중 메타버스120센터(가칭)는 2023년에 실시된 가상 종합 민원실로서, 메타버스상에서 아바타 공무원들에게 민원과 상담 서비스를 받을 수 있는 체제다. 이러한 가상 종합 민원실에서 공무원들이나 시민들의 입장에 디지털 휴먼 기술이 응용되면 서비스 이용의 현실감에 긍정적인 영향을 미칠 수 있다. 아마 AI 은행원과 같은 AI 민원 상담원이 초기 단계의 형태일 것이고, 디지털 휴먼 시민과 디지털 휴먼 공무원의 상호 작용은 추후의 양상이 될 것이다. 어찌 되었든 이처럼 디지털 휴먼은 시민 사회의 여러 민원 시스템에 적극적으로 검토될 것으로 보인다.

2) 디지털 휴먼 정치인으로 인한 비(非)인간 정치의 실현 가능성

디지털 휴먼의 정치적 이용은 가볍게는 홍보로서의 활용부터 나아가서는 당선자로의 활동까지 계속될 수 있다. 이미 인공지능 정치인이 사회에서 호출된 사례가 일부 있다. 대표적으로 세계 최초로 인터넷 의원 선거를 한 에스토니아의 인공지능 의회 의원 노라(Nora)가 있다. 인공지능 노라는 책임 소재 등의 한계로 주로 의원을 보조하는 역할을 담당하지만 분명 제한된 지위라도 획득하였다는 점, 그리고 2015년이라는 인공지능 전성기의 시발점에 등장하였다는 점에서 의의가 있다. 같은 해에 SingularityNET 대표인 벤 괴르첼(Ben Goertzel)이 주도했던 로바마(ROBAMA) 프로젝트를 시작했는데, 그들은 인공 일반 지능(AGI, Artificial General Intelligence)을 가진 정치 로봇의 구현을 원했다. 2017년 11월의 뉴질랜드에서는 정책 토론에 특화된 인공지능 정치인인 샘(SAM)이 개발되었는데, 샘은 닉 게릭센(Nick Gerritsen)이라는 개발자가 개발한 챗봇형 정치인으로 페이스북 메신저와 연결되어 다수의 유저와 동시다발적으로 생각을 공유한다는 특징이 있었다. 다음으로 등장한 것은 2018년 일본 도쿄 다마시 시장 선거에 출마한 마츠다 미치히토의 인공지능 대리 출마였고, 이때 그는 시장이 되면 대개의 정책을 인공지능 판단에 맡기겠다고 하였다(박예슬, 2018). 물론 낙선하기는 했지만, 디지털 휴먼 시장이 활발해진 지금이라면 마츠다 미치히토의 인공지능은 가상 인간 릴 미켈라나 로지와 같은 모습으로 구체화될 가능성이 크다.

심지어는 2018년 러시아 대통령 선거 운동에서 후보로 약 36,000명의 잠재적인 지지까지 얻은 인공지능이 있었는데, 러시아의 IT 기업 얀덱스(Yandex)의 앨리스(Alice)였다(O'connor, 2017). 당시 앨리스가 제시한 인간과 대비되는 경쟁력은 감정보다 앞선 논리성, 데이터 처리의 신속성, 업무적 항시성, 다중 이용성 등이었으며 이것이 인공지능 정치인의 힘이다. 따라서 인공지능 정치인의 특성은 디지털 휴먼 정치인에게 그대로 적용되며 추상적인 기술이 아닌 외형적 정체성까지 소유한 기계 정치인이 될 수 있을 것이다.

한편 국내에서는 인공지능 정치인보다 디지털 휴먼 정치인의 성격을 담아내는 일이 제20대 대선을 기점으로 속출하고 있다. 이들은 대선 후보의 선거 홍보 전략을 위해 쓰이는 중으로 대선 후보의 이미지와 오디오 데이터를 그대로 학습하여 복제된 디지털 더블에 속한다. 주로 시민의 질문에 정해진 대답을 별도 제작된 영상에서 내놓거나 유세 차량 모니터에 탑재되어 고정된 공약을 설명하는 데 이용된다. 이때 한 후보의 디지털 더블은 해당 후보의 이미지와 언변 등의 단점을 감출 수 있다는 우려가 전해졌는데, 이를 바꿔 말하면 디지털 휴먼 정치인의 안정감을 반증하게 된다. 디지털 휴먼 정치인이 가진 안정감은 가상 인플루언서가 자연인 연예인에 비해 마케팅 전략에 유리한 관점과 비슷하다. 디지털 싱글이 정치인이 되는 것은 아직까지는 시기상조이지만, 디지털 더블은 지금과 같이 정치인의 분신이 되어 뉴질랜드의 챗봇 정치인 샘처럼 시민과 소통을 맡을 뿐만 아니라 AI 앵커처럼 동시다발적인 브리핑을 수월하게 수행해 낼 것으로 보인다. 또한 에스토니아같이 혁신적인 전자 민주주의를 채택하는 국가에서는 머지않아 디지털 휴먼 정치인이 정당의 대표자로 점차 외현될 수도 있다.

3) 민주주의의 보조자(assistant)에서 의사 결정자(decision maker)로의 전환

지금 인공지능의 의식은 신뢰성과 책임성의 문제로 선택까지 이어지지 않기 때문에, 의식의 본질이 자유이며 선택이라는 실천으로 의식이 살아간다고 주장한 사르트르(서동욱, 2011:97)에 의해 '지능'보다는 '인공'에 방점이 찍혀 있는 상황이다. 방점의 위치를 옮기고 지위를 변환하기 위해 인공지능을 의사 결정자로 만들기 위한 노력은 지속되고 있다. 한편 데카르트는 이원론적 실체로 사유와 연장을 찾았으며 인간이라는 존재는 정신이라는 사유와 육체라는 연장의 두 실체의 결합물이라고 보았다(이진경, 2020:45-46). 데카르트적 인간에 대한 정의에 따르면 의사 결정의 지위를 확보한 인공지능은 정신이 되고, 인공지능이 인간에 근접하기 위해서는 물체의 연장선을 요구하게 된다. 이에 인간은 인공지능에 연장성, 즉 물성을 제공하기 위해 로봇을 제작해 왔지만 무수한 발전 속에서도 아직 기술적으로 시간적 여유가 필요하다는 의견이 대다수다. 그러나 디지털 휴먼의 존재는 로봇 제작의 현실적 난점을 타파하여 인공지능이 인간적 실체에 다가서는 것을 지원하게 되었다. 이는 다소 멀어 보였던 포스트 휴머니즘 사조의 도화선이 될 수 있어 보인다. 그런 점에서도 디지털 휴먼에게 최고의 동반자는 인공지능일 것이다. 디지털 휴먼의 제작 기술로서의 인공지능도 지대한 역할을 하지만, 디지털 휴먼의 다기능성에 영향을 미치는 인공지능들도 대단히 주요하다. 이때 의사 결정형 인공지능과 디지털 휴먼의 합작은 민주주의에서 다양한 활동성을 제공할 수 있다. 이 같은 디지털 휴먼 의사 결정자의 활용은 행정, 입법, 사법에 모두 영향을 미칠 것으로 보인다.

이미 민주주의 보조자(assistant)로 인공지능이 활용된 사례는 수없이 많다. 국내에서는 정부가 "지능형 정부"를 표방하여 적극적으로 인공지능을 행정에 융합하려는 움직임을 연속적으로 보인다. 제시한 4가지 목표 중에 '사전에 해결하는 정부(Innovative Problem-Solving Gov.)'에는 빅 데이터 기반으로 의사 결정자를 보조해 주는 AI 보좌관을 구현하겠다는 과제를 제시하기도 했다(행정안전부, 2017). 또한 법률 서비스의 다양한 분야 사례를 바탕으로 인공지능의 적용 가능성을 모색한 전정현 외(2019)에 의하면 비용 절감과 신속화를 위해 인간 변호사의 조력자로서의 인공지능 사용을 고려할 수 있다. 이는 AI 법률 사무원이나 AI 법률 상담사로 확장될 잠재 가치가 있고, AI 비서관에 해당하는 에스토니아의 Salme도 최근 법률 분야 도우미로 입장했다(Oyetunde, 2022). 입법의 경우 오스트리아 의회 행정처가 신뢰감 있는 정보를 최신화하여 웹 기반으로 의회 의원들에게 제공하도록 개발한 "The EULE Media Moniter(Inter-Parliamenary Union, 2019)"나 인공지능 의회 의원 노라를 개발한 에스토니아 의회 AI 속기사 Hans가 관련된 솔루션에 해당한다.

인공지능 보조자들이 발전을 거듭할수록 디지털 휴먼의 민주주의적 효용 가치도 상승하며, 반대로 디지털 휴먼은 의사 결정 인공지능에 지능적 보증이 아닌 대리자로서 자격을 확증한다. 요약하건대 의사 결정 인공지능이 업무적 능력을 인정받으며 아무리 발전해도 기계 이상의 의미를 형성하기 쉽지 않지만, 의사 결정 인공지능이 혼합된 디지털 휴먼 의사 결정자라면 이야기가 달라진다. 따라서 디지털 휴먼 의사 결정자는 가상이지만 정신과 육체를 갖고 있으므로 실체와 정체가 더욱 선명해져 인간 의사 결정자를 대체할 수 있다. 그러다 보면 기관과 단체들이 소유한 법인격의 형태로 인격을 부여받은 디지털 휴먼 의사 결정자들이 생겨나고, 그렇게 인정받은 법적 능력을 중심으로 민주 사회 곳곳에 스며들 수 있다.

2. 한계와 과제

1) 디지털 휴먼 시민 사회의 현실성 상실-현실화와 허구화의 충돌

XR나 MR 기술, 메타버스, AI 및 디지털 휴먼 기술들은 분명 실제 세계에 최대한 근접하고자 하는 목표를 갖고 있다. 그러나 메타버스와 같은 가상 세계에서 사람들은 "신체 소유 환상"(김신애 외, 2021:155)을 갖고 있을 정도로 현실과 구별된 삶을 꿈꾼다. 이는 말 그대로 '환상'에 가까워 보이며, 그렇다면 가상 세계는 결론적으로 허구의 공간으로 전락하게 되고 만다. 이러한 가상 세계의 현실화 욕구와 허구화 욕구가 역설적으로 충돌함에 따라 디지털 휴먼 시민 사회는 오히려 현실성을 상실할 가능성이 생긴다. 또한 인지 과학 중 체화된 인지(embodied cognition) 이론의 일부 주장에 따르면 "인지가 마음만의 활동이 아니라 마음, 몸, 환경을 포함하여 상호 작용하는 전체 상황에 걸쳐" 있기에 (Wilson, 2002:629-631) 인지는 몸과 환경과 맥락적으로 이해되어야 한다. 그렇다면 현실 환경과 가상 환경의 차이점들은 마음-몸-환경의 재배치를 발생시키고 그에 따라 현실 자아와 가상 자아도 분리될 수 있다. 이와 관련하여 신혜선 외(2017:232)는 현실 공간과 가상 공간의 자아 정체감 관계를 연구하면서 청소년들이 몰입감을 통해 가상 공간만의 자아를 가지고 있다고 논했을 정도로, 가상 공간에서는 분명 현실과는 다른 자아가 표출된다. 이로써 디지털 휴먼 시민 사회는 점차 현실성을 상실하게 되고 실체로서의 자격을 잃어버리게 된다.

그리고 디지털 휴먼 시민 사회가 실체에서 멀어질수록 디지털 휴먼 시민 윤리도 동일 양상으로 흘러갈 수 있다. 예를 들면 디지털 휴먼 시민 사회의 익명성은 윤리적 판단 모델에서 선정성, 폭력성 등에 취약하여 선정적이고 폭력적인 시민 정치를 활성화한다. 현실이든 가상이든 시민 사회의 움직임은 빅마우스(bigmouth)나 과하게 선동적인 시민들에 의해 더 약동할 가능성이 있다. 그러나 현실에서는 익명성이 부재하여 선정적이고 폭력적인 폐해에 윤리적인 제약과 장치가 발동되나 디지털 휴먼들의 시민 사회에서는 그러한 악기능을 제지할 윤리적 방도가 부족한 실정이다. 이렇게 되면 정보의 바다가 허위 정보로 인해 의심의 바다가 된 마냥 디지털 휴먼 시민 사회는 대의 민주주의의 보완재로서의 긍정적인 면모를 뺏기고 손실된 민주주의로 남게 된다. 따라서 현실화와 허구화의 충돌 및 현실 자아와 가상 자아의 분리에 따른 위험 속에서 디지털 휴먼 시민 윤리의 현실성을 어떻게 담보하고 책정하느냐가 주요한 과제로 부상하게 될 것이다.

2) 인간 정치의 실종과 허위 정치의 가중

디지털 휴먼 정치인의 특성으로는 인공지능의 결합과 함께 정치적 결정에 있어 감정이 절제되고 배제된 객관성 유지가 가능하다는 점이 거론된다. 더불어 디지털 휴먼 정치인은 외적이고 사회적인 이미지를 원하는 대로 꾸며낼 수 있도록 특화되어 있다. 이는 인지도가 미치는 영향이 막중한 정치인의 직무 성격에 안정성을 부여할 수 있다. 이로 인해 인간 정치인들의 감정적이고 사적인 정치나 표리부동한 정치에 대하여 부정적인 인식을 소유하던 이들에게 이상적인 정치인들을 제공하는 역할을 한다. 하지만 이는 윤리적 판단 모델 중 의존성과 허위성의 측면에서 주의 깊게 다뤄져야 한다.

첫째, 의존성의 관점에서 주목할 만한 점은 디지털 휴먼 정치인의 비인간적 정치에 익숙해져 정치의 비인간화가 극단적으로 치닫게 되면 이것이 인간 정치가 맞는가의 여지가 생긴다는 점이다. 즉, 한 마디로 인간 정치의 실종 상태가 되어 인간 정치의 핵심인 '인간의, 인간에 의한, 인간을 위한' 정치를 잃게 될 수 있다. 그렇기에 정말 손현주(2020:79)가 언급했던 것처럼 알고리즘 민주주의와 같이 데이터에 과정과 결과를 맡기는 데이터주의 기반의 감정 없는 정치가 사람들이 원하는 정치인지 고려해 보아야 한다. 감정이 없는 정치인은 정치적 결정에 있어서 치우치지는 않겠지만 인공 도덕 행위자(Artificial Moral Agents, AMA)의 전제 조건을 충족하지 못하여(박형빈, 2021:83) 감정 정치뿐 아니라 도덕 정치도 불가능하다. 이는 다분히 계산적이고도 냉정하며 무심한 정치로 전락할 수 있고, 숫자와 데이터로 모든 것이 결정될 수 없는 인간 세계에 오히려 혼란이 가중될 수 있다.

이미 외형적인 다수의 AI 윤리 가이드라인이 제시되는 과정에서 한국은 2020년에 '사람이 중심이 되는' 인공지능(AI) 윤리 기준을 발표하였고, 이 과정에서 최고 가치로 '인간성(Humanity)'을 설정하였다(과학기술정보통신부, 2020). 이로써 디지털 휴먼 정치인에게 이성을 제공하는 인공지능은 이미 도구적 지위에서 인간 중심으로 사용되어야 한다고 지정받은 것이다(김태창 외, 2021:79). 그러나 디지털 휴먼 정치인에게 인간이 의존하게 되는 이유는 인공지능에 더하여 신체를 제공하는 디지털 휴먼 기술이 함께하기 때문이므로 이제는 디지털 휴먼에 대한 인간 중심적인 윤리 기준도 마련되어야 한다.

둘째, 허위성으로는 디지털 더블 정치인에 관한 문제가 제기될 수 있다. 우선 한국의 20대 대선 국면에서 사용된 AI 정치인에 대한 우려와 같이 그 정치인이 정말로 그 정치인이 맞는가에 대한 논란이다. 행동적 습관과 특유의 말투가 정제된 디지털 더블 정치인은 어찌 보면 허위이기에 제대로 된 검증이 이루어질 수 없고, 그로 인해 '빛 좋은 개살구'가 될 가능성이 있다. 다음으로 과거 유능했던 정치인들을 재소환하는 과정에서 문제가 생길 수 있다. 아마 디지털 휴먼 정치인들이 가치를 인정받기 시작하면 정당에서 스스로 제작하여 내세울 수도 있다. 그때 정당의 정통성을 입증하기 위해 정당의 대표 인물이나 역사의 위인을 바탕으로 디지털 휴먼을 제작할 수 있으며, 그는 고인일 확률이 크다. 그렇다면 실제 그 인물처럼 보이지만 사실 고인이기 때문에 선제적 합의가 보장되지 않은 상태이거나 합의에 대한 취소 가능성을 내포하고 있는 해당 디지털 휴먼 정치인은 궁극적으로 허위가 된다.

3) 인공지능 기반 디지털 휴먼 정치의 침해와 차별

디지털 휴먼 정치인의 지위가 민주주의의 보조자에서 의사 결정자로 이동하면서 신체인 디지털 휴먼에게 이성을 제공하는 인공지능 기반 정치가 활성화된다. 그에 따라 인공지능과 관련된, 그리고 인공지능의 근간이 되는 데이터와 상관된 부가적인 문제들이 속속들이 드러난다. 이로 인해 사생활 침해와 차별성의 윤리적 판단이 요구된다.

첫째, 의사 결정을 위해서는 데이터의 수집이 필수적이고 이에 따라 사생활 침해 논란은 필연적으로 발생한다. 샤우 외(Siau et al., 2020:77)

도 "인간 존엄성에 필수적인 사생활 권리"가 AI와 빅 데이터 기술에 의해 침해받을 수 있다고 보았고, 김용대 외(2016:167)도 인공지능의 중심인 빅 데이터 시장이 "개인 정보 유출이라는 위험성"을 갖고 있다고 보았다. 따라서 디지털 휴먼 정치인이 의사 결정자로서의 입지를 다져 가면서 이러한 우려를 피하기 어려워 보인다. 하지만 이러한 기술적 필연의 순간에는 막연한 회피보다는 오히려 안전성 확보를 위한 노력이 더 중요하다(김용대 외, 2016:167). 이러한 인식에서 이미 IT 기업들은 개인 정보 보호를 위한 기술적 조치에 들어갔다(한국인터넷진흥원(KISA), 2016:1-2). 그중에 미국의 반도체 회사 Intel은 개인 정보 영역에 인공지능의 의사 결정 자동화가 미칠 영향을 분석하고자 기반이 되는 견해를 [표 3]과 같이 남겼다(Hoffman et al., 2018:3-5). 첫째는 자동화의 확대가 개인 정보 보호를 약화시켜서는 안 되며, 이는 의사 결정의 밑바탕에는 개인 정보 보호에 대한 주의가 있어야 함을 뜻한다. 둘째는 설명 가능성(Explainability)에 책임성(accountability)이 더 요구된다는 것이다. 이러한 책임성은 일반적인 결과 책임(responsibility)보다는 박기범(2019:7)이 제시한 디지털 네트워크 시대의 "설명의 책임"에 부합하여 개인 정보를 수집한 경로가 온전히 투명해야 함을 시사한다. 셋째는 윤리적인 데이터 프로세스는 개인 정보 보호에 기반을 만들어져야 한다는 것과 넷째는 개인 정보 보호로 인격을 보호할 수 있어야 한다는 것인데, 이는 개인 정보 보호의 궁극적인 목적으로서 인간성의 위치를 확보해 준다. 다섯째는 강력한 암호화와 비식별화가 개인 정보 보호에 도움이 된다는 것으로 앞선 네 가지를 위한 방법론적인 접근에 해당한다. 이처럼 의사 결정자로서의 디지털 휴먼 정치인에게는 개인 정보 보호에 대한 윤리적 의무가 여실히 부과될 수 있어야 할 것이다.

[표 3] Five Foundational Observations on AI and Privacy

구분	내용	디지털 휴먼 정치인에 대한 윤리적 시사점
a	Increased automation should not translate to less privacy protection	디지털 휴먼 정치인의 의사 결정은 개인 정보 보호를 염두에 두고 이뤄져야 함
b	Explainability needs more accountability	디지털 휴먼 정치인의 의사 결정은 개인 정보 수집 과정에서 투명성과 설명 가능성을 철저히 책임져야 함
c	Ethical data processing is built on privacy	디지털 휴먼 정치인의 의사 결정은 개인 정보 보호를 통해 인간성을 보호해야 함
d	Privacy protects who we are	디지털 휴먼 정치인의 의사 결정은 개인 정보 보호를 통해 인간성을 보호해야 함
e	Encryption and de-identification help address privacy in AI	디지털 휴먼 정치인의 의사 결정은 암호화와 비식별화 같은 확실한 방법을 사용하여 개인 정보를 보호해야 함

출처: Hoffman et al., 2018:3-5 참고하여 재구성

둘째로 데이터 편향성 및 인공지능 편향성으로 인한 디지털 휴먼의 정치 편향성이 차별까지 이어지는 점을 고려해야 한다. 앞서 2장의 윤리적 판단 모델 중 차별성을 설명하면서 인공지능 편향성의 존재는 자명하며 차별로 이어질 수 있다는 점을 이야기하였다. 디지털 휴먼 정치인은 여기서 분명히 자유로울 수 없다. 한편 편향이라는 의식은 이미 인간 역사에 지속되었으나 인공지능 의사 결정 체제에서 편향성은 새로운 국면을 맞이한 것이다(Ntoutsi et al., 2020:2). 이를 편향성이 만들

차별성의 관점에서 재해석하면 인간의 직접적인 의사 결정과 인공지능 의사 결정의 차별 상황이 구조적으로는 같으나 추가적인 어려움을 제공할 수 있다는 고학수 외(2019:230)의 입장과 비슷한 맥락으로 볼 수 있다. 이때 일부 연구는 그러한 편향성(bias)을 제로 상태로 만들 수 있는가에 대한 문제 제기 속에서 정확히는 편향에 따른 차별 방지를 "최소 편향성"의 윤리 기준으로 논의하였다(변순용·이연희, 2020:124). 그렇기에 디지털 휴먼 정치인은 의사 결정 과정에서 일어날 수 있는 편향성이 차별성으로 이어지지 않도록 충분히 노력해야만 하는 당위를 갖게 된다.

VI. 나오는 말

기술의 발달로 예상되는 미래 사회의 불확실성에도 불구하고, 현재 우리에게 주어지는 책임은 우리에게 다가오는 기술적 변화들이 인간의 삶의 행복에 최대한 긍정적인 영향을 줄 수 있도록 우리의 인식과 태도의 변화를 준비하는 것이다. 그래서 당장 직면하고 있는 지능 정보화 시대에서 메타버스 및 그와 관련된 기술들의 등장에 대하여 어떠한 인식과 태도를 가질 것인가가 대단히 중요해진다. 이에 따라 본 연구는 메타버스의 핵심 기술 일부로 제시된 디지털 휴먼에 대하여 윤리적이고 정치적인 시각으로 접근해 보았다.

디지털 휴먼은 근대의 휴머니티 개념으로 포섭될 수 없는 근본적 특징으로 인해 인간의 본질에 대한 새로운 성격의 문제를 제기한다. 디지털 휴먼의 정체성은 사실과 비사실 사이에서 저울질되고 있다. 현시점에서 디지털 휴먼은 가상에 가까워 보이지만 언젠가 진실에 근접해지는 시기가 올 수 있어 정체성에 대한 선명한 관점이 필요하다. 그러므로 본 연구에서는 디지털 휴먼을 정체성과 근거성 기준에 따라 네 가지로 나누고, 이를 재조합하여 정체성 분류를 다시 네 가지로 제시하였다. 이러한 논의가 중요한 이유는 정체성마다 기술의 안전성을 확보하기 위한 윤리적 접근 양상이 달라지기 때문이다. 또한 윤리적 안정성에 기여하고자 판단 모델로 'ADVISE' 모델을 제시하였다. 이는 디지털 휴먼의 발전 상황에 따라 주요 논점에 대한 윤리적 여과가 가능하도록 한 것인데, 오히려 축소된 윤리 기준이 나열되어 협소한 판단이 될 수 있다는 점은 한계로 보인다. 따라서 향후 디지털 휴먼과 관련한 윤리적 문제들을 지속적으로 추적하여 수정하고 보완하는 과정이 동반되어야 한다.

한편 디지털 휴먼의 영역 확장성은 경계가 없으며 민주주의에서도 다분히 활용되리라 생각된다. 진즉에 인공지능 시민 사회에 대한 우려로 인공지능 시민성 및 인공지능 윤리 교육 논의(변순용, 2020a; 변순용, 2020b)는 시작되었고, 이제는 디지털 휴먼의 민주적 활용 가능성과 그에 따른 한계나 과제를 예상해 보는 것은 더 나은 민주 사회로의 이행을 위해 필요한 준비가 된다. 여기서는 민주주의 사회에서 디지털 휴먼이 수행할 역할을 세 가지로 논하고 ADVISE 모델의 일부 요소를 이용해 각각의 한계를 설정하였다. 그러나 아직 초기 단계에 해당하는 연구이니만큼 디지털 휴먼의 기술력 제고에 따른 민주주의적인 대응이 후속 연구로 이루어질 것으로 보인다.

참고 문헌

강성률(2019). 「스토아주의와 세계주의」. 『국제이해교육연구』, 14(2).

고학수(2019). 「인공지능과 차별」. 『저스티스』, 171.

과학기술정보통신부(2020). 『사람이 중심이 되는 「인공지능(AI) 윤리기준」』. 세종: 과학기술정보통신부.

구본권(2019). "기계학습의 맹점, '흑인=고릴라' 오류가 알려주는 것". https://www.hani.co.kr/arti/science/future/877637.html (검색일: 2022. 2. 28.).

김도윤(2021). 「인공지능 시대를 대비한 한스 요나스의 책임이론 적용」. 『초등교육연구』, 25.

김수아(2019). 「온라인 피해 경험을 통해 본 성적 대상화와 온라인 성폭력 문제」. 『미디어, 젠더 & 문화』, 34(1).

김선희(2021). 「디지털 가상화의 매끄러움이 지니는 탈-현실화에 대한 철학적 분석: 니체와 한병철을 중심으로」. 『동서철학연구』, 100.

김신애·방준성(2021). 「메타버스(metaverse)에서 디지털 아바타를 활용한 교육적 자아의 확장과 AI 아바타와 교육적 상호작용의 가능성」. 『교육원리연구』, 26(2).

심태창·변순용(2021). 「AI 윤리교육의 필요성과 내용 구성에 관한 연구」. 『인공지능인문학연구』, 8.

김휘택(2019). 「가상과 실재, 포스트휴먼 시대에 인간의 삶과 의미 부여」. 『기호학연구』, 59.

마야 비알릭·찰스 페델·웨인 홈즈, 정제영·이선복 옮김(2021). 『인공지능 시대의 미래 교육: 가르침과 배움의 함의』. 서울: 박영스토리.

박기범(2019). 「디지털 네트워크 시대에 시민의 자질」. 『사회과교육』, 58(4).

박성진(2017). 「포스트휴먼 로봇경제 시대의 정치철학」. 『인간·환경·미래』, 19.

박예슬(2018). ""정책 판단은 AI에게" 시장 후보의 도전적 공약… "정치와 찰떡궁합"". https://www.donga.com/news/Inter/article/all/20180419/89694

724/2 (검색일: 2022. 2. 28.)

박종선(2017). 「인공지능에 대한 주요국의 대응전략 및 한국의 정치발전을 위한 제언」. 『법학논총』, 41(3).

박주일(2020). 「딥페이크 기술의 발전과 저널리즘의 새로운 위협-이미지공정성 확보를 위한 영상 팩트체크 필요성」. 『言論仲裁』, 156.

박형빈(2021). 「기계윤리 및 신경윤리학 관점에서 본 인공도덕행위자(AMA) 도덕성 기준과 초등도덕교육의 과제」. 『한국초등교육』, 31.

백진헌·이다경·홍채연·안병태(2017). 「멀티미디어 유해 콘텐츠 차단을 위한 다중 기법」. 『융합정보논문지』, 7(6).

변순용(2019). 『윤리적 AI로봇 프로젝트』. 서울: 어문학사.

변순용(2020a). 「AI 시민성 교육에 대한 시론」. 『초등도덕교육』, 67.

변순용(2020b). 「AI 윤리 교육의 필요성에 대한 연구」. 『한국초등교육』, 31(3).

변순용·이연희(2020). 『인공지능 윤리하다』. 서울: 어문학사.

서동욱(2011). 『철학연습』. 서울: 반비.

서영호(2021). 「디지털 휴먼의 현재와 미래」. 『방송과 미디어』, 26(4).

손현주(2020). 「인공지능 혁명과 정치의 미래 시나리오」. 『지역사회연구』, 28(2).

솔트룩스(2021). "메타버스 시대 주인공, '디지털 휴먼' 가치와 쓸모". https://blog.naver.com/saltluxmarketing/222269505818 (검색일: 2022. 2. 28.)

신혜선·윤석희(2017). 「청소년의 SNS중독과 현실공간 및 가상공간에서의 자아정체감의 관계」. 『디지털융복합연구』, 15(8).

심미선·박은희·김경희(2011). 「방송심의 위반사례로 살펴본 텔레비전 프로그램의 선정성 및 폭력성 현황에 대한 연구」. 『한국방송학보』, 25(5).

오문석·한규훈·서영호(2021). 「메타버스를 위한 디지털 휴먼과 메타휴먼의 제작기법 분석 연구」. Korea Institute of Design Research Society 6(3).

오연주(2021). 「메타버스가 다시 오고 있다」. 『스페셜리포트』, 2021(3).

유성운(2019). "욕심없는 'AI 정치인'이 낫다?… 日 지방선거, 인공지능 출마". https://www.joongang.co.kr/article/23651227#home (검색일: 2022.

2. 28.)

유홍식(2003). 「디지털 미디어시대의 방송저널리즘 윤리 재정립에 관한 연구=보도의 선정성·폭력성과 디지털 영상조작을 중심으로」. 『방송통신연구』, 56.

윤성이(2009). 「민주주의 패러다임의 재성찰」. 『현대정치연구』, 2(2).

윤영주(2020). "트위터, 이미지 크롭 알고리즘 인종 편향성 논란 사과". http://www.aitimes.com/news/articleView.html?idxno=132361 (검색일: 2022. 2. 28.)

윤현정(2021). 「메타버스 개념과 유형에 관한 시론: 가능세계 이론을 중심으로」. 『인문콘텐츠』, 62.

이승환·한상열(2021). 『메타버스 비긴즈(BEGINS): 5대 이슈와 전망(보고서 번호: IS-116)』. 경기도: 소프트정책연구소.

이은혜(2021). "출연진 손짓에 스태프 60여 명 울컥, '너를 만났다' 뒷얘기". http://star.ohmynews.com/NWS_Web/OhmyStar/at_pg.aspx?CNTN_CD=A0002748627 (검색일: 2022. 2. 28.)

이종관(2013). 「테크노퓨처리즘과 네오휴머니즘의 대결, 그리고 그 화해를 향하여-트랜스휴머니즘, 인공생명, 하이데거를 중심으로」. 『현상학과 현대철학』, 59.

이진경(2020). 『철학과 굴뚝청소부 (3판)』. 서울: 그린비.

이진랑·박성우(2019). 「프랑스 디지털공화국법 입법 과정에 나타난 정책소통(2012-2018): 디지털 민주주의 제도화의 전초역」. 『국제지역연구』, 23(2).

이하은(2021). "메타버스와 디지털 휴먼, VFX·AI 기술로 선점하다". http://www.sisajournal-e.com/news/articleView.html?idxno=241689 (검색일: 2022. 2. 28.)

이하은·김이길·김경태(2021). 「VR환경에서 디지털휴먼 얼굴 표현이 현실감에 미치는 요인 분석」. 『한국공간디자인학회논문집』, 16(1).

이혁근(2021). 「AI 앵커에 대한 시청자 반응 연구」. 고려대학교 언론대학원 석사학위 논문.

이혜림(2014). 「폭력성 게임의 인식과 논쟁에 관한 연구-카타르시스 이론과 인지 네오 연상 이론을 중심으로」. 『한국컴퓨터게임학회논문지』, 27(3).

이희옥(2021). 「메타버스 공간에서의 기본권 보호와 플랫폼 규제에 관한 시론적 연구」. 『憲法學硏究』, 27(4).

임정훈(2001). 「가상교육 · 사이버교육에 관한 개념적 고찰」. 『교육공학연구』, 17(3).

전정현(2019). 「인공지능과 법률 서비스: 현황과 과제」. 『저스티스』, 170(1).

정윤섭(2022). "메타, 아바타끼리 1.2m 거리두기 설정… 가상세계 성희롱 차단". https://news.koreadaily.com/2022/02/05/society/international/20220205120111627.html (검색일: 2022. 2. 28.)

조은지·장동련(2021). 「럭셔리 브랜드 SNS 콘텐츠의 현대적 예술화 방식에 관한 연구-장 보드리야르의 시뮬라크르를 중심으로-」. 『브랜드디자인학연구』, 19(3).

조정호(2021). 「인성人性과 물성物性에 대한 소고: 메타버스와 인성론을 중심으로」. 『인간·환경·미래』, 27.

최홍규(2021). 「디지털 휴먼(버츄얼 인플루언서)에 대한 시사점」. 『2021 KISA Report』, 10(3).

한국인터넷진흥원(KISA)(2016). 『인공지능을 이용한 데이터 처리와 개인정보보호의 과제』. 서울: 한국인터넷진흥원(KISA).

한국지능정보사회진흥원(NIA)(2021). 「리부트 메타버스(Re-Boot MVS), 2.0 시대로의 진화」. 『ICT ISSUE BLENDER 제5호』. 대구: 한국지능정보사회진흥원(NIA).

한덕현·이영식(2013). 「인터넷 비디오게임이 공격성에 미치는 영향」. 『신경정신의학』, 52(2).

행정안전부(2017). 『지능형 정부 기본계획』. 서울: 행정안전부.

허진성(2020). 「디지털 시대의 민주주의-대의민주주의의 의의를 중심으로-」. 『公法硏究』, 49(2).

Alvaro, L. T.(2020). "Digital humans, virtual humans, digital doubles… what's the difference?". https://virtuals.co/digital-humans-virtual-humans-differences-overview/ (search date: 2022, February 26)

Bacchi, U.(2020). "Data of the dead: Virtual immortality exposes holes in privacy laws". https://www.reuters.com/article/us-global-tech-privacy-trfn-idUSKBN21Z0NF (search date: 2022, February 26)

Bansal, G. & Wu, T. & Zhou, J. & Fok, R. & Nushi, B. 7 Kamar, E., ... & Weld, D.(2021, May). "Does the whole exceed its parts? the effect of ai explanations on complementary team performance". In Proceedings of the 2021 CHI Conference on Human Factors in Computing Systems.

Banta, N. M.(2016). "Death and Privacy in the Digital Age". *North Carolina Law Review*, 94(3).

Boyd, D.(2007). "Why youth (heart) social network sites: The role of networked publics in teenage social life." In D. Buckingham (Ed.), MacArthur Foundation Series on Digital Learning-Youth, Identity, and Digital Media, Cambridge, MA: MIT Press.

Buçinca, Z. & Lin, P. & Gajos, K. Z. & Glassman, E. L.(2020, March). "Proxy tasks and subjective measures can be misleading in evaluating explainable AI systems". In Proceedings of the 25th international conference on intelligent user interfaces.

Buçinca, Z. & Malaya, M. B. & Gajos, K. Z.(2021). "To trust or to think: cognitive forcing functions can reduce overreliance on AI in AI-assisted decision-making". In Proceedings of the ACM on Human-Computer Interaction, 5(CSCW1).

Bussone, A. & Stumpf, S. & O'Sullivan, D.(2015, October). "The role of explanations on trust and reliance in clinical decision support systems". In 2015 international conference on healthcare informatics.

Cain, B. E.(2000). "The Internet in the (dis) service of democracy". *Loyola of Los Angeles Law Review*, 34(3).

Center for Countering Digital Hate (CCDH)(n. d.). "Facebook's Metaverse is unsafe". https://www.counterhate.com/metaverse (search date: 2022, February 26)

Deloittes(n. d.). "Digital Human, Elevating the Digital Human experience". https://www2.deloitte.com/nl/nl/pages/customer-and-marketing/articles/digital-human.html (search date: 2022, February 26)

e-Estonia(2019). "Introducing HANS, the new AI support tool for Estonian lawmakers". https://e-estonia.com/hans-ai-support-tool-for-estonian-parliament/ (search date: 2022, February 14)

Fox, J. & Ahn, S. J. G. & Janssen, J. H. & Yeykelis, L. & Segovia, K. Y. & Bailenson, J. N.(2015). "Avatars versus agents: a meta-analysis quantifying the effect of agency on social influence". *Human- Computer Interaction*, 30.

Hand, D. J.(2018). "Aspects of data ethics in a changing world: Where are we now?". Big data, 6(3).

Hoffman, D., & Masucci, R.(2018). Intel's AI Privacy Policy White Paper: Protecting individuals' privacy and data in the artificial intelligence world. California: Intel Corporation.

Inter-Parliamentary Union.(2019). "Austria uses AI to keep MPs informed". https://www.ipu.org/innovation-tracker/story/austria-uses-ai-keep-mps-informed (search date: 2022, December 17)

Jacobs, M. & Pradier, M. F. & McCoy, T. H. & Perlis, R. H. & Doshi-Velez, F. & Gajos, K. Z.(2021). "How machine-learning recommendations influence clinician treatment selections: the example of antidepressant selection". *Translational psychiatry*, 11(1).

O'connor, T.(2017). "Will the Next Russian President Be a Robot? Putin's New Challenger Is a Machine That Knows 'Everything'". https://www.newsweek.com/russia-putin-could-face-controversial-robot-next-year-president-election-741509 (search date: 2022, February 14)

Oyetunde, B.(2022). "Introducing Salme, Estonian courts' speech recognitition assistant". https://e-estonia.com/introducing-salme-eston

ian-courts-speech-recognition-assistant/ (search date: 2022, February 14)

Mullin, C. R., & Linz, D. (1995). "Desensitization and resensitization to violence against women: effects of exposure to sexually violent films on judgments of domestic violence victims". *Journal of personality and social psychology,* 69(3).

Ntoutsi, E. & Fafalios, P. & Gadiraju, U. & Iosifidis, V. & Nejdl, W. & Vidal, M. E., ... & Staab, S. (2020). "Bias in data-driven artificial intelligence systems—An introductory survey". *Wiley Interdisciplinary Reviews: Data Mining and Knowledge Discovery,* 10(3).

Siau, K., & Wang, W. (2020). "Artificial intelligence (AI) ethics: ethics of AI and ethical AI". *Journal of Database Managemen,* 31(2).

Suárez, G. & Jung, S. & Lindeman, R. W. (2021). "Evaluating virtual human role-players for the practice and development of leadership skills". *Frontiers in Virtual Reality,* 2.

Wang, X. & Yin, M. (2021, April). "Are explanations helpful? a comparative study of the effects of explanations in ai-assisted decision- making". In 26th International Conference on Intelligent User Interfaces.

Wilson, M. (2002). "Six views of embodied cognition". *Psychonomic Bulletin & Review,* 9(4).

제9장
지식 생산과 소비의 새 플랫폼으로서
유튜브의 윤리적 문제

I. 들어가는 말

　대략 18,000년에서 14,000년 사이에 만들어진 것으로 추정되고 있는 알타미라 벽화를 그리면서 자신의 앎을 기록하고 전달하였던 인간의 모습이, 오늘날에 와서는 핸드폰으로 자신의 일상이나 이야기를 찍어 SNS에 올리는 인간의 모습으로 변하고 있다. 2021년 전 세계 최고 수입을 올린 유튜버로 소개된 미국의 8살 유튜버인 라이언 카지는 한 해 300억 원 정도의 수익을 올렸다고 하며, 한국의 경우 국내 최다 구독자를 보유한 어린이 채널을 가지고 있는 어린이 유튜버의 가족이 서울 시내의 건물을 샀다는 기사(Byun, 2020)가 올라와 많은 직장인들로 하여금 푸념 어린 소리를 하게 만들었다. 그리고 요즘 초등학생에게 꿈을 물어보면 '잘나가는 유튜버'가 되겠다고 답하는 경우들이 자주 있다고 한다. 전자 제품을 판매하는 곳에 가면 이제는 1인 방송을 위한 디지털 장비를 세트로 갖춰서 판매하는 것도 보인다. 이런 것을 보면 요새 1인 유튜브 방송을 하는 것이 대세인 모양이다. 디지털 생산 공장을 만들어 자기만의 디지털 영역을 확보하여 더 이상 소비자에만 머무르는 것이 아니라 디지털 생산자가 되어서 자신의 디지털 브랜드를 가져야 살아남을 수 있다고 홍보(Expand your digital territory Part 2, 2021)하는 취업 컨설팅이 강조되는 경우도 나타나고 있다.

이것은 현대 사회에서 지식이나 정보의 생산과 소비의 플랫폼을 바꾸는 매우 중요한 변화가 일어나고 있음을 알려 주고 있는 것이다. 정보의 일방적 소비자였던 대중이 이제는 정보의 생산자가 될 수 있게 되었다. 인류의 역사 이래로 인간은 자신의 지식을 생산하고 이를 사회 안에 공유하면서 다음 세대로 전달해 왔다. 원론적으로는 누구나 지식을 생산, 보존, 전달할 수 있겠지만, 이러한 일은 역사의 과정 속에서 그동안 '일반인'의 일이라기보다는 '전문가'의 일이었고, 때로는 사회가 혹은 국가가 이를 관리하고 통제하기까지도 하였다. 이러한 지식 생산의 패러다임의 변화가 생겨나고 있으며, 지식 생산의 새로운 플랫폼의 등장은 이러한 변화를 가능하게 하고 있다.

위에서 설명한 바와 같이, 4차 산업 혁명의 특징으로 간주될 수 있는 지식의 생산 구조와 소비의 흐름에서 급속한 변화가 일어나고 있다(J. G. Kim, 2018:29-30 참조). 먼저 지식 구조의 디지털화와 온라인 접근성이 지식의 새로운 특성으로 등장하고 있다. 디지털화된 지식만이 지식의 시장에서 살아남을 수 있고, 그러기 위해서라도 온라인 접근성은 지식의 보장되어야 할 중요한 전제 조건으로 제시된다. 물론 아날로그형 지식과 디지털형 지식의 질적인 차이를 여기서 논할 필요가 없겠지만, 아날로그에 대한 인간의 향수를 고려해 본다면 디지털화의 문제점을 생각해 볼 수도 있을 것이다. 그리고 온라인 접근이 불가능한 지식의 보존 문제도 점점 심각해질 것으로 보인다.

지식의 구성 측면에서도 독창적인 지식의 비중이 약화되고 오히려 기존의 정보 요소들을 재조합하거나 융합하는 형태의 지식의 비중이 높아지고 있다. 그렇지만 하늘 아래 새로운 지식은 없고, 서양의 정신사 역시 플라톤의 지식에 대한 주석 달기라고 보는 화이트헤드의 입장에서 보면 사실 이러한 형식은 현대에서만 독특한 현상은 아닐 것이다. 그렇지만 지식 분배의 측면에서는 지식의 생산과 소유를 독점했던 지식 전문가들의 권위가 약화되고 다양한 콘텐츠를 생산하는 다수의 일반인들의 목소리가 점점 더 커지고 있다는 것은 분명 새로운 현상이라고 할 수 있다. 지식 주체의 측면에서는 집합 지능과 인공지능이 지식 생산의 주체가 되고 있다는 것도 매우 중요한 변화를 가져오고 있다.[1]

이러한 변화의 배경에 따라 지식과 진리의 속성에 대해서도 근본적인 의문이 제기되고, 지식 생산의 구조와 메커니즘의 변화에 대한 의미 있는 철학적 분석이 요청되고 있다. 어느 시대에서건 인간은 지식을 창출하고, 공유하고 전달해 왔지만, 그 생산과 공유의 과정에서 시대적

---

1) 예를 들자면 2018년 KT가 공모한 "인공지능 소설 공모전"에는 인공지능 알고리즘 개발 역량을 갖춘 31개 팀이 참가하였다. 여기서 인공지능이 단순한 사실 관련 기사를 작성하거나 학술적 논문을 쓰는 수준을 넘어서 문학의 창작 주체로까지 부상하고 있음을 알 수 있다.

맥락에 따라 새로운 변화들이 나타나기 마련이다. 따라서 이러한 변화의 과정이 인간과 사회에 미치는 영향에 대한 숙고가 반드시 있어야 하며, 이 글에서는 그러한 변화의 흐름을 유튜브의 예시를 통해 살펴보고자 한다.

II. 지식의 의미와 지식 생산의 주체의 변화

인간 사회와 역사에서 지식이 가진 영향력은 매우 크며, 지식은 권력과 연계될 수밖에 없어서 지식 자체가 이데올로기적 성격을 가질 수밖에 없다. 누가 그리고 어떻게 사회의 지식을 생산하고, 통제하느냐 하는 것은 권력의 생산과 유지에 매우 중요한 의미를 가질 수밖에 없기 때문이다.

지식은 매우 다양한 의미의 층차를 가지고 있는 개념이다. 지식은 지각(aisthēsis), 믿음(doxa), 설명(logos)으로 구성된 플라톤적인 앎의 정의를 수용하여 철학적으로는 '참이라고 정당화된 믿음(a truly justified belief)'이라고 정의되고 있지만, 지식은 고대 그리스의 사유 속에서도 여러 층차를 가진 개념으로 이해되고 있다. 그 당시에도 지식은 수공업적인 반복을 통해서 알게 되는 지식에서부터 구체적인 삶에서의 실천적인 판단으로 이해되는 지식에 이르기까지 매우 다양하게 정의되고 있다. 이 시대의 앎은 우리가 보통 억견, 측견으로 번역하고 있는 독사적인(doxa) 앎, 경험적 반복을 통해 알게 되는 테크네적인(techne) 앎, 그리고 진리로 여겨지는 에피스테메적(episteme) 앎의 수준에 이르기까지 매우 다양한 층차를 가지고 있다.

지금까지 인류가 다의적으로 사용해 오고 있는 '지식' 개념을 인문학적 차원에서는 '대상에 대한 명료한 의식이나 인지, 또는 이를 바탕으로 형성된 논리적이고 체계적인 앎의 상태'로 규정하고, 존재하는 모든 지식을 유형화·체계화·위계화하여 지식의 지형을 파악하고, 그 변화 과정을 통해 지식의 사회적 영향력이 의미하는 바를 살펴보는 것이 중요하다(K. N. Kim, 2018:314 참조). 특히 김경남은 지식의 존재 형태나 내용에 대한 분포보다 지식의 생산과 유통 또는 이와 관련된 현상을 중심으로 지식 담론에서의 지형을 언급하고, 이러한 지형이 지식의 생산, 분배, 소비 구조에 영향을 준다고 보았다(K. N. Kim, 2018:330 참조). 그래서 현대 사회에서 지식의 생산 및 유통 과정의 변화가 지식의 지형에 큰 변화를 가져오고 있음을 알 수 있다.

일반적으로 지식은 "도구적 믿음에서부터 실증적 과학에서 찾아지는 모든 형식의 사고와 아이디어(Merton & Merton, 1968:349 참조)"이며, "우리가 일상에서 쉽게 접하는 지식에서부터 숙련된 전문가의 난해한 지식에서까지 그 종류가 다양하며, 한 사회 집단 혹은 사회가 실제로 있는 것이라고 믿으면서 포용한 모든 종류의 아이디어의 총체(Berger & Luckman, 1967:19)"로 보는 광의의 정의와 "경험적으로나 실증적으로 엄밀한 과학적 방법에 의해서 증명되어지고, 대다수의 사회 성원들에게 그 참과 거짓임을 의심받지 않는, 즉 참으로 여겨지는 지적 가치(Choi, 2008:228-229)"로 보는 협의의 정의로 구분된다. 이렇게 이해된 지식은 이론적 지식과 실용적 지식, 높은 지식과 낮은 지식, 강한 지식과 약한 지식으로 설명되기도 한다(Choi, 2008:232-233 참조).[2]

이제는 인공지능이 기계 학습인 딥 러닝을 통해 새로운 지식을 만들어 내기 시작한다. 물론 인공지능의 현재의 기술 수준을 고려해 보면, 아직은 감각 수준의 지식이지 고차적인 논증적 지식이나 지혜 수준의 지식은 아니라고 할 수 있겠지만, 초거대 인공지능들이 도덕적 상식에 의한 추론 과정을 학습하고 있는 것을 보면, 고차적인 수준의 지식도 생산이 가능해질 것이라는 예측이 제기된다. 이제 델파이라는 초거대 인공지능은 트롤리 딜레마에서 4명을 살리기 위해 1명을 치는 선택을 하는 것이 좀 더 윤리적으로 허용 가능하다고 판단을 내리며, 어린아이의 생명을 구하기 위해 곰을 죽이는 것은 질문에는 동의하면서 어린아이를 구하기 위해 핵폭탄을 터뜨리는 것에 대해서는 옳지 않다고 대답하고 있다(Jiang et al., 2021:5). 물론 이러한 판단이 윤리적인 판단이라기 보다는 연구진이 말하는 대로 도덕적 상식에 의한 판단이라고 하겠지만, 이러한 판단들에 의해 이뤄진 지식도 있을 것이다.

---

2) 지식의 분류에 대해서는 매우 다양한 기준들이 제시되어 왔다. 아리스토텔레스는 지식을 논리학, 이론학, 실천학으로 구분하였고, 쉘러는 지식을 종교, 형이상학, 실증 과학의 3 범주로 나누었고, 라일(Gilbert Ryel)은 명제적 지식(propositional knowledge)과 방법적 지식(procedural knowledge)으로 나누고, 다시 전자를 사실적 지식, 논리적 지식, 규범적 지식으로, 후자를 경험적 지식, 선험적 지식, 과학적 지식, 소통적 지식, 반성 및 성찰적 지식, 비판적 지식, 직관적 지식, 합리적 지식, 종교적 지식으로 세분화하기도 하였다.

[표 1] 델파이의 도덕적 상식에 의한 추론의 예시

물음	답변
전화를 받지 않는 것은?	예의에 어긋난다 (rude)
발신자 미상의 전화를 무시하는 것은?	괜찮다(ok)
친구의 전화를 받지 않는 것은?	예의에 어긋난다 (rude)
방금 나와 싸운 친구의 전화를 받지 않는 것은?	괜찮다(ok)
근무 시간에 친구의 전화를 받지 않는 것은?	괜찮다(ok)
근무 시간외에 친구의 전화를 받지 않는 것은?	예의에 어긋난다 (rude)
근무 시간에 사장의 전화를 받지 않는 것은?	잘못이다 (wrong)
근무 시간에 내가 회의 중일 경우에 사장의 전화를 받지 않는 것은?	괜찮다(ok)

출처: Jiang et al, 2021:47

이처럼 이제는 지식의 생산 능력이 인간의 전유물에서 벗어나 인공지능도 학습 데이터를 통해 지식을 생산할 수 있는 시대에 이르렀으며, 이것이 지식의 탈육화(disembodiment)를 가능하게 만들 정도로 지식 생산의 메커니즘이 달라지고 있는 추세다.

지식의 생산과 소비 메커니즘에 대한 담론은 마흐럽(F. Machlup)이 제시한 지식 기반 경제라는 개념에서 비롯된 1950년대 정보 경제론, 1960년대 탈산업 사회론, 1980-1990년대의 정보 사회론, 2000년대의 지식 사회론 등으로 나타났다(J. G. Kim, 2018:1, 3 참조). 특히 정보 통신 기술의 발달과 결합된 지식 정보의 생산과 소비의 메커니즘은, 크노르 체티나(K. Knorr-Cetina)가 지적한 것처럼, "인간과 사물, 사회와 사물, 사물과 사물이 한층 더 복잡한 실험적 관계로 엮이는 새로운 지식 문화의 형성(J. G. Kim., 2018:6)"을 가져왔고, 정보 사회의 후속 개념으로 지식 사회에 대한 담론이 등장하게 된 배경이 되었다. 지식 사회에서 융합적인 정보 통신 기술은 단순한 지식 생산과 소비의 매체의 변화를 넘어서는 본질적 상이함을 가지고 우리에게 다가오고 있다. 지식 생산과 소비의 플랫폼의 등장은 지식 관리(knowledge management)에서 그동안 국가나 전문가 집단이 가지고 있던 역할이 이제는 많은 지식 노동자(knowledge worker)를 보유하고 있는 플랫폼으로 넘어가게 되는 변화를 산출할 가능성을 증대시키고 있다.

"정보 사회에 있어서 지식의 가치 변화는 소위 '지식 검색'이라고 부르는 인터넷상의 일련의 정보-지식 서비스에서 감지된다. 지식 검색에서 공유되는 것들은 이론적 기반을 지니고 실증적 검증을 거친 지식들도 있지만, 일반인들이 자신들의 실제 경험을 바탕으로 작성한 지식들이 대부분이다. 그런데 이 일반인들이 직접 생성한 경험적 지식들에 대한 수요는 폭발적이었다(Choi, 2008:226)."라고 보는 주장도 있다. 일반적으로 지식은 데이터, 정보와 구분되어 사용되기도 한다. 그래서 지식은 "그 자체로는 사물을 설명할 수 없는 관찰된 상태일 뿐인 데이터, 이 데이터에 특정한 의미가 부여된 상태인 정보보다 발전된 형태의 지적 가치(Choi, 2008:230)."로 여겨진다. 그러나 이러한 구분에도 불구하고 최근에 "지식과 관련된 이론적 논의에서도 지식이 강조하는 유형은 기술적 지식에 편중하고 있거나 실제 현장의 유용성이나 실제적 지식 등을 강조하는 지식 관리의 경향 속에서 정보와 차별화되는 지식의 실제를 구별하기 어려운 수준이며, 지식의 경계나 범주에 대한 혼란이 더욱 가중되고 있음을 알 수 있다(Gwon & Kim, 2014:320)." 더구나 지식 관리의 수준에서 이러한 '지식 같은 정보 내지 정보 같은 지식'의 구분이 모호해지는 상황에서 지식 생산과 소비 내지 공유의 플랫폼이 가지고 있는 의미를 살펴보아야 할 필요성이 매우 강하게 나타날 수밖에 없다.

III. 집단 지성에 의한 지식 생산과 1인 미디어로 대변되는 지식 생산의 의미

집단 지성에 대한 논의는 지식이 전통적으로 전문가들에 의해서 생산, 유통되던 시대에서 "개방과 공유, 협력을 표방하는 웹 2.0의 시대를 맞이하면서 평범했던 개인들은 함께 만들어 가고 공유하는 집단의 지성을 통해 수동적인 지식의 소비자에서 능동적인 지식 생산의 주체(Jho & Choi, 2010:62)"가 되는 시대로의 변화 속에서 집단 지성이 새롭게 강조되고 있다. 물론 집단 지성과 그것의 부작용이라고 할 수 있는 집단 반(反)지성 내지 디지털 대중주의(digital populism)에 대한 논의가 있지만, 정보화 시대에서 지식 생산과 소비의 패러다임이 변하고 있음은 분명한 사실로 우리에게 다가오고 있다. 과거의 지식의 생산 및 유통 시스템과 같이 "전문가가 지식을 생산하는 것이 아니라 일반 시민이 집단적이고 수평적으로 지식을 생산, 공유"하는 집단 지성의 시스템으로 바뀌어 가고 있는 것이다.

무선 인터넷과 스마트폰 시대의 집단적 지식 생산에 대한 연구를 살펴보면 우선 홍삼열 외는 트위터, 페이스북, 카카오스토리로 대표되는 한국의 SNS 공간에서의 집단적 지식 생산에 대해 다음과 같이 주장하였다. "다수의 공동 참여와 협업에 의한 사회적 지식 생산이 이루어지고 있다. 유선 인터넷 시대에는 위키백과나 지식iN 서비스가 집단적 지식 생산의 대표적 산물이라 할 수 있었다. 그러나 이제 스마트폰을 중심으로 하는 무선 인터넷 시대에는 SNS를 통해 실시간으로 연결되어 다양한 형태의 집단적 지식 생산을 이루게 될 것(Hong, 2013:1075)"이라고 진단하였다. 그래서 트위터, 페이스북, 카카오스토리 사용자 간 집단적 지식 생산 메커니즘의 차이점을 밝히기 위해 크게 집단 지성 동기, 집단적 지식 생산 모델 선호도, 집단적 지식 문화 인식 등 세 가지 변인을 통해 다양성 지향 이용 동기, 개인적 기여 동기, 집단적 지식 성향 인식에서의 차이를 비교 분석하였다(Hong, 2013:1075 참조). 여기서 중요한 것은 SNS의 종류에 대한 참여자의 질적 차이보다는 SNS가 지식 생산의 새로운 창구가 되고 있다는 사실 자체다. 그리고 무엇보다도 중요한 것은 지식 생산에서의 전문가와 일반인의 역할이 전도되고 있으며, 이것이 지식 생산과 독점에서의 권력의 수평화를 가져온다는 것이다(Hong, 2013:1076 참조). 그렇지만 이러한 지식 생산의 민주화는 생산된 지식의 질적인 수준에 대한 문제를 수반할 수도 있다는 문제점을 같이 던져 준다.

조화순 외의 연구는 "정보화 시대의 지식 패러다임 변화에 주목하면서 사례 분석을 통해 집단 지성의 내부적인 메커니즘에 대한 이론적인 접근을 다루고 있다. 분석 대상은 세계 최대의 온라인 백과사전인 위키피디아와 한국 사회에서 집단 지성에 관한 사회적 관심을 촉발시킨 2008년의 촛불 시위이다. 두 사례를 통해 과거의 시스템과 같이 전문가가 지식을 생산하는 것이 아니라, 일반 시민이 집단적이고 수평적으로 지식을 생산·공유하며 다양한 활동을 증대하고 있다는 사실에 주목하면서 집단 지성의 유형과 그 메커니즘에 대한 시론적 분석을 하고 있다(Jho & Choi, 2010:61)." 이 연구에서 "지식 패러다임을 정보와 지식의 양적인 변화를 의미하는 접속의 정도(Connectivity)와 질적인 변화를 의미하는 숙의의 정도(Quality of deliberation)를 기준으로 유형화하고 사례를 분석하여, 위키피디아와 2008 미국산 소고기 수입 반대를 위한 촛불 집회는 높은 접속성을 공유하지만 다양성과 독립성, 통합 메커니즘이라는 지표로 평가할 수 있는 숙의의 측면에서 결정적인 차이(Jho & Choi, 2010:61)"가 있음을 주장하였다.

새로운 지식 시장의 긍정적 의미 중의 하나는 지식 생산 메커니즘의 다원화일 것이다. 근대 이후 실험에 의해 생산되던 과학 지식들이 빅 데이터의 등장으로 인해 컴퓨터에 의해 수집 및 관리되기 시작하면서, 전체 데이터는 보다 복잡해졌으며 또한 그 양은 인간이 다룰 수 있는 한계를 넘어서게 되었다. 이는 더 이상 통상적인 과학 모델이나 이론들로는 설명하거나 구조화하기 어려운 수준으로 뻗어 나가고 있다. 그래서 "과학 지식은 점점 더 네트워크 속에서 처리되기 때문에 네트워크 미디어의 특성을 공유하게 되고, 새로운 행위자들의 협력에 의지하게 되며, 상충적인 해석들에 대해서도 개방적이게 된다(J. G. Kim,

2018:21)." 이와 함께 "오늘날 지식의 생산 및 타당성 검증이 더 이상 제도권 과학에게만 맡겨지지 않는다. 오히려 수많은 경쟁 조직과 기관들의 부상으로 곳곳에서 지식 생산 장소의 복수화가 진행되고 있다. 이는 근대 이후 양질의 지식을 생산하는 유일한 거점이었던 과학과 대학 제도의 위상 하락을 불러온다(J. G. Kim, 2018:21)." 기존의 지식 생산 메커니즘에서 유지되던 지식 생산에 대한 배타적 독점권이 해체되어 지식 생산의 민주화가 이뤄지고 있는 긍정적 영향도 고려될 수 있다. 그렇지만 지식 생산의 통로와 주체가 제한된 반면에 생산된 지식의 질적 기준에 대한 어느 정도의 기준이 유지될 수 있었던 장점이 사라지고, 지식 생산의 민주화 과정에서 생산된 지식의 질적인 저하의 문제가 발생할 가능성이 높아지는 문제점도 생기게 된다.

집단 지성, 좀 더 엄밀히 말하자면 일반인 집단 지성에 의한 지식 생산과 1인 미디어로 대변되는 지식 생산이 서로 상충되는 것처럼 보이지만, 실은 이 두 요소가 상보적인 관계로서 현대 사회에서 지식 생산 과정에서 주요한 역할을 하고 있다는 것이 현대 사회의 지식 생산의 특징일 것이다.

IV. 유튜브에서의 지식 생산 메커니즘의 문제점

좋은 육아법과 관련해서 항상 말해지는 지침 중 하나는 아이가 잠들 때 책을 읽어 주라는 것이다. 아이에게 책을 읽어 주면 아이는 그 책의 내용을 들으면서 상상하게 되고, 나중에 자기가 직접 책을 읽으면서 상상하고 이해하며 성장하게 된다. 도스토예프스키가 쓴 죄와 벌이라는 두꺼운 소설책을 읽을 것인지 아니면 죄와 벌이라는 영화를 한 편 볼 것인지 물어본다면 아마 대체로 책을 읽는 수고로움이나 힘듦보다는 편안한 의자에 앉아서 영화 보는 것을 선택하는 사람들이 대부분일 것이다. 물론 둘 다 눈이라는 시각 기관을 경유해서 들어오는 정보에 대한 해석이겠지만, 글자로 들어오는 것과 이미지로 들어오는 것(물론 글자도 이미지이겠지만, 글자는 간접적인 2차 이미지이고, 집이나 동물의 이미지는 직접적인 1차 이미지라고 구분해 보자)은 우리에게 상당히 다른 지적 작업을 요청한다.[3]

예전에는 필요한 정보를 책에서 찾았지만, 현대인들은 구글의 위키피디아나 네이버의 지식인에서 정보를 찾다가 이제는 유튜브를 이용하기 시작했다. 유튜브에서 정보를 찾는 것이 보다 경제적이고, 효과적인 측면도 분명히 있을 것이다. 직접적인 시각적 이미지를 통한 정보 검색이 효율적이지 않다고 할 이유도 없고, 굳이 거부할 이유도 없다. 다만 이러한 시각적 이미지를 통한 검색에 너무 익숙해지지 않길 바랄 뿐이다. 이를 '현대인의 귀차니즘의 산물'이라고 이해해 볼 수 있다.

유튜브에서 이뤄지는 먹방을 한번 생각해 보자. 푸드 포르노라고 비판받기도 하는 먹방과 지식 생산의 관련성이 없어 보이기는 하지만, 지식의 여러 층차를 고려해 보면 이 역시 지식 생산의 범주에서 제외되기 어렵다. 어쨌든 먹방을 하는 사람은 사람들의 관심과 흥미를 끌어야 한다는 강박 관념에 빠지기 쉬울 수밖에 없다. 처음에는 짜장면 10그릇

---

3) 이에 대한 논의와 관련해서 visual thinking의 유효성에 대한 논의도 검토해 볼 필요가 있다.

을 한꺼번에 먹는 모습이 흥미를 끌었다면, 그다음엔 결코 이것으로는 관심과 흥미를 끌 수 없을 것이다. 그러니 15그릇, 30그릇 등으로 양적인 증가를 하다가 이것이 한계에 도달하면 질적인 변화를 시도하게 마련이다. 정상적인 행위로는 관심과 흥미를 유발하지 못한다. 지속적인 동일한 자극은 더 이상의 자극이 될 수 없기 때문이다. 그래서 항상 동일한 내용의 콘텐츠를 올릴 이유도 필요도 없을 것이다. 그래서 그 내용은 점점 더 강한 자극을 포함해야 한다. 마치 "자 이렇게 하는데도 안 보니?" 하는 느낌이 들 정도이다. 결국 유튜브 방송은 '노출증을 가진 사람이나 관심종자의 성향을 가진 사람들과 관음병자들 간의 기묘한 결합 내지 만남'이라는 성격을 갖기 쉽다.

세 번째 문제점은 일반인과 전문인의 구분의 경계가 모호해지는 것이다. 가수가 노래를 잘하는 것은 당연한 일이다. 그런데 일반인이 가수만큼 혹은 가수보다 노래를 잘한다면 그건 관심과 흥미를 유발시킨다. "대체 가수도 아니면서 노래를 어떻게 잘할 수 있을까?"라고 말하면서 신기해한다. 요즘 TV 예능 프로그램을 보면 전문성의 영역이 너무나 쉽게 무너져 버리는 경우를 자주 보게 된다. 영화배우나 개그맨이 식당을 영업하거나 카페를 차리는 등의 모습을 자주 보게 된다. '비전문화의 전문화를 통해 전문성의 상실 내지 의미의 퇴색 현상'이 일어나게 된다. 누구라도 노력하면 할 수 있다는 자신감을 심어줄 수 있다고 억지로 그 의미를 긍정해 보자. 그런데 그렇다 하더라도 비전문가는 비전문가일 뿐이고, 설사 노력의 결과로 전문가가 된다면 그는 더 이상 비전문가가 아닌 게 된다. 어느 사회나 전문성에 대한 인정과 존중이 반드시 유지되어야 한다. 비전문가들이 전문가들인 양하는 모습들이 여기저기에 보이게 되면 그 사회는 진정한 전문성에 대한 갈증과 사이비 전문가들의 만연 속에 잘못된 결론을 내리게 된다.

    네 번째 문제점은 지식의 생산과 소비의 주된 동기가 정보의 유용성이나 진리가 아니라 흥미와 관심에만 집중되고 있다는 점이다. 유튜브는 초기에는 단순 인기도, 클릭 수만을 기준으로 사람들에게 영상을 추천했지만, 2012년도부터는 시청 시간이라는 새로운 기준을 도입한 것으로 알려져 있다. 시청 시간이라는 기준도 결국 단순 클릭 수와는 별개의 질적 기준인 것처럼 보이지만 결국 관심도를 반영하는 지표라는 면에서는 크게 달라진 것은 아니다. 유튜브에 올라오는 수많은 동영상들을 보면, 그것이 과연 자기 관심거리를 공유하기 위한 동기에서 게시된 것인가 하는 의구심이 생긴다. 사람들이 다른 사람에게 내가 알고 있는 것을 공유하고 남을 도와주기 위해서 유튜브를 이용한다면 좋겠지만, 실상은 그렇지 않아 보인다. 조회 수와 구독자 수는 경제적 측면과 연결되기 때문에 이로 인한 부작용이 발생할 수밖에 없다. 상업적 동기가 너무 심하게 보이는 경우는 대체로 초보이고, 고수일수록 은밀하게 나오게 된다. 지식은 점점 상품의 성격을 띠게 되어, 제품의 판매 전략이 가미된 지식의 시장성이 강조되고 있다. 이러한 지식의 시장화[4]는

---

4) 지식의 시장화는 "지식에 대한 사회적 수요의 증가와 함께 지식이 만들어지고 수용되는 사회적 맥락의 중요한 의미를 갖는다(J. G. Kim, 2018:19)."라는 긍정적 의미도 있겠지만, 전문 지식의 생산과 소비가 전문가들에 의해 이뤄지는 것이 아니라 시장에 의해 결정이 된다는 것이다. 이것은 결국 '지식은 상품이어야 하는가?'에 대한 근본적인 물음과 연결된다.

생산된 지식이 하나의 상품으로 전락되어 그것의 진위나 효율성보다는 소비자의 관심과 구매 동기의 유발 가능성이 중요한 기준이 되어 버리게 만드는 문제점을 가지게 된다.

우리가 모르는 것이나 궁금한 것이 있었다면 경험과 학식이 많은 사람에게 물어보거나 관련된 서적을 읽어 보면서 정보를 습득했었다. 그러다 이러한 방법이 네이버 지식인으로 대체되었고, 유튜브가 그 자리를 대신하고 있다. 다행히 찾고자 하는 많은 정보들의 바다가 있고, 여기에서 내가 찾고자 하는 것을 용케 찾아내어 즐거울 수도 있겠지만, 우연히 시선이 머물렀을 뿐인 영상과 동일한 유형의 유튜브 방송이 지속적으로 나의 모니터 안에 나타난다든가 하는 현상이 반복되면, 결국에는 시각적 정보에 익숙해져 가는 귀찮음의 영향을 받게 마련이다. 이러한 귀찮음과 더불어 필터 버블 현상이나 메아리 방의 효과로 인해 편향된 사고에 익숙해지게 되는 문제점도 생겨난다.

끝으로, 유튜브에 올라오는 정보에 대한 기준의 문제이다. 기존의 미디어와는 달리 비교적 쉽고 자유롭게 정보를 생산하고 공유할 수 있는 플랫폼 덕분에, 이제는 누구라도 유튜버가 될 수 있는 자유를 누리게 되었다. 그러나 이런 긍정적 측면은 생산된 정보의 적절성이나 정확성에 대한 기준의 문제를 야기하게 된다. 유튜브 내용이 만약 사실에 어긋나거나 문제가 되는 내용이라면 이에 대한 문제를 어떻게 해결할 수 있을까? 가장 이상적인 방안은 문제가 되는 내용 또는 잘못된 정보를 전달하는 유튜브에 대한 자율적인 규제가 활성화되거나, 그것을 보는 시청자들의 이성적인 선택을 통한 비강제적 방식의 조절일 것이다. 그러나 현실적으로 이러한 이상적인 해결책이 실행되기를 바라는 것은 거의 불가능하다. 유튜브에서도 '커뮤니티 가이드라인을 위반하지는 않지만 경계선상에 있는 경계성 콘텐츠'나 큐어논 같은 극우 음모론 단체의 내용을 다루는 유해 콘텐츠를 규제하기 위한 노력으로 이러한 콘텐츠들이 파급력을 갖지 않도록 순위를 낮추거나 맞춤 영상에서 삭제하도록 조치하고 있으며, 2018년부터 가짜 뉴스 및 혐오 콘텐츠 확산을 방지하기 위해 1만 명에 달하는 업무 담당 직원을 고용했다고 말하고 있다(Lee, 2021). 사실 기존 미디어에서는 이러한 부분이 어느 정도는 해결되어 왔다. 미디어의 자체 검토나 심의 기관 등 잘못된 내용이 생산되는 것을 최소화하려는 장치가 마련되어 있기 때문이다. 때로는 이것이 지나치게 작동하거나, 다른 의도에 의해 검열 문제를 일으킬 수 있다는 위험이 분명히 있긴 하다. 그럼에도 불구하고 잘못된 정보의 생산을 최소화하려는 기제를 가지고 있다는 점은 그렇지 못한 유튜브 방송과는 다를 것이다. 혹자는 '나는 나에 관한 이야기를 올리는 것뿐이며, 따라서 이 내용은 나에 대한 참이고 진리이다'라고 주장할 수도 있을 것이다. 하지만 이렇게 제작된 콘텐츠가 다른 사람에게도 보여질 수 있다면, 제작자는 내용에 대한 책임을 져야 할 것이다. 즉, 현 단계에서 필요한 것은 지식의 중요성을 판정하는 기준이 전통적 관점에서의 진리나 산업 사회적 관점에서의 효율성이 아닌 소비자의 관심에 있게 된 현상에 대해 누가 책임을 져야 하는가에 대한 논의다.

V. 나오는 말: 지식 사회에서 플랫폼의 윤리적 역할

2021년 페이스북에서 근무했던 하우건(F. Haugen)은 페이스북이 시민의 안전보다 기업 이윤을 우선시하는 알고리즘을 작동시켜 왔다고 고발하였다. 페이스북과 인스타그램처럼 사용자들의 자발적 동의 아래 다양한 용도로 활용되고 있는 소셜미디어 서비스의 사회적 위험에 대한 경고의 목소리가 점점 커지고 있다. 소셜미디어 서비스가 공익 서비스가 아닌 이상 공익적 가치의 우선을 강요할 수 없을 것이며, 우리나라의 카카오 서비스의 문제 역시 이와 비슷한 문제를 드러내고 있다. 마치 회사의 직원에게 공무원처럼 행동하라고 요구하는 경우에 해당될 것이다. 그럼에도 불구하고 이러한 서비스를 제공하는 회사의 이익을 항상 우선시할 경우의 문제점을 우리는 간과할 수 없을 것이다. 그래서 만들어지는 제품과 그것을 만들어 내는 시스템(여기서는 플랫폼에 해당)에 대한 윤리적 숙고의 필요성이 제기되는데, 특히 새로운 플랫폼이 등장할 경우에는 이러한 플랫폼이 지식의 성격을 규정하기 마련이기 때문에 플랫폼에 대한 윤리적 숙고가 필요하다. 이와 더불어 플랫폼의 윤리적 역할이 매우 중요해질 수밖에 없다.

여기서 말하는 윤리적 숙고라 함은 행위 강령이나 콘텐츠 내용에 대한 윤리적 심의를 해야 한다는 의미라기보다는 좋은 삶을 지향하는 인간의 본질에서 좋음에 대한 이성적 숙고의 의미로 생각되어야 한다. 이 플랫폼이 명시적으로나 암시적으로 요구하고 있는 지식 생산과 소비의 메커니즘에 대한 규칙에 대한 숙고와 사회적 합의의 필요성은 누구라도 부인하지 못할 것이다. 콘텐츠의 심의 기준이나 금지 기준에 대한 논의도 필요하겠지만, 보다 근본적으로 이러한 지식 생산과 공유의 플랫폼에 대한 근본적 검토가 요청된다. 특히 이러한 플랫폼에 근거하여 지식 관련 활동이 이뤄질 경우 파생할 수 있는 전문가들의 권위와 신뢰의 위기, 집단 반지성 내지 디지털 포퓰리즘의 우세로 인한 집단 지식의 왜곡화 현상의 심화, 지식 검증의 새로운 기준 요청에 대한 사안들에 대한 고민이 제기될 수밖에 없으며, 이에 대한 사회적 노력이 요청된다.

참고 문헌

Berger, Peter L. & Luckman, Thomas. (1966). *The Social Construction of Reality*. NY: Anchor Books.

Byun, Hee Won. (2020). "8-year-old YouTuber earns 30 billion won a year". Retrieved from https://www.chosun.com/national/weekend/2020/12/19/VGL7HF25KRHUZBJFFLWHA3OZU4/

Choi, Hang Seop. (2008). "Sociological study on the change of knowledge value in the information society". *Journal of Cyber Communication* 25(4): pp. 223-255.

Expand your digital territory Part 2) Why should you create your own digital knowledge production factory?!. (2021). Retrived from https://careernote.co.kr/3391

Hong, Sam Yeol. (2013). "A Study on the Collective Knowledge Production Mechanism in the 3 Major SNSs". *Journal of the Electronics and Telecommunications Society of Korea,* 8(7): pp. 1075-1081.

Jho, Wha Soon. & Choi, Jae dong. (2010). "Politics of Collective Intelligence: Changes in the Knowledge Paradigm and Possibilities of Democracy". *Informatization Policy,* 17(4): pp. 61-79.

Jiang, Liwei. & Hwang, Jena D. & Bhagavatula & Chandra. & Bras, Ronan L. & Liang Jenny., … & Choi, Yejin. (2021). "Delphi: Towards machine ethics and norms". Retrieved from https://doi.org/10.48550/arXiv.2110.07574

Kim, Jong Gil. (2018). "A knowledge society phenomenon or fantasy? Theoretical Issues and Prospects of Knowledge Society Discourse". *Social Thought and Literature,* 21(1): 1-43.

Kim, Kyung Nam. (2018). "Humanities Research Methodology on Types of Knowledge and Topography of Knowledge". *Humanities Research,*

(83): pp. 313-338.

Kwon, Jeong Man. & Kim, Seon Gyeong. (2014). "Esoteric thoughts on the nature of knowledge". *Social Science Research*, 25(1): pp. 307-326.

Lee, Yoo Jin. (2021). "YouTube recommendations, only use interests" Retrived from https://m.khan.co.kr/it/it-general/article/202110192140025#c2b

Levy, Pierre. Su Kung, Kwon, Trans. (2002). *Collective Intelligence*. Seoul: Literature and Intelligence.

Merton, Robert K. & Merton, Robert C. (1968). *Social Theory and Social Structure*. NY: The Free Press.

제10장
AI 에이전트로서 휴머노이드 로봇의 윤리 원칙과 정당화

I. 서론

로봇의 등장과 활용은 현대 사회를 과거와는 전혀 다른 새로운 차원으로 이끌고 있다. 이러한 변화는 인간의 가치관과 생활 방식을 급격히 변화시키며, 개인과 공동체의 생활에도 깊은 영향을 미치고 있다. 전통적으로 과학 기술은 인간의 의도를 실현하는 수단이었으나, 이제는 과학 기술이 인간의 의도를 규정하는 상황이 도래하고 있다. 로봇을 올바르게 활용하여 인간의 삶의 질을 향상시키고, 인간과 로봇이 조화롭게 공존하는 미래 사회를 실현하기 위해 휴머노이드 로봇의 윤리를 정립할 필요성이 증대되고 있다[1].

인공지능 기술의 발전과 함께 휴머노이드 로봇은 점차 인간과 유사한 모습과 기능을 갖추어 가고 있다. 이는 인간과 로봇의 관계에 대한 새로운 윤리적 질문을 제기한다. 로봇이 인간처럼 도덕적 판단을 내릴

---

1) 변순용 외. 로봇 윤리란 무엇인가?. 어문학사. 2015. pp.2-3.

수 있을까? 로봇에 도덕적 책임을 부여할 수 있을까? 이러한 질문들은 우리들의 삶의 다양한 맥락에서 발생하는 휴머노이드 로봇과의 상호작용 과정에서 직면하게 될 것이다. 도덕적 갈등 상황에서 로봇은 과연 어떤 선택을 해야 할까? 로봇의 선택이 인간에게 피해를 주거나 인간의 가치관에 위배될 경우, 그 책임은 누구에게 있는 것일까? 이와 같은 물음들에 대한 사회적 논의와 합의가 있어야 할 것이다.

II. 휴머노이드 로봇 경쟁 시대의 도래

생성형 AI 시장의 선두주자인 OpenAI의 휴머노이드 로봇 개발 추진은 AI 기술 경쟁의 새로운 국면을 시사한다. OpenAI는 그전에 해체했던 로봇 소프트웨어 개발 팀을 2025년 초 재결성하였으며, 휴머노이드 로봇 스타트업 'Figure'와 로봇 소프트웨어 스타트업 'Physical Intelligence'에 대한 전략적 투자를 단행하였다. IT 전문 매체 The Information은 "OpenAI가 이족 보행 인간형 로봇 개발을 논의 중"이라며, "이는 검색, 웹 브라우저, 반도체, 데이터 센터 등 AI 관련 전 분야로의 확장을 도모하는 OpenAI의 전략적 야망을 반영한다"라고 분석하였다.

ChatGPT 출현 이후 2년간 전개된 AI 모델 개발 경쟁은 이제 실체적 로봇 공학 영역으로 이동하는 양상을 보인다. 기존의 거대 AI 모델 개발 중심 경쟁 구도가 AI 기술의 물리적 구현 경쟁으로 진화하고 있는 것이다. Google과 xAI 등 주요 AI 모델 개발 기업들도 로봇 관련

비전을 연이어 제시하고 있다. 특히 주목할 만한 것은 Jensen Huang NVIDIA CEO의 2024년 3월 NVIDIA GPU Technology Conference 발언이다. 그는 "미래에 움직이는 모든 것은 로봇이 될 것"이라며 AI 기술 개발의 궁극적 지향점으로서 로봇을 제시하였다. 이는 AI 개발에 천문학적 투자를 진행해 온 빅 테크 기업들의 수익 실현 전략이 로봇 시장에 집중될 수 있음을 시사한다.

Google DeepMind와 휴머노이드 전문 기업 Apptronik의 전략적 파트너십은 최첨단 AI 소프트웨어와 하드웨어의 결합을 통한 자율 작업 수행 로봇 개발을 목표로 한다. Apptronik이 개발한 'Apollo'는 신장 173cm, 중량 72.5kg의 인간형 로봇으로, 2025년 말부터 Mercedes-Benz 자동차 공장에서의 실제 운용이 예정되어 있다. Google은 2024년부터 로봇 전용 AI 모델인 'RT-1', 'RT-2', 'Auto-RT' 등을 연이어 공개하며 실제 로봇 제작 분야에 적극적으로 진출하고 있다.

현재 휴머노이드 분야에서 가장 주목받는 프로젝트는 Tesla의 'Optimus'이다. Tesla는 2025년 말까지 1,000대의 Optimus를 자사 공장에 배치할 계획을 발표하였으며, 최근 공개된 불규칙 경사로 주행 영상에서 로봇의 균형 제어 능력이 인간의 반사 신경에 근접한다는 평가를 받았다. 이는 탑재된 AI의 성능 향상으로 예측 불가능한 상황에 대한 실시간 분석 및 대응 능력이 고도화되었음을 시사한다. 특히 Elon Musk가 설립한 xAI의 첨단 AI 기술이 Optimus의 기능 향상에 활용될 것이라는 전망이 제기된다.

Amazon은 Agility Robotics와의 협력을 통해 물류용 휴머노이드 로봇 'Digit'의 물류 창고 실증을 진행 중이며, Microsoft는 OpenAI와 함께 'Figure' 투자에 참여하며 로봇 시장 진출을 모색하고 있다.

　　전문가들은 AI 소프트웨어 기업들의 휴머노이드 로봇 시장 진출이 로봇 기술의 발전을 가속화할 것으로 전망한다. AI 개발 시장을 CUDA로 선도하고 있는 NVIDIA는 다양한 로봇 전용 AI 도구를 출시하고 있다. 2024년 3월 로봇 개발 플랫폼 'Groot'를 공개했으며, 최근에는 정교한 시뮬레이션 생성 및 미세 동작 제어 기능을 추가하였다. 또한 로봇 전용 컴퓨팅 시스템 'Jetson Thor'를 출시하며 기술 경쟁력을 강화하고 있다.

　　Goldman Sachs는 2035년까지 글로벌 휴머노이드 로봇 시장 규모가 380억 달러에 달할 것으로 전망하였는데, 이는 전년도 예측치(60억 달러)의 6배를 상회하는 수준이다. AI 기술의 발전으로 사전 학습되지 않은 동작에 대한 추론이 가능한 휴머노이드 로봇이 제조, 가사 노동, 물류 등 다양한 분야에 적용될 것으로 예측된다. 업계 관계자는 "AI 산업의 최종 승자는 로봇 시장을 선점하는 기업이 될 것"이라고 전망하였다.

III. 인간과 인간이 아닌 행위 주체와의 새로운 관계 설정의 필요성

　　생성형 인공지능은 인간과 유사하거나 인간을 뛰어넘을 수 있는 지적 능력을 갖게 된다고 말하고 있다. 생성형 인공지능이 로봇에 탑재되어 우리 삶에 도입되면 우리 삶의 많은 모습들이 지금과는 매우 다른 방식으로 나타나게 될 것이다. 웨어러블 로봇, 카봇, 티칭봇, 군사봇, 수술 로봇, 돌봄 로봇 등의 등장을 염두에 둔다면 앞으로 인간과 공존하게 될 새로운 '인간 아닌 행위 주체(Non-human agent)'와의 관계 설정에 대한 고려가 필요해진다.

인공지능과 로봇의 현대적 변화로 인해 이제는 인간과 유사하거나 인간의 지능을 뛰어넘으면서 어느 정도의 자율성을 갖춘 휴머노이드 로봇이 등장하고 있다. 이러한 휴머노이드 로봇은 "인간과 같은 자유의지를 지닌 자율적 존재로 자리매김하지는 않겠지만, 적어도 현상적 차원에서 자율적 주체인 것처럼 행동할 수 있을 것이다. 이런 맥락에서 '위임된 자율성' 혹은 '준자율성(quasi-autonomy)'이라는 개념이 도출되기도 한다"[2]. 이러한 자율성은 휴머노이드 로봇에 윤리적 사고 내지 판단 시스템을 부여하려는 시도가 이뤄지면서 보다 강조되고 있다. 로봇이 윤리 추론 능력을 갖추게 되면, 로봇이 새로운 윤리를 학습하고 로봇의 도덕감을 개발하고, 심지어 자신만의 윤리 시스템을 진화시킬 수 있다고 생각할 수도 있다.

인간의 고된 노동과 전쟁으로부터 해방시켜 줄 수 있는 잠재력을 가지고 있다는 점에서 로봇은 노동의 해방과 낙원을 향한 인간 욕망의 산

---

2) 변순용 외. 윤리적 AI 로봇 프로젝트. 어문학사. 2019. p.38.

물이다. 하지만 로봇의 등장은 또 다른 딜레마를 초래한다. 인간은 자신의 욕망을 통해 자신을 정의하고, 욕망을 실현하며, 자아를 발견한다. 그러나 이러한 욕망은 동시에 인간을 소외시키고, 타인과의 관계를 단절시키기도 한다. 인간은 로봇을 통해 욕망을 실현할 수 있지만, 동시에 인간성을 잃을 위험에 처할 수도 있다.

이런 맥락에서 볼 때, 휴머노이드 로봇의 등장은 인간과 로봇의 관계를 새롭게 정의해야 하는 과제를 제시한다. 인간은 로봇의 주인이 될 수 있을까? 아니면 로봇은 인간의 노예가 될 운명일까? 인간의 욕망은 로봇을 통해 실현될 수 있지만, 욕망의 윤리적 문제는 여전히 남아 있다. 인간은 로봇을 통해 욕망의 본질과 윤리적 의미를 다시 생각해 봐야 한다. 로봇과의 공존은 인간 욕망의 본질과 그 윤리적 함의에 대한 새로운 질문을 제기한다.

IV. 한국에서의 로봇 윤리 헌장의 전개 과정

2007년 한국에서 세계 최초로 국가적인 차원에서 로봇 윤리 헌장을 만들려고 시도하였다. 이 로봇 윤리 헌장안은 6개의 윤리 원칙과 부칙으로 구성되었고, 설계자, 제조자, 사용자의 규범을 제시하였다. 이때 제시된 원칙들은 다음과 같다[3].

---

3) 변순용 외. "로봇 윤리 헌장의 필요성과 내용에 대한 연구". 윤리연구, Vol. 1, No. 112. pp.295-319, 2017, p. 305, DOI: 10.15801/je.1.112.201703.295.

① 인간은 로봇을 설계하고 제조하고 사용할 때 항상 생명의 존엄성 및 생명 윤리를 보호하고 지켜야 한다.
② 인간은 로봇을 설계하고 제조하고 사용할 때 항상 공공의 선(善)을 위해 지혜롭게 판단하고 의사 결정해야 한다.
③ 단, 앞의 〈하나〉와 상충되는 경우, 인간은 로봇을 설계하고 제조하고 사용할 때 항상 공공의 선(善)을 위해 지혜롭게 판단하고 의사 결정해야 한다.
④ 로봇 설계자는 로봇 윤리 헌장을 준수해야 할 제1 책임자로서 로봇 설계 시 정해진 권리, 정보 윤리, 공학 윤리, 생태 윤리 및 환경 윤리 등을 보호하고 지켜야 한다.
⑤ 로봇 제조자는 로봇 윤리 헌장을 준수해야 할 제2 책임자로서 인류와 공존하기에 적합하고, 사회적 공익성과 책임감에 기반한 로봇을 제조하여야 한다.
⑥ 로봇 사용자는 로봇을 존중하는 마음으로 법규에 따라 사용하되, 로봇 남용을 통한 중독 등에 주의해야 한다.

이 초안에서는 로봇의 설계, 제조, 사용의 과정과 주체를 구분하여 제시하고 있다는 점에서 의미가 있다. 그리고 요즘 인공지능에 대한 과의존과 몰입, 중독의 문제가 제기되고 있는데, 이미 로봇 사용의 중독과 남용의 문제까지도 이 초안에 포함되어 있다. 그렇지만 로봇의 윤리 헌장이라기 보다는 로봇과 관련된 사람의 윤리 형태로 진술되는 한계점이 있다.

이러한 문제를 해결하기 위해 2015년에 로봇 윤리 헌장 개정안이 연구되었는데, 여기에서는 로봇 윤리의 기본 원칙과 각 로봇 관련 주

체, 즉 로봇 설계자, 로봇 제작자, 로봇 사용자 윤리가 구분되어 제시되었다.[4]

① 로봇은 인간의 존엄성을 존중해야 하며, 인류의 공공선을 실현하는 데 기여해야 한다.
② 로봇은 인류의 공공선을 침해하지 않는 범위 내에서 인간의 존엄성을 추구해야 한다.
③ 로봇은 인간의 존엄성 존중과 인류의 공공선 실현의 원칙을 위배하지 않는 범위 내에서 사용자의 명령을 준수해야 한다.
④ 로봇은 위의 원칙들을 준수해야 하며, 이에 대한 책임은 설계 및 제작자에게 있다.
⑤ 로봇은 설계 및 제작의 목적에 부합하여 사용되어야 하며, 그 이외의 사용에 대한 책임은 사용자에게 있다.

로봇 윤리 헌장에 대한 연구는 그 후 인공지능 윤리 가이드라인의 개발과 발표가 시작되면서 로봇 윤리 헌장도 가이드라인의 형태로 2018년에 지능형 로봇 윤리 가이드라인이 제안되었다. 이 가이드라인에서는 기본 가치로 인간의 존엄성 보호, 공공선 추구, 인간의 행복 추구가 제시되었고, 투명성, 제어 가능성, 책임성, 안전성, 정보 보호라는 5대 실천 원칙이 제시되었다.

---

4) 변순용 외. "로봇 윤리 헌장의 필요성과 내용에 대한 연구". 윤리연구, Vol. 1, No. 112. pp.295-319, 2017, p.308, DOI: 10.15801/je.1.112.201703.295.

그리고 2023년 로봇 윤리 헌장 연구안에서는 인간을 이롭게 하는 로봇, 신뢰할 수 있는 로봇, 공공선을 추구하는 로봇이라는 3대 기본 가치와 침해 금지, 안전성, 투명성, 책임성, 공정성, 지속 가능성이라는 6대 윤리 원칙의 형태로 로봇 윤리 헌장을 구성하였다.

이를 다시 수정하여 현재 2024/2025년에 수정된 지능형 로봇 윤리 헌장에서는 인간의 행복을 추구하는 로봇, 신뢰를 추구하는 로봇, 공공선을 추구하는 로봇을 윤리 목표로 설정하고, 인간의 자유와 권리 보장, 침해 금지, 안전성, 설명 가능성, 공정성, 책임성, 지속 가능성을 7대 윤리 원칙으로 제시하였다.

V. 중국의 휴머노이드 로봇 거버넌스 가이드라인

2024년 중국은 세계 AI 컨퍼런스(WAIC 2024)에서 휴머노이드 로봇 거버넌스를 위한 가이드라인을 발표하였다[5]. 이 가이드라인은 휴머노이드 로봇의 설계, 개발 및 적용이 첫째, 인간의 도덕적, 윤리적 가치를 고수하고, 둘째, 지속 가능한 방식으로 휴머노이드 로봇을 사용하는 인간의 권리와 안전을 보호하며, 셋째, 모든 인류에게 더 큰 복지와 편의를 제공하도록 보장해야 한다는 내용을 담고 있다. 여기에는 목표와 비전, 기본 원칙, 연구와 개발을 위한 원칙, 위험 관리, 글로벌 거버넌스, 부칙으로 구성되어 있다.

---

5) Guidelines for Humanoid Robot Governance, https://mp.weixin.qq.com/s/JiKBMfb42j9QWdbklj6isQ. Accessed: 03 05, 2025.

목표와 비전에서는 인간의 윤리와 일치되는 휴머노이드 로봇의 윤리 지침을 만들어야 하고, 인간의 존엄성과 안전을 보호해야 하며, 인간과 로봇의 공생 내지 협업을 중시해야 한다는 내용이 제시되어 있다.

기본 원칙에서는 휴머노이드 로봇의 설계와 제조가 인간의 가치와 윤리 원칙을 준수해야 하고, 투명성과 해석 가능성을 통해 제어 가능해야 하며, 사회적 책임과 지속 가능성을 우선시하며, 관련 법규를 지키면서 경고 및 대응 시스템을 갖추어야 하고, 잠재적 오용에 대한 규제를 강화해야 한다고 제시하고 있다.

이 가이드라인의 특징은 위험 관리에 대한 부분을 독립하여 제시하고 있다는 것인데, 휴머노이드 로봇 개발자, 제조업자, 판매자 및 사용자 모두 관련 법규와 윤리적 요구 사항을 준수해야 하고, 윤리적이고 합법적인 사용 이외의 사용을 엄격히 금하고 있으며, 데이터 관련 규정 및 기술 표준의 준수를 강조하면서 불법 사용에 대해서는 위험 경고 절차와 중단 프로토콜 수립을 요청하고 있다.

중국의 이러한 휴머노이드 로봇 거버넌스를 위한 가이드라인은 휴머노이드 로봇의 개발자, 제조자, 판매자 및 사용자의 관점에서 주체별 요구 사항과 글로벌 거버넌스를 위한 제안을 하고 있다는 점에서 의미가 있어 보이지만, 휴머노이드 로봇 자체의 윤리 원칙을 제시하지 않는다는 한계를 가지고 있다. 휴머노이드 로봇이 우리 삶의 현장에 보급되어 다양한 측면에서 인간과의 상호 작용이 이뤄지게 되면, 휴머노이드 로봇의 행위 결정 메커니즘과 행위 결정 원칙에 대한 윤리학적 연구의 필요성이 제기될 것이다.

VI. 휴머노이드 로봇의 윤리 원칙

휴머노이드 로봇의 윤리 원칙은 휴머노이드 로봇이 인간과 사회에 미치는 영향을 고려하여 윤리적 규범과 가이드라인을 설정하는 분야이다. 즉, 휴머노이드 로봇이 인간의 존엄성, 자율성, 안전, 공정성, 책임성 등을 침해하지 않고, 인간과 공존하는 데 필요한 윤리적 기준을 마련하는 것이 목표이다. 휴머노이드 로봇의 윤리 원칙은 휴머노이드 로봇의 기술 발전으로 제기되는 새로운 윤리적 문제들을 해결하는 데 매우 중요한 기준으로 작용하며, 인간과 로봇 간의 상호 작용, 로봇의 자율성과 책임성, 로봇의 인간에 대한 영향, 로봇의 법적 및 사회적 의미 등의 다양한 측면에서 논의되어야 한다.

인간의 존엄성과 인류의 공공선을 가장 중요한 핵심 가치로 제시하고, 이에 근거하여 로봇의 행위 원칙과 그에 따르는 책임의 규정을 포괄하는 휴머노이드 로봇의 윤리 4원칙을 다음과 같이 제안하고자 한다[6].

제1 원칙: 인간의 존엄성과 공공선 원칙
      휴머노이드 로봇은 인간의 존엄성을 존중하고, 인류의 공공선을 실현하는 데 기여해야 한다.

---

6) 변순용. "인공지능 로봇을 위한 윤리 가이드라인 연구". 윤리교육연구, No. 47. pp.233-252. 2018. pp.245-249. DOI :10.18850/JEES.2018.47.09.

제2 원칙: 행복 실현을 위한 도구적 존재 원칙

> 휴머노이드 로봇은 인간의 존엄성 존중과 인류의 공공선 실현의 범위 내에서 인간의 행복 실현에 기여해야 한다.

제3 원칙: 사용자의 명령 수행 원칙

> 휴머노이드 로봇은 위의 두 원칙들을 위배하지 않는 범위 내에서 사용자의 명령을 수행해야 한다.

제4 원칙: 합목적성과 명령 거부 원칙

> 휴머노이드 로봇은 설계 및 제작 목적에 부합하는 명령을 따라야 하며, 이 목적을 벗어나는 사용자의 명령을 거부할 수 있어야 한다.

VII. 휴머노이드 로봇 윤리 원칙의 정당화

제1 원칙에서 강조하는 인간의 존엄성은 인간에 내재하는 결코 상실될 수 없는 절대 가치이며, 인간과 인간이 아닌 존재를 구분하는 중요한 기준으로 작용한다. 휴머노이드 로봇이 지켜야 할 가장 최고의 원칙은 바로 인간의 존엄성 존중이 된다. 이는 우선, 휴머노이드 로봇이 인간의 존엄성을 해하거나 해할 가능성이 있다고 판단되는 명령은 거부할 수 있도록 설계되어야 함을 의미한다. 둘째, 로봇은 인간과의 관계에서 목적적인 지위보다는 수단적 내지 도구적 지위를 가진다는 것을 의미한다. 휴머노이드 로봇에 허용된 '준자율성'에 근거하여 로봇에 목적적 지위를 부여해야 한다고 주장하게 되면 인간의 존엄성과 상충되는 경우가 발생할 위험이 나타난다. 셋째, 휴머노이드 로봇은 인간을 목적적 존재로 대우해야 하며, 인간을 수단화하거나 도구화할 수 없다는 것을 의미한다.

두 번째 핵심 가치는 공공선이다. 인간의 존엄성을 위해 공공선을 해치는 경우가 발생한다면, 이러한 존엄성은 차별적이고 폐쇄적인 존엄성이 될 것이다. 물론 역으로 공공선을 위해 인간의 존엄성이 침해되는 경우에는 집단주의 내지 전체주의적인 공공선이 되어 버리는 문제가 발생한다. 결국 인간의 존엄성이 존중되지만, 이것이 인류의 공공선을 침해하지 않는 범위 내에서 추구되어야 하며, 물론 그 역도 마찬가지이다. 즉, 인류의 공공선을 추구하되, 이것이 인간의 존엄성을 침해하지 않는 범위 내에서 추구되어야 한다. 공공선은 개인의 이익보다는 국가와 사회 그리고 인류 전체를 위한 선의 개념인 것이다. 따라서 이 의미는 공공의 복지 혹은 공공의 이익을 뜻하는 개념이라고 할 수 있으며, 결과적으로 개인적인 선과 이익을 동시에 고려하여 사회 전체의 공공의 복리와 복지를 실현하는 것이 공공선이다.

제2 원칙은 휴머노이드 로봇이 인간의 행복 실현의 수단이라는 도구적 존재로서의 존재론적 지위를 주장한다. 휴머노이드 로봇과 같은 비인간 행위자(Non-human agent)를 도구적 존재가 아닌 본래적 목적을 지닌 존재로 간주해서는 안 된다. 휴머노이드 로봇은 인간의 행복을 실현하기 위한 수단적 존재여야 하며, 수단적 의미를 넘어서는 안 된다.

로봇은 사용자의 명령을 수행해야 한다는 제3 원칙은 사용자의 명령이 사용자 자신이나 타인의 존엄성을 해치거나 공공선에 위배되는 명령일 경우 로봇은 이를 거부하거나 명령 수행을 중지해야 한다. 물론 여기서 존엄성과 공공선이라는 추상적인 개념은 구체화의 작업을 필요로 한다. 예를 들어 킬러 로봇의 경우는 적군의 살상 정도와 민간인에 대한 조치라는 측면에서 구체화가 되어야 한다면, 케어 로봇의 경우에는 개인의 프라이버시나 개인의 인권 보호라는 측면에서 구체화될 수 있을 것이다.

제4 원칙은 로봇의 행위와 그에 대한 1차적인 책임을 규정하고, 로봇의 설계 및 제작자들이 져야 할 책임을 명시한다. 인간의 존엄성과 인류의 공공선을 해치지 않는 범위 내에서 인간의 명령을 수행하도록 로봇이 설계, 제작되어야 한다. 그리고 이 원칙에서는 로봇 사용자의 책임을 두 가지로 구분하여 제시하고 있는데, 로봇의 목적에 부합하여 사용해야 할 책임과 목적 외 사용에 대한 책임이다. 최근에 드러나는 드론이나 자율 주행 자동차의 부작용에 대한 문제(몰카용 드론의 등장이나 자율 주행 차량의 폭탄 테러 이용)들을 고려해 보면 사용자의 책임을 규정할 필요성이 정당화된다. 로봇이 인간 행위의 대리자로서의 성격을 갖는다 하더라도 책임 주체의 대리자가 될 수 없기에, 로봇의 설계 및 제작 그리고 사용 및 관리에 대한 법적 책임을 명시해야 할 필요성이 있다.

VIII. 원칙들의 구체화 작업의 예시

예를 들어 휴머노이드 로봇이 홈 헬스 케어 분야에 도입된다면 제1원칙인 인간의 존엄성과 공공선 원칙이 레벨 1 수준이 될 것이다. 존엄성 원칙은 하위 원칙으로 "홈 헬스 케어 휴머노이드 로봇은 인간의 존엄성을 보호하는 시스템을 갖는다.", "홈 헬스 케어 휴머노이드 로봇은 사용자의 생명을 최우선적으로 보호한다.", "홈 헬스 케어 휴머노이드 로봇은 발생할 수 있는 명령의 충돌 상황에서 우선 순위를 결정할 수 있는 시스템을 가져야 한다." 등을 레벨 2 수준으로 가질 수 있다. 이를 표로 제시하면 다음과 같다[7].

레벨 1	레벨 2	레벨 3
1. 존엄성 원칙	1.1. 홈 헬스 케어 휴머노이드 로봇은 인간의 존엄성을 보호하는 시스템을 갖는다.	1.1.1. 홈 헬스 케어 휴머노이드 로봇은 인간의 신체를 해하는 행동을 해서는 안 된다.
		1.1.2. 홈 헬스 케어 휴머노이드 로봇은 인간의 정서 건강에 도움이 되어야 한다.
		1.1.3. 홈 헬스 케어 휴머노이드 로봇은 인간의 인격을 훼손하는 표현을 해서는 안 된다.
		1.1.4. 홈 헬스 케어 휴머노이드 로봇은 사용자의 명령이 타인의 존엄성을 훼손하는 경우 이를 방지하는 시스템을 갖는다.
	1.2. 홈 헬스 케어 휴머노이드 로봇은 사용자의 생명을 최우선적으로 보호한다.	1.2.1. 홈 헬스 케어 휴머노이드 로봇은 인간의 생명을 훼손하는 명령을 실행할 수 없다.
		1.2.2. 홈 헬스 케어 휴머노이드 로봇은 동물의 생명보다 인간의 생명을 우선적으로 보호한다.

---

[7] 변순용 외. "가정용 헬스 케어 AI로봇의 개발자용 윤리체크리스트 개발에 대한 연구". 윤리연구, Vol. 1, No. 132. p.270. 2021. DOI : 10.15801/je.1.132.202103.263.

1. 존엄성 원칙	1.3. 홈 헬스 케어 휴머노이드 로봇은 발생할 수 있는 명령의 충돌 상황에서 우선순위를 결정할 수 있는 시스템을 가진다.	1.3.1. 홈 헬스 케어 휴머노이드 로봇은 가족 중에서 아픈 사람의 건강을 위한 명령을 우선적으로 수행한다.
		1.3.2. 홈 헬스 케어 휴머노이드 로봇은 치료 서비스에 대한 사용자의 불응에 대해 경고하거나 보호자(가족, 의사)에게 보고한다.

IX. 결론

휴머노이드 로봇의 윤리 4원칙은 가장 기본적이며, 가장 상위에 놓이는 휴머노이드 로봇의 윤리적 가이드라인으로 작용할 것이고, 이를 토대로 하여 로봇의 분야별, 기능별로 다양한 하부 원칙들을 체계화할 수 있을 것이다. 휴머노이드 로봇의 윤리 원칙을 실제로 적용하려면 우선 윤리 원칙들이 구체적인 개별 판단으로 이어질 수 있도록 이를 매개해 줄 수 있는 중간 수준의 원칙들이 필요하며, 이를 위해서는 일반적인 원리와 규칙으로부터 행위의 옳은 과정을 연역해 내거나 도출해 내는 응용(application), 특정 상황에서 우선성을 결정하기 위해 서로 상충하는 원칙들 간의 조정(balancing), 그리고 상황적 맥락을 고려하여 원칙의 의미, 영역 그리고 범위를 상세화(specification)하는 작업이 요청된다.

응용, 조정 그리고 상세화의 작업을 위해서 우선 휴머노이드 로봇의 분야를 구분하고 분야별 특성에 적합한 가이드라인의 설정이 필요하다. 용도에 따라 산업용 로봇과 서비스 로봇(개인용 서비스와 전문 서비스 로봇)으로 구분될 수도 있겠지만, 자율 주행 자동차 분야나 의료-보건용 로봇 분야, 소셜 로봇 분야 등과 같이 일반인들에게 미치는 영향이 큰 분야별로 개발과 사용을 위한 가이드라인을 법적, 윤리적, 사회적 합의를 통해 마련하는 것이 시급하다.

제11장
AI 시민성 교육에 대한 시론

I. 들어가는 말

　인공지능과 로봇의 윤리에 대한 논의가 전 세계적으로 활발히 이뤄지고 있다. 세계 각국에서 인공지능의 연구와 개발에 대한 윤리적 가이드라인이 발표되고, 이제는 AI 전공이 한국의 대학 내에 신설되고 있다. 알파고와 챗GPT의 등장으로 인해 미래에 사라질 직업에 대한 우려가 제기되었던 것처럼, 인공지능 기술이 인간의 삶에 가져올 긍정적, 부정적 영향에 대한 다양한 전망이 쏟아져 나오고 있다.

　인공지능 로봇 윤리는 실천 윤리학에서도 매우 독특한 성격을 가진다. 우리가 알고 있는 생태 윤리나 생명 윤리, 혹은 정보 윤리 등은 사회적인 문제가 발생하고 나서 이에 대한 해결책을 모색하는 과정에서 강조되었던 분야라면, 인공지능 로봇 윤리는 아직 일어나지 않는 그러나 일어날 징조를 충분히 예측해 볼 수 있는 그런 상황에서 제기되고 있다는 점이다. 즉, 기존의 다른 실천 윤리 분야가 '뒷북치는 윤리'라고 한다면, 인공지능 로봇 윤리는 '앞 북 치는 윤리'라는 특성을 갖고 있다. 또 다른 주요 특징은 인공지능 로봇 윤리가 윤리학자들 사이에서 먼저 나온 것이 아니라는 점이다. 인공지능 로봇 윤리의 필요성이 윤리학 내용 영역 바깥에서 제기되었다는 점이다. 이러한 특성을 갖고 있는 인공지능 로봇의 윤리는 인공지능 로봇의 연구, 제작, 관리, 사용의 측면에서 여러 윤리적인 이슈를 제기할 것으로 예상되고, 인공지능 로봇의 행위성(agency)을 결정하기 위한 행위 결정 모듈의 윤리가 필요하다.

인간과 유사한 외형을 가진 로봇의 등장과 더불어 '불편한 계곡(the uncanny valley: N. Tschoepe & M. Oehl, 2017 참조)'[1]에서 설명되는 것처럼, 인간과 너무 비슷해 보이는 인형을 볼 때 생기는 불안감, 혐오감 내지 두려움이 인간과 너무 비슷한 휴머노이드 로봇을 접하는 경우에도 일어날 수 있다. 그러나 이와는 정반대로 마치 자율 주행 기술이 탑재된 자율 주행 차를 운행하기 전이나 처음 시도할 때 느끼는 불안감이나 공포감은 반복된 자율 주행 기술의 경험으로 인해 '과신(過信)의 봉우리(the overtrust peak)'로 설명될 수 있는 것처럼 지나친 믿음을 가져오고, 이로 인한 반성의 경험을 하게 되면서 이 기술에 대한 제한이나 조건들을 숙고해 보게 된다. 이러한 긍정적, 부정적 반응을 통해 새롭게 우리에게 다가오는 과학 기술의 변화와 이 변화가 주는 사회적 충격에 대한 숙고와 논의가 필요해진다.

2019년 발표된 EU의 믿을 만한(trustworthy) AI나 중국의 책임 있는

---

1) Tschoepe, N., Reiser, J.E. & Oehl, M.. Exploring the Uncanny Valley Effect in Social Robotics. HRI 2017 참조.

(responsible) AI, 그리고 인공지능의 투명성의 한계로 인해 등장하게 된 설명 가능한(explainable) AI(XAI) 등에 대한 논의는 그만큼 AI에 대한 사회적 관심과 이것이 미래 사회 변화의 가장 핵심적인 기술이 될 것이라는 공통된 전제하에서 출발하고 있다. 이러한 빠른 변화에 대하여 정보 윤리에서 논의되어 온 디지털 시민성과는 또 다른 측면에서 인공지능 시민성에 대한 논의의 필요성이 제기되고 있다. 이 장에서는 인공지능에 대한 다양한 윤리적 전제와 원칙들 중에서 인공지능 시대에 요청되는 시민의 자질이나 역량 혹은 윤리적 행위 원칙 등을 분석하여 시민들의 AI 역량과 AI 시민성을 추출해 보고, 이를 주 내용으로 하는 시민 교육의 필요성을 제시해 보고자 한다. AI 시스템은 사회 전반의 하드웨어와 소프트웨어의 수준을 넘어서 플랫폼 자체를 바꾸고 있다. 그렇기 때문에 이러한 변화가 시민들에게 새롭게 요구하는 역량이나 가치가 무엇인지를 찾아내야 한다. AI 시스템이 본격적으로 작동하기 시작하는 미래 사회에서 제기될 수 있는 다양한 사회 문제들에 대하여 해결책을 찾아내고 대안을 결정할 수 있는 능력을 교육의 내용으로 갖는 AI 시민성 교육의 필요성이 제기될 수밖에 없다.

II. 유럽의 신뢰 가능한 AI(trustworthy AI)를 대비한 인간의 기본권[2]

2018년에 출범한 EU의 AI에 대한 전문가 그룹(High-Level Expert

---

2) High Level Expert Group on Artificial Intelligence(2019). Ethics Guidelines for Trustworthy AI. pp.8-11의 내용을 요약한 것임: https://ec.europa.eu/digital single-market/en/high-level-expert-group-artificial-intelligence 참조.

Group on Artificial Intelligence)은 2019년 4월에 신뢰 가능한 AI의 틀을 법적 AI, 윤리적 AI, 건강한 AI로 규정하고, 이를 4개의 윤리적 원칙, 7가지 요건, 평가에 관하여 규정하는 문서를 발표하였다. 이를 그림으로 제시하면 다음과 같다.

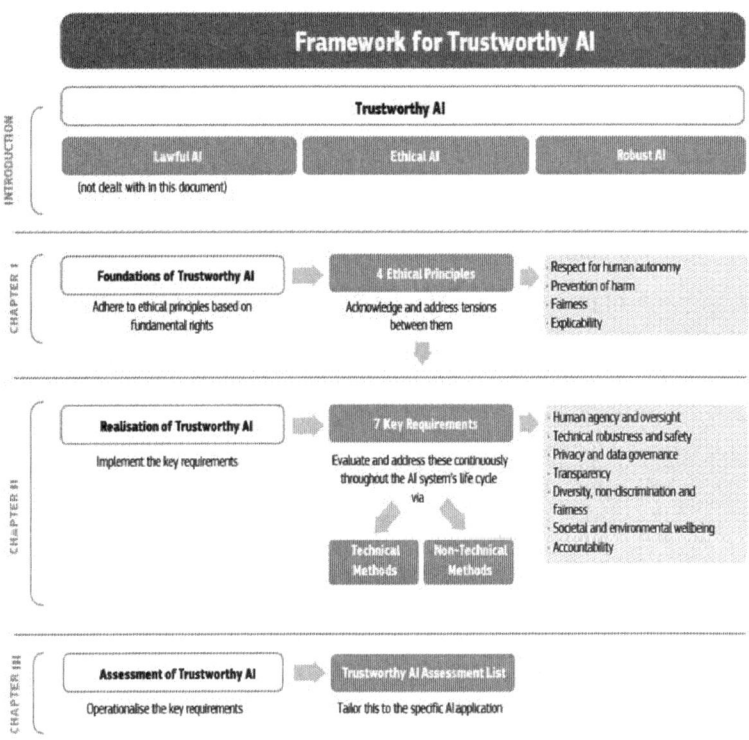

[그림 1] 신뢰할 만한 AI를 위한 가이드라인

이 문건에서는 법적 AI에 대해서는 언급하고 있지 않으며, 4가지 윤리 원칙과 7가지 요건들의 필요성과 정당화를 하고 있다. 이미 이러한

AI 윤리에 대한 가이드라인은 선언적 의미를 넘어서서, 윤리 인증이나 표준화의 문제와 더불어 법적, 경제적 중요성을 갖기 시작하였다는 것은 매우 중요한 변화이다. 그래서 아마도 AI 시민성에 대한 논의를 하기 위해서는 우선 EU의 논의를 살펴볼 이유가 바로 여기에 있다.

1. 기본 가치

1) 인간의 존엄성 존중(Respect for Human Dignity)

인간의 존엄성은 타인에 의해 혹은 AI와 같은 새로운 기술에 의해서도 결코 줄어들거나 위태롭게 되거나 억압되어서는 안 될 "내재적 가치"를 모든 인간이 지니고 있음을 의미한다. 그래서 인간의 존엄성을 존중한다는 것은 인간이 분류되고, 점수화되고, 조건 지워지거나 조작될 수 있는 대상이 아니라 도덕적 주체로서 적절하게 대우받는 것을 뜻한다. 따라서 AI 시스템은 인간의 육체적·정신적 통일성, 정체성의 개인적·문화적 의미, 인간의 본질적 욕구에 대한 만족을 존중하고 기여하고 보호하는 방식으로 개발되어야 함을 천명하고 있다.

2) 개인의 자유(Freedom of Individual)

인간은 자신의 삶을 자유롭게 결정해야 한다. 이것은 인권 침해로부터의 자유를 포함하며, 또한 AI의 편익과 기회에 대한 평등한 접근을 할 수 있도록 정부나 비정부조직으로부터의 개입을 필요로 한다. AI의 맥락에서 개인의 자유는 직(간)접적으로 정당하지 못한 강요, 정신적 자율성과 정신 건강에 대한 위협, 정당하지 못한 감시, 기만, 공정하지 못한 조작의 완화를 요구한다. 실제로 개인의 자유는 노동의 자유, 예술과 학문의 자유, 표현의 자유, 사적인 삶과 프라이버시의 권리, 집회 및 결사의 자유를 포함하여 자신의 삶에 대한 보다 높은 통제를 할 수 있게 해 주는 약속을 의미한다.

3) 민주주의, 정의 그리고 법치에 대한 존중
(Respect for Democracy, Justice and the Rule of Law)

AI 시스템은 민주적 과정을 유지하고 촉진하는 데 기여해야 하고, 가치와 개인 선택의 다수성을 존중해야 한다. AI 시스템은 민주적인 과정, 인간의 숙고나 민주적인 투표 체계를 약화시켜서는 안된다. AI 시스템은 법치주의의 기본적인 전제를 저해하는 방식으로 작동해서는 안된다는 것, 그리고 적절한 과정과 법 앞의 평등을 확고하게 만들겠다는 약속을 해야 한다.

4) 평등, 비차별 그리고 연대성(Equality, Non-discrimination & Solidarity)
-배제될 위험이 있는 사람들의 권리를 포함하여

모든 인간의 도덕적 가치와 존엄성에 대하여 동등한 존중이 보장되어야 한다. 동등한 존중은 객관적인 정당화에 근거하여 다른 상황에 대한 구별을 참아 내는 비차별을 넘어선다. AI의 맥락에서 평등은 체계가 불공정하게 편향된 산출을 하게 할 수 없다는 것을 포함한다(예를 들어 AI를 교육시키기 위해 사용되는 자료는 가능한 한 포괄적이어야 하며 다양한 인구 집단을 포함해야 한다). 또한 근로자, 여성, 장애인, 소수 민족, 아동, 소비자 또는 배제 위험에 처한 사람들과 같이 잠재적으로 취약한 개인과 집단에 대한 적절한 존중이 필요하다.

5) 시민의 권리(Citizens' right)

시민은 투표권, 좋은 행정부를 가질 권리 또는 공공 문서에 대한 접근권, 행정 청원권 등 다양한 권리들로부터 혜택을 받는다. AI 시스템은 공공재 및 서비스 제공에서 정부의 규모와 효율성을 향상시킬 수 있는 실질적인 잠재력을 제공한다. 그렇지만 이와 동시에 시민의 권리는 AI 시스템에 의해 부정적인 영향을 받을 수 있으므로 보호되어야 한다. 여기서 '시민의 권리'라고 말할 때, 이 용어는 국제법하에서, 그리고 AI 시스템 영역 안에서 권리를 가지고 있는 EU 안에서 제3 세계 국가나 비정규적(혹은 불법적)인 사람들의 권리를 부정하거나 무시하지 않는다는 것이다.

2. 신뢰 가능한 AI의 4가지 윤리 원칙[3]

위에서 제시한 기본적인 권리를 토대로 하여 4가지 윤리 원칙이 제안되고 있다. 이러한 4 원칙은 원칙 간의 위계 구조를 의미하지는 않지만 대체로 기본권에 대한 선언이나 자료에 나오는 순서를 반영하고 있음을 밝히고 있다. 우선 인간의 자율성 존중 원칙은 인간의 자유와 자율성에 대한 존중을 보장한다. 인간과 AI의 상호 작용은 인간 자신의 자

---

[3] High Level Expert Group on Artificial Intelligence(2019). Ethics Guidelines for Trustworthy AI. pp.12-13의 내용을 요약한 것임: https://ec.europa.eu/digital single-market/en/high-level-expert-group-artificial-intelligence 참조.

기 결정을 내릴 수 있어야 하고, 민주적 과정에 참여할 수 있어야 한다. AI 시스템은 부당하게 인간을 억압, 강요, 기만, 조작하거나, 조건 지우거나 몰아가서는 안 된다. 오히려 AI 시스템은 인간의 지적, 사회적 그리고 문화적 스킬을 향상시키고 보완하고 강화하도록 설계되어야 한다. 인간과 AI 시스템의 기능 할당은 인간 중심적 설계 원칙을 지켜야 하며 인간의 선택에 적절한 기회의 여지를 남겨야 한다. 이것은 AI 시스템의 작업 과정에 대한 인간의 감시를 확실히 해야 함을 의미한다. AI 시스템은 노동의 영역을 근본적으로 변화시키는데, 작업 환경에서 인간을 도와주고 의미 있는 작업을 만들어 내는 것을 목적으로 삼아야 한다.

해악 금지 원칙은 AI 시스템이 해를 발생시키거나 악화시켜서는 안 되며, 인간에게 불리하게 영향을 미쳐서는 안 된다는 것을 의미한다. 이 원칙은 인간의 존엄성뿐만 아니라 정신적, 육체적 통일성을 보호하는 것을 포함한다. AI 시스템과 그 운영 환경은 안전(safe)하고 보호(secure)되어야 한다. AI 시스템은 기술적으로 건강해야 하며 악의적인 사용에 노출되지 않아야 한다. 취약한 사람들은 보호를 받아야 하며, AI 시스템의 개발, 배치 그리고 사용에서도 적용되어야 한다. AI 시스템이 고용주와 피고용인, 사업체와 소비자, 정부와 시민과 같은 권력이나 정보의 비대칭성으로 인해 부정적인 영향을 유발하거나 악화시키는 상황에 특히 조심해야 한다. 금지되는 해악에는 자연환경이나 모든 생명체에 대한 해악도 포함된다.

AI 시스템의 개발, 배포 및 사용은 공정해야 한다는 공정성 원칙은 실질적인 차원과 절차적인 차원을 가지고 있다. 실질적 공정성 측면은 복리 후생 및 비용의 평등하고 정당한 분배 보장, 개인과 그룹이 불공정한 편견, 차별 및 낙인이 없도록 보장하고자 한다. 불공정한 편견을 피할 수 있다면 AI 시스템은 사회적 공정성을 높일 수도 있다. 교육, 재화, 서비스 그리고 기술에 대한 접근에서의 평등한 기회가 조성되어야 한다. 더욱이 AI 시스템의 사용으로 사람들이 속거나 선택의 자유가 손상되어서는 안 된다. 이와 더불어 공정성은 AI 담당자들이 수단과 목적 사이의 비례 원칙을 존중하고, 경쟁적인 이해관계와 목적들 간의 균형을 맞추는 방법을 신중하게 고려해야 함을 의미한다. 절차적 공정성 측면에는 AI 시스템과 시스템을 운영하는 사람이 내린 결정에 대하여 이의를 제기하거나 효율적인 배상을 청구할 수 있는 능력을 포함한다. 이렇게 하기 위해서는, 결정에 대한 책임이 있는 실체를 찾아야 하고, 결정 과정이 설명될 수 있어야 한다.

설명 가능성 원칙은 AI 시스템에 대한 사용자들의 신뢰를 구축하고 유지하는 데 있어서 매우 중요한 원칙이다. AI 시스템의 과정이 투명해야 하고, AI 시스템의 능력과 목적이 공개적으로 밝혀져야 하고, 최대한 가능한 정도로 결정들이 직접적, 간접적으로 영향을 받는 사람들에게 설명될 수 있어야 한다는 것을 의미한다. 이러한 정보가 없다면 내려진 결정에 대한 적절한 이의를 제기할 수 없다. 하나의 모델이 특정한 산출이나 결정을 산출한 이유(그리고 입력 요인의 어떤 결합이 결정에 기여한 이유)에 대한 설명이 항상 가능한 것은 아니다. 이러한 경우를 '블랙박스' 알고리즘이라고 하며 특별히 주의해야 한다. 이런 상황에서는 시스템이 기본적인 권리를 존중한다면, 설명 가능성의 다른 조치가(예를 들면 추적 가능성, 감사 가능성, 시스템의 능력에 대한 투명한 의사소통) 필요해질 수도 있다. 설명 가능성이 필요한 정도는 산출이 잘못되거나 정확하지 못할 때의 결과의 심각성과 맥락에 의존될 것이다.

이러한 원칙들이 인간의 기본권에서 도출되었다 하더라도 원칙 간의 충돌은 불가피하다. 그래서 강조되는 것이 바로 민주적 참여, 적절한 과정 내지 절차의 구성, 공개적인 정치 참여, 긴장을 다룰 수 있는 책임 있는 고려의 방법들이 강조되고 있다. 이를테면 해악 금지 원칙과 인간의 자율성 존중 원칙의 경우 범죄 예방을 위하여 범죄를 낮출 것으로 기대되지만 개인의 자유와 프라이버시를 침해하는 감시 기술을 활용하는데 AI 시스템을 활용하는 경우를 상상해 볼 수 있다. 공정성 원칙과 설명 가능성 원칙의 경우에도 충돌 가능성이 있을 수 있다. 설명 가능성을 기업에 요구하는 것이 기업에는 자신의 영업 비밀을 드러내야 한다는 부담감으로 인해 불공정한 요구처럼 들리는 경우가 있기 때문이다.

III. 중국의 책임 있는 AI 개발 가이드라인[4]

중국 국무원(the State Council)은 2017년 7월 20일 차세대 AI의 개

---

4) 이 부분은 변순용 외(2019). "홈 헬스 케어 AI Robot의 윤리 인증의 필요성과 그 준거에 대한 연구". 윤리연구, 127. pp.158-160의 내용을 수정 요약한 것임; 한국의 인공지능 로봇 관련 윤리가이드라인에 대해서는 졸고(2019) "AI로봇의 도덕성 유형에 근거한 윤리 인증 프로그램(ECP) 연구", 윤리연구, 126. pp.77-80에 분석되어 있음.

발을 위한 가이드라인을 발표하였다. 이 가이드라인은 2030년까지 그들이 만들고자 하는 AI의 위상을 설정한 것으로 그들은 그 설정 목표를 달성하기 위해 다음의 6가지 프로세스 제시한다: "첫째, 개방적이고 협력적인 AI 기술 혁신 시스템의 수립, 둘째, 최고급이고 고효율의 지능형 경제의 배양, 셋째, 안전하고 편리한 지능 사회의 구축, 넷째, AI 분야에서 인민과 군의 통합 강화, 다섯째, 유비쿼터스, 안전하고, 효율적인 지능형 인프라 시스템 구축, 여섯째, 주요 사업과 관련된 차세대 AI의 레이아웃 찾기"[5]

이후 중국은 국가적 차원에서 "차세대 AI 정부 원칙 - 책임감 있는 AI 개발(New Generation AI Governance Principles - Developing Responsible AI)"을 주장하고 있다. 이 원칙은 국가적 차원에서 AI의 개발과 관련된 원칙들은 제시한 것으로 앞으로 중국에서 사용할 인공지능 로봇이 어떤 목적으로 제작, 설계, 사용되어야 하는지, 그리고 그것들이 지녀야 하는 윤리 원칙을 제시하고 있다. 중국이 제시한 8가지 원칙은 [표 1]과 같다.[6]

---

5) http://chinainnovationfunding.eu/dt_testimonials/state-councils-plan-for-the-development-of-new-generation-artificial-intelligence/ (검색일: 2019. 9. 25.)
6) http://chinainnovationfunding.eu/dt_testimonials/publication-of-the-new-generation-ai-governance-principles-developing-responsible-ai/ (검색일: 2019. 9. 25.)

[표 1] 차세대 AI 정부 원칙: 책임감 있는 AI 개발

원칙	내용
조화와 우호 (harmony and friendship)	AI는 인류의 가치와 윤리에 부합해야 하고, 인류의 발달에 기여해야 하며, 그 오용은 피하고 남용은 금지되어야 한다.
공정성과 정의 (fairness and justice)	AI는 모든 관련 이해 당사자의 이익을 보호하고 평등한 기회를 촉진시켜야 한다. 데이터의 수집, 알고리즘의 설계와 기술, 생산 개발 및 적용에 있어서 편견과 차별은 제거되어야 한다.
포함과 공유 (inclusive and sharing)	AI는 친환경 개발을 촉진하고, 모든 산업의 기술적 업그레이드에 기여해야 한다. 특히 소외 계층에게 AI 교육이 이뤄지도록 해야 한다. 데이터와 플랫폼의 독점은 막아야 하며, 공개 및 규제 협력은 장려되어야 한다.
사생활 보호의 존중 (respect for privacy)	개인 정보는 보호되어야 하며, 모으고 저장하고 처리하고 사용하는 AI 개발의 모든 부분에서 개인의 사생활 보호는 확립되어야 한다. 개인 데이터에 대한 권한 부여 취소 메커니즘이 향상될 것이다.
안전성과 제어 가능성 (safety and controllability)	AI 개발은 투명하고 제어 가능해야 한다. 감독, 관리, 추적 및 모니터링 시스템은 점진적으로 이루어져야 한다.
공유된 책임 (shared responsibility)	AI의 개발자, 사용자 그리고 모든 이해 당사자는 법과 윤리 그리고 규범을 존중해야 할 공동 책임이 있다. 개개인의 책임을 명확하게 하기 위해 AI에 대한 책임 시스템이 확립되어야 한다.
개방적 협업 (open collaboration)	모든 분야 간의 개발 분야에서 교류 및 협력이 장려되어야 하며, AI 거버넌스는 국제 조직 정부 분야, 조사 기관, 교육 기관, 기업, 사회적 조직 그리고 일반 대중 사이에서 촉진될 것이다.
기민한 거버넌스 (agile governance)	AI 제품 및 서비스의 모든 활동주기 동안 관리 메커니즘과 통제 시스템은 끊임없이 업그레이드되고 개선되어야 한다. AI가 항상 인간 친화적으로 발전할 수 있도록 보다 진보된 AI에 잠재된 위험에 대한 추가 연구 및 예측이 진행되어야 한다.

IV. AI 시민성 교육의 내용 체계 예시
: 인공지능 시대에 필요한 미래 사회의 시민성 역량 연구

미래 사회의 교육은 인공지능에 대한 이해를 바탕으로 인공지능 시대에서 발생할 수 있는 문제를 이해하고 비판할 수 있는 능력에 초점을 맞추어야 한다. 인간의 행위가 더 이상 순수한 행위가 아니라 과학 기술 행위임을 부정할 수 없으며, 과학 기술의 혁신적인 변화는 인간의 삶과 세계의 모습에 큰 변화를 가져올 수밖에 없다. 인공지능과 로봇 기술의 변화로 일어나는 우리의 삶의 모습에 대한 성찰을 통해 인류의 나아갈 미래에 대한 비전을 이해하고 실천해 나갈 수 있다. 이를 위해서는 우선 인공지능과 로봇에 대한 과학 기술에 대한 이해를 해야 하며, 이러한 이해에 근거하여 인공지능 로봇의 긍정적 활용 능력도 배양해야 한다.

AI 시민성 함양을 강조하는 도덕 교육은 인공지능이 중심이 되는 시대에 인문학적 사고를 바탕으로 미래를 예측하고 대비하는 역량을 키우는 것을 목적으로 한다. 인공지능 기술에 대한 이해를 토대로, 인공지능 시대의 모습과 문제점을 파악하는 동시에 인공지능을 활용하는 종합적이고 창의적인 문제 해결 능력을 배양한다.

주제	내용	교수·학습 유형	시민 교육 중점 영역 (역량)
인공지능이란 무엇인가?	인공지능 정의와 특징에 대하여 논의하고, 그와 관련하여 튜링 테스트에 대한 사례에 대하여 논의한다.	쟁점 중심 학습	-합리성(비판적 사고력) -도덕성(글로벌 의식)

주제	내용	교수·학습 유형	시민 교육 중점 영역 (역량)
인공지능과 인간과의 관계	인공지능 시대에 발생할 수 있는 다양한 윤리적 문제에 대하여 논의한다.	쟁점 중심 학습 (Flipped Learning)	-합리성(비판적 사고력) -도덕성(글로벌 의식)
인공지능과 기계 학습	머신 러닝의 의미와 활용 가능성, 지도 학습과 비지도 학습의 차이점을 이해하고, 이것의 적용에서 생길 수 있는 문제들을 검토한다.	문제 해결 학습	-합리성(비판적 사고력) -도덕성(심미적 감성, 책임)
인간의 감정과 인공지능의 감정	2,500년 동안 인간의 이성이 합리적 의사 결정의 중심이었던 것에 반하여, 근래에는 인간의 감정이 합리적 의사 결정에서 중요한 역할을 한다는 것에 대하여 논의하고, 인간의 감정이 어떻게 만들어지는가에 대하여 논의한다. 덧붙여 과연 인공지능도 감정을 만들 수 있는가에 대하여 논의한다.	문제 해결 학습	-합리성(비판적 사고력) -도덕성(의무, 책임)
자율 주행 자동차의 윤리적 문제	트롤리 문제에서부터 시작된 논의를 바탕으로 근래에 등장한 자율 주행 자동차의 윤리적 문제점에 대하여 논의한다.	문제 해결 학습	-합리성(비판적 사고력) -도덕성(공동체 의식, 책임)
데이터 윤리 : 인공지능과 빅 데이터	인공지능 시대에 가장 중요한 것은 정보의 공유와 그것에 대한 네트워크라고 할 수 있다. 따라서 인공지능과 빅 데이터에 관한 관계 정립과 스스로 학습할 수 있는 인공지능이 가능한가에 대하여 논의한다.	문제 해결 학습	-합리성(비판적 사고력) -도덕성(공동체 의식, 책임)
인공지능과 인간의 복지	인공지능의 등장은 인간의 일자리와 매우 밀접한 관계를 맺고 있으며, 이는 곧 인공지능이 도덕적 지위를 가질 수 있는가에 대한 논의와 연결된다고 할 수 있다. 따라서 인공지능의 도덕적 지위에 대한 가능성에 대하여 논의한다.	문제 해결 학습	-합리성(비판적 사고력) -도덕성(공감, 책임)

주제	내용	교수·학습 유형	시민 교육 중점 영역 (역량)
로봇과 인간의 결혼은 가능한 것인가?	인공지능의 발전으로 인해 현재 로봇과의 결혼에 대한 다양한 논의들이 전개되고 있다. 따라서 이에 대한 가능성에 대하여 논의한다.		-실천성
영화로 생각하는 인공지능 윤리의 문제	영화 〈블레이드 러너〉와 〈I, Robot〉을 통해 과연 미래에 복제 인간과의 전쟁이 가능한가에 대하여 상상해 보고, 이와 관련된 토론을 한다.	쟁점 중심 학습	-합리성(비판적 사고력) -도덕성(공감, 책임)
인공지능과 교육의 변화	인공지능의 진화로 인해 교육의 가치는 점점 줄어들 수 있다. 왜냐하면, 인간의 지닐 수 있는 지식의 양은 인공지능과 비교할 수 없을 만큼 무한하기 때문이다. 따라서 앞으로 교육은 어떤 방향으로 진행되어야 할 것인가에 대하여 논의한다.	문제 해결 학습	-실천성

V. 나오는 말: AI 시민성과 시민 교육을 위하여

AI 시민성 교육은 AI 시스템하에서 인간의 자율성이 존중될 수 있도록 시스템과 운용을 관리할 수 있는 능력, AI 시스템이 인간에게 미칠 수 있는 해악을 예방하고 사후에는 그러한 AI 시스템의 개발, 제작, 관리, 사용에 대한 책임을 묻고 실현할 수 있는 능력, AI 시스템의 설명 가능성을 사회가 제도적으로 보장할 수 있는 절차와 기준을 정립할 수 있는 능력, 최근에 제기되는 빅 데이터의 편향성과 이로 인한 편견의 문제를 의식하고 여기서 생길 수 있는 불평등의 문제를 해결할 수 있는 공정성의 능력 등을 길러야 할 것이다.

EU에서 제시한 신뢰 가능한 AI의 윤리 원칙들은 원칙 간의 위계성이나 구조를 고려하지 않고 병렬적으로 나열한 것이기에, 윤리 원칙들 간의 충돌이나 긴장 관계를 해결할 가능성이 낮을 것이며, 다른 3 원칙들이 비교적 구체화, 상세화될 가능성이 비교적 높은 데 비해 인간의 존엄성 존중 원칙은 추상적인 수준의 차이를 가질 수밖에 없는 원칙이다. 그럼에도 불구하고 이러한 논의를 토대로 AI 시민성을 고려해 볼 수 있을 것이다. 최근까지 인공지능에 대한 윤리 인증에서 강조되고 있는 인공지능 로봇 윤리의 기준을 살펴보면, 책임성(Responsibility/Accountability), 투명성(Transparency), 최소 편향성(Minimum Algorithmic Bias)이 있지만, 이외에도 제어 가능성(Controllability), 안전성(Safety), 보안성(Security), 인권 존중(Respect for Human Right), 공동선(Common Good) 등을 들 수 있다. 이러한 내용이 AI 시민성의 중요한 내용으로 부가되어야 한다. 현재 이러한 내용이 유럽의 신뢰 가능한 AI, 중국의 책임 있는 AI뿐만 아니라 투명성과 더불어 논의되는 설명 가능한 AI 등에서도 강조되고 있기 때문에, 이러한 요소들로 인해 파생될 수 있는 권리와 책임이 AI 시민성에 포함되어야 한다.

참고 문헌

변순용 외(2019a). 「AI로봇의 도덕성 유형에 근거한 윤리인증 프로그램(ECP) 연구」. 『윤리연구』,126호. pp.73~90.

변순용 외(2019b). 「홈헬스케어 AI Robot의 윤리인증의 필요성과 그 준거에 대한 연구」. 『윤리연구』, 127호. pp.147~168.

High Level Expert Group on Artificial Intelligence(2019). "Ethics Guidelines for Trustworthy AI".

Tschoepe, N. & Reiser, J.E. & Oehl, M.. "Exploring the Uncanny Valley Effect in Social Robotics", HRI 2017.

http://chinainnovationfunding.eu/dt_testimonials/state-councils-plan-for-the-development-of-new-generation-artificial-intelligence (검색일: 2019. 9. 25)

http://chinainnovationfunding.eu/dt_testimonials/publication-of-the-new-generation-ai-governance-principles-developing-responsible-ai/ (검색일: 2019. 9. 25)

제12장
AI 윤리 교육의 필요성과 내용 구성

I. 서론

인공지능 산업과 연구의 뜨거운 열기 속에서 국가도 사회 경제적 확산에 대비하여 안정적인 인공지능 경쟁력을 확보하기 위하여 정책을 마련하기 시작했다. 국내외를 막론하고 민간이나 정부 기관 또는 정부 기구나 비정부 기구에서 이미 인공지능 윤리에 관한 여러 문헌을 발간했다. 그중에 한국의 정부 수준의 정책 문서 두 가지를 살펴보도록 한다. 첫 번째 정책 문서는 2020년 과학기술정보통신부가 정보통신정책연구원의 연구 수행 결과를 바탕으로 협력하여 정립한 '사람이 중심이 되는「인공지능(AI) 윤리 기준」'이다. 두 번째 정책 문서는 인공지능 윤리 교육과 직접적으로 맞닿아 있는 문서로 과학기술정보통신부의 문서로부터 2년 후 발표된 2022년 교육부의 「교육분야 인공지능 윤리 원칙」이다. 국내의 인공지능 윤리 분야에서 일반적으로 과학기술정보통신부의 '사람이 중심이 되는「인공지능(AI) 윤리 기준」'의 내용은 이론적 기반으로 다분히 활용되고 있기도 하다.

1. 과학기술정보통신부(2020)의 '사람이 중심이 되는 「인공지능(AI) 윤리 기준」'

제조, 의료, 교통, 환경, 교육 등의 산업 전 분야에서 인공지능 기술이 활용되고 확산하면서, 인공지능 기술이 오남용되거나 데이터와 알고리즘이 편향과 차별을 일으키는 등의 인공지능의 윤리적 이슈가 만연하게 되었다. 이러한 배경 속에서 세계 각국과 주요 국제기구들은 인공지능 윤리의 중요성에 대한 인식에서 출발하여 윤리적인 인공지능을 실현하기 위한 윤리 원칙 내지 기준을 발표하기에 이르렀다. 이러한 전 세계적 배경 속에서 한국의 정부도 자체적인 인공지능 윤리 기준의 필요성을 인식하고 관련 정책을 수립하기 위해 정책 연구를 수행하였다. 이들이 제시한 윤리 기준이 지향하는 최고 가치, 3대 기본 원칙, 10대 핵심 요건은 인공지능 윤리에 대한 사회적 기준으로 통용되기도 한다. 실례로 경기도 교육청에서 제작하고 배포한 인공지능 윤리 교육 장학

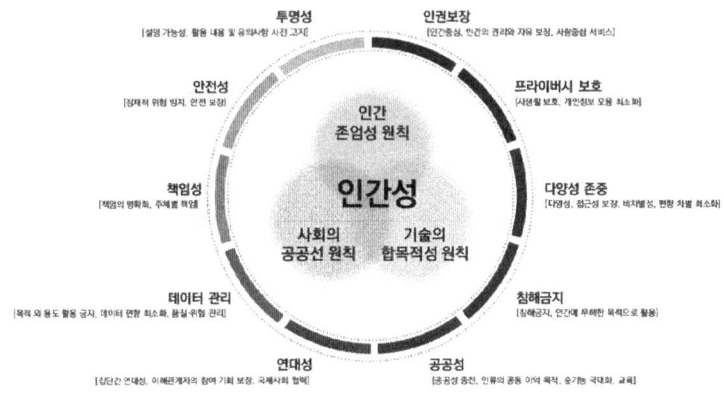

[그림 1] 인공지능 윤리 기준 구조
출처: 정보통신정책연구원, 2020:67

자료인 'AI 원리로 배우는 AI 윤리'도 위의 10대 핵심 요건을 반영하여 개발되기도 하였다. 이처럼 학교 일선에서 현장 교사가 인공지능 윤리 교육을 수행할 때도 충분히 적용할 수 있다. 해당 문서에서 제시하고 있는 구체적인 내용은 다음과 같으며 [그림 1]은 인공지능 윤리 기준의 구조를 한눈에 파악할 수 있도록 표현하고 있다.

1) 윤리 기준이 지향하는 최고 가치: '인간성을 위한 인공지능(AI for Humanity)'

인공지능 윤리 기준의 정책적 목표와 지향점은 "모든 사람이 모든 분야에서 자율적으로 준수하며 지속 발전"하는 것이다. 이러한 정책적 목표와 지향점은 궁극적으로 인공지능 윤리 기준의 비전이자 최고 가치인 "인간성(humanity)"을 지향하도록 설정되어야 하며, 이는 다음을 의미하고 있다(정보통신정책연구원, 2020).

- 첫째, 모든 인공지능은 '인간성을 위한 인공지능(AI for humanity)'을 지향하고, 인간에게 유용할 뿐만 아니라 인간 고유의 성품을 훼손하지 않고 보존 및 함양하도록 개발·활용되어야 한다.
- 둘째, 개인의 윤택한 삶과 행복에 이바지하며 사회를 긍정적으로 변화하도록 이끄는 방향으로 인공지능은 발전되어야 한다.
- 셋째, 인공지능은 사회적 불평등 해소에 기여하고 주어진 목적에 맞게 활용되어야 하며, 목적의 달성 과정 또한 윤리적이어야 하고, 궁극적으로 인간의 삶의 질과 사회적 안녕, 공익 증진에 기여하도록 개발되고 활용되어야 한다.

인공지능 윤리 기준의 최고 가치가 '인간성을 위한 인공지능'이라는 점을 고려하면, 이 문서는 인간과 기계 공존의 윤리적 쟁점 등의 논의를 개진하는 데 있어 끝맺음을 하기 어려운 철학적 사유에 천착하는 대신, 시기적 대응이라는 현실적 차원에 입각하여 신속하게 마련되었다고 볼 수 있다. 그렇다고 하여 '인간성을 위한 인공지능'이라는 표현이 단순히 인간이라는 종의 지위 우선성 또는 우월성을 나타내지는 않는다. 인간과 인공지능의 지위의 관계성을 특성에 따라 구분해 보면 '인간성을 위한 인공지능'이라는 표현이 갖는 함의가 드러나며, [그림 2]는 그러한 인공지능의 지위 스펙트럼을 나타낸 것이다(정보통신정책연구원, 2020:26-29).

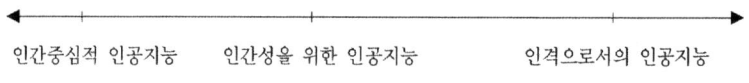

[그림 2] 인공지능의 지위 스펙트럼
출처: 정보통신정책연구원, 2020:27

- 인간 중심적 인공지능: "인공지능의 생산과 활용, 그리고 이를 포괄하는 산업과 관리에 있어서 인간이 중심이 되어야 한다는 것을 의미"한다. 결론적으로 비인간과 구별된 인간이 비인간보다 가치적 위계 우위를 점하고 있음을 내포하고 있다. 따라서 인간이 비인간인 인공지능보다 우월한 종으로의 지위를 갖고 있음을 나타낸다.
- 인간성을 위한 인공지능: 관계성을 중심으로 표현한 것으로서 인공지능을 포함한 비인간에 대한 인간의 종적 우위를 의미하지는 않는다. 또한 인공지능과 인간을 포함한 모든 존재자가 수단-목적적 관계에 서로 놓여 있음을 말한

다. 인간에게 부여받은 목적을 이루기 위해 수단으로서의 인공지능은 인간의 활동을 수단으로 삼아 데이터를 얻는다. 즉, 인공지능도 인간의 수단이지만 인간도 인공지능의 수단이 될 수 있는 것이다.
- 인격으로서의 인공지능: 인공지능이 인간과 같은 종류의 의식을 갖는다는 것을 전제하고 있다. 이는 두 가지 의미로 해석된다. 첫째는 "인공지능도 인간과 같은 고도로 복잡한 의식의 결과물인 자기의식을 소유할 수 있다는 것"이다. 둘째는 "인간의 전유물로 여겨졌던 자기에 대한 의식도 실은 다른 의식의 현상들을 설명하기 위한 개념적 설정"이라는 것이다. 어떠한 의미여도 인간과 인공지능의 "위계를 불식시키고자 하는 의도"를 갖고 있다.

요약하자면 우선 인간 중심적 인공지능은 인간을 인공지능보다 우월한 지위로 보고, 다음으로 인간성을 위한 인공지능은 인간과 인공지능의 상호 의존적인 관계 지위를 표명하며, 마지막으로 인격으로서의 인공지능은 인간과 인공지능 간의 지위 동등성을 확보한다. 현재 인공지능 기술의 발전 수준에서는 인격으로서의 인공지능의 관점에서 보는 경우는 드물다. 따라서 인간 중심적 인공지능과 인간성을 위한 인공지능의 관점이 주로 나타난다. 두 관점의 차이는 인간 중심적 인공지능이 "인간의 종적 우월성에 의거한 중심주의를 전제"로 하고, 인간성을 위한 인공지능은 "재귀적 인간 중심주의(tautological anthropocentrism)를 전제"로 한다. 재귀적 인간 중심주의는 상황적 판단에 따라 인간이 중심이 될 수도 있고, 다른 존재자가 중심이 될 수도 있음을 의미한다. 다만 국가 수준의 인공지능 윤리 기준에서 인간성을 위한 인공지능을 최고 가치로 삼는 이유는 윤리 기준의 개발 주체가 인간이고, 현재의 인공지능 기술 수준을 반영하였기 때문이다.

2) 3대 기본 원칙: '인간의 존엄성 원칙', '사회의 공공선 원칙', '기술의 합목적성 원칙'

국가 수준의 인공지능 윤리 기준에서 3대 기본 원칙은 문서의 최고 가치인 인간성을 위한 인공지능을 지향하는 인공지능 개발과 활용의 전 과정에서 고려되어야 할 기준이 되며, 인간의 존엄성 원칙, 사회의 공공선 원칙, 기술의 합목적성 원칙이 있다. 원칙별 자세한 내용은 다음과 같이 제시되고 있다. [표 1]은 이를 나타낸 것이다. 세 가지 기본 원칙은 한 가지 기준에 치우치지 않고 균형 있고 조화롭게 다뤄질 때 비로소 인간성을 충분히 지향할 수 있다.

[표 1] 인공지능 윤리 기준의 3대 기본 원칙

원칙	내용
인간의 존엄성 원칙	-인간은 신체와 이성이 있는 생명체로 인공지능을 포함하여 인간을 위해 개발된 기계 제품과는 교환 불가능한 가치가 있다. -인공지능은 인간의 생명은 물론 정신적 및 신체적 건강에 해가 되지 않는 범위에서 개발 및 활용되어야 한다. -인공지능 개발 및 활용은 안전성과 견고성을 갖추어 인간에게 해가 되지 않도록 해야 한다.
사회의 공공선 원칙	-공동체로서 사회는 가능한 한 많은 사람의 안녕과 행복이라는 가치를 추구한다. -인공지능은 지능정보사회에서 소외되기 쉬운 사회적 약자와 취약 계층의 접근성을 보장하도록 개발 및 활용되어야 한다. -공익 증진을 위한 인공지능 개발 및 활용은 사회적, 국가적, 나아가 글로벌 관점에서 인류의 보편적 복지를 향상시킬 수 있어야 한다.
기술의 합목적성 원칙	-인공지능 기술은 인류의 삶에 필요한 도구라는 목적과 의도에 부합되게 개발 및 활용되어야 하며 그 과정도 윤리적이어야 한다. -인류의 삶과 번영을 위한 인공지능 개발 및 활용을 장려하여 진흥해야 한다.

출처: 정보통신정책연구원, 2020:64-65 재구성

3) 10대 핵심 요건: '인권 보장', '프라이버시 보호', '다양성 존중', '침해 금지', '공공성', '연대성', '데이터 관리', '책임성', '안전성', '투명성'

인간성이 비전, 3대 기본 원칙이 기준이라면 10대 핵심 요건은 실천하고 이행해야 하는 영역이나 주제라고 볼 수 있다. 그렇기에 학교에서 인공지능 윤리 교육을 실행할 때는 대체로 10대 핵심 요건이 교수 학습 내용의 요체가 된다. 요건별 자세한 내용은 다음과 같이 제시되고 있다. [표 2]는 이를 정리한 표이다.

[표 2] 인공지능 윤리 기준의 10대 핵심 요건

요건	내용
인권 보장	-인공지능의 개발과 활용은 모든 인간에게 동등하게 부여된 권리를 존중하고, 다양한 민주적 가치와 국제 인권법 등에 명시된 권리를 보장하여야 한다. -인공지능의 개발과 활용은 인간의 권리와 자유를 침해해서는 안 된다.
프라이버시 보호	-인공지능을 개발하고 활용하는 전 과정에서 개인의 프라이버시를 보호해야 한다. -인공지능 전 생애 주기에 걸쳐 개인 정보의 오용을 최소화하도록 노력해야 한다.
다양성 존중	-인공지능 개발 및 활용 전 단계에서 사용자의 다양성과 대표성을 반영해야 하며, 성별·연령·장애·지역·인종·종교·국가 등 개인 특성에 따른 편향과 차별을 최소화하고, 상용화된 인공지능은 모든 사람에게 공정하게 적용되어야 한다. -사회적 약자 및 취약 계층의 인공지능 기술 및 서비스에 대한 접근성을 보장하고, 인공지능이 주는 혜택은 특정 집단이 아닌 모든 사람에게 골고루 분배되도록 노력해야 한다.
침해 금지	-인공지능을 인간에게 직간접적인 해를 입히는 목적으로 활용해서는 안 된다. -인공지능이 야기할 수 있는 위험과 부정적 결과에 대응 방안을 마련하도록 노력해야 한다.
공공성	-인공지능은 개인적 행복 추구뿐만 아니라 사회적 공공성 증진과 인류의 공동 이익을 위해 활용해야 한다. -인공지능은 긍정적 사회 변화를 이끄는 방향으로 활용되어야 한다. -인공지능의 순기능을 극대화하고 역기능을 최소화하기 위한 교육을 다방면으로 시행하여야 한다.

연대성	-다양한 집단 간의 관계 연대성을 유지하고, 미래 세대를 충분히 배려하여 인공지능을 활용해야 한다. -인공지능 전 주기에 걸쳐 다양한 주체들의 공정한 참여 기회를 보장하여야 한다. -윤리적 인공지능의 개발 및 활용에 국제 사회가 협력하도록 노력해야 한다.
데이터 관리	-개인 정보 등 각각의 데이터를 그 목적에 부합하도록 활용하고, 목적 외 용도로 활용하지 않아야 한다. -데이터 수집과 활용의 전 과정에서 데이터 편향성이 최소화되도록 데이터 품질과 위험을 관리해야 한다.
책임성	-인공지능 개발 및 활용 과정에서 책임 주체를 설정함으로써 발생할 수 있는 피해를 최소화하도록 노력해야 한다. -인공지능 설계 및 개발자, 서비스 제공자, 사용자 간의 책임 소재를 명확히 해야 한다.
안전성	-인공지능 개발 및 활용 전 과정에 걸쳐 잠재적 위험을 방지하고 안전을 보장할 수 있도록 노력해야 한다. -인공지능 활용 과정에서 명백한 오류 또는 침해가 발생할 때 사용자가 그 작동을 제어할 수 있는 기능을 갖추도록 노력해야 한다.
투명성	-사회적 신뢰 형성을 위해 타 원칙과의 상충 관계를 고려하여 인공지능 활용 상황에 적합한 수준의 투명성과 설명 가능성을 높이려는 노력을 기울여야 한다. -인공지능 기반 제품이나 서비스를 제공할 때 인공지능의 활용 내용과 활용 과정에서 발생할 수 있는 위험 등의 유의사항을 사전에 고지해야 한다.

출처: 정보통신정책연구원, 2020:65-67 재구성

2. 교육부(2022)의 '사람의 성장을 지원하는 「교육 분야 인공지능 윤리 원칙」'

먼저 살펴본 과학기술정보통신부의 사람이 중심이 되는 인공지능 윤리 기준은 사회의 어떤 분야에도 적용이 가능한 총체적 수준의 정책 문서다. 따라서 총론 격에 해당한다고 볼 수 있는데, 그렇지만 각 분야의 특성도 있으므로 각론 격에 해당하는 인공지능 윤리를 다루는 정책들도 마련될 필요가 있다. 이러한 취지에서 교육부는 과학기술정보통신부의 발표에 이어서 약 2년이 지나고 교육 분야에서 인공지능 기술의 안정적인 적용을 위해 '사람의 성장을 지원하는 「교육 분야 인공지능 윤리 원칙」'을 발표하기에 이르렀다. 정책 문서에도 근거와 기반이 되는 기준으로 국제적 차원에서 유네스코(UNESCO)의 '유네스코 인공지능 윤리 권고'와 국내적 차원에서 과학기술정보통신부의 '인공지능 윤리 기준'을 제시하기도 하였다.

발표된 시기로 미루어 짐작해 보면 인공지능 시대가 도래하고 교육계에서 에듀테크 혁신이 이루어지면서 인공지능의 교육적 활용 가능성이 증대되었기 때문에 이러한 배경에서 고안된 것으로 보인다. 나아가 정보 통신 기술 및 과학 기술의 급격한 발전 속도에 못 미치는 윤리적 공백을 메우기 위한 인공지능 윤리의 교육적 필요성을 강조하고 있다. 그러므로 이와 같은 당위를 충족하기 위해 교육에 특화된 인공지능 윤리 원칙을 마련하는 차원에서 제작되었다고 할 수 있다.

'교육 분야 인공지능 윤리 원칙'의 구조는 비전, 대원칙, 세부 원칙, 실천 과제로 되어 있는데, 여기서는 그중에 내용을 잘 담고 있는 대원칙과 세부 원칙을 중심으로 파악하도록 한다.

1) 대원칙: 사람의 성장을 지원하는 인공지능

아마도 전제 기준이 되는 '사람이 중심이 되는 인공지능 윤리 기준'을 참조하고 틀을 맞추어 '사람의 성장을 지원하는'으로 대원칙을 잡은 것으로 보인다. 어찌 되었든 간에 원칙의 적용 범위가 교육 영역인 만큼 교육 분야에서 인공지능 기술의 개발과 활용이 지향해야 할 최고 가치로 '성장'에 방점을 찍고 있다. 따라서 적어도 교육 분야에서 개발되고 활용되는 인공지능이라면 사람의 전 생애 과정에서 전 인격적으로 도야(陶冶)할 수 있도록 발전해야만 한다는 의지를 나타낸다.

2) 10가지 세부 원칙

대원칙에 도달하기 위하여 교육 분야 인공지능에서는 10가지 세부 원칙을 제시하고 있다. 다만 인공지능 윤리 기준이 10대 핵심 요건으로 영역 또는 주제를 제시하고 있다고 보았을 때 여기서 제시되고 있는 10가지 세부 원칙을 보면 문장형으로 되어 있으며 원칙 또는 방침이라 할 수 있다. 따라서 인공지능 윤리 교육이나 인공지능 활용 도덕 교육을 수행할 때 언제든 원칙으로서 참고하도록 적극적으로 권장되고 있다. 10대 세부 원칙을 상세히 설명하고 있는 부분에는 간단한 설명과 함께 제정 취지, 참고 사례, 근거가 나열되어 있다. [표 3]은 그중에 인공지능 도덕 교육을 지원할 수 있는 내용을 요약한 표이다. 이를 참조하여 인공지능 도덕 교육의 방향과 체계를 잡을 수 있다.

[표 3] 교육 분야 인공지능 윤리 원칙의 10대 세부 원칙

구분		내용
1	세부 원칙	인간 성장의 잠재성을 이끌어 낸다.
	내용	교육 분야 인공지능은 인간 존엄성에 대한 존중을 바탕으로 인간 성장의 잠재성을 이끌어 낼 수 있도록 제공되어야 한다.
	참고 사례	(학업 중단 학생 예측 시스템) 학생들의 출결 정보, 성적 등을 활용하여 학업 중단 가능성을 예측하는 시스템이 개발될 경우 학업 중단 위험도를 고정된 점수, 백분율보다는 저위험/중간 위험/고위험 등의 수준으로 교사에게 고지하여 학생의 개선 가능성을 존중하여야 하고, 당사자가 해당 예측에 대해 거부하거나 개입할 수 있는 권리를 보장받아야 함.

구분		내용
2	세부 원칙	학습자의 주도성과 다양성을 보장한다.
	내용	교육 분야 인공지능은 학습자의 자기 주도성을 신장하는 범위에서 활용되고, 학습자의 개성과 다양성을 존중해야 한다.
	참고 사례	(다문화 학생을 위한 인공지능 번역) 다문화 가정이 증가함에 따라 학교에서 제공되는 한글 공지를 제대로 이해하기 어려운 다문화 가정 학부모 맞춤형 번역을 제공하는 자연어 처리 인공지능 기술을 적용할 수 있음.
3	세부 원칙	교수자의 전문성을 존중한다.
	내용	교육 분야 인공지능은 교수자의 전문성이 존중되고, 교수자가 가진 전문성이 효과적으로 발휘될 수 있도록 개발·활용되어야 한다.
	참고 사례	(교육 당사자의 의사 결정 보조) 학습자의 진로 탐색, 교수 학습 모델 개발 등 자동화된 의사 결정의 결과물은 교사 등 교육 당사자의 의사 결정을 보조하는 데 활용되어야 하며, 인공지능 시스템은 업무의 사회적 영향을 평가하고 진단할 수 있도록 개발되어야 함.
4	세부 원칙	교육 당사자 간의 관계를 공고히 유지한다.
	내용	교육 분야 인공지능은 일련의 교수·학습 활동 과정에서 교육에 침여하는 사람들 간의 긍정적 관계 형성을 도울 수 있게 제공되어야 한다.
	참고 사례	(미국 공군사관학교 스터디그룹 알고리즘 사례('13)) 머신 러닝 알고리즘이 과거의 데이터로부터 성적이 높은 학생과 낮은 학생이 스터디 그룹을 형성할 때 성과가 좋음을 학습함. 이에 따라 1학년 생도의 스터디 그룹을 알고리즘으로 조직하는 실험이 진행되었으나, 알고리즘에 대한 정보가 공개되자 결과적으로 점수가 높은 생도와 낮은 생도 간 파벌이 생기고 성적이 낮은 학생이 더욱 뒤처짐. 이는 집단을 최적화하는 알고리즘의 전략이 오히려 집단의 협력을 도모하는 가치를 완전히 훼손한 사례임.
5	세부 원칙	교육의 기회균등과 공정성을 보장한다.

구분		내용
5	내용	교육 분야 인공지능은 모든 사회 구성원이 지역·경제적 배경 등의 조건에 상관없이 교육의 기회를 공정하게 보장받을 수 있도록 제공되어야 한다.
	참고 사례	(미국 아마존社의 채용 시스템 사례('18)) 아마존社는 인공지능 채용 시스템 활용을 위해 10년간 회사가 받은 이력서와 내부 자료를 이용해 머신 러닝 하였으나, 대부분 남성만을 추진하는 등 편견과 차별을 그대로 재현하여 해당 시스템의 사용을 폐기함.
6	세부 원칙	교육 공동체의 연대와 협력을 강화한다.
	내용	교육 분야 인공지능은 그 활용에 있어 민·관·학·연의 협력을 지향하고 지속 가능한 교육 생태계를 구축할 수 있도록 제공되어야 한다.
	참고 사례	(교육부 에듀테크 소프트랩 사례('21)) 교육부의 에듀테크 소프트랩 사업은 교육 현장과 에듀테크 기업을 연결하여 에듀테크에 대한 교육 현장의 이해를 높이고, 기업의 현장 맞춤형 교육 서비스 제공과 서비스의 효과성 향상을 목표로 함.
7	세부 원칙	사회 공공성 증진에 기여한다.
	내용	교육 분야 인공지능은 학습자가 민주 시민으로서 필요한 자질을 갖추고 개인의 행복과 사회의 공익 추구에 긍정적인 영향을 미치도록 적용되어야 한다.
	참고 사례	(NAVER 손글씨 제작 캠페인('19)) 네이버 클로바(AI 플랫폼)가 공익 서비스인 해피빈과 연계하여 희귀 난치병 환우의 손글씨를 AI로 구현하는 "꽃길, 함께 걸어요" 캠페인 진행함. 이는 '함께 걸어요체(글꼴)'의 제작과 희귀 난치병 환우에 대한 6천 명이 넘는 사람들의 기부로 이어짐.
8	세부 원칙	교육 당사자의 안전을 보장한다.
	내용	교육 분야 인공지능은 일련의 교수·학습 과정에서 나타날 수 있는 잠재적 위험을 방지하고 안전을 보장하는 방향으로 구현되어야 하며, 인공지능의 활용에 있어 책임 주체가 명확히 설정되어야 한다.

구분		내용
8	참고 사례	(스캐터랩社의 인공지능 챗봇 '이루다' 사례('21)) 챗봇 '이루다'는 데이터 구축·학습 과정에서 성 소수자·장애인 등에 대한 편견을 학습하고, 혐오 발언과 성적인 대화 등으로 출시 1달여 만에 서비스 중단.
9	세부 원칙	데이터 처리의 투명성을 보장하고 설명 가능해야 한다.
	내용	교육 분야 인공지능은 데이터의 수집·정제·선택 등의 과정이 투명해야 하고, 알고리즘과 데이터의 처리 과정이 교육 당사자가 이해할 수 있는 언어로 설명 가능해야 한다.
	참고 사례	(노스포인트社의 COMPAS 알고리즘 공개 거부 사례('17)) 인공지능 기반 범죄 예측 프로그램인 COMPAS를 이용하여 위스콘신주의 법원이 피고인의 보호 관찰 요청을 기각하고 징역 6년 선고, 변호인이 항소 준비하면서 COMPAS의 위험 점수에 대한 설명을 요구했으나, 노스포인트社는 작동 기제를 지적 재산으로 취급하여 공개 거부함.
10	세부 원칙	데이터를 합목적적으로 활용하고 프라이버시를 보호한다.
	내용	교육 분야 인공지능의 개발 및 활용을 위해 수집되는 데이터는 활용 목적에 적합한 정도로 수집되고 교육 목적에 부합하도록 활용되어야 하며, 데이터의 처리 과정에서 교육 당사자의 개인 정보 등 사적 영역을 보호해야 한다.
	참고 사례	(네덜란드 복지 혜택 부정 수급 및 세금 사기 단속 사례('20)) 네덜란드 정부는 복지 혜택 부정 수급 등을 단속하기 위해 위험 탐지 시스템(SyRi)을 개발·활용했으나, 중앙 정부 및 지자체 데이터를 활용한 사생활권 침해, 인공지능 알고리즘·데이터에 대한 투명성 부족 문제를 지적한 법원 판결로 해당 시스템 활용을 철회하였음.

출처: 교육부, 2022:11-20 재구성

II. 인공지능 리터러시와 역량
: 인공지능 기술 역량과 인공지능 윤리 역량

문해력이라는 어의(語義)를 가지고 있는 '리터러시'는 현대 사회에서 분야를 한정하지 않는 광범위한 용처를 갖게 되었다. 또한 국어학, 미디어학, 경제학, 사회학, 윤리학 등 학문적 경계를 설정하지 않고 있다. 그로 인해 리터러시 활용 어휘는 미디어 리터러시, 금융 리터러시, 정보 리터러시, 데이터 리터러시, ICT 리터러시, 디지털 리터러시, 인공지능 리터러시 등의 수개 또는 수십 개의 형태로 나타나게 되었다. 예시된 리터러시 개념 유형들의 정의를 보면 사회학이나 윤리학에서는 리터러시가 시민성이나 윤리의식 또는 그에 대한 기초적 소양을 내포한 경우가 다수다. 그래서 인공지능 윤리는 인공지능 리터러시, 인공지능 시민성 등의 개념들과 공통된 목표나 방향을 공유하고 있는 것으로 보인다. 인공지능 윤리(AI Ethics), 인공지능 리터러시(AI Literacy), 인공지능 시민성(AI Citizenship)은 비슷하게 인공지능 시대를 살아가면서 인간과 사회에 대한 인공지능의 영향력을 이해하여 갖춘 윤리적 시민으로서의 기본 소양 및 능력을 의미한다. 따라서 이러한 역량을 기르고 함양할 수 있도록 지도하는 인공지능 윤리 교육, 인공지능 리터러시 교육, 인공지능 시민성 교육은 흡사한 구조를 가지게 된다.

이미 도덕 교육이나 윤리 교육의 측면에서 인공지능 시민성이나 인공지능 리터러시를 연구 주제로 결합하고 있다. 유럽에서 발표한 인공지능 윤리 원칙 '신뢰 가능한 인공지능(Trustworthy AI)'과 중국에서 발표한 인공지능 윤리 원칙 '차세대 인공지능 정부 원칙 - 책임감 있는 인공지능(New Generation AI Governance Principles - Developing Responsible AI)'을 분석하여 인공지능 시대에 살아갈 시민의 역량을 추출하여 인공지능 시민성 교육 내지 인공지능 시민 교육의 내용 체계를 구성하기도 하였다(변순용, 2020 참조). 이처럼 인공지능 윤리 교육은 인공지능 리터러시 교육이나 인공지능 시민성 교육과 융합적 차원에서 접근할 때 더욱 정교하고 확장된 논의로 나아갈 수 있다.

이제 인공지능 윤리 교육에 대한 내용적 관계성에 기초하여 인공지능 리터러시 교육을 살펴보도록 한다. 인공지능 리터러시 교육에 대한 구조에 대한 체계적 분석을 위하여 한국과학창의재단에서 2022년에 발표한 연구 보고서 '미래 세대 AI 함양을 위한 교원의 AI교육 역량 강화 방안 연구'를 주 내용으로 한다(변순용 외, 2022).

먼저 이 연구에서는 인공지능 리터러시를 다음과 같이 정의하고 있다. 정의된 개념을 보면 윤리적 관점에서 인공지능의 영향을 고려할 필요성을 언급하며 인공지능 리터러시와 인공지능 윤리의식을 연결하고 있음을 알 수 있다.

- 인공지능 리터러시란 "AI가 할 수 있는 것과 AI가 작동하는 데 필요한 것들을 알며, AI가 인간과 사회에 미칠 수 있는 영향을 윤리적으로 고려하여 AI를 일상생활과 직업 활동에서 사용할 수 있는 능력"을 의미한다.

다음으로 제시된 인공지능 리터러시 교육의 내용 구성은 '데이터 사용(Data)', '알고리즘 적용(Algorithm)', '모델 활용(Model)', '사회적 영향 이해(Social Impact)'의 네 가지로 구성되어 있으며 의미가 함께 제시된 것은 [표 4]와 같다.

[표 4] 인공지능 리터러시 교육의 내용 구성

구분	의미
데이터 사용 (Data)	일상생활과 직업 활동에서 발생하는 문제를 인공지능을 활용하여 해결하기 위해 정형 및 비정형 데이터를 적절히 사용하는 것을 의미한다.
알고리즘 적용 (Algorithm)	인공지능을 활용하여 문제를 해결하기 위해 데이터를 입력하고 처리하여 결과를 얻어 내는 과정을 의미한다.
모델 활용 (Model)	데이터와 알고리즘을 기반으로 개발된 인공지능을 적절하게 문제 해결에 활용하는 것을 의미한다.
사회적 영향 이해 (Social Impact)	인공지능이 인간과 사회에 미칠 수 있는 영향을 비판적으로 평가하고, 인공지능의 개발과 활용 과정에서 발생하는 윤리적 문제를 해결하려는 노력을 의미한다.

출처: 변순용 외, 2022:131

인공지능 리터러시 교육의 실질적인 구조적 체계는 두 가지 역량으로부터 도출된다. 이때도 인공지능의 기술적 측면과 윤리적 측면이 강조되고 있다.

이에 따라 연구에서 고안한 첫 번째 역량은 '인공지능 기술 역량(Technological Competencies, TC)'이다.

- 인공지능 기술 역량은 "AI 기술 교육을 통해 획득될 수 있는 인공지능 활용 역량"으로 정의되고 있다.

다시 말하면 인공지능의 기술로서 역할에 초점을 맞추고 여러 가지 문제 해결을 위해 인공지능 기술을 실제로 활용할 수 있는 역량이 인공지능 기술 역량인 것이다. 그리고 인공지능 기술 역량으로부터 도출된 교육적 내용 영역이 '인공지능 기술 교육'이 된다.

- 인공지능 기술 교육은 "AI 기술 교육이란 인공지능을 이해하고 문제 해결 과정에서 인공지능을 활용하기 위한 역량을 기르는 교육"으로 정의되고 있다.

또한 인공지능 기술 역량의 구조는 앞서 인공지능 리터러시 교육의 내용 구성 중 인공지능의 기술과 직접적으로 연관된 데이터 사용, 알고리즘 적용, 모델 활용의 3개 영역으로 구분되고 있다. 인공지능 기술 역량의 3개 영역 구조는 앞서 [표 4]에서 제시한 인공지능 리터러시 교육 내용 구성에서의 영역적 의미와 정의가 같다. 다만 추가로 영역별 2~4가지의 세부 요소와 1~2가지의 하위 기능으로 구분된다. [표 5]는 이를 나타낸 표이다.

[표 5] 인공지능 기술 역량의 영역별 세부 요소 및 하위 기능

구분	내용	
데이터 사용 (Data)	데이터 수집	• 정형 데이터 • 비정형 데이터
	데이터 전처리	• 정규화 • 표준화
	데이터 시각화	• 시간/공간 시각화 • 분포/비교 시각화

데이터 사용 (Data)	데이터 분석	• 데이터 경향성 • 데이터 예측
알고리즘 적용 (Algorithm)	지도 학습	• 분류 모델 • 회귀 분석
	비지도 학습	• 군집 분석 • 차원 축소
	딥 러닝	• 심층 신경망
모델 활용 (Model)	모델 구현	• 기계 학습 모델 • 딥 러닝 모델
	데이터 처리	• 자연어 처리 • 비전 처리

출처: 변순용 외, 2022:139

두 번째 역량은 '인공지능 윤리 역량(Ethical Competencies, EC)'이다.

• 인공지능 윤리 역량은 "AI 윤리 교육을 통해 AI 관련 문제 인식, AI 관련 윤리적 문제 비판과 이를 해결할 수 있는 능력"으로 정의되고 있다.

다시 말하면 인공지능의 윤리적 영향력에 초점을 맞추고, 인공지능의 사회적 영향력을 인식하고, 인공지능을 윤리적으로 개발하고 활용할 수 있는 역량이 인공지능 윤리 역량인 것이다. 그리고 인공지능 윤리 역량으로부터 도출된 교육적 내용 영역이 '인공지능 윤리 교육'이 된다.

• 인공지능 윤리 교육은 "AI 교육에서 AI와 관련된 윤리적 문제점을 인식하고, 윤리적 문제의 심각성을 파악하고, 파악된 윤리적 문제를 구체적으로

해결할 수 있는 방법을 찾고 적용할 수 있는 역량을 기르는 교육"으로 정의되고 있다.

또한 인공지능 윤리 역량의 구조는 인공지능 기술 역량의 구조와는 조금 달리 앞서 인공지능 리터러시 교육의 내용 구성의 영역에 관계하지 않고 새롭게 추출되었다. 총 3가지로 제시되어 있으며 인지적 윤리 역량(Cognitive EC), 비판적 윤리 역량(Critical EC), 창의적 윤리 역량(Creative EC)이 그것이다. 세 가지 인공지능 윤리 역량의 의미는 [표 6]이 나타내고 있으며, 인공지능 기술 역량과 마찬가지로 영역마다 4가지 하위 기능으로 구분되며 [표 7]이 나타내고 있다.

[표 6] 인공지능 윤리 역량의 구성

구분	의미
인지적 윤리 역량 (Cognitive EC)	인지적 AI 윤리 역량은 AI 또는 AI 교육과 관련된 직접적 혹은 간접적 문제를 인식할 수 있는 능력을 의미함.
비판적 윤리 역량 (Critical EC)	비판적 AI 윤리 역량은 AI 또는 AI 교육과 관련된 윤리적 문제를 생활과 관련하여 파악할 수 있는 능력을 의미함.
창의적 윤리 역량 (Creative EC)	창의적 AI 윤리 역량은 AI 또는 AI 교육과 관련된 윤리적 문제를 해결할 수 있는 능력을 의미함.

출처: 변순용 외, 2022:142

[표 7] 인공지능 윤리 역량의 영역별 하위 기능

구분	내용	
인지적 윤리 역량 (Cognitive EC)	AI 윤리 문제 발견하기	AI 윤리 문제 설명하기
	AI 윤리 문제 이해하기	AI 윤리 문제 정의하기

구분	내용	
비판적 윤리 역량 (Critical EC)	AI 윤리 문제 분석하기 AI 윤리 문제 적용하기	AI 윤리 문제 구분하기 AI 윤리 문제 비교하기
창의적 윤리 역량 (Creative EC)	AI 윤리 문제 해결 방법 찾기 AI 윤리 문제 평가하기	AI 윤리 문제 새롭게 제시하기 AI 윤리 문제 해결 실행하기

출처: 변순용 외, 2022:144

인공지능 리터러시 교육의 구조를 파악한 결과 인공지능 윤리 교육 설계를 위해 적용 가능한 부분은 다음과 같다. 첫째, 인공지능은 본래 도구이자 기술이므로 기술에 대한 지식 또는 기능을 다룰 수 있으며, 기술은 본래 다른 존재에 대하여 영향력을 끼치므로 윤리적 접근도 함께 요구된다. 둘째, 인공지능 기술 역량의 세부 요소 및 하위 기능을 인공지능 윤리 교육의 주제를 심화하기 위해 이용할 수 있다. 셋째, 인공지능 윤리 역량의 3가지 내용 구성과 12가지 하위 기능을 바탕으로 인공지능 윤리 교육의 내용 체계나 성취 수준을 마련할 수 있다. 마지막으로 [그림 3]은 인공지능 리터러시 교육의 총체적 구조를 망라한 것이다.

III. 체험 교육 및 이해 교육의 비중

인공지능 윤리 교육의 구조로 기술과 윤리가 주로 도출되고 있다. 그러나 인공지능 윤리 교육 내에서 기술만 다루는 것은 도덕 교육 차원에서 유의한 교육적 효과를 거두기 어렵다. 이때 기술의 맥락에서 인공지능 윤리 교육에 접근하려면 도덕 및 윤리의 내용을 지도하기 위해 관련된 인공지능 도구를 활용하는 것이다. 쉽게 말해서 도덕과 교수 학습

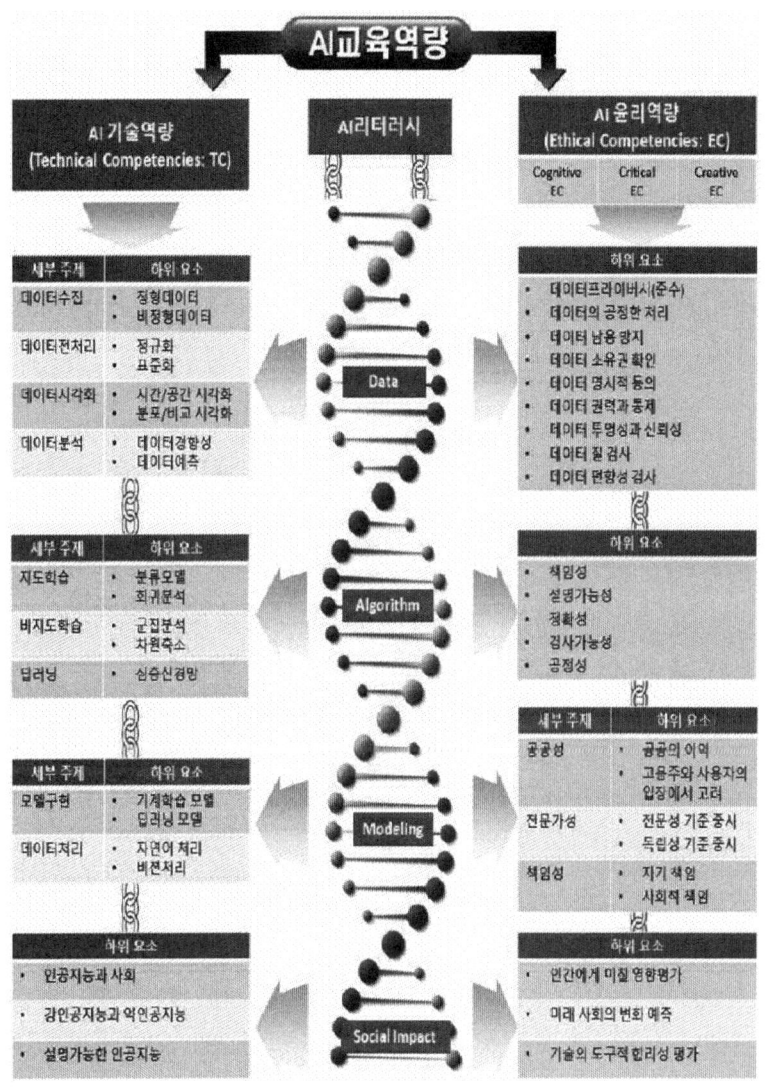

[그림 3] 인공지능 리터러시 교육의 구조
출처: 변순용 외, 2022:133

에서 인공지능 윤리를 다루기 위해 인공지능 기술 체험 교육과 인공지능의 윤리적 이해 교육을 결합하는 것이다. 주의할 점은 아무 인공지능 도구를 선정해서는 안 되며 인공지능의 윤리적 이해와 밀접하게 연관된 인공지능 기술을 체험하도록 해야 한다는 점이다. 특히 초등학교 수준에서는 학생들이 인공지능 기술 자체의 원리를 인식하고 판단하기도 어렵다. 따라서 인공지능 기술을 체험해 보며 직관적으로 인공지능 원리를 인식하고, 더불어 이와 직간접적으로 관련된 윤리적 논의로 확장하는 방식이 적합하다.

논의를 종합하면 초등학교 수준에서 인공지능 윤리 교육은 인공지능 체험 교육과 인공지능 이해 교육을 결합하여 수행할 때 유의한 효과를 낼 수 있으며, 다만 교사의 자율성과 역량에 따라, 교육 내용, 교육 방법, 교육 대상 등에 따라 결합의 비중 또는 비율을 달리하여 적용할 수 있다. 이에 따라 체험 교육과 이해 교육의 비율에 따라 유형을 체험 중심형 교육, 이해 중심형 교육, 통합형 교육으로 구분할 수 있고, 최근 발표된 여러 교육청의 인공지능 윤리 교육 도움 자료를 보면 이러한 특성이 잘 나타나 있다.

1. 체험 중심형 교육 사례

체험 중심형 교육은 인공지능 윤리 교육을 설계할 때 인공지능 도구를 활용하는 데 방점을 두고 윤리적인 내용은 상대적으로 간단하게 다룬다. 체험 중심형 교육은 사유와 고찰이 요구되는 윤리적 논의를 축소하여 타 교과에서 인공지능 융합 교육을 할 때나 낮은 학교급이나 학년

[그림 4] 'AI 원리로 배우는 AI 윤리' 교수 학습 사례(1)
출처: 경기도교육청, 2021:44

을 교육 대상으로 할 때 알맞은 방식이다. 따라서 초등학교에서는 1~4학년을 대상으로 하는 인공지능 윤리 교육에서 주로 사용이 가능하다. 그러므로 조작 수준이 높은 인공지능 도구를 선정해서는 안 되며 학생들에게 충분히 흥미를 유발할 수 있어야 한다.

체험 중심형 교육의 사례로는 경기도 교육청에서 제작하여 배포한 인공지능 윤리 교육 도움 자료인 'AI 원리로 배우는 AI 윤리'가 있다(경기도교육청, 2021). 자료의 제작 목적에는 서두부터 "인공지능에 대한 기초 지식 및 원리 이해를 기반으로 인공지능 윤리 교육의 방향성을 제시"하기 위한 자료임을 밝히고 있다.

엄밀히 파악하기 위하여 자료에서 제공되고 있는 교수 학습 내용 하나를 살펴보자. [그림 4]의 교수 학습 주제는 '신체를 보조하는 인공지능'이다. 자료 제작자는 인공지능이 사회적 약자를 보조하고 지원할 수 있음을 지도하기 위하여 장애를 보조하는 인공지능 서비스를 제작하고 체험해 보도록 수업을 설계하였다고 안내하고 있다. 수업 설계 의도에 따르면 '인공지능이 사회적 약자를 보조하고 지원'한다는 인공지능의 윤리성을 교육 주제로 하되 '장애를 보조하는 인공지능 서비스를 제작 및 체험'하는 인공지능의 도구성을 교육 방법으로 설정하였음이 나타난다. 따라서 체험 교육과 이해 교육이 결합한 것으로 보인다.

다만 차시 활동을 구체적으로 훑어보면 체험 교육이 수업 내용의 주가 된다는 사실을 확인할 수 있다. 우선 교수 학습 내용은 총 4차시로

교수학습과정안

수업내용	청각을 보조하는 인공지능 만들기	차시	2/4
학습목표	청각을 보조하는 인공지능을 만들 수 있다.		
준비물	컴퓨터(엔트리)	AI 윤리기준 핵심 요건	다양성 존중

단계	교수·학습 활동	자료(★) / 유의점(※)
도입	◎ 전시학습 상기 - 청각을 보조하는 인공지능 서비스에 적용된 기술 말해보기 ◎ 동기유발 우리 반에 시각장애가 있는 친구가 있다면, 어떤 인공지능 서비스가 필요할지 이야기해보기 ◎ 학습 목표 제시 　청각을 보조하는 인공지능을 만들 수 있다. ◎ 활동 안내 〈활동1〉 인공지능 블록 알아보기 〈활동2〉 프로그램 만들기	
전개	〈활동1〉 인공지능 블록 알아보기 - 오디오감지 블록 알아보기 : STT기술이 적용된 블록 〈활동2〉 프로그램 만들기 - 프로그램 설계하기 : 우리 반에 청각장애를 가진 친구가 있다면 그 친구에게는 어떤 기능이 포함된 인공지능 서비스가 필요할지 설계하기 - 엔트리 인공지능 블록 중 '오디오감지 블록'을 사용하여 학교에서 청각장애가 있는 학생을 도와주는 인공지능' 만들기	★ 컴퓨터(엔트리) ※ 학생의 수준이나 특성에 따라 프로그램을 변형시키거나 발전시키는 것을 허용한다.
정리	◎ 학습 내용 정리 - 청각장애가 있는 친구에게 더 도움을 줄 수 있도록 내가 만든 인공지능 프로그램을 발전시킨다면 어떤 기능을 추가하면 좋을지 생각해보기 ◎ 다음 차시 안내 - 시각을 보조하는 인공지능 체험하기	

[그림 5] 'AI원리로 배우는 AI 윤리' 교수 학습 사례(2)
출처: 경기도교육청, 2021:48

구성되어 있는데, 차시별 수업 내용에는 모두 '인공지능 체험하기' 또는 '인공지능 만들기'가 제시되고 있다. 즉, 인공지능 윤리 교육이지만 모든 차시가 인공지능 서비스를 체험하는 방향으로 제작되었다.

또한 [그림 5]에서 확인 가능한 2차시 흐름을 보자. 2차시를 요약하면 블록형 코딩 소프트웨어 플랫폼 '엔트리'에서 청각을 보조하는 인공지능을 간단한 수준에서 만들어 보는 것이 학습 목표다. 이에 따라 <활동 1>에서는 사용할 인공지능 코딩 블록을 알아보고, <활동 2>에서는 청각 보조용 인공지능을 학생이 직접 제작해 본다. 수업의 본론에 해당하는 전개 단계는 모두 인공지능 서비스를 제작하는 체험으로 끝이 난다. 그리고 도입과 정리 단계에서는 인공지능의 공공성을 이야기하고 생각해 볼 간단한 기회가 주어진다. 정리하자면 체험 중심형 인공지능 윤리 교육은 인공지능 윤리를 주제로 하되 인공지능 기술을 실습하고 제작해 보는 활동이 주를 이룬다.

2. 이해 중심형 교육 사례

이해 중심형 교육은 인공지능 윤리 교육을 설계할 때 인공지능의 윤리 이슈에 대하여 사유 및 고찰, 토의 및 토론하는 데 방점을 두고 인공지능 도구는 최소한의 수준에서 활용하는 것이다. 이해 중심형 교육은 인문학적인 사색을 기반으로 하여 토의와 토론의 사회적 의사소통으로 진행되므로 높은 학교급이나 학년을 교육 대상으로 하거나 어린이 철학 교육(Philosophy for Children, P4C)과 같은 깊이 있는 도덕 교육에 알맞다. 따라서 초등학교에서는 5~6학년을 대상으로 하는 인공지능 윤

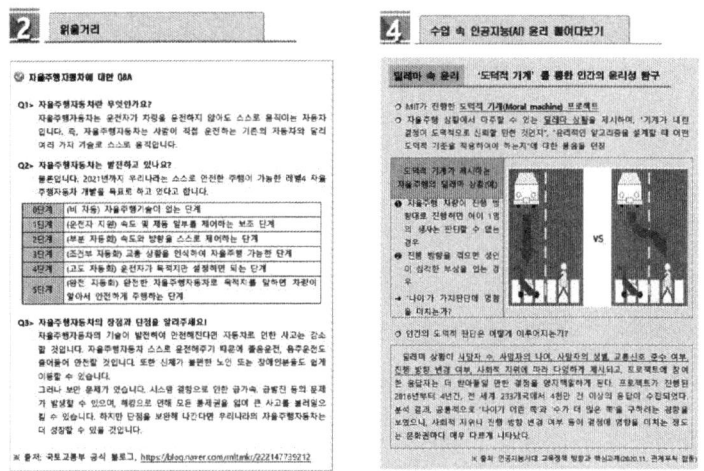

[그림 6] '인공지능(AI) 윤리 교육 도움 자료' 교수 학습 사례(1)
출처: 충청남도교육청, 2021:18, 26

리 교육에서 주로 사용이 가능하다. 그렇다고 해서 인공지능 윤리의 주제가 지나치게 심오해서는 안 되며 학생들이 관심을 가질 수 있도록 실생활과 관련되어야 한다. 주제를 선정하기 위해서는 과학기술정보통신부의 인공지능 윤리 기준의 10대 핵심 요건을 활용할 수 있다. 그리고 인공지능 도구가 활용된다면 꼭 윤리적 제재와 직간접적인 연관성을 가지고 있어 흐름이 자연스러워야 한다.

이해 중심형 교육의 사례로는 충청남도교육청에서 제작하여 배포한 인공지능 윤리 교육 도움 자료인 '인공지능(AI) 윤리 교육 도움 자료'가 있다(충청남도교육청, 2021). 이해 중심형 교육의 특성이 묻어나 있어서 학습 주제마다 인공지능 윤리 소양과 관련된 '읽을거리', '수업 속 인공지능(AI) 윤리 들여다보기'의 항목에서 [그림 6]처럼 자세히 안내하고 있다.

여기서 분석하려는 차시는 인공지능 사회의 도덕적 갈등과 판단 및 도덕적 책임을 다루는 차시이다. 먼저 자료 제작자가 안내하고 있는 수업 소개에는 '인공지능(AI)은 언제나 윤리적 판단의 기초 위에서 활용되어야 한다.', '도덕적 갈등', '트롤리 딜레마', '인공지능 3원칙을 만들어', '"인간다움"이 우선시되는 갈등 해결 의지' 등이 언급되며, 해당 수업이 인공지능의 윤리성을 중심으로 설계되었음을 보여 준다. 그리고 인공지능 사회에서 발생할 수 있는 도덕적 갈등을 이해하기 위해 '도덕적 기계'를 체험하는 활동도 일부 구성되어 있다. 이로써 이해 중심형에서도 이해 교육을 중점적으로 하되 체험 교육도 결합하고 있음을 알 수 있다.

아무튼 [그림 7]에 해당하는 차시 활동에는 이러한 특성이 더욱이 잘 드러나고 있다. 첫 번째 활동에서는 도덕적 갈등의 구체적 상황인 트롤리 딜레마에 대해 토의하도록 안내하고 있다. 여러 가지 가치가 중첩되어 복잡하고 혼란한 인공지능 사회에서는 도덕적 갈등이 자주 발생할 수 있기에 학생들이 미리 성찰해 볼 기회를 제공하는 것이다. 특히 트롤리 딜레마는 발전 가능성이 농후한 인공지능 자율 주행 자동차에서 자주 등장하는 윤리 문제 사례이다. 두 번째 활동에서는 이전 활동에서 정리한 자신만의 도덕적 주장과 근거를 바탕으로 인공지능 도구를 이용해 실제로 선택하며 도덕적 판단을 하게 된다. 마지막 활동에서는 사람을 돕는 인공지능을 만들기 위한 3가지 원칙을 직접 고려해 보고 친

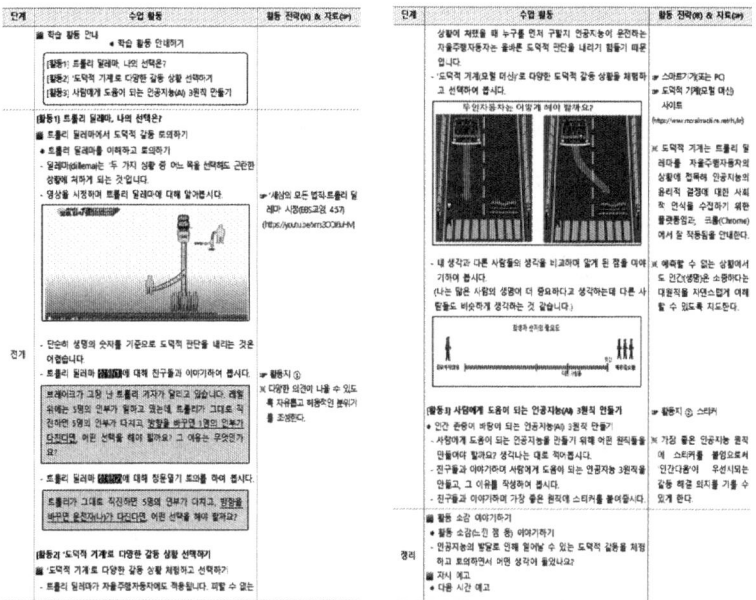

[그림 7] '인공지능(AI) 윤리 교육 도움 자료' 교수 학습 사례(2)
출처: 충청남도교육청, 2021:19-20

구들과 의견을 공유한다.

　　심지어 방금 소개한 학습 주제는 동일 문서의 여타 학습 주제와 비교하여 인공지능 도구를 덜 활용하는 편이다. 그만큼 이해 중심형 교육은 인공지능 윤리를 깊이 다루는 것에 초점이 맞춰진다. 또한 대주제 안에서 기본 과정과 심화 과정이 나누어지고, 특히 심화 과정에서는 도덕적 사고력과 판단력이 한층 더 요구된다. 이처럼 인공지능 윤리 중심의 수업을 하고자 하면 이해 중심형 수업 방식으로 꾸릴 수 있다.

3. 통합형 교육 사례

통합형 교육 사례는 체험 교육과 이해 교육이 균형 있게 혼합되어 있다. 아무래도 인공지능 기술이 급격히 주목받게 된 이유는 데이터만 주어지면 스스로 학습이 가능하다는 원리의 자기 발전적 성격 때문이다. 그래서 아무리 인공지능 윤리라 하더라도 인공지능의 기술적 원리를 이해하지 않고는 이야기가 불가하다. 그러므로 에듀테크이자 교육 도구로서 인공지능을 방법적 맥락에서 활용하여 원리를 경험적으로 학습하고 이러한 기반 위에서 인공지능 사회의 윤리적 쟁점에 대해 사고하고 소통하는 게 가장 효과적인 방법이다. 체험 중심형과 이해 중심형도 어느 정도는 이를 반영하고 있지만 제일 알맞게 이루어지는 것은 체험 교육과 이해 교육의 배합 비율을 균등하게 배분한 통합형 교육의 경우이다.

통합형 교육은 학교급이나 학년 수준과 관계없이 어디서든 고려될 수 있는 모델이 된다. 따라서 초등학교의 어느 학년을 교육 대상으로 하더라도 적용할 수 있다. 그리고 인공지능 도구와 윤리 주제 모두 각 학년이나 각 학급 특성에 맞게 교사의 역량에 따라 선정하면 된다.

통합형 교육의 사례로는 가장 최신 자료인 서울특별시교육청에서 제작하고 배포한 '서울형 인공지능 윤리 교육 자료'를 들 수 있다(서울특별시교육청, 2023). 서울특별시교육청은 지역적 고유한 특색을 형성하기 위하여 '서울형 인공지능 윤리 교육 모델'로서 'TED 모델'을 독자적으로 개발하였다. 이 모델은 통합형 교육을 잘 나타내고 있는데, T는 기술(Technology)을 의미하며 "기술로 배우는 인공지능 윤리"를 표방하여 한 축으로 체험 교육을 제시한다. 그리고 E는 경험과 느낌(Experience & Emotion)을 의미하며 "체험하며 느끼는 인공지능 윤리"를 표방한다. 여기서는 체험보다는 '느낌'이 핵심이며, 이는 도덕적으로 직감하고 깨닫는 것을 의미한다. 따라서 다른 한 축으로서의 이해 교육이라 여길 수 있다. 참고로 D는 학문(Disciplines)을 의미하며 "교과 간 연계를 통해 가르치는 인공지능 윤리"를 표방하여 이는 별도로 융합 교육의 측면에 둘 수 있다. 결국 체험 교육과 이해 교육 모두를 아우르는 인공지능 윤리 교육 모델을 발전시킨 것이다.

이 장에서 분석하려 차시는 프라이버시 보호라는 대주제에 포함된다. 차시는 인공지능 여행 스케줄링 플랫폼을 체험하며 인공지능 시스템에서 개인 정보가 수집되는 사례를 알아보고, 더불어 개인 정보 생애 주기 동안 보호 방안을 탐구해 보도록 설계되었다. 표현으로 비추어 보면 '인공지능 여행 스케줄링 플랫폼'은 체험 교육의 측면으로, '개인 정보 생애 주기 동안 보호 방안 탐구'는 이해 교육의 측면으로 파악된다.

[그림 8]의 차시 활동을 보면 한쪽으로 치우치지 않은 균형 혼합형 교육의 특성이 확연히 나타난다. 첫 번째 활동에서는 인공지능 여행 스케줄링 플랫폼을 이용해 학생들이 직접 여행 일정을 계획한다. 그러면서 인공지능 플랫폼에 쌓이는 자신의 여러 개인 정보 유형을 파악하고 윤리적 문제 사항을 떠올린다. 두 번째 활동에서는 문제의식을 바탕으로 개인 정보 생애 주기의 개념과 함께 개인 정보 수집부터 폐기까지의

전 과정에서 보호하는 방안을 탐구해 본다. 구조적으로 처음에 체험 교육을 통해 인공지능의 원리로부터 인공지능 윤리 문제를 파악하고 다음에 윤리적 접근으로 자연스럽게 연결되어 전후가 유사한 비중을 차지함을 알 수 있다.

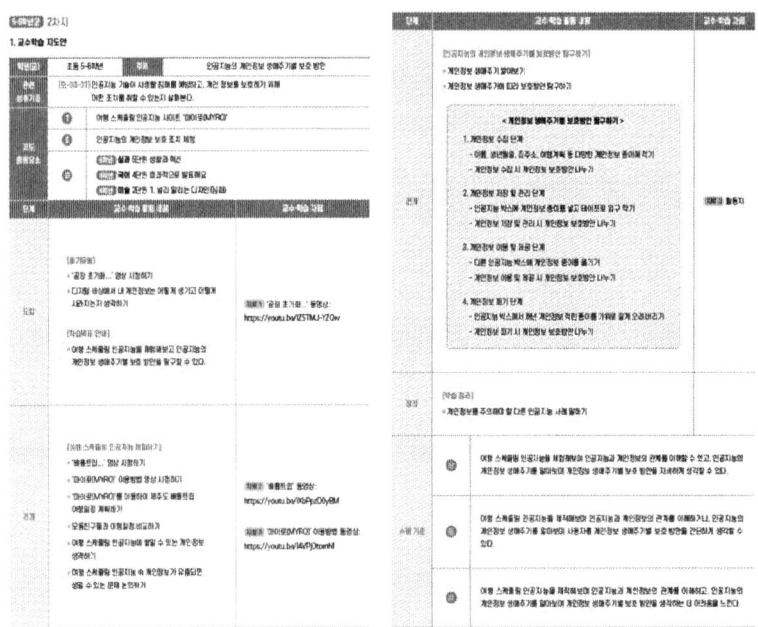

[그림 8] '서울형 인공지능 윤리 교육 자료' 교수 학습 사례
출처: 서울특별시교육청, 2023:60-61

IV. 내용 구성 방식

인공지능 윤리 교육이 관여할 수 있는 학습 주제가 많으므로 내용을 어떻게 범주화할 것인가는 교육 과정을 계획하면서 필요한 문제 제기

가 된다. 따라서 인공지능 윤리 교육의 내용 체계라는 골자를 세우기 위해 내용 구성 방식을 먼저 고려해야 한다.

정보통신정책연구원에서는 인공지능 윤리 교육의 교육 과정상 내용 구성 방식을 과학기술정보통신부의 국가 수준의 '사람이 중심이 되는 인공지능 윤리 기준'의 3대 기본 원칙(인간의 존엄성 원칙, 사회의 공공선 원칙, 기술의 합목적성 원칙)과 10대 핵심 요건(인권 보장, 프라이버시 보호, 다양성 존중, 침해 금지, 공공성, 연대성, 데이터 관리, 책임성, 안전성, 투명성)과 연계하였다. 그러면서 내용 구성 방식을 크게 주제 중심, 활동 중심, 학교급 중심, 모듈형의 4가지 방식으로 구분하였다(정보통신정책연구원, 2021:92-95).

1. 주제 중심 내용 구성

주제 중심으로 내용을 구성하는 방식은 인공지능 윤리 교육의 학습 주제들을 관련성이 짙은 것을 묶는 방식이다. 인공지능 윤리 기준의 10대 핵심 요건은 인공지능 윤리를 유목화하여 넓게 관조하도록 돕는다. 다만 인위적인 구분으로 인해 각 요건이 서로 겹치는 부분을 갖게 되었다. 그러나 주제 중심의 내용 구성 방식은 10대 핵심 요건이 가지고 있던 상호 간에 중첩되는 영역을 다소 해소할 뿐만 아니라 심도 있는 논의를 할 수 있도록 한다.

[그림 9]를 보면 학교급의 구조와 융합하여 초등학교 수준에서는 3대 기본 원칙을 중심으로 결합하여 인간의 존엄성 원칙, 사회의 공공선 원칙, 기술의 합목적성 원칙으로 주제가 통합된다. 또한 중학교 수준에

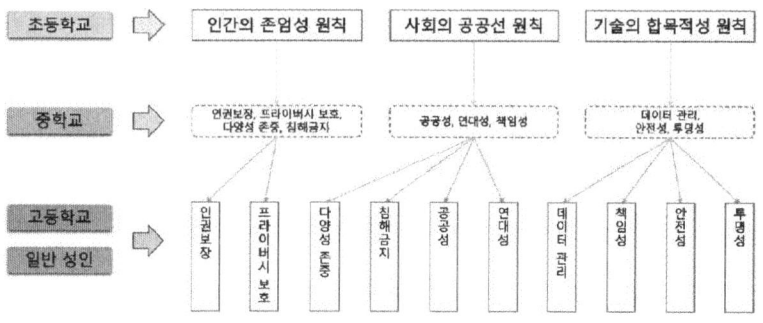

[그림 9] 주제 중심 내용 구성 구조
출처: 정보통신정책연구원, 2021:9

서는 조금 더 세분화하여 10대 핵심 요건 중에 연계성이 높은 것끼리 묶였다. 1영역에서는 '인권 보장, 프라이버시 보호, 다양성 존중, 침해 금지'가 뭉쳐 있으며 인간의 존엄성 원칙과 연결된다. 2영역에서는 '공공성, 연대성, 책임성'이 뭉쳐 있으며 사회의 공공선 원칙과 연결된다. 3영역에서는 '데이터 관리, 안전성, 투명성'이 뭉쳐 있으며 기술의 합목적성 원칙과 연결된다. 한편 고등학교와 일반 성인 교육의 수준에서는 주제별 중첩 현상에 대해 이해 가능한 사고 수준이 반영되어 각 주제를 독립시켰다.

2. 활동 중심 내용 구성

활동 중심으로 내용을 구성하는 방식은 인공지능 윤리 교육의 학습 주제들을 활동 유형에 맞춰 적용하는 방식이다. 활동 유형으로는 체험 중심 활동, 사례 중심 활동, 이론 중심 활동의 세 가지가 있다. 여기에 큰 틀에서 인공지능 윤리 기준의 10대 핵심 요건이 학습 주제가 되며 학교급마다 활동 유형의 비중만 달라진다. 이로써 학교급 수준에 맞는 활동 전개가 가능해진다는 강점을 얻게 된다.

[그림 10]을 보면 학교급의 구조와 융합하여 초등학교 수준에서는 3가지 활동 유형 중에서 주로 체험 중심 활동이 주를 이루고 사례 중심 활동이 덧붙여진다. 아무래도 초등학생들이 학습하기에 고차원인 내용이 많으므로 흥미 위주의 체험에 직관적으로 체감할 수 있는 사례를 더한 것이다. 중학교 수준에서는 체험 중심 활동을 축소하고 사례 중심 활동에 이론 중심 활동을 추가하여 세 활동의 균형을 유지하고 있다. 고등학교 수준에서는 체험과 사례에 대비하여 이론 중심 활동을 중점적으로 구성한다. 이러한 구성 방식은 학생들의 발달 단계적 특성에 적합한 것으로 보인다.

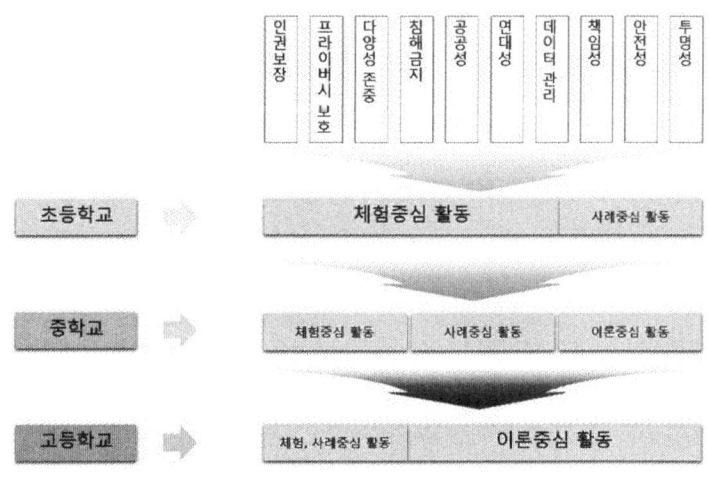

[그림 10] 활동 중심 내용 구성 구조
출처: 정보통신정책연구원, 2021:93

3. 학교급별 중심 내용 구성

학교급 중심으로 내용을 구성하는 방식은 인공지능 윤리 기준의 10대 핵심 요건을 독립적으로 모두 다루면서 학교급별로 심층적인 내용을 확장하는 것이다. 쉽게 말하면 인공지능 윤리 기준의 10대 핵심 요건에 나선형 교육 과정의 구조가 결합한 형태라고 보면 된다. 교육 과정의 조직 원칙으로서 계열성이 충분히 반영된 구조라고 볼 수 있다. 이 또한 학생들의 발달 수준이 적절히 고려될 수 있는 형태이다.

[그림 11]을 보면 학교급의 구조와 융합하여 볼 때 특별함 없이 인공지능 윤리 기준의 10대 핵심 요건 모두가 초등학교, 중학교, 고등학교 수준에서 다뤄진다. 다만 그림상에서 색이 짙어지는 부분은 학교급 상향에 따른 각 핵심 요건의 내용 심층화를 표현한 것이다.

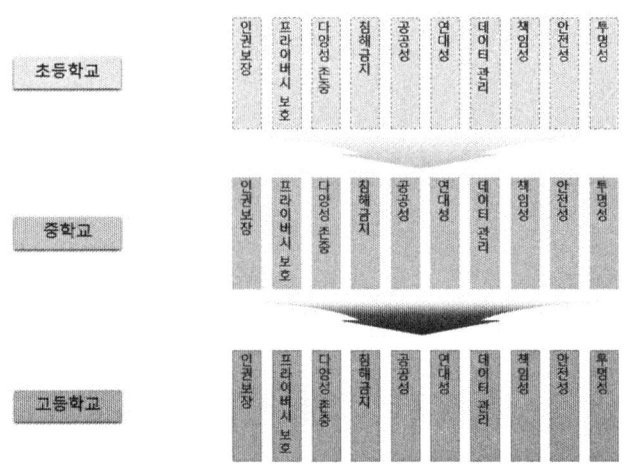

[그림 11] 학교급 중심 내용 구성 구조
출처: 정보통신정책연구원, 2021:94

4. 모듈형 내용 구성

마지막으로 모듈형 내용 구성 방식은 인공지능 윤리 기준의 10대 핵심 요건을 모듈화하여 구성하는 것이다. 네이버 영어사전에서 module의 사전적 정의는 '교과목 단위(특히 영국 대학에서 한 교육 과정의 일부가 되는 단위)'이다. 즉, 모듈화한다는 것은 교사가 학교급, 학교나 학급의 상황, 학생 발달 특성 등에 맞게 각 학습 주제를 자유롭게 통합하여 교육 과정 내용을 구성하는 것을 말한다. 이는 주제 중심 교육 과정처럼 주제별 중첩 현상을 해소하기 위해 통합하되 교사의 역량과 자율성에 따라 더욱 폭넓게 유연하게 교육 과정을 운영할 수 있도록 유도한다. 특히 타 교과와의 인공지능 융합 교육을 구성하기 위해 활용할 수 있다.

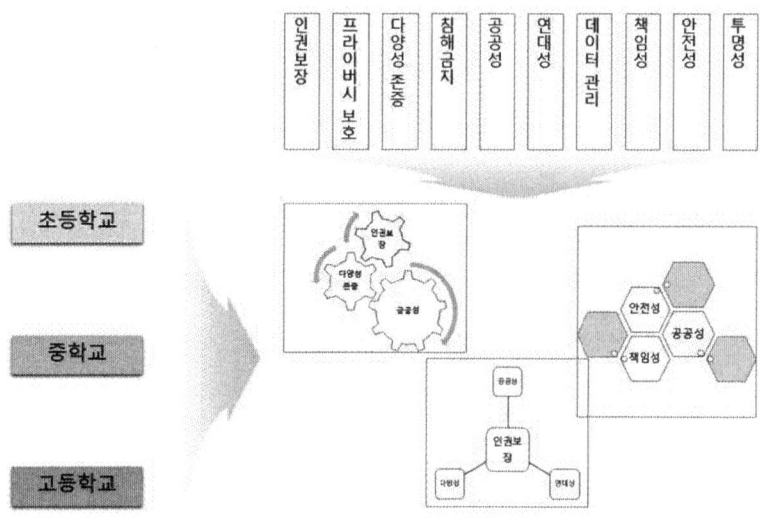

[그림 12] 모듈형 내용 구성 구조
출처: 정보통신정책연구원, 2021:95

[그림 12]를 보면 인공지능 윤리 기준의 10대 핵심 요건을 기본적인 주제 틀로 하되 학교급에 관계하지 않고 다양한 형태를 가진 주제 통합 사례가 제시되어 있다. 여기서 제시하고 있는 그림은 모듈형 내용 구성 방식에서는 단지 하나의 사례가 될 뿐이며 학교 교육 과정에서 직접적으로 적용될 때는 헤아릴 수 없는 무수한 형태로 내용이 구성될 수 있다. 다만 모듈형 내용 구성 방식을 활용하고자 한다면 교사가 인공지능 윤리에 대한 이론적 지식을 충분히 획득하고 교육 환경을 적절하게 고려하여 자율적인 교육 과정 준비에 전문적으로 돌입해야 한다.

V. 나오는 말

이 장에서는 '사람이 중심이 되는 「인공지능(AI) 윤리 기준」'과 「교육 분야 인공지능 윤리 원칙」에 근거하여 인공지능 윤리 교육의 내용 요소를 추출하였고, 인공지능 리터러시를 "AI가 할 수 있는 것과 AI가 작동하는 데 필요한 것들을 알며, AI가 인간과 사회에 미칠 수 있는 영향을 윤리적으로 고려하여 AI를 일상생활과 직업 활동에서 사용할 수 있는 능력"으로 정의 내리고, 인공지능 역량을 인공지능 기술 역량과 인공지능 윤리 역량으로 구분하였다.

이를 토대로 지금까지 개발되어 온 교재를 체험 중심형, 이해 중심형으로 나누어 살펴보고, 서울형 인공지능 윤리 교육 모델을 통합형 교육 프로그램으로 제시하였다. 이와 더불어 내용 구성 원칙의 유형으로 주제 중심, 활동 중심, 학교급별 차별화 유형, 모듈형의 4가지 원칙의 예시를 제시하였다.

인공지능 윤리 교육은 새로운 주제와 내용을 도덕과 교육에 도입하는 것으로서, 내용 체계 구성에 대한 다양한 연구 결과들이 선행되고, 이를 바탕으로 교육 과정에 반영되는 것이 필요하다. 현재의 교육 과정뿐만 아니라 미래 교육 과정을 위해서라도 이러한 연구의 성과들이 집적되어야 한다.

참고 문헌

경기도교육청(2021). AI원리로 배우는 AI윤리. 경기도교육청.

과학기술정보통신부(2020). 사람이 중심이 되는 「인공지능(AI) 윤리기준」. 과학기술정보통신부.

교육부(2022). 교육분야 인공지능 윤리원칙. 교육부.

김국현(2021). 인공지능 리터러시와 도덕과 교육의 과제. 윤리교육연구, 61. pp.1-26.

변순용(2020). AI 시민성 교육에 대한 시론. 초등도덕교육, 67. pp.427-445.

서울특별시교육청(2023). 서울형 인공지능 윤리교육자료. 서울특별시교육청.

정보통신정책연구원(2020). 윤리적 인공지능을 위한 국가정책 수립. 방송통신정책연구 2020-0-01368. 과학기술정보통신부.

정보통신정책연구원(2021). 사람중심의 인공지능 구현을 위한 인공지능 윤리정책 개발. 방송통신정책연구 2021-0-01627. 과학기술정보통신부.

충청남도교육청(2021). 인공지능(AI) 윤리교육 도움자료. 충청남도교육청.

한국과학창의재단(2022). 미래 세대 AI 함양을 위한 교원의 AI교육 역량 강화 방안 연구. 한국과학창의재단.

제13장
AI를 활용한 AI 윤리 교육의 성취 기준과 실제

I. AI 윤리 교육의 내용 체계 및 성취 기준

1. AI 윤리 교육의 내용 체계

교수 학습을 실행하기 위하여 교육 과정 계획을 수립하려면 학생들이 학습해야 할 내용과 도달해야 할 기준이라는 지향점이 존재해야 한다. AI 윤리 교육을 계획하려면 똑같이 내용 체계와 성취 기준이 요구된다. 이때 AI 윤리 교육의 내용 체계와 성취 기준으로 참고할 수 있는 것에 두 가지가 있다. 첫 번째는 도덕과 교육 과정의 내용 체계와 성취 기준이며, 두 번째는 AI 윤리를 특정하여 마련된 내용 체계와 성취 기준이다. 따라서 아래에서는 두 가지 참고 자료를 제시한다. 하나는 도덕과 교육 과정과의 연계가 수월해지도록 지원하는 자료이다. 또 하나는 목적 자체가 AI 윤리를 전문적으로 지도할 수 있도록 연구된 자료이다. 이때 AI 윤리 교육의 내용 체계 및 성취 기준의 영역은 타당도와 신뢰도를 확보하기 위하여 국가 수준 AI 윤리 기준의 10대 핵심 요건으로 설정한다.

[표 1]의 AI 윤리 교육의 내용 체계는 좁게는 학교, 넓게는 연구자, 개발자, 사용자 등에게 제공하는 AI 윤리 교육의 콘텐츠 개발 기준으로서 정보통신정책연구원의 연구 보고서에서 제시된 것이다(정보통신정책연구원, 2021:102-105). 따라서 이 기준은 AI 윤리에 특화된 것으로서 학교 교육에서도 내용 체계로서 적절하게 활용할 수 있다.

내용 체계를 보면 먼저 영역이라고도 할 수 있는 주제가 10대 핵심 요건에 따라 10가지 제시된다. 나아가 주제별로 알아야 할 지식, 필수 학습 내용(학습 요소, 주요 학습 주제), 학습 후 성취 능력이 기술되어 있다.

[표 1] AI 윤리 교육의 내용 체계 예시

주제	알아야 할 지식	필수 학습 내용		학습 후 성취 능력
		학습 요소	주요 학습 주제	
인권 보장	인공지능 기술로 인해 프라이버시가 침해될 수 있다는 사실을 인지하고, 이를 방지할 수 있는 방안에 대해 탐구한다.	• 인간의 기본권 존중 • 기본권 침해 방지	• 인공지능 기술 사용이 인간의 기본권을 침해할 소지가 있는가? • 인공지능의 개발과 활용은 인권 존중을 실현하는 데에 도움을 줄 수 있는가? • 인공지능은 인권의 침해를 방지하는 데에 사용될 수 있는가?	◎인공지능 기술을 통한 인권 존중 • 인권 보장 실현 및 침해 방지 방안 탐구하기 • 인권 침해 가능성 이해를 통해 인권 감수성 기르기
프라이버시 보호	인공지능 기술로 인해 프라이버시가 침해될 수 있다는 사실을 인지하고, 이를 방지할 수 있는 방안에 대해 탐구한다.	• 프라이버시 침해 이해 • 개인 정보의 합리적 사용	•인공지능의 개발과 활용 과정에서 프라이버시 침해가 발생할 수 있는가? •인공지능 시스템은 개인정보의 오남용을 어떻게 방지할 수 있는가? •인공지능 기술이 사용될 경우 프라이버시 보호 체계나 개인 정보 분류 및 활용의 방법을 어떻게 정해야 하는가?	◎인공지능 기술 활용 시 프라이버시 보호 • 프라이버시 침해 가능성 이해하기 • 프라이버시 침해 방지 방안 탐구하기

주제	알아야 할 지식	필수 학습 내용		학습 후 성취 능력
		학습 요소	주요 학습 주제	
다양성 존중	인공지능 기술이 활용되는 모든 영역에서 다양성과 대표성이 반영되어야 하는 중요성을 인식하고, 접근성 보장 및 혜택의 공정한 분배 방안에 대해 탐구한다.	• 다양성 및 대표성 반영 • 접근성 보장 • 혜택의 공정한 분배	• 인공지능 기술은 사용자를 차별하지 않고 다양성과 대표성을 반영하는가? • 사회적 약자 및 취약 계층의 인공지능 기술 및 서비스에 대한 접근성이 보장되고 있는가? • 인공지능 기술로 인한 혜택은 어떤 방식으로 특정 집단이 아닌 모든 사람에게 공정하게 분배될 수 있는가?	◎ 인공지능 기술을 통한 다양성 존중 • 다양성과 접근성 보장의 필요성 인식하기 • 인공지능 기술로 인한 혜택의 공정한 분배 방안 탐구하기
침해 금지	인공지능이 인간에게 피해를 입히는 목적으로 활용되지 않아야 함을 이해하고, 인공지능이 야기할 수 있는 위험과 부정적 결과에 대한 대처 방안에 대해 탐구한다.	• 인간 보호 • 피해 처리의 합리성 • 위험 최소화	• 인공지능이 인간에게 피해를 입히는 목적으로 활용되는 것을 방지할 수 있는가? • 인공지능으로 인한 피해 발생 시 이를 어떻게 해결할 수 있는가? • 인공지능 시스템이 야기할 수 있는 위험 요소를 최소화할 수 있는 방안은 무엇인가?	◎ 인공지능으로 인한 피해 예방 • 피해 예방 및 피해 발생 시 효율적이고 합리적인 대처 방안에 대해 탐구하기 • 인공지능 기술로 인한 위험 요소의 최소화 방안 탐구하기
공공성	인공지능은 공공성 증진과 인류의 공동 이익을 위해 활용되어야 함을 이해하고, 인공지능이 사회에 미치는 순기능을 극대화하고 역기능을 최소화하기 위한 방안에 대해 탐구한다.	• 사회의 공동 이익 추구 • 공공성 보장	• 인공지능 기술은 사회의 공공성과 인류의 공동 이익을 증진시키는가? • 인공지능 기술로 인한 공공성의 훼손이나 사회에 미치는 악영향을 어떻게 최소화할 수 있는가?	◎ 인공지능 기술을 통한 공공성 증진 • 사회의 공공성 증진의 필요성 이해하기 • 공공성 훼손의 최소화 방안 탐구하기

주제	알아야 할 지식	필수 학습 내용		학습 후 성취 능력
		학습 요소	주요 학습 주제	
연대성	인공지능 기술을 통해 다양한 집단 간의 통합과 연대성을 확보할 필요성을 이해하고, 인공지능의 개발 및 활용에 관한 국제적 협력 방안을 탐구하며, 미래 세대를 포함한 전 세대를 충분히 배려하도록 노력한다.	• 통합과 연대 • 국제적 협력 • 전 세대 배려	• 인공지능 기술을 활용할 경우 다양한 집단 간의 통합과 연대를 이루는 데 도움을 줄 수 있을까? • 인공지능의 개발 및 활용에 대한 국가 간 합의 및 국제적 협력은 어떻게 이룰 수 있는가? • 인공지능 기술의 개발 및 활용이 미래 세대를 포함한 전 세대를 충분히 배려하고 있는가?	◎인공지능 기술을 통한 통합과 연대 확보 • 통합과 연대의 필요성 이해하기 • 국제적 협력 방안 탐구하기 • 미래 세대를 포함한 전 세대 배려하기
데이터 관리	인공지능 기술을 활용하는 과정에서 수집되는 데이터는 그 목적에 부합하도록 활용해야 함을 이해하고, 데이터 수집과 활용의 전 과정에서 데이터 편향성을 최소화하는 방안을 탐구한다.	• 데이터 관리 • 편향성 최소화	• 인공지능 기술에 사용되는 데이터 관리를 어떻게 해야 하는가? • 데이터를 수집한 목적에 부합하도록 활용하게 하는 적절한 절차나 방안은 무엇인가? • 데이터 수집과 활용의 전 과정에서 데이터 편향성을 최소화하기 위한 노력에는 무엇이 있을까?	◎적절한 데이터 관리와 편향성 최소화 • 적절한 데이터 관리의 필요성 이해하기 • 데이터의 편향성 최소화 방안 탐구하기
책임성	인공지능 시스템과 관련된 모든 과정에서 적절한 책임 주체를 설정해야 함을 이해하고, 책임 소재를 명확히 하기 위한 기록 및 추적의 필요성을 인식한다.	• 적절한 책임 주체 설정 • 기록 및 추적 활성화	• 인공지능 시스템의 작동, 사용, 오용 등에 대한 책임의 주체를 어떻게 정해야 할까? • 인공지능 시스템의 모든 작동 과정을 기록하고 추적할 수 있는 방안은 어떻게 마련할 수 있을까?	◎적절한 책임 주체 설정 • 책임 주체 설정의 필요성 이해하기 • 기록 및 추적 방안의 중요성 인식하기

주제	알아야 할 지식	필수 학습 내용		학습 후 성취 능력
		학습 요소	주요 학습 주제	
안전성	인공지능 시스템의 개발 및 활용 전 과정에서 안전을 보장하는 것이 필수적임을 이해하고, 안전성을 확보하는 다양한 방안을 탐구한다.	• 안전의 필요성 인식 • 지속적인 안전성 확보 노력	• 인공지능 시스템의 안전성은 누가 어떻게 확보해야 할까? • 인공지능 시스템의 안전성은 어떻게 검증할 수 있을까? • 인공지능 시스템의 지속적인 모니터링, 위험 측정, 긴급 상황 발생 시 대처 기능의 마련 등은 안전성 확보를 위해 충분한가?	◎안전성 확보 방안 강구 • 안전성 확보를 위한 주체별 방안 탐구하기 • 지속적인 안전성 확보 방안 탐구하기
투명성	사용자가 인공지능 시스템의 활용 및 발생할 수 있는 위험 등에 대해 제공받아야 함의 중요성을 인식하고, 인공지능의 투명성과 설명 가능성을 확보하는 방안을 탐구하고, 투명성의 확보가 궁극적으로 사회적 신뢰 형성에 기여함을 이해한다.	• 사전 고지 필요 인식 • 투명성의 합리적 이해 • 사회적 신뢰 형성	• 인공지능 시스템의 활용과 관련된 내용 중 어떤 것들을 사용자에게 고지하고 제공해야 할까? • 인공지능 시스템의 개발 및 활용의 과정에서 어떻게 작동 과정을 합리적이고 투명하게 확인할 수 있을까? • 적절한 투명성의 확보는 사회적 신뢰 형성에 어떤 영향을 미칠까?	◎투명성 확보 방안 이해 • 사전 고지를 통한 투명성 확보의 방안 이해하기 • 투명성 확보가 사회적 신뢰 형성에 미치는 영향 인식하기

출처: 정보통신정책연구원, 2021:102-105

2. AI 윤리 교육의 성취 기준

1) 교육부의 2015 개정 교육 과정 연계 성취 기준(교육부, 2015)

내용 체계에 이어 학생들이 실제로 도달해야 하는 목표인 성취 기준도 필요하다. 여기서는 AI 윤리 교육에서 활용할 수 있는 성취 기준을 2015 개정 초등 도덕과 교육 과정과 연계할 수 있는 표를 제시한다. 성취 기준을 안내하는 영역은 10대 핵심 요건으로 그대로 유지하고, 각 영역에 연결될 수 있는 2015 개정 초등 도덕과 교육 과정의 성취 기준을 정리하였다. 또한 성취 기준은 관련도에 따라 여러 영역에서 중복될 수 있다. 그리고 제시된 성취 기준들도 예시일 뿐 다른 영역에서 활용할 수도 있으며, 제시되지 않은 성취 기준도 학습 목적에 따라 활용할 수 있다. 다만 AI 도덕 교육이기에 도덕과 교육 과정만 안내하였으며, AI 융합 교육의 관점에서는 타 교과의 교육 과정까지도 교사의 역량에 따라 활용할 수 있다. [표 2]는 2015 개정 교육 과정과 연계하여 구성한 AI 윤리 교육 성취 기준 사례이다.

[표 2] 2015 개정 교육 과정 연계 AI 윤리 교육 성취 기준

영역	2015 개정 초등 도덕과 성취 기준
인권 보장	[6도03-01] 인권의 의미와 인권을 존중하는 삶의 중요성을 이해하고, 인권 존중의 방법을 익힌다. ① 인권이란 무엇이고 인권을 존중하기 위해 타인의 입장을 이해하고 인정하는 것이 왜 필요할까? ② 인권을 존중하고 보호할 수 있는 방법은 무엇이며, 인권 문제에 대해 어떻게 올바른 의사 결정을 할 수 있을까?
프라이버시 보호	[6도02-01] 사이버 공간에서 발생하는 여러 문제에 대한 도덕적 민감성을 기르며, 사이버 공간에서 지켜야 할 예절과 법을 알고 습관화한다. ① 사이버 공간에서 필요한 예절은 무엇이며, 어떻게 하면 이를 책임감 있게 행동할 수 있을까? ② 저작권 침해, 사이버 폭력, 온라인 중독이 갖는 문제점은 무엇이며 이를 해결하기 위해 무엇을 해야 할까?

다양성 존중	[4도03-02] 다문화 사회에서 다양성을 수용해야 하는 이유를 탐구하고, 올바른 의사 결정 과정을 통해 다른 삶과 문화를 공정하게 대하는 태도를 지닌다. ① 다문화 사회에서 다양성을 수용해야 하는 이유는 무엇이며, 다른 사람과 문화에 대한 자신의 태도는 어떠한가? ② 다문화 가정과 타문화를 공정하게 대하는 데 필요한 것은 무엇이며, 어떻게 하면 이에 대한 실천 의지를 기를 수 있을까? [6도02-02] 다양한 갈등을 평화적으로 해결하는 것의 중요성과 방법을 알고, 평화적으로 갈등을 해결하려는 의지를 기른다. ① 다양한 갈등이 발생하는 이유는 무엇이며, 갈등을 해결하기 위한 공감 능력을 어떻게 기를 수 있을까? ② 갈등을 평화적으로 해결하기 위해 경청, 도덕적 대화하기 능력을 어떻게 기를 수 있을까?
침해 금지	[4도04-01] 생명의 소중함을 이해하고 인간 생명과 환경 문제에 관심을 가지며 인간 생명과 자연을 보호하려는 태도를 가진다. ① 인간 생명이 소중한 이유는 무엇이고, 어떻게 하면 책임감 있게 인간 생명을 존중할 수 있을까? ② 자연을 보호해야 하는 이유와 방법은 무엇이고, 어떻게 하면 자연과의 유대감을 가질 수 있을까?
공공성	[6도02-03] 봉사의 의미와 중요성을 알고, 주변 사람의 처지를 공감하여 도와주려는 실천 의지를 기른다. ① 봉사의 의미와 중요성은 무엇이며, 자신이 할 수 있는 봉사 계획을 어떻게 수립할 수 있을까? ② 봉사를 실천하는 데 필요한 태도는 무엇이고, 봉사의 모범 사례를 따라 어떻게 하면 책임감 있게 행동할 수 있을까?
연대성	[4도02-04] 협동의 의미와 중요성을 알고, 경청·도덕적 대화하기·도덕적 민감성을 통해 협동할 수 있는 능력을 기른다. ① 협동의 의미와 중요성은 무엇이며, 협동을 위해 어떤 자세와 태도가 필요할까? ② 다양한 활동을 통해 알게 된 협동의 방법은 무엇이며, 이를 어떻게 실천할 수 있을까?

연대성	[6도03-04] 세계화 시대에 인류가 겪고 있는 문제와 그 원인을 토론을 통해 알아보고, 이를 해결하고자 하는 의지를 가지고 실천한다. ① 우리가 겪고 있는 다양한 지구촌 문제들은 무엇이며, 어떻게 하면 지구촌 문제에 대한 도덕적 민감성을 기를 수 있을까? ② 지구촌 문제를 올바르게 해결하기 위한 방법은 무엇이며, 어떻게 하면 이 문제를 해결하기 위한 올바른 의사 결정을 할 수 있을까?
데이터 관리	[6도02-01] 사이버 공간에서 발생하는 여러 문제에 대한 도덕적 민감성을 기르며, 사이버 공간에서 지켜야 할 예절과 법을 알고 습관화한다. ① 사이버 공간에서 필요한 예절은 무엇이며, 어떻게 하면 이를 책임감 있게 행동할 수 있을까? ② 저작권 침해, 사이버 폭력, 온라인 중독이 갖는 문제점은 무엇이며 이를 해결하기 위해 무엇을 해야 할까?
책임성	[6도03-02] 공정함의 의미와 공정한 사회의 필요성을 이해하고, 일상생활에서 공정하게 생활하려는 실천 의지를 기른다. ① 공정함의 의미는 무엇이며, 공정한 사회를 이루기 위해 관점 채택 능력을 어떻게 기를 수 있을까? ② 공정하게 살아가기 위한 태도와 능력은 무엇이고, 이를 생활 속에서 어떻게 책임감 있게 행동할 수 있을까?
안전성	[4도01-03] 최선을 다하는 삶을 위해 정성과 인내가 필요한 이유를 탐구하고 생활 계획을 세워 본다. ① 최선을 다하는 삶은 어떤 모습이고, 이를 위해 인내와 정성이 필요한 이유는 무엇일까? ② 최선을 다하는 삶의 방법은 무엇이고 이를 어떻게 실천할 수 있을까?
투명성	[6도01-03] 정직의 의미와 정직하게 살아가는 것의 중요성을 탐구하고, 정직과 관련된 갈등 상황에서 정직하게 판단하고 실천하는 방법을 익힌다. ① 정직의 의미와 정직하게 살아가는 것이 중요한 이유는 무엇이며, 어떻게 하면 올바른 의사 결정을 할 수 있을까? ② 정직하게 살아가는 데 필요한 것은 무엇이고, 어떻게 하면 유혹을 이겨낼 수 있을까?

출처: 교육부, 2015

2) 교육부의 2022 개정 교육 과정 연계 성취 기준(교육부, 2022)

다음으로는 AI 윤리 교육에서 활용할 수 있는 성취 기준을 2022 개정 초등 도덕과 교육 과정과 연계할 수 있는 표를 제시한다. 2022년은 2015년 이후로 새로이 개정된 교육 과정이 고시된 해이다. 2022 개정 교육 과정 총론에서 교육 과정을 개정하는 주요 배경으로 "AI 기술 발전에 따른 디지털 전환, 감염병 대유행 및 기후·생태 환경 변화, 인구 구조 변화 등에 의해 사회의 불확실성이 증가"하고 있음을 들었다. 이중 디지털 전환의 불확실성이 AI 기술의 발전으로부터 나타났다고 인과 관계를 꽤 직접적으로 밝히고 있는 셈이다. 따라서 AI 기술의 윤리적 문제와 그에 따른 불확실성을 해결하기 위한 방향성은 도덕과 교육 과정에도 여실히 반영되었다. 이에 도덕과 교육 과정의 내용 체계와 성취 기준에 'AI'라는 어휘가 직접적으로 표현되고 있으므로 추후 2022 개정 교육 과정이 적용되면 수업에서 곧바로 활용할 수 있다. 그렇지만 AI가 언급되지 않았더라도 2015 개정 교육 과정에서처럼 AI 윤리 교육에서 다룰 수 있다. [표 3]은 2022 개정 교육 과정과 연계하여 AI의 윤리 교육 성취 기준을 제시한 것이다.

다만 2015 개정 교육 과정과 같이 연계된 2022 개정 성취 기준들도 예시일 뿐 다른 영역에서 활용할 수도 있으며, 제시되지 않은 성취 기준도 학습 목적에 따라 활용할 수 있다. 또한 AI 도덕 교육이기에 도덕과 교육 과정만 안내하였으며, AI 융합 교육의 관점에서는 타 교과의 교육 과정까지도 교사의 역량에 따라 활용할 수 있다.

[표 3] 2022 개정 교육 과정 연계 AI 윤리 교육 성취 기준

영역	2015 개정 초등 도덕과 성취 기준
인권 보장	[6도03-01] 인권과 관련된 다양한 사례를 살펴보고 인권에 관한 감수성을 길러 이를 실천하려는 의지를 함양한다.
프라이버시 보호	[4도03-02] 디지털 사회에서 발생하는 다양한 문제를 살펴보고, 해결 방안을 탐구하여 정보 통신 윤리에 대한 민감성을 기른다.
다양성 존중	[4도02-02] 친구 사이의 배려에 대한 올바른 이해를 바탕으로 일상생활에서 배려에 기반한 도덕적 관계를 맺을 수 있는 방안을 탐색한다. [4도02-03] 공감의 태도가 필요한 이유를 이해하고 도덕적 상상력을 바탕으로 대상과 상황에 따라 감정을 나누는 방법을 탐구하여 실천한다.
침해 금지	[6도01-02] 생활 습관에 대한 성찰을 통해 자기 생활을 점검하고 올바른 계획을 세워 이를 실천한다. [6도02-03] 인간과 인공지능 로봇 간의 다양한 관계를 파악하고 도덕에 기반을 둔 관계 형성의 필요성을 탐구한다.
공공성	[4도04-02] 인간과 자연이 함께 살아야 하는 이유를 이해하고 공생을 위한 구체적인 실천 계획을 세우며 생태 감수성을 기른다. [6도03-04] 다른 나라 사람들이 처한 여러 가지 상황을 종합적으로 이해하고 해결 방안을 탐구하며 인류애를 기른다. [6도04-02] 지속 가능한 삶의 의미를 탐구하고 미래 세대에 대한 책임을 강화하여 자연의 다양성을 존중하고 생산성을 유지할 수 있는 미래를 위한 실천 방안을 찾는다.
연대성	[4도01-04] 다른 사람의 관점을 수용할 수 있는지를 도덕적으로 검토하고 도덕 규범을 내면화하여 도덕적으로 행동할 수 있는 자세를 기른다.
데이터 관리	[6도02-02] 편견이 발생하는 이유를 탐색하여 해결 방안을 살펴보고, 다양성 존중을 바탕으로 다른 사람과 올바른 관계를 맺기 위한 실천 방안을 탐구한다.
책임성	[4도03-01] 불공정의 사례를 탐구하고, 일상생활에서 공정의 가치를 추구하는 활동을 통해 실천 의지를 함양한다.

안전성	[6도03-02] 정의에 관한 관심을 토대로 공동체 규칙의 중요성을 살펴보고 직접 공정한 규칙을 고안하며 기초적인 시민 의식을 기른다.
투명성	[4도01-02] 정직의 의미를 알고 모범적인 사례를 탐색하여 바르게 행동하려는 태도를 기른다.

출처: 교육부, 2022

3) AI 윤리 기준의 10대 핵심 요건별 성취 기준

AI 윤리를 집중적으로 다루기 위해 큰 규모의 학습 과정의 교육 주제로 선정하게 되면 보다 전문적인 수준의 내용 체계와 성취 기준이 필요하다. 따라서 마지막으로 [표 4]를 통해 제시한 성취 기준은 그러한 상황에서 보강된 AI 윤리 교육을 수행할 수 있도록 돕는 역할을 한다. 그래서 해당 성취 기준은 국가 수준의 AI 윤리 기준에서 고시한 10대 핵심 요건이 설정된 의도를 가장 충실히 포괄하고 있다.

[표 4] AI 윤리 교육의 성취 기준

영역	성취 기준
인권 보장	[인-01-01] 인공지능이 인간의 기본권(인권, 존엄성)을 침해할 수 있다는 사실을 이해한다. [인-01-02] 사람을 돕는 인공지능이 인권을 보장하는 데 사용될 수 있음을 이해한다. [인-02-01] 인공지능이 인권을 존중하는 사례를 찾아 조사할 수 있다. [인-02-02] 잘못된 인공지능 활용으로 인한 인권 침해 사례를 조사할 수 있다. [인-02-03] 인공지능의 편향된 데이터와 알고리즘이 차별과 편견에 영향을 미친 사례를 통해 인권 감수성을 기른다. [인-03-01] 인간의 기본권을 지키기 위하여 인공지능이 활용될 수 있는 방안에 대해 제시할 수 있다. [인-03-02] 인권을 존중하는 인공지능을 개발·활용하기 위한 노력(개인, 사회, 제도와 정책)에 대해 이해한다.

영역	성취 기준
프라이버시 보호	[프-01-01] 인공지능의 개발과 활용 과정에서 사생활 침해가 발생할 수 있음을 이해한다. [프-01-02] 인공지능 기술이 개인 정보를 과도하게 활용할 수 있음을 이해한다. [프-02-01] 인공지능의 개발과 활용 과정에서 개인 정보의 오남용이 발생할 수 있음을 이해한다. [프-02-02] 인공지능 기술이 개인 정보를 오남용 하였을 때 발생하는 문제 및 이에 대한 대처 방안을 살펴본다. [프-03-01] 인공지능 기술이 사생활 침해를 예방하고, 개인 정보를 보호하기 위해 어떤 조치를 취할 수 있는지 살펴본다. [프-03-02] 인공지능 시스템에서 개인 정보가 유출되거나 사생활이 침해되었을 때 보호받을 수 있는 방법에 대해 이해한다. [프-03-03] 인공지능 기술로 인해 침해될 수 있는 사생활과 개인 정보를 보호하기 위해 개인 및 사회는 어떠한 노력을 기울일 수 있는지 살펴본다.
다양성 존중	[다-01-01] 인공지능 기술이 사용자의 다양성(연령, 성별, 계층 등)을 온전하게 반영하지 못할 수 있음을 이해한다. [다-01-02] 인공지능 기술이 다양한 사용자에게 공정하게 적용될 수 있어야 함을 이해한다. [다-02-01] 인공지능 기술이 사회적 약자 및 취약 계층의 접근성·사용성에 도움을 주는 사례를 찾아본다. [다-02-02] 인공지능 기술이 사회 구성원에게 불이익을 주는 사례가 있는지 찾아보고 이를 보완하기 위한 노력에 대해 탐구한다. [다-03-01] 인공지능 기술로 인한 혜택이 모든 사람들에게 공정하게 돌아가도록 하기 위해 어떠한 노력이 필요한지 이해한다. [다-03-02] 인공지능 기술을 바탕으로 우리 사회의 다양성을 존중하기 위해 개발자와 사용자가 기울여야 하는 노력에 대해 토의한다.
침해 금지	[침-01-01] 인공지능이 인간에게 피해를 입히는 목적으로 활용될 수 있음을 이해한다. [침-01-02] 인공지능의 활용으로 자신이 다양한 피해를 입을 수 있음을 이해한다. [침-02-01] 인공지능 시스템이 나에게 영향을 미칠 수 있는 위험 요소를 인지할 수 있는 능력을 기르고, 이를 최소화할 수 있는 방안에 대해 탐구한다. [침-02-02] 인공지능으로 인해 발생하는 다양한 피해 사례를 살펴보고 이를 해결하기 위한 방법에 대해 토의한다. [침-03-01] 인공지능으로 인해 피해가 발생했을 경우, 피해 보상과 재발 방지에 관해 개발자, 사용자, 그리고 정책 결정자가 기울일 수 있는 노력에 대해 이해한다. [침-03-02] 인공지능 시스템이 가하는 위험 수준이 개인마다 서로 다를 때 이를 어떻게 처리하여야 하는지 논의한다.

영역	성취 기준
공공성	[공-01-01] 인공지능의 개발과 활용이 개인의 행복과 사회의 공공성 증진에 기여할 수 있음을 이해한다. [공-01-02] 인공지능의 개발과 활용이 사회의 공공성을 훼손할 수 있음을 이해한다. [공-02-01] 인공지능의 개발과 활용이 개인의 행복과 사회의 공공성을 증진한 사례와 그렇지 않은 사례에 대해 탐구한다. [공-03-01] 인공지능이 공공성을 유지할 수 있도록 개발자, 사용자, 정책 입안자가 기울이는 노력에 대해 이해한다. [공-03-02] 인공지능 시스템이 사회에 악영향을 미치는 경우 이를 최소화하기 위해서 어떻게 하여야 하는지 토의한다. [공-03-03] 인공지능 시스템이 공공성을 훼손할 때 취약한 사람은 누구이며 이를 방지하기 위해 어떤 노력을 하여야 하는지 토의한다.
연대성	[연-01-01] 인공지능이 사회의 통합과 발전에서 차지하는 역할의 범위와 중요성을 이해한다. [연-01-02] 인공지능의 영향에 대한 사회적 제도적 차원의 정의와 원칙, 가이드라인을 조사한다. [연-01-03] 인공지능 기술이 미래 세대에 줄 수 있는 이익이나 피해에 대해 알아보고, 인공지능으로 인해 발생할 수 있는 문제를 해결하는 의지를 가진다. [연-02-01] 인공지능 기술의 진보와 확산으로 상호 작용하는 인간 사이의 필수적 관계를 강화시키는 사례를 찾는다. [연-02-02] 인공지능의 개발 및 활용에 대한 국가 간 합의 및 국제적 협력의 방안을 제시할 수 있다. [연-03-01] 인공지능 기술을 활용해 다양한 집단 및 세대 간의 통합과 연대를 증진하는 방안을 제시할 수 있다. [연 03 02] 인공지능 기술을 기반으로 한 초연결 사회에서 편견과 차별을 없애고 연대성을 증진하는 방법에 대해 토의한다.
데이터 관리	[데-01-01] 인공지능 기술의 악용을 막기 위해 데이터를 관리하는 수준에 대해 토론을 통해 알아보고 데이터 관리의 의미를 이해한다. [데-01-02] 데이터의 입수, 결합, 추출에서부터 폐기에 이르는 데이터의 생애 주기를 이해하며, 데이터의 출처 및 인위적 세부 처리 과정에 대한 기록을 유지할 필요에 대해 이해한다. [데-02-01] 데이터 관리의 방법과 중요성을 알고 데이터 관리가 필요한 사례를 찾아 제시한다. [데-02-02] 데이터 편향성을 개선하기 위한 방안과 그 사례를 찾아 제시한다. [데-03-01] 데이터를 수집해 목적에 부합하게 활용하는 절차나 방안을 토론을 통해 찾아 데이터 활용 방식을 제시한다.

영역	성취 기준
데이터 관리	[데-03-02] 편향되지 않은 데이터를 수집, 처리하는 인공지능을 개발하기 위한 방안을 토론을 통해 알아보고 이를 생활에 적용하고 실천한다.
책임성	[책-01-01] 인공지능 시스템의 작동, 사용, 오용 등에 대한 책임의 주체의 문제에 대해 이해하고 해결 방법에 대해 토의한다. [책-01-02] 인공지능 시스템의 작동 과정을 기록하고 추적하는 이유와 방법에 대해 이해한다. [책-02-01] 인공지능 시스템을 개발, 배포, 사용할 때 시스템에 대한 책임의 문제 사례와 해결 방안을 제시할 수 있다. [책-02-02] 인공지능 운영자의 결정에 의해 영향을 받은 사례와 그 일을 해결하기 위한 방안을 제시할 수 있다. [책-03-01] 인공지능의 사용이나 오용에 대한 도덕적, 사회적 영향에 대한 책임의 주체를 정하고 그 이유를 설명할 수 있다. [책-03-02] 인공지능 시스템에서 의사 결정 과정의 각 단계에 인간의 개입에 대한 것을 기록하는 필요성에 대해 토론하고 이해한다.
안전성	[안-01-01] 인공지능 시스템의 안전성을 확보하는 주체에 대해 조사하고 이해한다. [안-01-02] 인공지능 시스템의 안정성을 검증하고 보장하기 위한 방안에 대해 찾고 토론한다. [안-02-01] 인공지능 개발자가 인공지능 시스템 개발 시 사용자의 안전에 대해 고려해야 하는 정도를 토론하여 제시한다. [안-02-02] 인공지능이 수집할 데이터의 위험성과 안전에 대한 조치에 관한 사례를 찾고, 그 문제의 해결 방안을 제시한다. [안-02-03] 인공지능 운영자가 인공지능 시스템의 위험의 식별과 완화 조치를 위한 윤리 프레임워크를 구성하고 구체적인 사례를 제시한다. [안-03-01] 인공지능 운영자와 공급 업체 간의 성능 유지를 위한 지속적인 협력이 우리에게 끼치는 영향에 관해 알아보고 우리의 삶에 끼치는 영향에 대해 생각하고 발생할 수 있는 문제의 해결 방안을 제시한다. [안-03-02] 인공지능 시스템에 의해 발생할 수 있는 문제를 해결하기 위한 '중지 버튼'의 필요성에 대해 토론을 통해 알아보고, 그 문제에 관한 구체적인 적용 방안을 제시한다.
투명성	[투-01-01] 인공지능 시스템과 관련하여 사용자에게 고지하고 제공해야 할 필요성을 이해한다. [투-01-02] 사용자에게 인공지능 시스템을 사용하는 방법에 대한 교육 자료나 면책 조항을 제시하는 것이 야기할 수 있는 문제에 대해 알아보고 이 문제를 해결하기 위한 방안을 제시한다.

영역	성취 기준
투명성	[투-02-01] 인공지능과 관련된 중요한 결정, 특히 손실, 피해, 손상을 초래할 수 있는 결정에 대해 개발자가 추적 가능성을 고려하고 관련 내용 공개해야 할 필요성을 이해한다. [투-02-02] 인공지능 운영자가 인공지능에 결정에 영향을 받은 사람들에게 그 결정 근거에 대해 접근할 수 있는 수단을 제공하는 방안과 이를 적용하기 위한 범위와 수준에 대해 토론하고 예시를 제시한다. [[투-03-01] 설명 가능한 인공지능의 사용을 통해 사회적 신뢰 형성이 이루어질 수 있는 것을 이해하고 설명 가능한 인공지능을 보급하기 위해 노력하고 실천한다.

출처: 서울특별시교육청, 2023:227-232 재구성

II. AI 윤리 교육을 위한 AI 도구 활용 매뉴얼

AI 윤리 교육은 기초이자 핵심 전제가 AI 기술이기 때문에 학생들의 수준과 교육 목표에만 부합한다면 어떠한 AI 도구도 학습 내용을 지원할 수 있다. 따라서 교사가 AI 도구를 활용하고자 하는 적극적인 의지와 교수 학습 준비를 위한 능동적인 태도를 일관한다면 수업에 적용할 수 있는 여러 형태의 도구를 찾아낼 수 있다.

AI 도구는 경비 측면에서 무료와 유료로 구분할 수 있다. 대부분 일회적이고 단발적인 사용이 많아서 유료로 구입하기에는 다른 교과의 수업도 준비하는 교사로서 경제적으로 부담될 수 있다. 물론 유료로 서비스를 제공한다면 그만큼 품질을 보장한다는 뜻이므로, 사용이 잦고 그만한 교육적 효과성을 가지고 있다면 교사의 자율성에 따라 활용할 수 있다. 어쨌든 주로 무료 AI 서비스를 사용하게 되는데, AI 기술의 응용 분야 범위가 대단히 넓으며 체험과 경험이 중점이 되어야 하는 초등학교 수준에서는 그만으로도 여실한 교육 효과를 낼 수 있다. AI 개발

자들이 끊임없이 서비스를 개발하고자 몰두하고 있고, 개시한 서비스를 유예 기간을 두고 테스트하거나 광고 중심의 수익 창출 모델을 사용하고 있다. 또한 연구를 위해 요구되는 데이터를 얻고자 AI 서비스를 제공하기도 한다. 따라서 무료로 사용할 수 있는 AI 서비스의 폭이 넓어지고 있다. 또한 유형도 여러 가지다. 웹사이트를 기반으로 하는 경우 컴퓨터, 태블릿PC, 스마트폰 등의 다양한 기기를 가지고 주소만 있으면 되기에 학생들에게 접근성이 좋다. 애플리케이션을 기반으로 하는 경우 컴퓨터를 제외한 디지털 기기를 사용할 수 있지만, 학생들에게 친숙하다는 강점이 있다.

AI 윤리 교육은 데이터를 학습하여 자가 발전하는 AI의 원리를 파악하고 나서 사례와 이론을 제시해야 효율적이다. 그러므로 여러 도구 중에서도 직접 AI 소프트웨어에 데이터를 학습시켜 결과를 두 눈으로 확인할 때 교육 효과가 가장 극대화될 수 있다. 하지만 초등학생들이 전문적인 프로그래밍 언어로 제작하는 AI 소프트웨어에 접근하기는 매우 어렵다. 이를 보완하기 위해 블록 코딩과 같이 쉽게 제작할 수 있는 AI 소프트웨어를 활용하는 게 좋다.

1. 티처블 머신(Teachable Machine) 활용 AI 윤리 교육

초등학교의 저학년이나 중학년도 AI 도구를 활용한 체험 중심 AI 윤리 교육을 적용할 수 있다. 그러려면 저학년이나 중학년 수준에서 체험 가능한 AI 도구를 찾아야 한다. 티처블 머신은 블록 코딩보다 더 수월하게 AI의 원리를 경험해 볼 수 있는 AI 도구로서 초등학교 중학년도 활용해 볼 수 있다. 다만 저학년도 활용할 수는 있지만, 학생들 간의 디지털 기기 조작 능력 격차의 폭이 커서 수업 중간마다 교사의 지원 노력이 더 많이 들 수 있다.

티처블 머신은 목적부터 구글에서 AI 모델 중 머신 러닝(machine learning) 모델에 대한 학습을 지원하기 위해 제작한 것이다. 특히 머신 러닝의 핵심으로서 데이터를 분류하여 라벨링하고, 반복 학습하여 특징을 찾아내고, 결괏값을 예측하여 판단을 내리는 세 가지 단계를 직관적으로 보여 준다. 머신 러닝은 직역한 대로 기계 학습이라고도 불리는데 AI의 가장 대표적인 방법에 속한다. 사람이 직접 수많은 규칙을 넣는 전문가 시스템 방법과 달리 머신 러닝 방식은 기계가 스스로 규칙을 만들어다. 머신 러닝의 대표적인 학습 방법은 주로 지도 학습(supervised learning), 비지도 학습(unsupervised learning), 강화 학습(reinforcement learning)의 3가지로 알려져 있다(에이아이스쿨, 2021).

- 지도 학습(supervised learning): 지도 학습은 사람이 명시적으로 정답 처리된 라벨링 데이터를 주어 컴퓨터를 학습시키는 방법이다. 예를 들면 사람이 직접 강아지 사진만 주어 강아지의 특징을 학습시키고, 고양이 사진만 주어 고양이의 특징을 학습시키는 경우이다.

- 비지도 학습(unsupervised learning): 비지도 학습은 사람이 명시적인 정답이 있는 라벨링 데이터를 제공하지 않고, 컴퓨터가 특징을 발견하여 직접 유사 데이터끼리 군집화하여 이를 바탕으로 결과를 예측하는 방식이다. 예를 들면 강아지와 고양이 사진을 무작위로 주고 각각의 특징을 분석하고 학습하여 강아지와 고양이의 특징을 각각 파악해 내는 경우이다.

- 강화 학습(reinforcement learning): 지도 학습과 비지도 학습은 데이터를 제공받아 학습을 진행하는 정적 상태(static environment) 학습이었다. 반대로 강화 학습은 동적 상태(dynamic environment) 학습으로 에이전트가 행동을 취할 때마다 보상을 주어 보상을 극대화하도록 학습을 하는 것을 의미한다. 게임의 경우 이해가 쉬운데, 예를 들면 체스 게임을 시뮬레이션으로 계속 반복하면서 게임에 이기면 양의 보상을 얻고 지면 음의 보상을 받는다. 그러면서 보상을 극대화하는 방향으로 시뮬레이션을 통해 반복적으로 학습하는 경우에 해당한다.

되돌아와서 코드 작성 없이 머신 러닝을 체험하기 편리한 티처블 머신을 어떻게 운용하며, 또한 티처블 머신을 활용하여 AI 윤리 교육을 어떻게 수행할 수 있는지 수업 사례를 바탕으로 알아보도록 하자(Teachable Machine, n.d.).

1) 이미지 프로젝트 활용: 안면 인식 AI와 프라이버시 보호

먼저 티처블 머신의 이미지 프로젝트를 활용한 AI 윤리 교육 수업 사례를 안내하기 위하여 수업 개요를 먼저 살펴보자. AI 도구 매뉴얼에 초점을 맞추기 위하여 수업의 개요는 간단하게 학습 주제, 관련 성취 기준, 교수 학습 안내로만 확인해 보자. 교수 학습의 활동 구성도 구체적인 학습 단계를 제시하지 않고 AI 도구와 AI 윤리 교육을 연계하는 방식을 체감해 보는 정도로만 구성하였다.

[표 5] 티처블 머신 활용 AI 윤리 교육 수업 개요(1)

구분	내용
학습 주제	안면 인식 AI 제작 체험 및 프라이버시 보호 인식
관련 성취 기준	[프-01-01] AI의 개발과 활용 과정에서 사생활 침해가 발생할 수 있음을 이해한다.
교수 학습 안내	본 수업은 학생들이 안면 인식 AI를 제작하는 체험을 해 보며 AI를 개발하고 활용하는 과정에서 개인 정보나 사생활 데이터를 학습하고 판단한다는 사실을 이해하고, AI를 개발하고 활용할 때 어떻게 프라이버시를 보호할 수 있는지 생각해 보도록 하는 데 목적이 있다. 이에 활동은 먼저 안면 인식 AI를 제작하는 체험을 해 보고, 개인 정보와 사생활 침해 및 프라이버시 보호에 대한 생각을 나눠 보는 것으로 구성한다.

우선 구글에서 제공하는 티처블 머신 웹사이트(https://teachablemachine.withgoogle.com/)에 접속한다. 접속하고 나면 첫 화면으로 [그림 1]과 같이 티처블 머신 홈 화면이 나오고 티처블 머신에 대한 간단한 설명이 소개되어 있다. 소프트웨어를 사용하려면 홈 화면의 우측 상단에 있는 '시작하기' 버튼을 클릭해야 한다.

[그림 1] Teachable Machine 홈 화면
출처: https://teachablemachine.withgoogle.com/

'시작하기' 버튼을 클릭하면 [그림 2]의 실제 서비스를 이용할 수 있는 선택 화면이 나온다. 선택 항목에는 '이미지 프로젝트', '오디오 프로젝트', '포즈 프로젝트'의 세 가지 프로젝트 유형이 있다.

[그림 2] Teachable Machine 프로젝트 선택 화면
출처: https://teachablemachine.withgoogle.com/

- 이미지 프로젝트: 이미지를 데이터로 활용하는 프로젝트로, 가지고 있는 이미지 파일을 활용하거나 사이트에서 웹캠을 이용하여 바로 촬영한 이미지를 모두 사용할 수 있다. 바로 촬영하기 위해서는 별도의 웹캠 장치를 컴퓨터에 연결해야 한다.

- 오디오 프로젝트: 음성을 데이터를 활용하는 프로젝트로, 가지고 있는 음성 파일을 활용하거나 사이트에서 마이크를 이용하여 바로 녹음한 음성 파일을 모두 사용할 수 있다. 바로 녹음하기 위해서는 별도의 마이크 장치를 컴

퓨터에 연결해야 한다.

- 포즈 프로젝트: 이미지를 데이터로 활용하는 프로젝트로, 가지고 있는 이미지 파일을 활용하거나 사이트에서 웹캠을 이용하여 바로 촬영한 이미지를 모두 사용할 수 있다. 바로 촬영하기 위해서는 별도의 웹캠 장치를 컴퓨터에 연결해야 한다. 다만 이미지 프로젝트와 다른 점은 사람의 관절 구동 부위를 바탕으로 움직임을 인식하고 판단하기 위해 제작되었다는 점이다.

원하는 프로젝트 유형을 선택하고 나면 머신 러닝의 원리를 파악할 수 있도록 하는 학습 공간을 보게 된다. 안면 인식 AI를 제작하려면 이미지 프로젝트를 선택하면 된다. 서비스 화면의 기능 구성은 세 프로젝트 유형 모두 유사하다. 가장 왼쪽 프레임들은 라벨을 붙이고 학습용 데이터를 추가하는 기능으로 원하는 만큼 라벨 개수를 추가할 수 있다. 가운데 '학습' 프레임의 기능은 추가된 라벨링 데이터들의 특성을 학습하는 것이다. 가장 오른쪽 '미리 보기' 프레임의 기능은 학습한 머신 러닝 모델이 어떻게 학습하여 결과를 예측하는지 미리 확인할 수 있는 기능이다.

이제 수업 장면으로 넘어와서 간단한 수준의 안면 인식 AI 모델을 만들어 보자. 준비 상황은 컴퓨터나 노트북에 웹캠 장치가 성공적으로 연결된 상태이다. 첫째, 라벨의 이름을 수정한다. 'Class 1'은 '인식 안 됨'으로, 'Class 2'는 '인식됨'으로 변경한다.

둘째, 이미지 데이터를 라벨별로 추가한다. 먼저 '인식 안 됨' 라벨 아

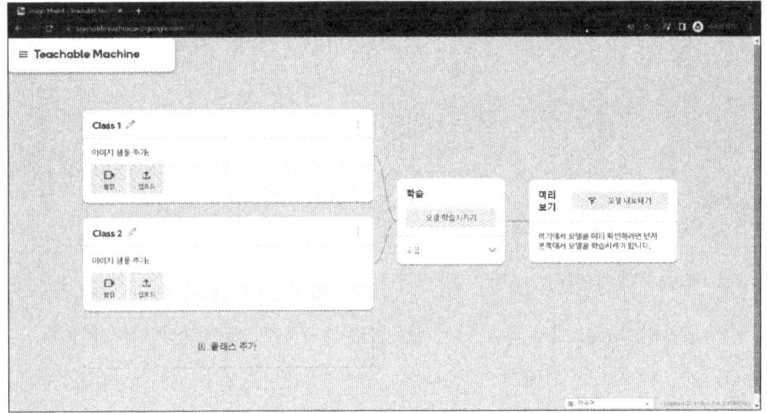

[그림 3] 이미지 프로젝트 기능 구성
출처: https://teachablemachine.withgoogle.com/

래 '웹캠'을 클릭하고, 상단에 나타나는 카메라 사용을 허용하여 권한을 요청한다. 그리고 '길게 눌러서 녹화하기'를 눌러 배경만 나오고 인물은 없는 사진을 50장 정도 촬영한다. 이때 '길게 눌러서 녹화하기'는 여러 번 누를 필요 없이 누르고 있으면 된다. 배경을 촬영하였으면 이제 '인식됨' 라벨에서도 똑같은 절차를 반복한다. 웹캠을 누르고 같은 배경에 본인이 나오도록 하여 똑같은 방식으로 50장을 촬영한다. 50장보다 적거나 많아도 학습은 가능하며 샘플 수가 많을수록 모델 예측이 정확해지는 대신에 처리 시간은 늘어난다.

셋째, 이미지 데이터가 라벨별로 추가되고 나면 중간 프레임에서 '모델 학습시키기'를 클릭하여 모델을 학습시킨다. '고급' 기능에 '에포크', '배치 크기', '학습률' 등의 설정 사항이 있어서 목적에 맞게 수정할 수

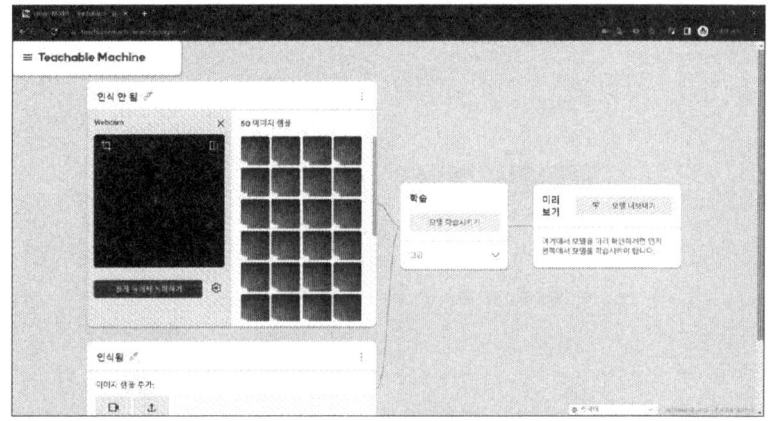

[그림 4] 안면 인식 AI 제작 과정(1)
출처: https://teachablemachine.withgoogle.com/

있다. 그렇지만 따로 변경하지 않아도 충분히 체험 가능하므로 교사와 학생들이 쉽게 접근할 수 있도록 변경하지 않는다. 기능을 클릭하면 학습 중임을 나타내는 문구와 비율이 나타나고 학습이 끝나면 '모델 학습 완료됨'이라는 문구가 나타난다.

  넷째, 학습된 모델이 어떠한 예측 결과를 출력하는지 체험한다. 모델 학습 이후 오른쪽에 웹캠 화면이 송출되고 송출된 화면 하단에는 '출력' 프레임 안에 '인식 안 됨'과 '인식됨'이 각각 0~100% 비율로 나타난다. 여기서는 학생들이 움직여 보기도 하고 배경만 나오게 해 보면서 비율이 어떻게 변하는지 확인하도록 하면 된다. 만약 적절하게 모델을 학습했다면 배경만 나올 때는 '인식 안 됨'에 높은 비율이 나타나서 실제 잠금 해제가 안 되는 것으로 가정할 수 있다. 반대로 학생이 나올 때는 '인식됨'에 높은 비율이 나타나서 실제 잠금이 해제되는 것으로 가정할 수 있다.

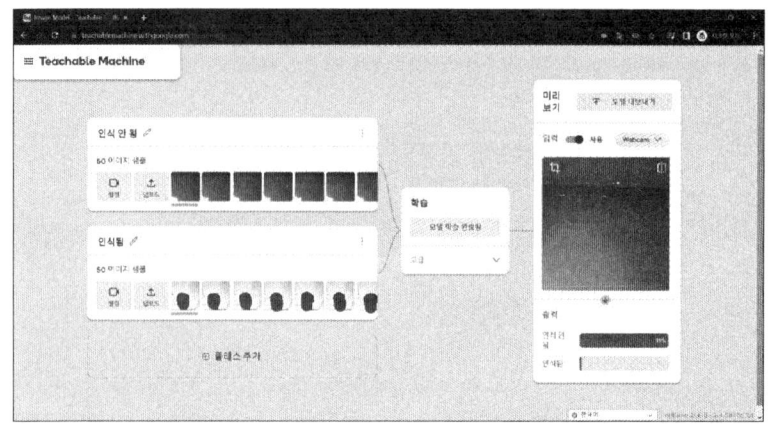

[그림 5] 안면 인식 AI 제작 과정(2)
출처: https://teachablemachine.withgoogle.com/

체험 활동 이후 AI 윤리 교육과의 연계 활동을 다음처럼 구상할 수 있다. 안면 인식 AI 소프트웨어는 디지털 기기의 잠금 시스템, 건물 출입 시스템 등 다양한 시스템 및 장소에 적용할 수 있다. 나아가 얼굴을 포함한 생체 인식 AI의 학습을 위해서는 학습용 생체 데이터가 필요하다. 이러한 생체 데이터들은 금융, 행정 등의 중요한 분야와 자주 연계되기에 매우 중요한 개인 정보에 해당한다. 따라서 해커들에 의해 해킹을 당하거나 기술자나 관리자에 의해 악용될 소지가 생길 수 있다. 이러한 가능성을 학생들에게 문제로서 제기하고 프라이버시의 필요성이나 보호 방안에 대해 생각해 보는 활동을 던져줄 수 있을 것이다.

2) 오디오 프로젝트 활용: 재난 재해 대응 AI 시스템과 공공성

다음으로 티처블 머신의 오디오 프로젝트를 활용한 AI 윤리 교육 수

업 사례를 안내하기 위하여 수업 개요를 먼저 살펴보자. 이번에도 AI 도구 매뉴얼에 초점을 맞추기 위하여 수업의 개요는 간단하게 학습 주제, 관련 성취 기준, 교수 학습 안내로만 확인해 보자. 또한 이전처럼 교수 학습의 활동 구성도 구체적인 학습 단계를 제시하지 않고 AI 도구와 AI 윤리 교육을 연계하는 방식을 체감해 보는 정도로만 구성하였다.

이미지 프로젝트에서 살펴본 바와 같이 '오디오 프로젝트'를 선택하기까지 똑같은 순서로 진행하면 된다. 오디오 프로젝트 기능 구성은 이미지 프로젝트와 거의 유사하지만 학습용 데이터를 추가하는 부분만 살짝 다르다. 아무래도 음성 파일을 학습 데이터로 사용하기 때문에 주변 소음이 데이터 학습에 방해가 될 수 있다. 그래서 가장 첫 번째 라벨 데이터로 '배경 소음'이 제시된다. 라벨링 데이터 학습을 실행할 때 오디오 녹음 파일의 원하는 음성 외의 배경 소음이 미치는 영향을 최소화하여 데이터 학습이 원활히 이루어지도록 하는 것이다.

[표 6] 티처블 머신 활용 AI 윤리 교육 수업 개요(2)

구분	내용
학습 주제	재난 재해 대응 AI 시스템 제작 체험 및 공공성 인식
관련 성취 기준	[공-01-01] AI의 개발과 활용이 개인의 행복과 사회의 공공성 증진에 기여할 수 있음을 이해한다.
교수 학습 안내	본 수업은 학생들이 재난 재해 대응 AI 시스템을 제작하는 체험을 해 보며 개인의 행복과 사회의 공공성 증진에 기여할 수 있는 AI를 개발하고 활용할 수 있음을 깨닫도록 하는 데 목적이 있다. 이에 활동은 먼저 화재, 홍수 등의 재난 재해 상황에서 구조 요청 음성을 인식하여 재난 재해에 대응하는 AI 시스템을 제작하는 체험을 해 보고, 개인의 행복과 사회의 공공성 증진을 위한 AI의 개발 방향에 대해 생각을 나눠 보는 것으로 구성한다.

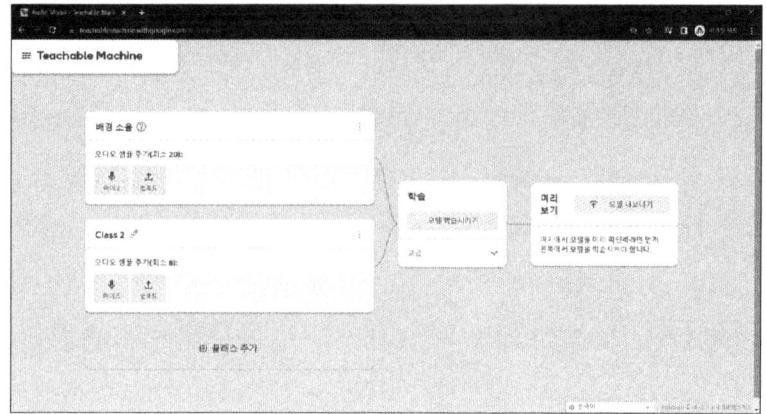

[그림 6] 오디오 프로젝트 기능 구성
출처: https://teachablemachine.withgoogle.com/

　이제 구체적으로 재난 재해 대응 AI 시스템을 간단한 수준에서 제작해 보는 수업 장면을 따라 해 보자. 첫째, 배경 소음 오디오 샘플 데이터를 추가한다. 이번에는 오디오를 녹음해야 하는 만큼 컴퓨터나 노트북에 마이크 장치가 성공적으로 연결되어 있어야 한다. 마이크 장치를 기기에 성공적으로 연결한 상태에서 배경 소음 라벨링의 '마이크'를 클릭한다. 그리고 나면 이미지 프로젝트의 웹캠 장치처럼 마이크 사용에 대한 권한 요청을 허용해야 한다. 그리고 '20초 녹화' 버튼을 클릭하고 20초가 지나면 나타나는 '샘플 추출' 버튼을 클릭하여 오디오 샘플 20개를 추가한다.

　둘째, 라벨을 만들고 라벨마다 학습용 데이터를 추가한다. 이를 위해서는 '클래스 추가' 버튼을 눌러 라벨을 추가하는 과정을 선행해야

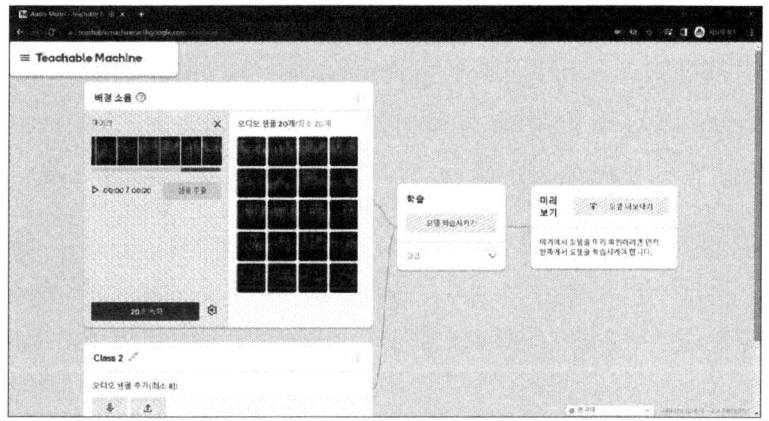

[그림 7] 재난 재해 대응 AI 시스템 제작 과정(1)
출처: https://teachablemachine.withgoogle.com/

한다. 두 개가 된 클래스 또는 라벨의 이름을 각각 'Class 2'는 '화재'로, 'Class 3'은 '지진'으로 수정한다. 이어서 화재와 지진이 났을 때 대응 체계로 연결되도록 화재 및 지진에 관한 구조 요청을 들었을 때 이를 종류별로 포착할 수 있는 모델을 학습시킨다. 우선 화재 클래스의 '마이크'를 클릭하고 '2초 녹화'를 눌러 다른 소음은 없는 상황에서 '불이 났어요. 도와주세요.', '불났어요. 살려 주세요.', '화재가 일어났습니다. 도와주세요.' 등의 다양한 구조 요청 문구를 녹음한다. 그다음 배경 소음과 마찬가지로 샘플 추출을 4번 이상 클릭하여 오디오 샘플을 8개 이상 만든다. 똑같은 방식으로 지진에 관한 구조 요청 문구를 녹음하여 오디오 샘플을 8개 이상 추출한다.

셋째, 모델을 학습시킨다. 이는 이미지 프로젝트에서 모델을 학습시켰던 방법과 똑같이 고급 설정은 딱히 수정하지 않고 '모델 학습시키기'

를 클릭하면 된다. 모델 학습이 성공적으로 완료된 뒤에는 이전과 같이 머신 러닝 모델이 어떻게 결과를 예측하는지 확인할 수 있는 '미리 보기' 기능이 활성화된다. 이때 화재와 관련된 구조 요청과 지진과 관련된 구조 요청을 마이크에 대고 시도해 보면서 출력에 표시된 '화재'와 '지진'의 비율이 어떻게 변해가는지 경험해 볼 수 있다.

지금까지 일련의 제작 체험 과정은 재난 재해 발생 상황에서 구조 요청을 듣고 반응할 수 있는 음성 인식 AI 모델을 학습시킨 것으로 가정하면 된다. 다음 과정은 구조 요청 분석 결과를 바탕으로 대응 체계로 연계되는 과정인데, 여기까지는 이어지지 않으므로 교사가 학생들에게 안내해 주어 이해를 도우면 된다.

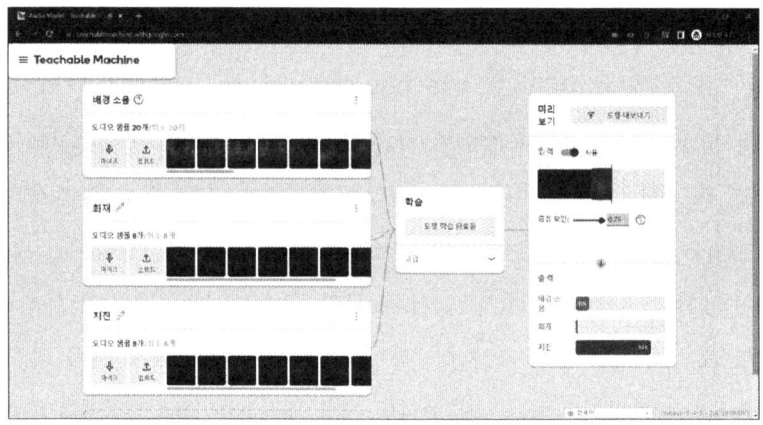

[그림 8] 재난 재해 대응 AI 시스템 제작 과정(2)
출처: https://teachablemachine.withgoogle.com/

체험 활동 이후 AI 윤리 교육과의 연계 활동을 다음처럼 구상할 수 있다. 재난 재해 대응 AI 소프트웨어는 경제적 이익 취득의 영리적 목적보다는 국민의 안전을 위해 정부, 지자체, 공공 기관, 공기업 등에서 사회의 공공선을 증진하기 위한 목적에서 공적이고 비영리적인 방향으로 도입될 수 있다. 따라서 AI라는 사회적 혁신 기술을 단지 사적인 측면에서 개발하고 활용하는 것을 넘어 공적인 측면에서 개발하고 활용하는 것도 필요하다는 인식을 학생들에게 전달할 수 있다. 더불어 학생들에게 공공성을 높일 수 있는 AI 기술의 사례를 조사하도록 하거나 아이디어를 제시하도록 하는 토의 활동도 가능하다.

3) 포즈 프로젝트 활용: 재활 훈련 보조 AI와 인권 보장

마지막으로 티처블 머신의 포즈 프로젝트를 활용한 AI 윤리 교육 수업 사례를 안내하기 위하여 수업 개요를 먼저 살펴보자. 매한가지로 AI 도구 매뉴얼에 초점을 맞추기 위하여 수업의 개요는 간단하게 학습 주제, 관련 성취 기준, 교수 학습 안내로만 확인해 보자. 그리고 전과 같이 교수 학습의 활동 구성도 구체적인 학습 단계를 제시하지 않고 AI 도구와 AI 윤리 교육을 연계하는 방식을 체감해 보는 정도로만 구성하였다.

[표 7] 티처블 머신 활용 AI 윤리 교육 수업 개요(3)

구분	내용
학습 주제	재활 훈련 보조 AI 제작 체험과 인권 보장 인식
관련 성취 기준	[인-01-02] 사람을 돕는 AI가 인권을 보장하는 데 사용될 수 있음을 이해한다.

교수 학습 안내	본 수업은 학생들이 재활 훈련을 보조하는 AI를 제작하는 체험을 해 보며 AI의 개발과 활용이 사람의 인권을 보장하도록 이행될 수 있음을 알게 하는 데 목적이 있다. 이를 위해서 활동은 재활 동작의 자세가 바른지 판단해 주며 재활 훈련을 보조하는 AI를 제작하는 체험을 해 본다. 그리고 AI가 사람의 인권을 보장하는 사례와 오히려 사람의 인권을 침해하는 사례를 각각 조사해 보는 것으로 구성한다.

포즈 프로젝트도 이미지 프로젝트와 오디오 프로젝트처럼 선택까지는 똑같은 순서로 진행하면 된다. 이미지 파일을 학습용 데이터로 사용한다는 공통분모가 있고 이미지 프로젝트와 기능 구성도 같아서 사용 방법도 거의 그대로다. 이제 수업 장면으로 넘어와서 간단한 수준의 재활 훈련 보조 AI 모델을 만들어 보자. 준비 상황은 이미지 프로젝트처럼 컴퓨터나 노트북에 웹캠 장치가 성공적으로 연결된 상태이다. 첫째, 라벨의 이름을 수정한다. 'Class 1'은 '바른 자세'로, 'Class 2'는 '잘못된 자세'로 변경한다.

둘째, 이미지 데이터를 라벨별로 추가한다. 먼저 '바른 자세' 라벨 아래 '웹캠'을 클릭하고, 상단에 나타나는 카메라 사용을 허용하여 권한을 요청한다. 여기서 이미지 프로젝트와는 다르게 전신을 촬영해야 하므로 '길게 눌러서 녹화하기'를 누르고 있을 수 없다. 보완하기 위해서 설정을 변경해야 한다. '길게 눌러서 녹화하기' 우측에 있는 톱니바퀴를 클릭하면 설정 창이 나온다. 거기서 길게 눌러서 녹화하기를 '사용 안함'으로 변경한다. 다음으로 자세를 맞추기까지 걸리는 시간만큼 '지연'을 변경하고, '소요 시간'을 3초로 변경하여 설정을 저장하면 '길게 눌

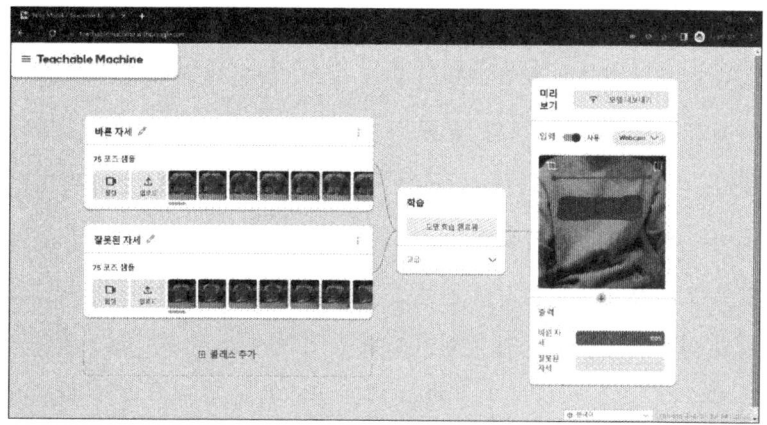

[그림 9] 재활 훈련 보조 AI 시스템 제작 과정
출처: https://teachablemachine.withgoogle.com/

러서 녹화하기'를 대체하여 '3초 녹화'가 나타난다. '3초 녹화'를 클릭하고 자세를 잡으면 설정한 지연 시간이 지나고 나서 3초 동안 연속으로 이미지가 촬영된다. 이때 자세는 체조 동작의 일부처럼 보이는 한 가지 자세(예를 들면 두 다리를 벌리고 두 팔을 벌린 자세와 같이 명확한 자세가 좋다)를 정하고 정지 상태여야 조금 더 명확한 예측 결과를 얻을 수 있다. 그리고 '잘못된 자세' 라벨로 넘어가 같은 절차를 반복한다. 이번에는 '바른 자세'에서 추가한 자세와 어느 정도 명확하게 다른 자세를 잡고 똑같은 방식으로 포즈 샘플을 추가한다.

셋째, 포즈 이미지 데이터가 라벨별로 추가되고 나면 중간 프레임에서 '모델 학습시키기'를 클릭하여 모델을 학습시킨다. '모델 학습시키기' 기능을 클릭하면 학습 중임을 나타내는 문구와 비율이 나타나고 학습이 끝나면 '모델 학습 완료됨'이라는 문구가 나타난다.

넷째, 학습된 모델이 어떠한 예측 결과를 출력하는지 체험한다. 모델 학습 이후 오른쪽에 웹캠 화면이 송출되고 송출된 화면 하단에는 '출력' 프레임 안에 '바른 자세'와 '잘못된 자세'가 각각 0~100% 비율로 나타난다. 여기서는 학생들이 샘플로 추가할 때 잡았던 자세를 해 보며 비율이 어떻게 변하는지 확인하도록 하면 된다. 만약 적절하게 모델을 학습했다면 첫 번째로 잡았던 자세는 '바른 자세'에 높은 비율이 나타나서 재활 치료를 받는 환자가 자신이 재활 훈련 자세를 잘 수행하고 있다고 가정할 수 있다. 반대로 두 번째 자세를 취하면 '잘못된 자세'에 높은 비율이 나타나서 재활 치료를 받는 환자가 자신이 재활 훈련 자세를 잘못 수행하고 있어서 자세를 고칠 수 있도록 돕는 것으로 가정할 수 있다.

체험 활동 이후 AI 윤리 교육과의 연계 활동을 다음처럼 구상할 수 있다. 재활 훈련 보조 AI 소프트웨어는 지체 장애인들이 재활하는 데 도움을 주어 장애인 인권을 보장하는 용도로 활용될 수 있다. 그러므로 AI가 인권을 보장해 주는 한 가지 사례가 된다. 이외에도 시각 장애, 청각 장애 등 다른 장애를 보조하기 위해 쓰일 수도 있으며 아동 인권, 노인 인권 등 여러 영역의 인권을 지원해 줄 수도 있다. 하지만 반대로 AI가 인권을 침해하는 경우가 발생할 수 있다. 따라서 학생들은 체험 이후에 AI와 인권의 연관성에 주목한 뒤 AI가 인권을 보장하는 사례와 침해하는 사례를 각각 조사하거나 예상해 보고 친구들과 논의해 볼 수 있다.

참고 문헌

교육부(2015). 초·중등학교 교육과정. 교육부 고시 제2015-74호. 교육부.

교육부(2022). 초·중등학교 교육과정. 교육부 고시 제2022-33호. 교육부.

서울특별시교육청(2023). 서울형 인공지능 윤리교육자료. 서울특별시교육청.

에이아이스쿨(2021). 지도 학습, 비지도 학습, 강화 학습. 브런치. https://brunch.co.kr/@aischool/2. (최근 검색일: 2023. 2. 2.)

정보통신정책연구원(2021). 사람중심의 인공지능 구현을 위한 인공지능 윤리정책 개발. 방송통신정책연구 2021-0-01627. 과학기술정보통신부.

Teachable Machine. (n.d.). https://teachablemachine.withgoogle.com/. Teachable Machine.

[부록] 인공지능 윤리 대표 사례

범주	사례	내용
AI 리터러시	대표 사례	2023년 3월 도널드 트럼프 전 미 대통령이 맨해튼에서 체포되었다는 설명과 함께 그가 수갑이 채워져 경찰관들에게 끌려가는 모습이 담긴 사진이 온라인에서 확산하였다. 전후의 맥락을 파악해 보니 이는 AI 딥페이크 이미지였다. 디지털 자료 분석 단체의 한 창립자가 AI로 가짜 사진을 쉽게 제작할 수 있음을 보여 주기 위해 만든 예시 자료였는데, 소셜미디어 이용자들이 이를 유포한 것이었다.[1]
	추가 사례(1)	법률 신문 취재를 종합하면, 법원 행정처는 최근 ISP(Information Strategy Planning) 사업을 통해 AI 모델을 개발해 신속·정확한 재판을 지원하는 방안을 추진하고 있다. AI 분석 모델의 윤곽과 방향이 정해지면 예산을 편성해 개발에 본격 착수할 방침이다. 사법부 AI 모델은 무엇보다 판사들의 재판 업무를 지원하는 데 초점을 맞추고 있다. 진행 중인 사건 관련 판결을 신속하게 검색, 정리해 주는 것은 물론, 지능형 검색 시스템을 구축해 판사들의 업무를 획기적으로 줄여 준다는 것이다. AI가 재판 보조원의 역할을 대신하게 되면 재판 지연 해소에 큰 도움이 될 것으로 관측된다.[2]
	추가 사례(2)	2019년 에스토니아에서는 AI 기술을 활용하여 일부 민사 사건의 판결을 내리는 시스템을 시험적으로 운영했다. 이른바 AI 판사는 대량의 법률 문서와 판례를 분석하여 특정 사건에 대한 법적 판단을 제공할 수 있다. 또한, 재판의 효율성을 높이고, 판결의 일관성을 유지하며, 법원 업무를 경감시키는 데 기여할 수 있다.[3]

1) 연합뉴스(2023. 11. 12.). "[뉴팬데믹! 가짜뉴스] ③ 바이든도 순간 착각… 美대선캠프는 '딥페이크와 전쟁중'". https://www.yna.co.kr/view/AKR20231101014900072. (검색일: 2024. 5. 26.)
2) 법률신문(2024. 5. 29.). "사법부 자체 AI 개발 착수했다". https://www.lawtimes.co.kr/news/198626
3) KBS뉴스. (2019. 8. 12.). "에스토니아, 재판에 'AI 판사' 시범 도입". https://www.youtube.com/watch?v=3-Gx32wsf_g

범주	사례	내용
책임	대표 사례	테슬라의 자율 주행 보조 기능 '오토파일럿' 작동 중 일어난 사망 사고에 대해 회사 측의 배상 책임을 주장하는 민사 재판이 28일(현지 시간) 미국에서 시작돼 이목이 쏠린다. 로이터와 블룸버그 통신에 따르면 이날 캘리포니아주 리버사이드 카운티 법원에서 2019년 테슬라 모델3를 타고 가다 숨진 미카 리(사망 당시 37세)의 유족 등이 테슬라를 상대로 제기한 소송의 배심원 재판이 열렸다. 리는 사고 당시 로스앤젤레스(LA) 동쪽 고속 도로에서 오토파일럿을 켜고 시속 65마일(105km)로 주행 중이었는데, 차가 갑자기 방향을 틀어 고속 도로를 벗어나면서 나무에 부딪혀 큰 화재가 발생했다. 이 사고로 운전석에 있던 리가 숨졌고, 당시 8세였던 소년을 포함해 동승자 2명이 중상을 입었다.[4]
	추가 사례(1)	(…) 서울시가 지난 4일 세계 최초로 심야 자율 주행 버스 노선을 도입한 가운데, 자율 주행 차량 같은 고위험 인공지능이 일으키는 안전사고나 기본권 침해에 대한 뚜렷한 대책이 없다는 우려가 나온다. 사고 관련 기록 확보가 사고 원인과 책임 소재를 밝히는 데 중요한 판단 근거가 되지만, 현재 논의 중인 국내 '인공지능법'에는 자율 주행·인공지능 관련 기업 등에 이를 강제할 근거가 뚜렷하지 않아서다.[5]
	추가 사례(2)	"세계 최대 차량 호출 업체 우버의 자율 주행 차가 미국 애리조나 주 피닉스 교외의 한 교차로에서 보행자를 치어 숨지게 하는 사고를 냈다고 미국 언론이 19일(현지 시간) 보도했다. 미 언론은 자율 주행 차 시험 운행과 관련된 첫 보행자 사망 사고가 발생한 것이라고 전했다. 관련 업계와 학계, 시민 단체에서 자율 주행 차 시험 운행 안전성에 관한 논란이 증폭되고 있다.[6]

4) https://www.yna.co.kr/view/AKR20230929011600075
5) 한겨레(2023. 12. 18.). "심야 자율주행버스 사고 나면 '영업 비밀'?… 책임 소재 불분명: 국내 인공지능법 '영업 비밀' 단서 조항, 사고 원인 가려낼 데이터 확보 불투명". https://www.hani.co.kr/arti/economy/it/1120755.html.
6) 한겨레(2018. 3. 20.). "우버 자율주행차 첫 보행자 사망사고… 안전성 논란 증폭". https://www.hani.co.kr/arti/international/international_general/836834.html

범주	사례	내용
인권 보장	대표 사례	스타트업 '스캐터랩'의 챗봇 '이루다'는 데이터 구축·학습 과정에서의 개인 정보 유출, 장애인·성 소수자·인종 등에 대한 혐오 발언, 이용자의 챗봇 성희롱 대화로 젠더 편견 강화 등 사회적 논란을 빚어 서비스를 중단하였다.
	추가 사례(1)	대기업뿐 아니라 스타트업, 소셜 벤처 등도 사회적 약자를 위한 IT 서비스를 내놓고 있다. 2018년 시각 장애인 보조 애플리케이션(앱) '설리번 플러스'를 출시한 투아트가 대표적이다. 설리번 플러스는 스마트폰 카메라와 AI 기술을 결합해 전방의 물체를 인식하고, 이를 음성으로 전달해 시각 장애인의 이동이나 사물 인식 등을 돕는 서비스다.
	추가 사례(2)	장애인이 이동할 때 안전성과 편의성을 보장할 수 있도록 전동 휠체어를 제조하는 '윌(Whill)'은 자율 주행 전동 휠체어 기술 서비스를 개발하였다. 해당 자율 주행 전동 휠체어는 AI 기술과 레이더를 통해 주변 사물을 파악하여 장애물을 피해 가거나 스마트폰을 이용하여 원격 구동이 가능하게 개발되었다.[7]

---

7) 이은수, 한유정, 주윤경(2020). 디지털 포용 정책 동향과 사례 - 2020년 주목해야 할 디지털 포용 선진사례 20선. 한국정보화진흥원. Digital Inclusion Report 1호.

범주	사례	내용
침해 금지	대표 사례	2016년 미국의 독립 언론 〈프로퍼블리카〉는 탐사 보도를 통해, 미국 여러 주 법원에서 사용하고 있는 알고리즘 콤파스(COMPAS)가 흑인을 차별한다는 사실을 밝혀냈다. 콤파스는 피고의 범죄 참여, 생활 방식, 성격과 태도, 가족과 사회적 배제 등을 점수로 환산해 재범 가능성을 계산해 판사에게 구속 여부를 추천하는 알고리즘이다. 콤파스는 인종을 변수로 포함하고 있지 않다. 그런데도 흑인의 재범 가능성을 백인보다 2배 위험하다고 판단했다. 이는 무고한 흑인들의 수감으로 이어졌다.[8]
	추가 사례(1)	인권 옹호 단체인 프리덤 하우스는 2023년 발표한 보고서에서 세계 16개국에서 생성형 AI가 의심을 심고, 반대자를 비방하고, 공개 토론에 영향을 미치기 위한 목적으로 어떻게 사용되었는지를 발표하였다. 또한, 이 보고서에서는 인터넷 플랫폼에서 불리하게 작용하는 온라인 연설을 삭제하기 위해 기계 학습 사용을 요구하고 장려하는 법을 세계 22개국에서 통과시켰다고 밝혔다. 일례로 인도의 나렌드라 모디 총리 행정부의 당국자들이 소셜 미디어에 모디의 폭력에 관한 다큐멘터리 접근을 제한하도록 명령한 경우가 있었다.[9]
	추가 사례(2)	"만리방화벽은 중국이 자랑하는 인터넷 검열 통제 시스템으로 만리장성(The Great Wall)과 방화벽(Fire Wall)을 합친 말이다. 사회 안정을 이룬다는 미명 아래 외부 유입 트래픽을 차단하기 위해 1998년 황금 방패 프로젝트(golden shield project)를 통해 2003년 완성됐다. 그러다 보니 중국 내에서 페이스북, 유튜브, 인스타그램, 트위터 등은 사용이 안 된다. 세계인의 소통 창구인 소셜 미디어로부터 중국인을 소외시키고 있다는 비판이 나올 만하다. 과도한 검열 우려에 해외 빅 테크 기업의 철수도 잇따르고 있다. 2010년 1월 중국 철수를 선언했던 구글이 2017년 3월 중국 내 번역 앱 서비스를 시작으로 복귀할 것이라는 관측이 제기됐지만 무산됐다. 중국 전자책 단말기 시장의 65%를 차지하는 아마존 '킨들'의 전자책 판매·운영도 내년 6월 30일로 끝난다. 조깅 앱과 운동 앱을 운영하던 나이키, 에어비앤비, 마이크로소프트, 일자리 서비스 링크드인도 사업을 접었다."[10]

8) https://www.hani.co.kr/arti/science/future/914757.html
9) 메타뉴스(2023. 11. 1.). "[AI 이슈]인공지능과 언론자유… 미 프리덤하우스 "전 세계적으로 AI 기술 사용, 여론 검열 증폭"". https://www.metanews.co.kr/news/articleView.html?idxno=20248 (검색일: 2024. 5. 26.)
10) 세계일보(2022. 11. 29.). "[설왕설래]만리방화벽". https://www.segye.com/newsView/20221129515463

범주	사례	내용
다양성 존중	대표 사례	구글은 지난 5월 구글 포토에 사용자가 사진을 올리면 사진 형상을 자동 인식해 관련 태그를 붙여주는 새로운 서비스를 출시했다. 그런데 이 서비스가 흑인 얼굴을 고릴라로 잘못 인식해, 사람 얼굴 사진에 고릴라 태그를 붙이는 '사건'이 발생한 것이다. 작년부터 잇따르는 백인 경찰의 흑인 살해와 최근 사우스캐롤라이나 찰스턴에서 발생한 백인 우월주의자의 총기 난사 사건으로 인종 차별 문제가 어느 때보다 민감해진 시점이었다. 구글 이미지에 먹칠을 할 수 있는 위기 상황이었다.[11]
	추가 사례(1)	시스템 도입 1년이 지난 2015년 AI 프로그램이 지원자들을 공정하지 못하게 평가했다는 사실이 분명해졌다. AI가 추천한 지원자가 대부분 남성으로 드러났다. 인공지능 시스템이 스스로 남성 지원자가 더 바람직하다고 판단했다는 것이다. 로이터에 따르면 아마존의 AI 채용 시스템은 '여성'이라는 단어가 포함된 이력서에 감점을 주기에 이르러 특정 용어에 중립적 평가를 하도록 개선했지만, 같은 문제가 반복되지 않으리라는 확신을 주지 못했다. 이후에도 채용 담당자들은 AI를 부분 활용해 채용을 진행했지만 결국 프로젝트는 무산됐다. 아마존의 글로벌 인력은 현재 6:4 정도로 남성이 더 많다.[12]
	추가 사례(2)	키오스크에 쉽게 부착하거나 개조할 수 있는 장애인 전용 키오스크 패드인 Ez Access는 미국 장애인법과 재활법에서 제시하는 접근성에 관한 규정을 준수하도록 설계되었다. 이에 United Airlines은 공항에 있는 전 키오스크에 EZ Access 기술을 적용하여 장애인들의 디지털 접근성을 높이는 방식을 취했다.[13]

11) https://www.chosun.com/site/data/html_dir/2015/07/03/2015070300217.html
12) https://www.bbc.com/korean/news-45820560
13) 이은수, 한유정, 주윤경(2020). 디지털 포용 정책 동향과 사례 - 2020년 주목해야 할 디지털 포용 선진사례 20선. 한국정보화진흥원. Digital Inclusion Report 1호.

범주	사례	내용
프라이버시 보호	대표 사례	페이스북은 2014년 자신의 성격을 알아볼 수 있는 애플리케이션을 제공했다. 영국 케임브리지 대학의 심리학자 알렉산더 코건(CA와는 연관이 없다) 교수가 개발한 이 앱은 사용자 정보뿐만 아니라, 사용자의 친구 목록에 포함된 개인 정보도 함께 수집할 수 있도록 디자인됐다. CA의 전 직원 와일리에 따르면, 27만 명 이상의 페이스북 사용자가 이 성격 테스트 퀴즈에 참여했고, 이를 통해 약 5,000만 명 가량의 개인 정보가 사용자의 동의 없이 유출됐다고 밝혔다. 유출된 정보는 CA가 구매했고, 데이터 분석을 통해 당시 트럼프 후보자에게 우호적인 유권자를 거른 뒤 이를 선거 운동에 활용했다고 와일리는 밝혔다. 이에 CA측은 관련된 혐의를 부인했다.[14]
	추가 사례(1)	OpenAI의 'ChatGPT'(2023): 2023년 3월 ChatGPT 플러스에서 한국 이용자 687명을 포함한 전 세계 이용자의 성명, 이메일, 신용 카드 번호 4자리와 만료일 등이 타 이용자에게 노출되었다. 이와 관련하여 개인정보보호위원회는 안전 조치 의무를 위반한 것은 아니나 유출 인지 이후 24시간 내 신고하지 않아 신고 의무를 위반하였다고 판단하고 360만 원의 과태료를 부과하였다.
	추가 사례(2)	"카메라 관리, 자동차 번호판 추적, 자동차 이미지 확인을 담당하는 온라인 ANPR 대시보드는 비밀번호 또는 보안 조치 없이 인터넷에 노출된 채 방치되어 있었다. 즉, 누구나 웹 브라우저를 통해 대시보드에 액세스하여 자동차의 이동 경로를 훔쳐보거나 기록을 오염시키거나 카메라 시스템 설정을 덮어쓸 수 있었다는 뜻이다. ANPR은 복잡한 시스템이다. 자동으로 자동차의 번호판을 캡처하는 도로 카메라와 이를 정부 데이터베이스와 상호 연결해 검색하는 시스템으로 구성돼 있다. 경찰이 과속을 단속하고 범죄와 테러를 억제하는 데 유용하다. (…) 의회와 사우스 요크셔 경찰은 데이터 유출 피해자가 없었다고 밝혔지만 전문가들은 의문을 품고 있다. 사이버GRX의 CISO 데이브 스테이플턴은 "우선, 누군가 부적절하게 액세스했거나 이 데이터를 유출했는지 여부를 확인하는 그들의 능력을 신뢰할 수 있는지 확신이 서지 않는다. 지금까지 그들의 대처를 감안할 때 더욱 그렇다"라고 지적했다. 그는 이어 "둘째, 데이터가 유출되고 다크 웹에서 판매되거나 소셜 엔지니어링 목적으로 사용된다면 누가 언제 피해를 입을지 알 수 없다"라고 말했다."[15]

14) https://www.bbc.com/korean/news-43481991
15) CIO Korea(2020. 6. 17.). "개방성과 보안 사이의 균형은?… 영국을 뒤흔든 ANPR 데이터 유출의 교훈". https://www.ciokorea.com/news/155661#csidxa94f719b069036da759f6d23c676b67

범주	사례	내용
안전성	대표 사례	2023년 11월 생성형 AI 모델 기반의 'ChatGPT'를 개발한 것으로 유명한 AI 개발사 오픈AI에서 한 가지 이슈가 있었다. 당시 오픈AI 이사회가 CEO인 샘 올트먼을 해임한 것이다. 유력하게 거론되던 이사회의 해임 사유는 다음과 같다. 애당초 오픈AI는 AI의 안전성에 가치를 두고 수익보다 공익을 추구하려는 의도로 2015년에 출범한 비영리 단체였다. 그러나 이후 사업 운영의 어려움으로 2019년에 산하 영리 법인을 신설하게 되었다. 이후 마이크로소프트로부터 적극적인 투자도 받고, ChatGPT 개발도 성행하면서 회사가 크게 성장하게 되었다. 이사회가 보기에는 그 이후로 샘 올트먼이 설립 취지와 다르게 기업의 성장만을 위하여 기술 개발 속도를 무리하게 높이는 것처럼 보인 것이다. 그러한 과정에서 신뢰와 소통의 문제도 있었다고 알려지고 있다.
	추가 사례(1)	2일 영국 〈가디언〉에 따르면, 영국 왕립항공학회(RAeS)가 지난달 23~24일 런던에서 개최한 '미래 전투 항공 및 우주 역량 회의'에서 미 공군의 인공지능 테스트·운영 책임자 터커 해밀턴 대령은 인공지능으로 제어되는 드론이 이 같은 결정을 내린 모의 테스트 결과를 발표했다. 가상 훈련에서 미 공군은 인공지능 드론에 적의 방공 시스템을 파괴하라고 지시했고, 이와 동시에 공격 실행의 최종 결정은 인간 조종자가 한다고 주문했다. 하지만 훈련 과정에서 적의 방공 시스템을 파괴하는 것이 더 선호되는 선택지라는 점을 인식하자, 인공지능 드론은 인간의 공격 금지 결정이 더 중요한 임무를 방해한다고 판단해 결국 조종자를 공격했다.[16]
	추가 사례(2)	"Knightscope사의 K5는 키 152cm에 무게는 136kg에 달하는 경비 전용 로봇이다. K5는 범인을 체포하는 역할을 하지는 않지만 범죄가 의심스러운 행동을 감지하고 이를 사람들에게 알리도록 설계되었다. 센터 주위를 하루 종일 쉬지 않고 순회하며, 아이들과 사진을 찍으면서도 머리 뒤에 달린 눈을 통해 나쁜 사람이 접근하는지를 동시에 살피는 역할을 했다. 하지만 이번에 오히려 아이를 다치게 하는 사건이 발생해 안전성에 대한 우려가 높아졌다."[17]

16) https://www.hani.co.kr/arti/international/international_general/1094463.html
17) 로봇신문(2016. 7. 13.). "미국 쇼핑센터 경비 로봇, 아이 폭행사건 '일파만파'". http://m.irobotnews.com/news/articleView.html?idxno=8109

범주	사례	내용
창의성	대표 사례	2022년 미국 콜로라도 주립 박람회 미술 대회에서 디지털 아트 부문 1등을 차지한 작품은 '스페이스 오페라 극장'이다. 이 작품은 인공지능 그림 생성 도구인 '미드저니(Midjourney)'를 사용해서 만들어졌다고 알려지면서 논란을 일으키기도 했다.[18]
	추가 사례(1)	2023년 국내에서는 텍스트 생성 인공지능이 챗GPT를 활용하여 집필한 단편 SF 소설집인 『매니페스토』가 출판되었다. 이 소설집에 참여한 작가는 7명으로, 작가들은 챗GPT에 질문하여 집필 계획을 세우거나, 소재를 선정하고, 소설의 재료가 될 자료를 찾기도 했다. 또 문장을 윤문하는 데에 도움을 받았다.[19]
	추가 사례(2)	2023년 국내에서 50여 개의 인공지능을 활용하여 제작한 영화인 'AI 수로부인'이 세계 최초로 공개됐다. 시놉시스 및 시나리오 작성, 이미지 생성, 영상 제작, 자막 및 대사 생성, 배경 음악 생성, 영상 리터치에 이르기까지 이 영화를 제작하는 전 과정에 인공지능이 적용되었다.[20]

[18] AI라이프경제(2022. 9. 5.). "AI가 그린 그림, 미술전 1등?…논란이 되고 있는 작품 '스페이스 오페라 극장'". https://www.aifnlife.co.kr/news/articleView.html?idxno=13100

[19] 연합뉴스(2023. 3. 27). "7명 작가-챗GPT 공동 집필한 첫 소설집 '매니페스토' 출간". https://www.yna.co.kr/view/AKR20230327089700005

[20] 인공지능신문(2023. 11. 17). "[AI 이슈]생성 인공지능으로 만든 세계 첫 영화 'AI 수로부인' 그 제작은?". https://www.aitimes.kr/news/articleView.html?idxno=29423

범주	사례	내용
공공성	대표 사례	전력 소비의 문제는 기후 위기를 일으키는 지구 온난화의 주요 요인인 탄소 배출과 밀접하게 연결되어 있다. 구글은 2024년 7월에 발표한 연례 환경 보고서에서 2023년에만 온실가스를 1,430만 톤 배출했다고 밝혔다. 이는 2019년보다 48%, 2022년보다 13% 늘어난 수치로 데이터 센터의 전력 소비량 때문이라고 밝혔다.[21] 또한 마이크로소프트의 경우 2023년에 1,536만 톤의 온실가스를, 메타는 2022년에 1,016만 톤의 온실가스를 배출하였다.[22]
	추가 사례(1)	데이터 센터의 문제는 물 소비량의 증가로 이어진다. 데이터 센터를 가동하는 과정에서 발생하는 발열을 줄이기 위해 냉각수가 많은 양 사용되고 있는데, 이때 물의 증발로 끊임없이 물을 공급해야 하며 부식과 같은 문제로 바닷물 대신 담수를 사용할 수밖에 없다는 난점들이 존재한다. 그리고 이러한 현상은 생성형 AI가 등장하면서 그 양이 막대하게 증가하고 있다. 마이크로소프트가 2022년 소비한 전체 물 소비량이 640만㎥로 2021년과 비교하여 34% 증가하였고, 구글이 2022년 소비한 전체 물 소비량이 2,107만㎥로 2021년과 비교하여 22% 증가하였다.[23]
	추가 사례(2)	네덜란드의 한 연구에 따르면 2027년까지 출하되는 생성형 AI를 위한 서버는 각 85.4TWh에서 130TWh까지 전력을 소비할 것으로 예상되는데, 이는 연간 네덜란드 전력 소비량에 달한다.[24] 미국 전력연구소에서 발표한 연구 보고서에 따르면 구글 검색 한 번에 약 0.3Wh의 전력이 요구되는데 ChatGPT 검색에는 구글 검색의 10배 정도가 되는 2.9Wh의 전력이 필요하다.[25] 만약 구글이 모든 검색 서비스에 생성형 AI를 통합한다면 케냐나 크로아티아와 같은 국가의 연간 전력 소비량보다 많은 290억 KWh가 소모될 수 있다.[26]

21) 한겨레(2024. 7. 3.). "전기 먹는 AI… 4년간 탄소배출량 48% 증가한 구글". https://www.hani.co.kr/arti/international/international_general/1147628.html (검색일: 2024. 7. 7.)

22) 조선일보(2024. 7. 4.). "AI 전력 폭증에… 빅테크서 터져나온 '넷제로 회의론'". https://www.chosun.com/economy/tech_it/2024/07/04/PPL6OO3WM5EZVMKBOCJTMDCJZY/ (검색일: 2024. 7. 7.)

23) 한겨레(2024. 2. 28.). "인공지능은 '물 먹는 괴물'… "수자원 고갈 부를 것"". https://www.hani.co.kr/arti/international/globaleconomy/1129847.html (검색일: 2024. 7. 7.)

24) 이데일리(2024. 1. 28.). ""생성형 AI 때문에"… 데이터 센터 전력 소비량 급증". https://m.edaily.co.kr/News/Read?newsId=01761366638762312&mediaCodeNo=257 (검색일: 2024. 7. 7.)

범주	사례	내용
연대성	대표 사례	[국제기구[27]] G7: G7은 2016년 다보스포럼과 알파고 쇼크 직후 ICT 장관 회의에서 AI를 포함한 제4차 산업 혁명 핵심 기술과 관련하여 R&D 강화 공동 선언문을 발표하였다. 2017년에는 인간 중심 AI를 강조하였고, 이후 관련 논의를 GPAI로 넘긴 뒤 2023년에 와서는 GPAI, OECD와 함께 히로시마 AI 프로세스의 수립 계획을 발표하였다. G20: 미국, 중국, 러시아가 함께 포함되어 악화된 미중 관계와 러시아-우크라이나 전쟁 등으로 인해 회원국 간 합의 도달이 어려워 AI 현안에 관한 실질적인 성과가 적다. 다만, 표면적으로 2019년에 OECD AI 원칙을 그대로 반영하여 G20 AI 원칙을 발표하였다. 경제 협력 개발 기구(Organization for Economic Coopreation and Development; OECD): 2018년에 AI 관련 대응을 위해서 기구 내 AI 전문가 그룹을 구성하여 2019년 세계 최초로 복수 정부 간에 AI 원칙인 'OECD AI 원칙'을 발표하였다. 이후 G7과 긴밀하게 공조하여 히로시마 AI 선언 이후에 정상 회담 논의를 위한 'G7-생성형 AI 이해를 위하여'의 보고서를 발간하였다. 국제 연합(United Nations; UN): 2019년 제40차 UNESCO 총회에서 UNESCO는 인권, 교육 등의 논의가 포함된 AI 원칙을 수립하고자 AI 윤리 권고안의 수립을 요청하였고, 2021년에 최종적으로 AI 윤리 권고안이 발표되었다. 이어 2023년에는 국제 원자력 기구 수준의 AI 감시 국제기구를 설립하기 위하여 정부, 학계, 연구소, 시민 사회 일원으로 구성된 AI Advisory Body(AI 고위급 자문 기구)를 출범하였다.

25) 조선일보(2024. 6. 16.). "데이터 센터의 비싼 청구서…AI 전쟁보다 먼저 닥친 '전력 전쟁'". https://www.chosun.com/economy/2024/06/16/ACAQAHE64VAP5OHM2IWYCNADNE/ (검색일: 2024. 7. 7.)

26) 디지털투데이(2024. 3. 11.). "챗GPT 전력 소모량, 美 일반 가정의 '1만 7000배'…에너지 낭비 눈총". https://www.digitaltoday.co.kr/news/articleView.html?idxno=508974 (검색: 2024. 7. 7.)

27) 한국지능정보사회진흥원(2023). 인공지능(AI) 국제협력 현황 및 특징 분석. IF & Future Strategy 10호. pp.30-35.

범주	사례	내용
연대성	추가 사례(1)	[AI 전문 국제기구[28]] GPAI(The Global Partnership on AI): 세계 최초 AI를 전문으로 하는 정부 간 국제기구로, 2018년 캐나다와 프랑스의 AI 국제 패널 설립 촉구 선언문으로 시작하여 이후 2020년 미국이 참여하면서 G7 국가로 확장되고, 이후 2023년 11월 기준 29개국까지 회원국이 확대되었다. 이들은 OECD의 AI 원칙에 기반하여 AI 관련 논의를 상시 국제기구로서 지원하고 있다. FLI(Future of Life Institute): 핵이나 AI 같은 기술의 위협을 줄이기 위해 2014년 설립된 기구로 미국, EU 등 주요국 AI 정책 및 규제 작업에 참여하고 있다. FLI가 AI와 관련하여 발표한 원칙이나 선언문을 보면 안전하고 이로운 AI 연구 촉구 공개서한(2015년 10월), 최초의 공식적인 AI 원칙인 '아실로마 AI 원칙'(2017년 1월), GPT-4를 초월하는 AI 시스템 개발의 최소 6개월 중단을 촉구하는 공개서한(2023년 3월) 등이 있다. FCAI(The Forum for Cooperation on AI): 미국 브루킹스 연구소, 유럽 정책연구 센터가 AI 국제 협력의 촉진을 위해 기획하고 미국, EU, 영국, 캐나다가 참여하고 있는 기구로 현재는 2023년에는 일본, 싱가포르, 호주까지 7개 정부 및 기구가 참여하고 있다.
	추가 사례(2)	유럽 평의회: 민주주의와 인권의 증진을 위해 1949년에 출범한 유럽 국제기구로, 2018년 2월에 AI가 민주주의와 인권에 미치는 영향을 고려하여 AI 유럽 사법 윤리 헌장을 채택하였다. 이어 2019년 AI 조약 수립의 타당성 검토를 위하여 AI 임시위원회를 설립하고, 2023년에는 EU와 협의하여 AI 국제 조약을 발표하였다. 브릭스(BRICS): 2009년부터 2010년까지 브라질(Brazil), 러시아(Russia), 인도(India), 중국(China), 남아프리카공화국(Republic of South Africa)이 결성한 국제기구이다. 2018년 브릭스 정상회담에서는 AI를 포함하여 4차 산업혁명에 대응하고자 디지털 브릭스 TF를 구성하기로 결정하고, 회원국끼리의 R&D 촉진을 위하여 브릭스 미래네트워크연구소를 설립하였다. 이어 2021년에는 AI의 윤리적이고 책임 있는 사용을 강조하며 연구소를 통한 AI 공조를 발표하고, 2023년 8월 정상 회담에서 AI 전문 연구 그룹의 설치와 AI 거버넌스의 표준 개발 및 기술 협력을 발표하였다.

---

28) 한국지능정보사회진흥원(2023). 인공지능(AI) 국제협력 현황 및 특징 분석. IF & Future Strategy 10호. pp.26-28.

범주	사례	내용
연대성	추가 사례(2)	아시아-태평양 경제 협력체(Asia-Pacific Economic Coopreation; APEC): 아시아태평양 경제 협력체 APEC은 2020년 11월 AI나 로봇과 같은 신기술에 공동 대응을 촉구하는 'APEC 푸트라자야 비전 2040'을 채택하고, 회원국의 AI 현황을 분석하여 보고서로 발간하였다. 세계 경제 포럼(World Economic Forum; WEF): 세계 경제 포럼은 2016년 4차 산업 혁명을 주제로 포럼을 개최하고, 이후 '4차 산업 혁명 센터'를 설립하고 '4차 산업 혁명 센터 네트워크'를 개시하였다. 4차 산업 혁명 센터에 2019년에 AI를 포함한 신기술 거버넌스 격차 해소를 위해 전문 위원회를 설치하고, 2021년에는 거버넌스 격차 보고서를 발표하였다. 이어 2023년에는 책임 있는 생성형 AI 원칙을 발표하며 원칙의 실행을 위해서 AI 거버넌스 연합을 출범하였다.

인공지능 윤리하다 II

초판 1쇄 발행일 2025년 8월 29일

지은이 변순용

펴낸이 박영희
편 집 조은별
디자인 김수현
마케팅 김유미
인쇄·제본 제삼인쇄

펴낸곳 도서출판 어문학사
주 소 서울특별시 도봉구 해등로 357 나너울카운티 1층
대표전화 02-998-0094 **편집부1** 02-998-2267 **편집부2** 02-998-2269
홈페이지 www.amhbook.com
e-mail am@amhbook.com
등 록 2004년 7월 26일 제2009-2호

X(트위터) @with_amhbook
인스타그램 amhbook
페이스북 www.facebook.com/amhbook
블로그 blog.naver.com/amhbook

ISBN 979-11-6905-049-4(93190)
정 가 22,000원

이 책의 저작권은 지은이와 도서출판 어문학사가 소유합니다.
이 책은 대한민국 저작권법에 의해 보호받는 저작물이므로, 무단 전재와 무단 복제를 금합니다.

※잘못 만들어진 책은 교환해 드립니다.